Les auteurs de Géant Histoire

Philippe Paraire : 9 - 13 - 14 D - 19 D - 37 D - 41 - 46 - 61 - 62 - 63 - 64 - 65 - 66 - 67 - 68 - 69 - 70 - 71 - 72 - 73 - 74 - 75 - 77 - 78 - 79 - 80 - 82 - 83 - 99 - 124 - 125 - 126 - 127 - 128 - 155 - 160 - 161 - 162 - 163 - 164 - 165 - 166 - 167 - 168 - 169 - 173 - 174 - 187 - 188 - 189 - 190 - 191 - 192 - 193 - 194 - 195 - 196 - 197 - 198 - 199 - 200 - 201 - 202 - 203 - 208 - 209 - 210 - 211 - 215 - 240 - 241 - 242 - 243 - 250 D - 252 - 253 - 254 - 255 - 256 - 257 - 258 - 259 - 260 - 261.

Michel Elalouf : 14 G - 15 - 16 - 17 - 18 - 19 G - 20 - 21 - 101 - 102 103 -104 - 105 - 106 - 107 - 108 - 109 - 110 - 111 - 112 - 216 - 217 - 218 - 219 - 220 - 221 - 222 - 223 - 224 - 225 - 226 - 227 D - 228 - 229 - 230 - 231 - 232 - 233 - 234 - 235 - 236 - 237 - 238 - 239 - 247 - 248 - 249 - 251 G.

Christian Courtaux : 22 - 23 - 24 - 25 - 26 - 27 - 28 - 42 - 43 - 44 45 - 47 - 48 - 49 - 50 - 51 - 52 - 53 - 54 - 55 - 56 - 57 - 58 - 59 - 60 - 113 - 114 - 115 - 156 - 157 - 158 - 159 - 170 - 171 - 172 - 175 - 176 - 177 - 178 - 179 - 180 - 181 - 182 - 183 - 184 - 185 - 186 - 227 G.

Sylvie Allouche : 31 - 32 - 33 - 34 - 35 -36 - 37 G - 129 - 130 - 131 - 132 - 133 - 134 - 144 - 145 - 146 - 147 - 148 - 149 - 150 - 151.

Nafa Dahmane : 29 - 30 - 76 - 81 - 116 - 117 - 118 - 119 - 120 - 121 - 122 - 123 - 204 - 205 - 206 - 207 - 244 - 245 - 246.

Franck Jouve : 84 - 85 - 86 - 87 - 88 - 89 - 90 - 91 - 92 - 93 - 94 - 95 - 135 - 136 - 137 - 138 - 139 - 140 - 141 - 142 - 143.

Éditeur
Véronique Babin

Assistantes éditoriales
Anne-Marie Labrunie
Sylvie Hano
Valérie Einhorn

Recherche iconographique
Véronique Cardineau

Responsable artistique
Bernard Duvivier

Mise en pages
Pascal Tilche

GÉANT
HISTOIRE

LES CIVILISATIONS ET LES HOMMES

Textes de Philippe Paraire
Michel Elalouf - Christian Courtaux
Sylvie Allouche - Nafa Dahmane
Franck Jouve

Collection dirigée par Philippe Paraire

HACHETTE Jeunesse

SOMMAIRE

1

20000 SIÈCLES DE PRÉHISTOIRE
Page 10

2

LES CINQ ANTIQUITÉS DU MONDE
Page 38

3

MILLE ANS D'HISTOIRE AU RALENTI
Page 96

4

L'EUROPE DÉMARRE LA PREMIÈRE
Page 152

5

LES PARTAGES SUCCESSIFS DU MONDE
Page 212

INDEX Page 262

CONNAÎTRE LE PASSÉ, COMPRENDRE LE PRÉSENT

À la manière d'un enfant, l'espèce humaine ne peut se souvenir de ses premiers instants. La conscience de son origine lui échappe totalement. Comme un homme adulte, elle subit le monde en croyant le maîtriser et le plus souvent, elle se contente de s'adapter, sans les comprendre complètement, aux événements qu'elle a elle-même créés. À la façon d'un vieillard, elle ignore la date de sa disparition et rêve sans cesse d'une éternité bienheureuse. L'Histoire de l'humanité se déroule, en somme, comme la vie de chacun : sans savoir d'où elle vient, ni où elle va. Notre espèce, qui seule dispose de la capacité de s'interroger sur l'Univers qui l'entoure, questionne son passé pour comprendre mieux son présent, pour agir sur son avenir.

Les hommes refusent l'amnésie qui les frappe à propos de leur origine et ne peuvent admettre de vivre sans direction. Pour retrouver les traces de cette mémoire enfouie dans des milliers de siècles d'inconscience, pour donner une chance à l'avenir d'exister (pour peu qu'on comprenne le présent et le passé, c'est certainement chose possible), les historiens grattent la terre et compulsent des grimoires, fabriquent des maquettes, rassemblent des documents, visionnent des films d'archives, parcourant la planète à la recherche des bribes de la mémoire des hommes. Les historiens travaillent sur le sens du devenir de l'humanité et raisonnent sur son passé. À leur façon, ils participent à cet effort collectif pour se souvenir, et pour comprendre. Ils sont une partie de la conscience de notre espèce.

Mais qu'est-ce donc qu'un "fait historique"? Comment faire le tri, dans cette immense trame d'événements, tissée par nos ancêtres et par chacun de nous, entre l'essentiel et l'accessoire? Pendant longtemps, les historiens des temps anciens ont cru que les faits importants étaient les hauts faits des grands personnages : l'Histoire d'alors n'était que l'histoire des rois. Pendant bien longtemps aussi, les historiens ont cru que l'Histoire de l'humanité pouvait se confondre avec celle de l'Europe, ou même de la France, de l'Angleterre, de l'Allemagne; comme si l'histoire des pays dominants pouvait seule être intéressante…

On sait aujourd'hui que tous les hommes, tous les peuples, présents et passés, sont importants : rois et serfs, penseurs ou simples ouvriers, des grandes capitales de l'Europe au fond de la savane. L'Humanité a pris conscience de son unité. Elle sait que son histoire future sera collective. Comme un gigantesque tissu de causes et d'effets, l'Histoire de l'humanité est la somme de tous les actes passés de tous les hommes, dans tous les pays.

Le travail de l'historien consiste à tenter de débrouiller cet écheveau, en faisant appel aussi bien au pur récit qu'à l'analyse abstraite, à la chronologie et à la considération de faits économiques, sociaux, politiques, culturels… Car même si l'Histoire des hommes n'a pas de sens, au sens où elle n'a peut-être pas de direction précise, l'honneur de cette espèce est dans la recherche d'une solution collective à ses problèmes de survie. La clef des temps futurs est certainement dans une conscience plus claire de ce qu'a été le passé de la civilisation humaine. C'est-à-dire de toutes les civilisations de l'Histoire.

1
20.000 SIÈCLES DE PRÉHISTOIRE

LES MIGRATIONS HUMAINES AUX TEMPS PRÉHISTORIQUES

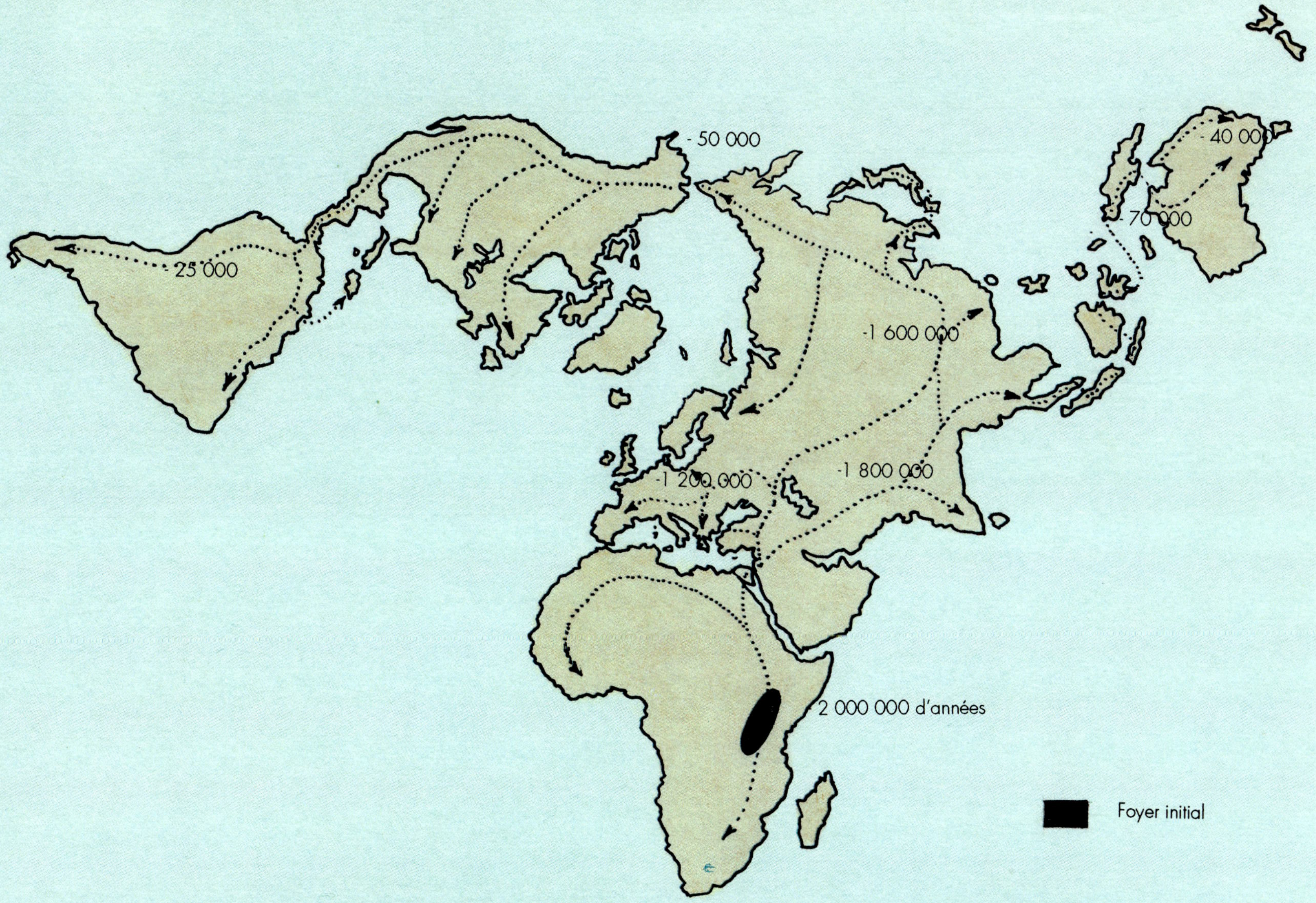

–2000000 À –4500 : L'ENFANCE DE L'HOMME, UN ÉTAT DE NATURE

L'humanité est une espèce très récente. À l'échelle des temps géologiques, la totalité de son parcours ne représente qu'un bref tiret sur la ligne droite qui symbolise l'histoire de la planète depuis son origine. Et pourtant, avant qu'elle n'accède à la conscience d'avoir un passé, elle a vécu plus de 20000 siècles en se contentant d'essayer de survivre dans un environnement hostile : il a fallu deux millions d'années pour passer d'un être primitif dépendant entièrement des conditions de la Nature à un individu associé politiquement, économiquement et culturellement à un grand nombre d'autres dans le cadre d'un ensemble communautaire complexe capable de modifier et peut-être de détruire le milieu qui l'a vu naître...

Les historiens antiques, qu'ils soient grecs, romains, chinois ou arabes, côtoyaient des peuples qui ignoraient l'usage du fer; pour eux, l'Histoire commençait vraiment au moment où la maîtrise de la métallurgie parvenait à faire sortir un peuple de la barbarie. Mais ils avaient aussi remarqué que l'ignorance de l'écriture et des techniques agricoles accompagnait fréquemment celle de la fabrication d'objets de fer. Pour eux, la Préhistoire était une proche voisine et ne se perdait pas dans un lointain passé; au moment où les Égyptiens dessinaient sur leurs temples l'histoire de leurs rois, presque tous les peuples européens du Nord vivaient dans des huttes de branchages. En même temps que l'on inventait la poudre en Chine, bien des tribus de Java de Bornéo ou d'Australie en étaient au stade de la pierre taillée. Lorsque les Romains décrivaient les Huns, ou lorsque les rois chinois parlaient des Mongols, c'est à un monde antérieur qu'ils faisaient référence, excluant ainsi de l'Histoire consciente les peuples "barbares".

Afin de distinguer aisément la Préhistoire de l'Histoire, les penseurs modernes en sont arrivés à récupérer les conceptions antiques, en les unifiant. Ainsi, la Préhistoire est aujourd'hui longue de deux millions d'années, et l'on considère que chaque peuple en est sorti au moment même où est apparue la capacité de transmettre par écrit sa pensée.

La Préhistoire a donc pu prendre fin en Mésopotamie et en Égypte vers 3000 avant J.-C., en Grèce, en Chine et en Inde au cours du premier millénaire, tandis que bien des nations n'ont commencé à en sortir que bien après l'époque chrétienne. Ainsi les peuples océaniens découverts à partir du XVIIe siècle par les marins d'Europe étaient-ils encore, d'après ce critère, dans la Préhistoire, tout comme certaines tribus africaines de la forêt dense au début du XIXe siècle. Même aujourd'hui, on rencontre dans les forêts malaises, indonésiennes ou amazoniennes, les dernières tribus dont l'évolution s'est en quelque sorte figée sur une parfaite adaptation au milieu naturel. C'est cela que l'homme a abandonné en entrant dans l'Histoire : un état d'équilibre avec la Nature qui l'avait vu naître.

HISTORIEN DE LA PRÉHISTOIRE

Comment peut-on connaître la Préhistoire ?

La Préhistoire est la longue période qui s'étend de l'apparition de l'Homme à la naissance de l'écriture. L'historien de la Préhistoire ne dispose donc d'aucun document écrit. Il doit chercher des traces de la présence et de la vie des hommes, puis les "faire parler". Ces documents, il va les trouver enfouis en profondeur dans les roches sédimentaires : ce sont les fossiles. La science qui étudie les fossiles s'appelle la paléontologie.

Il peut s'agir de fossiles humains, d'ossements, qui vont permettre de reconstituer l'aspect physique, la taille, le poids des individus. L'étude de la dentition fournira des indications sur l'alimentation ; la forme et le volume du crâne livreront des renseignements sur le développement cérébral de ces hommes. Les fossiles peuvent être aussi des armes, des outils : ils permettront alors d'étudier le degré de développement technique. Enfin, grâce aux os d'animaux et à l'analyse des traces de la vie végétale par la palynologie (l'étude des pollens), il sera possible de reconstituer la faune et la flore ainsi que le climat de l'époque, et donc de connaître les ressources que le milieu offrait et les différents moyens mis en œuvre par les hommes pour s'y adapter.

HOMMES PRÉHISTORIQUES

Peut-on reconstituer les comportements des hommes préhistoriques ?

Depuis le début du XIXe siècle, la connaissance de la Préhistoire a beaucoup progressé. En contradiction avec les chronologies religieuses, les préhistoriens ont démontré la très grande ancienneté de l'espèce humaine. Ils ont pu aussi délimiter les périodes successives du long cheminement de notre espèce vers ce qu'elle est aujourd'hui. De nos jours, les chercheurs affinent les méthodes pour aller encore plus avant dans la reconstitution de la vie quotidienne de nos ancêtres. Ils parviennent ainsi à se faire une idée des relations hiérarchiques entre les habitants d'un même campement ou d'une même grotte. Ils peuvent déduire la présence, sur un même site de taille d'objets de silex, de plusieurs types de travailleurs : un enfant qui taille de façon maladroite, un groupe d'adolescents plus expérimentés, un homme âgé très habile, placé au centre, qui montre son savoir-faire aux autres. Un peu plus loin, les restes de raclages de peaux ou de branchages indiquent que les femmes travaillent à l'écart. Là, le dénombrement des restes suggère que l'abondance des prises poussait les groupes humains à pratiquer le troc des surplus. Ailleurs, l'absence de certains vestiges évoque un groupe plus pauvre, moins organisé et certainement plus dépendant des autres communautés humaines de la région…

L'ethnologie préhistorique en est à ses débuts, mais grâce à une étude comparative précise de sites préhistoriques proches, elle parvient de mieux en mieux à nous restituer les déplacements d'un groupe, sa structure hiérarchique, ses rapports "commerciaux" avec les autres groupes et la répartition des tâches (chasse, cueillette, cuisine, fabrication d'objets) à l'intérieur du clan.

Cabane de Pithécanthropes (- 400 000 ans), située dans la région de Nice.

ENFANCE DE L'HUMANITÉ

Où trouve-t-on les plus anciennes traces de l'homme?

On a longtemps pensé que les premières formes d'existence humaine étaient apparues en Asie et ceci à partir des découvertes du *Pithécanthrope* de Java en 1891 et du *Sinanthrope* de Pékin en 1919. On faisait alors remonter la naissance de l'homme à 1,6 million d'années. Puis, en 1925, Raymond Dart découvrit à Taung (Afrique du Sud) un crâne de primate qu'il baptisa *Australopithecus Africanus* (en latin : "singe d'Afrique australe").
À partir des années 1970, on découvre un nombre croissant de fossiles d'*Australopithèques* en Afrique de l'Est et en 1978, à Laétolie, les plus anciennes empreintes de bipèdes datées de 3,8 millions d'années. Les Australopithèques possèdent les caractéristiques de ce qui va devenir l'homme : ils sont bipèdes et utilisent leurs mains pour fabriquer les premiers outils.

Les découvertes des années 1970 ont fait faire un bond en avant à l'étude de la naissance de l'homme. Elles prouvent avec une certitude presque totale que le berceau de l'humanité est le continent africain. C'est là qu'il y a 3 millions d'années a commencé un long processus qui a permis le passage des pré-hommes (Australopithèques) à l'Homo habilis (l'homme habile de ses mains), il y a 2 millions d'années.

LUCY

Qui était Lucy?

En 1974, dans le site d'Hadar en Éthiopie, une équipe de paléontologues découvre un ensemble de 52 os appartenant tous à un même être de sexe féminin. Ils le baptisent Lucy en référence à la chanson des Beatles, "Lucy in the sky with diamonds", qu'ils aimaient beaucoup et qu'ils écoutaient sur le site de la fouille.

Lucy, telle qu'on peut l'imaginer d'après une reconstitution réalisée par les scientifiques.

La découverte de Lucy a marqué un tournant dans l'évolution des connaissances sur le processus de la naissance de l'homme, d'abord parce qu'il s'agit d'un ensemble de 52 os, ce qui permet une reconstitution exceptionnellement précise d'un être ayant vécu il y a 3 millions d'années. Lucy devait mesurer 1,20 m et peser 30 kg. Elle était bipède mais ses bras étaient encore assez longs et avaient des attaches assez mobiles pour lui permettre de grimper agilement aux arbres. Sa dentition révèle un régime omnivore contrairement aux singes qui se nourrissent uniquement de végétaux. Enfin, elle, ou ses compagnons, commencent à chasser à l'aide de bâtons taillés en pointe.
Lucy appartient donc à la famille des Australopithèques, dont l'étude montre qu'ils ne sont déjà plus des singes mais pas encore des hommes. Ils sont ce qu'on appelle des *pré-hommes*, des *hominiens*, ou encore des *hominidés*.

HOMO HABILIS : LE PREMIER "HOMME"

Comment s'est fait le passage de l'Australopithèque à l'Homo habilis?

L'homme apparaît sous sa première forme avec l'*Homo habilis* dont les plus anciens ossements ont été retrouvés en Afrique de l'Est et datent de 2 millions d'années. Par rapport à l'Australopithèque (Lucy), des modifications importantes se sont opérées. Les bras sont moins longs, la morphologie de la colonne vertébrale révèle une station plus droite, le volume du crâne est plus important.

À proximité de ces ossements, on a retrouvé des outils en pierre, des traces de construction d'habitations en bois et beaucoup d'os d'animaux tués et mangés.

L'étude de l'évolution de la flore fournit des éléments qui permettent de comprendre comment s'est accomplie cette transformation. Il y a environ 2,5 millions d'années, une cassure de l'écorce terrestre se produisit dans l'Est de l'Afrique, donnant naissance à ce qu'on appelle le Rift. La partie située à l'ouest de ce Rift a été surélevée, le climat y resta humide et la végétation de type équatorial (forêt dense), alors qu'à l'est se produisait un assèchement et l'évolution de la forêt en savane. Les possibilités de se nourrir par la cueillette furent réduites. Pour survivre, il fallut chasser et donc fabriquer des armes en utilisant des outils.

L'Homo habilis serait né d'un défi lancé par la nature aux Australopithèques. À l'issue d'un long processus qui s'est étalé entre 2,5 et 1,8 millions d'années, certains groupes sont sans doute parvenus à s'adapter à l'assèchement du milieu en Afrique de l'Est en accomplissant un premier bond en avant sur le plan technique. Ils ont donné naissance à l'humanité, alors que ceux qui n'y sont pas parvenus ont peu à peu péri.

Homo erectus.

EXTENSION DE L'ESPÈCE HUMAINE

Comment s'est effectué le peuplement de la Terre ?

Les découvertes archéologiques permettent de suivre "à la trace" les déplacements des premiers humains et le peuplement progressif de la Terre à partir du foyer africain. Les changements de climat provoquent les déplacements du gibier et obligent l'homme à changer sans cesse de campement pour survivre. On estime qu'à chaque génération, chaque groupe pouvait parcourir de 50 à 100 km.

Les migrations commencent avec l'*Homo habilis* qui traverse l'actuel Sahara alors couvert d'une abondante végétation. Plus tard, des groupes d'*Homo erectus* se dirigent vers l'Asie, d'autres vers l'Europe. C'est ainsi que l'on trouve des fossiles d'*Homo erectus*, d'abord en Chine (le *Sinanthrope* de Pékin) et en Indonésie (le *Pithécanthrope* de Java) âgés de 1,6 million d'années, puis en Europe où le plus ancien fossile a été retrouvé près de Grenade et date de 1,2 million d'années.

Cette extension géographique s'accompagne d'une expansion démographique : on passerait d'un million d'hommes il y a 1,5 million d'années à 10 millions il y a 500 000 ans. Le peuplement de l'Amérique s'est fait en deux grandes vagues de migrations venues d'Asie, la première entre 50 000 et 15 000 et la deuxième entre 14 000 et 8 000 ans. Cette migration s'est effectuée au cours d'une période d'extension des glaciers pendant laquelle l'Asie et l'Amérique n'étaient pas séparées par le bras de mer du détroit de Béring. Le plus ancien fossile humain découvert en Amérique daterait de 40 000 ans et a été trouvé au Canada. Enfin c'est probablement entre 50 000 et 35 000 ans que certains groupes passent de l'Indonésie en Australie et en Nouvelle-Guinée. Ces deux territoires sont aujourd'hui distants de 150 km mais on ignore si à cette date ils n'étaient pas encore rattachés au continent asiatique.

APPARITION DU LANGAGE

Quand le langage est-il apparu?

Pour répondre à cette question, nous en sommes évidemment réduits aux hypothèses! On sait que deux conditions sont nécessaires pour passer des sons inarticulés au langage : la possibilité pour la langue de se mouvoir de façon assez souple d'une part, et d'autre part le développement à l'intérieur du cerveau de l'aire de Broca qui commande les muscles permettant la motricité de la langue, et de l'aire de Wernicke, siège de la capacité de compréhension du langage. Quand ces deux conditions se sont-elles réunies au cours de l'évolution de l'homme? L'étude des fossiles d'*Homo habilis* (2 millions d'années) montre qu'il remplissait déjà ces conditions. De plus, on pense que, seule l'existence d'un mode de communication et de transmission du savoir déjà élaboré, c'est-à-dire d'une première forme de langage, peut expliquer les progrès réalisés dès cette époque dans la fabrication des outils et l'organisation des groupes de chasse.

On a longtemps cru que c'est seulement avec l'Homo sapiens (150 000 ans) que les capacités d'élaborer un langage étaient devenues possibles mais les recherches les plus récentes permettent de penser que les premiers hommes, les Homo Habilis (2 millions d'années), avaient cette capacité.

PREMIÈRES TECHNOLOGIES : LE FEU

Quand l'homme commença-t-il à maîtriser le feu?

Il est probable que des incendies de forêt provoqués par la foudre ou des coulées de lave volcanique permirent aux hommes de capturer cet élément chargé de force et de mystère. Plus tard, ils ont appris à le faire jaillir à volonté : la production d'étincelles mettant le feu à des herbes sèches par le frottement du bois et de la pierre fut sans doute le fruit du hasard, mais elle a représenté un facteur décisif de la réussite du genre *Homo*. Le feu a protégé ces premiers groupes humains des animaux carnivores, effrayés par les flammes.

Leur régime alimentaire a été beaucoup amélioré car la cuisson permet de mieux assimiler la nourriture et donc d'augmenter son pouvoir nutritif. Enfin, le feu protège du froid et permet d'affronter des climats plus rigoureux. Grâce à lui, à partir de l'Afrique, les hommes purent se répandre en Europe et en Asie, où la faune était plus abondante et plus variée.

Les traces les plus anciennes de l'utilisation du feu ont été retrouvées en Afrique. Celles de Cesowanja au Kenya remontent à 1,4 million d'années c'est-à-dire à l'Homo erectus ("l'homme debout"). Pour l'Asie, elles remontent à 700 000 ans et pour l'Europe à 750 000 ans.

PIERRES TAILLÉES

Comment fabrique-t-on les outils au Paléolithique ?

Le Paléolithique, âge de la pierre taillée, est la période la plus longue de l'histoire de l'évolution technique de l'homme puisqu'elle commence il y a 2 millions d'années et ne s'achève que vers le millénaire avant notre ère. Le Néolithique, âge de la pierre polie, commence alors.
C'est en percutant deux pierres que les premiers outils sont obtenus par l'*Homo habilis.* Il s'agit alors de simples galets éclatés appelés "choppers".

Puis avec l'Homo erectus ("l'homme debout") commence un travail de retouche de ces éclats pour affiner la pointe et les côtés. L'aboutissement de cette première phase d'évolution est le biface, obtenu par un travail de taille sur les deux faces de la pierre. Enfin est élaborée la technique du débitage du silex en lames de plus en plus fines et tranchantes, appelées feuilles de laurier.

Parallèlement, la panoplie des outils se diversifie (on fabrique des grattoirs, des racloirs, des perçoirs, des burins), et les matériaux utilisés ne se limitent plus à la pierre (on travaille l'os, l'ivoire, la corne).
Avec cette gamme de plus en plus étendue d'outils, l'homme ne se contente plus de fabriquer des armes ; il travaille la peau, il coud et améliore ainsi son habitat et sa façon de se vêtir.

TECHNIQUE DE TAILLE

Sait-on comment les hommes préhistoriques faisaient une pointe de flèche ou une sagaie ?

Depuis une trentaine d'années, des chercheurs se sont consacrés entièrement à la reconstitution des diverses opérations de fabrication d'armes de silex. On peut en voir, sur certains sites de fouilles, qui sont capables de fabriquer une pointe de flèche en moins de dix minutes, pour la plus grande joie des enfants et à la surprise des visiteurs adultes !

Les archéologues ont commencé par tenter d'obtenir des lames de silex identiques à celles qu'ils trouvaient dans leurs fouilles. Ils ont essayé différents moyens et ont sélectionné les méthodes les plus évidentes. L'analyse de la forme de silex et de leurs "copeaux" inutilisés a permis de distinguer plusieurs opérations. Tout d'abord, le chasseur débite à l'aide d'un bloc dur un galet de silex en forme d'amande, et délimite une surface de coupe à partir de laquelle il va détacher des "lames". Chaque lame est ensuite travaillée avec un heurtoir dur plus léger afin d'obtenir les deux tranchants et la pointe. Ensuite, à l'aide d'un os de renne, le chasseur choque les bords de la lame et pratique des éclats de plus en plus petits, jusqu'à obtenir un tranchant régulier. Avec les lames droites et fines, il fait les barbes latérales d'un harpon et d'une sagaie taillée dans des os longs de grands animaux. L'abondance de la production de lames et de pointes de silex taillés montre que leur usage était universellement répandu et que chacun, sans doute, devait être plus ou moins capable d'en fabriquer.

De la cueillette à la chasse

Quelles sont les techniques de chasse au Paléolithique?

Sans doute l'Australopithèque est-il devenu carnivore pour s'adapter à la savane, beaucoup plus pauvre en ressources fournies par la cueillette que la forêt tropicale. Il devait alors se nourrir surtout des carcasses laissées par les prédateurs. L'*Homo habilis* devint, lui, capable de fabriquer des lances à bout pointu qui lui permettaient de chasser du petit gibier.

Avec l'Homo erectus apparaît une nouvelle technique de chasse qui sera sans cesse perfectionnée par la suite. Elle consiste à attirer l'animal dans un piège par une battue ou en l'effrayant au moyen du feu.

Il peut s'agir d'un piège naturel, ravin ou marécage, ou d'une fosse recouverte de branchages. L'homme va pouvoir ainsi s'attaquer à des proies auparavant hors de sa portée en raison de la rapidité de leur course (gazelle, antilope, cerf, renne, cheval) ou aux véritables stocks de viande que représentent les éléphants et les mammouths. L'animal est alors achevé au moyen de sagaies (lance dont l'extrémité est constituée par une pierre fine et tranchante) puis dépecé.

Un progrès décisif va être réalisé avec l'invention de moyens permettant d'atteindre une proie à distance : le bâton propulseur à sagaie, l'arc (le plus ancien date de 150 000 ans) et le harpon pour la pêche.

Grottes, cabanes et campements

Quel est l'habitat de l'homme du Paléolithique?

Ne disposant que d'un outillage rudimentaire, les premiers hommes se contentaient des abris naturels que sont les grottes, pour se protéger des intempéries et pour dormir.
On a découvert à Olduvai (Tanzanie) les traces les plus anciennes de construction d'habitation remontant à 1,8 million d'années. Les fouilles ont permis de retrouver des pierres, disposées en cercle, qui devaient servir à caler les poteaux d'une cabane faite de branchages.
Avec *Homo erectus* puis *Homo sapiens*, des changements importants interviennent. La découverte, dans une même zone de plusieurs types de campement montre qu'il y a maintenant une organisation de l'espace et de la communauté. Les femmes et les enfants devaient rester au campement de base et se livrer à la cueillette dans les environs, alors que les hommes partaient plusieurs jours à la chasse en installant des campements provisoires. D'autre part la migration vers l'Asie et l'Europe va nécessiter une amélioration de l'habitat : les cabanes vont être recouvertes de peaux pour fournir une meilleure protection contre le froid.

L'amélioration progressive de l'habitat au Paléolithique a suivi les progrès de l'outillage et des techniques de chasse. Elle est aussi le reflet de l'organisation progressive en communautés structurées.

SÉPULTURES PRÉHISTORIQUES

Quand l'homme commença-t-il à enterrer ses morts ?

Les plus anciennes traces de sépultures retrouvées jusqu'à présent remontent à la période de l'homme de Néanderthal (-50 000 à -35 000 ans), c'est-à-dire au stade de l'Homo sapiens.

Mais les sépultures ne sont pas les premières manifestations d'une conscience de la mort. En effet, on a retrouvé, sur des ossements datant de périodes plus anciennes, les traces d'un traitement particulier réservé aux restes d'un défunt. Il s'agit de crânes présentant des trous. Aussi, certains chercheurs supposent que lors d'une cérémonie suivant le décès, la pratique consistait à manger ce qui était extrait de ce crâne…

Le fait d'enterrer le corps marque une volonté de respecter et de prendre soin du mort. Il s'accompagne de tout un rituel. Le corps est déposé dans une fosse creusée puis recouverte d'ocre rouge, les membres sont le plus souvent recroquevillés à l'exemple du fœtus dans le corps maternel. Le corps est entouré d'objets (armes, cornes ou dents d'animaux). Tout cela semble indiquer que la mort est conçue comme un passage vers une vie dans l'au-delà.

ART PALÉOLITHIQUE

Quelle est la signification de l'art paléolithique ?

En Afrique comme en Europe, l'art se développe au Paléolithique supérieur, à partir de -40 000 ans environ. L'art mobilier est représenté essentiellement par des statuettes féminines en pierre, en os ou en ivoire, appelées "Vénus". Leurs têtes et leurs membres sont à peine ébauchés tandis que les parties ayant un lien avec la maternité (seins, fesses, hanches) sont démesurément accentuées. On y a vu l'expression d'un culte de la fécondité.

Les peintures rupestres sont dominées par la représentation animale. La présence de signes (flèches, pointes) évoquant des blessures subies par ces animaux a conduit pendant longtemps à penser à une pratique magique destinée à faciliter la chasse.

En analysant la composition et la disposition des différentes scènes des grottes de Lascaux, André Leroi-Gourhan a mis en évidence la dimension symbolique de cette peinture. Ainsi, par exemple, la fréquence de l'association du bison et du cheval : le premier, qui pourrait être une représentation symbolique du sexe féminin, porte des blessures sur son flanc, tandis que le second figurerait l'homme.

Il est très difficile de comprendre l'art paléolithique. Nous sommes en présence d'un art qui est la forme d'expression du sacré mais dont nous ignorons la signification des symboles.

La pratique de l'inhumation des morts, qui est apparue il y a 50 000 ans, est certainement la première formulation de préoccupations et d'interrogations d'ordre spirituel. Elle apparaît d'ailleurs en même temps que les premières formes d'art.

Les personnages de haut rang étaient inhumés dans une tombe recouverte d'un amas de pierres (Europe, 2000 avant J.-C.).

NÉOLITHIQUE

Qu'appelle-t-on révolution néolithique?

Pendant longtemps, le terme de "néolithique" (en grec *neos :* nouveau et *lithos :* pierre) a désigné "l'âge de la pierre polie", c'est-à-dire un changement dans la façon dont l'homme préhistorique fabriquait ses outils. En réalité, la révolution néolithique est beaucoup plus complexe. Elle s'est manifestée principalement par un bouleversement complet dans la façon de se nourrir.
Depuis ses origines, pendant des centaines de milliers d'années, l'homme s'était comporté à l'égard de la nature comme tous les autres animaux, c'est-à-dire en destructeur. Il cueillait des plantes comestibles et des fruits, pêchait et chassait.

À partir de 10000 avant J.-C., au Proche-Orient, le comportement de l'homme préhistorique se modifie lentement. De prédateur, il devient producteur. Il tente de domestiquer les animaux. Au lieu de pratiquer la cueillette, il sème des graines. Ainsi, l'agriculture et l'élevage font leur apparition.

Les conséquences sont considérables : l'homme peut désormais se constituer des réserves alimentaires en élevant des troupeaux ou en stockant du grain dans les greniers. Il commence à se sédentariser en se fixant dans des villages. L'augmentation de la population est beaucoup plus rapide que dans la période précédente. La recherche de nourriture cesse d'être l'unique préoccupation de l'espèce humaine. D'autres activités apparaissent comme le tissage, la poterie, la vannerie : c'est le début d'une certaine division du travail. Les produits sont dans un premier temps utilisés sur place, puis échangés ; ainsi naît l'ancêtre du commerce : le troc.
Le premier foyer du Néolithique fut la zone du Croissant fertile (Sinaï, Palestine, Syrie, Mésopotamie). La révolution néolithique ne commença à gagner l'Europe qu'aux VIe et V^{e} millénaires.

Village néolithique, Gaule centrale. Maison commune et grenier à céréales reconstitués.

ÉLEVAGE

Pourquoi domestiquer les animaux ?

On ne connaît pas avec certitude les raisons qui ont poussé l'homme à élever des animaux. Il semble néanmoins que chaque tribu ait possédé des animaux familiers avant toute domestication.

Les motifs utilitaires constituent sans doute la raison essentielle. L'animal domestique représente une remarquable source d'énergie : ainsi, le bœuf tire les instruments agricoles, le cheval devient un moyen de transport. L'animal est également un fournisseur de nourriture : la chèvre est élevée pour son lait, le mouton pour sa viande. Enfin, la peau permet de fabriquer des vêtements en cuir ou en fourrure.

Les motifs religieux doivent également être pris en considération. Ainsi, l'Égypte a sacralisé les bovins avec le culte du taureau Apis à Memphis. Dans les mythologies grecque et romaine, l'animal domestique est à la fois emblème sacré et animal de sacrifice. Encore aujourd'hui, si l'Inde possède le plus grand troupeau de bovins du monde, c'est à cause de ses croyances religieuses.
Les chercheurs s'accordent à reconnaître trois centres principaux de domestication : l'Asie du Sud-Est (poule, canard, oie, chien, porc), l'Amérique (lama, dindon), l'Asie du Sud-Ouest, de l'Iran à la Jordanie (chèvre, mouton, chameau, vache, cheval).

AGRICULTURE

Comment l'agriculture est-elle née ?

L'apparition de l'agriculture fut le tournant capital de la Préhistoire. À ce moment précis, l'homme, qui était jusqu'alors contraint d'aller chercher sa nourriture où elle se trouvait, commence à la produire lui-même, où il le désire.

Le passage de la cueillette à l'agriculture s'est effectué progressivement entre 10000 et 5000 avant notre ère selon les régions. Il a été rendu possible par un adoucissement du climat qui a permis à l'homme d'abandonner les grottes. L'homme préhistorique, devenu sédentaire, aurait pratiqué l'agriculture avant l'élevage.

L'homme préhistorique cultive toutes sortes de céréales (blé, orge, seigle, avoine) à partir de plants sauvages. Ces graines riches en calories et en protéines végétales sont faciles à conserver. Cette possibilité de stockage lui apporte une sécurité jusqu'ici inconnue. Il peut alors se tourner vers l'avenir et se sédentariser avec confiance. Les deux plus anciens centres de civilisation agricole dans le monde furent, semble-t-il, situés au Proche-Orient et en Amérique Centrale.
Mais l'homme préhistorique pratique également l'agriculture pour son plaisir. Ainsi, en Europe, on cultive les roses et en Chine, on s'adonne à la culture des chrysanthèmes, plus de 2000 ans avant J.-C. !

Village néolithique : reconstitution d'un grenier à céréales.

CÉRAMIQUE

Quand apparaît la céramique?

La céramique est l'art de façonner l'argile et d'en fixer les formes par la cuisson, pour donner naissance aux poteries. Elle apparaît au Néolithique : les premières poteries retrouvées en Anatolie, à Çatal-Höyük, datent de 6500 avant J.-C. Elles sont liées au développement de l'agriculture. Pourtant, au Proche-Orient, on constate un retard notable de la céramique sur l'économie agricole, c'est pourquoi on parle de Néolithique pré-céramique dans cette région.

Des fouilles archéologiques ont permis de retrouver des vases funéraires ou religieux, des urnes destinées à recevoir les cendres des corps incinérés, mais aussi des objets usuels tels que des jarres à provisions, des vases pour boire, des récipients pour transporter des liquides.

La taille des empreintes relevées sur ces poteries permet de penser que le travail de moulage était exécuté par des mains féminines. Peu à peu apparaissent des décors gravés ou incisés, des peintures réalisées au moyen de terres délayées. Ces techniques primitives se sont perpétuées dans certaines régions du continent africain.

Les poteries constituent des témoignages précieux dans l'étude de la Préhistoire car elles restent intactes, contrairement au bois, au textile et même quelquefois au métal.

VILLAGES SUR L'EAU

Les villages lacustres ont-ils existé?

En 1854, à la suite d'une sécheresse exceptionnelle, le niveau du lac de Zurich en Suisse avait beaucoup baissé. Une multitude de pieux émergeaient de la vase sur les bords du lac : c'étaient des palafittes (de l'italien *palafitta,* pieu fiché en terre). On en découvrit aussi dans le Jura et en Allemagne du Sud. Immédiatement, ces pieux firent penser à des pilotis et on se mit à reconstituer des cités lacustres, bâties au-dessus des eaux du lac sur le modèle des villages actuels qui existent en Amérique Centrale ou en Extrême-Orient.

Les cités lacustres auraient existé de 3000 à 1000 avant J.-C. Mais il semble bien que cette vision romantique de l'habitat néolithique soit remise en question. En effet, on pense aujourd'hui que les pilotis étaient en fait les fondations de cabanes construites non pas sur des plates-formes au-dessus des lacs, mais sur les rives. Les variations du climat et la remontée du niveau des eaux auraient simplement submergé les pieux.

Quoi qu'il en soit, protégés par la vase et par l'eau, les objets les plus fragiles, en étoffe ou en cuir, ont pu être retrouvés. Ces sites, d'une exceptionnelle richesse archéologique, ont livré des pierres taillées et polies, de nombreuses poteries, des pièces en os, des vases intacts, des moules de fondeur, des ustensiles de pêche...

DOLMENS

À quoi servaient les dolmens?

Les dolmens (du breton *dol* : table et *men* : pierre) sont des monuments constitués par plusieurs blocs de pierre dressés et couverts d'une table horizontale de façon à former une sorte de chambre funéraire. Certains d'entre eux étaient recouverts d'un tumulus, c'est-à-dire d'un amas de terre. Ils ont été construits entre 2500 et 1500 avant notre ère, en Europe occidentale. Environ 4 500 dolmens ont été recensés en France, dont le plus célèbre est sans doute la *Table des Marchands* à Locmariaquer en Bretagne. Des fouilles ont permis d'en découvrir également en Afrique (Maghreb et Éthiopie) et en Asie (Inde et Corée).

Les dolmens étaient des tombeaux abritant des ossements enterrés ou incinérés. Ils pouvaient contenir jusqu'à 300 squelettes, comme à Sainte-Eugénie dans l'Aude. Certains dolmens atteignent 25 mètres de longueur. Leur table pèse souvent plus de 40 tonnes !

Tous les peuples de la période néolithique n'ont pas enseveli leurs morts avec autant de soin. Les grottes abritaient également des sépultures. Mais il semblerait que ces cavernes aient simplement servi à recueillir les ossements extraits des dolmens, ces derniers pouvant à nouveau remplir leur fonction de tombeau provisoire.

MENHIRS

Qu'est-ce qu'un menhir?

Le menhir (du breton men : pierre et hir : longue) est une pierre enfoncée dans le sol du quart de sa longueur totale. Sa hauteur varie, en moyenne, entre 3 et 6 mètres, mais celui de Locmariaquer (cassé aujourd'hui) atteignait plus de 23 mètres de haut et pesait plus de 300 tonnes !

Les menhirs se présentent le plus souvent en alignements comme à Carnac en Bretagne où trois groupes totalisent près de 3 000 menhirs. Ils peuvent également dessiner un cercle : on parle alors de *cromlech*. Le plus célèbre est celui de Stonehenge en Angleterre. Il se composait à l'origine de plus de 100 pierres dont 40 seulement sont encore en place. Des études archéologiques ont montré qu'il était orienté vers le point de l'horizon où le Soleil se lève, au solstice d'été. Peut-être était-ce un sanctuaire lié au culte du Soleil?
Leur construction a nécessité une main-d'œuvre abondante, intelligente et bien organisée. Les problèmes techniques à résoudre étaient nombreux, d'autant plus complexes que la roue restait inconnue à l'époque. Aujourd'hui encore, la destination de ces édifices reste mystérieuse. Aucune des hypothèses avancées à ce jour n'a pu être vérifiée.

PREMIÈRE MÉTALLURGIE

Quels sont les premiers métaux utilisés par l'homme ?

À l'origine, l'homme travaillait au marteau les morceaux de métaux qui se trouvaient à l'état pur dans la nature comme l'or, l'argent et le cuivre (ces derniers sont appelés des métaux natifs). C'est ainsi que furent obtenus les premiers bijoux. Puis, il y a 5 000 ans, il apprit à faire fondre le cuivre sous l'action de la chaleur. Ainsi, en moulant et en martelant cette matière, l'homme préhistorique donna naissance à de nouveaux outils et instruments.

Reconstitution d'un four néolithique à fer.

Un progrès décisif fut réalisé lorsqu'on découvrit que le mélange du cuivre et de l'étain permettait d'obtenir un alliage beaucoup plus résistant : le bronze. N'étant pas malléable, ce métal devait être coulé. Ainsi, naquit l'Âge du bronze. Les métaux ne furent longtemps utilisés que dans la fabrication des armes, les outils de la vie quotidienne restant en pierre. Cependant, l'utilisation des métaux a modifié les rapports de force par la supériorité qu'ils ont apportée en matière d'armement. L'Âge du bronze apparut beaucoup plus tardivement en Europe qu'au Proche-Orient ou en Égypte, où il se manifesta dès 3000 avant J.-C.

FER

Comment l'homme préhistorique obtenait-il du fer ?

Faisons un peu de chimie : dans la nature, les minerais sont des oxydes de métal, c'est-à-dire des composés résultant de la combinaison d'un corps avec de l'oxygène. Ainsi, le minerai de fer se présente sous la forme d'oxyde de fer. Le métal s'obtient à partir de l'oxyde de fer chauffé et libéré ainsi de l'oxygène.

Pour cela, nos ancêtres plaçaient dans un four d'argile des couches alternées de minerai de fer et de charbon de bois. Pendant la combustion qui était favorisée par un courant d'air, le carbone contenu dans le charbon de bois se combinait à l'oxygène pour donner de l'oxyde de carbone. Le four était alors détruit et le forgeron y trouvait une pâte visqueuse qu'il pouvait travailler au marteau.

La principale difficulté est d'atteindre une température d'au moins 1 500° C. Des fours très perfectionnés sont nécessaires pour obtenir une telle chaleur. Ceci explique pourquoi l'homme n'a su produire du fer qu'au IIe millénaire avant J.-C. Les premiers fers fondus, trouvés en Anatolie, en Syrie et en Mésopotamie, datent en effet de 1800 à 1500 avant J.-C. Les armes en fer contribuèrent à la supériorité militaire des Hittites en Asie Mineure et des Doriens en Grèce.

JÉRICHO

Quelle est la plus ancienne ville du monde ?

Les premières villes semblent avoir suivi assez rapidement l'apparition de l'agriculture. Aujourd'hui, la majorité des spécialistes semble d'accord pour affirmer que Jéricho, ville de Palestine, située au nord de la mer Morte, sur le versant ouest de la vallée du Jourdain, est le plus ancien centre urbain connu. Sur un tell (une colline artificielle) de 20 mètres de hauteur, les archéologues ont retrouvé 15 niveaux d'occupation.

La prise de Jéricho. Détail de la porte en bronze du baptistère de Florence, que Michel-Ange appela la "Porte du Paradis".

Les traces les plus anciennes sont des habitations de chasseurs et de pêcheurs qui vivaient vers 7800 avant J.-C. C'est à partir du VIIe millénaire que l'on trouve des maisons en briques crues, une tour et un mur d'enceinte. Des meules et des mortiers découverts lors de fouilles archéologiques témoignent du rôle essentiel que jouaient les graminées dans l'alimentation. La chèvre et le chien étaient déjà domestiqués. Des figurines féminines et animales constituaient des objets de culte. La population était alors estimée à 300 habitants. Mais, bien sûr, Jéricho est également célèbre dans l'histoire biblique pour avoir été miraculeusement conquise par Josué qui aurait fait tomber les murailles au son de sa trompette. C'est aussi la ville la plus basse du monde puisqu'elle se situe à 300 mètres en dessous du niveau de la mer, comme toute la région alentour.

SUMER

Quel système sumérien utilisons-nous quotidiennement ?

Les Sumériens formaient un peuple qui vivait au sud de la plaine qui s'étend entre le Tigre et l'Euphrate, près du golfe Persique, aux IVe et IIIe millénaires avant J.-C. On ne connaît pas avec exactitude leurs origines. On pense qu'ils venaient de l'est, probablement de l'Iran. Ils ont fondé de puissantes cités-États qui avaient pour nom Our, Lagash ou Éridou.
Ils furent à l'origine de la vie urbaine où s'épanouit la première architecture religieuse, la statuaire, la glyptique (art de graver sur les pierres fines). Ils furent les premiers à se servir de l'écriture. Ainsi, cette première civilisation sumérienne donna en quelque sorte naissance à l'histoire.

C'est à la civilisation de Sumer que l'on doit le système sexagésimal, c'est-à-dire la numération à base 60, que les Grecs empruntèrent lorsqu'ils imaginèrent de diviser l'heure en soixante minutes et la minute en soixante secondes. Aucun autre système n'est aussi largement utilisé dans le monde. Il nous touche en effet tous directement dans notre existence quotidienne.

Vers 2000 avant J.-C., une série d'invasions sémites mit fin à la domination sumérienne. Seules survécurent leur langue, leur écriture et leur civilisation, comme en témoignent de nombreux vestiges. Ainsi, la tour à étages de Babel, la ziggourat, évoquée dans la Bible, est une création sumérienne.

C'est à la civilisation de Sumer que l'on doit le système sexagésimal, c'est-à-dire la numération en base 60... et donc la division d'une heure en soixante minutes !

ECRITURE

Qui a inventé l'écriture?

Ce sont les Sumériens qui ont apporté ou inventé l'écriture, vers 3300 avant J.-C., dans le Sud de la Mésopotamie. Les plus anciens vestiges ont été découverts à Ourouk. Il faut néanmoins rappeler que les hiéroglyphes égyptiens, en particulier ceux de la palette de Narmer, sont presque aussi anciens (3100 avant J.-C.).

L'écriture des Sumériens porte le nom d'écriture cunéiforme, c'est-à-dire l'écriture "en forme de coin", du latin *cuneus.* L'empreinte laissée par le stylet dans l'argile encore fraîche des tablettes donne en effet aux caractères sumériens l'aspect de coins et de clous.
À l'origine, les cunéiformes sont des pictogrammes, c'est-à-dire des signes reproduisant schématiquement, mais concrètement, des objets matériels. Puis, par abstraction, on obtient une écriture idéographique où les signes représentent non seulement des objets, mais aussi des idées. Au IIIe millénaire apparaissent des signes phonétiques, c'est-à-dire représentant un son. D'abord rares, ils deviennent de plus en plus nombreux, mais sans jamais faire disparaître les idéogrammes.

Caractères cunéiformes babyloniens. Au centre, on peut observer le sceau du roi hittite Mursil II.

L'écriture cunéiforme resta en usage pendant plus de 3000 ans et fut adoptée par tous les peuples qui se succédèrent en Mésopotamie (Akkadiens, Sémites, Élamites, Hourrites et Hittites). Par contre, l'écriture apparut beaucoup plus tardivement en Asie que dans le bassin méditerranéen. Ainsi, l'écriture chinoise date du XVe siècle avant J.-C.

Le disque de Phaistos (Crète) porte des hiéroglyphes relativement clairs et d'autres signes plus difficiles à interpréter.

PEUPLEMENT DE L'AFRIQUE DU NORD ET DU SAHEL

Comment l'Afrique du Nord et le Sahel ont-ils été peuplés ?

À l'époque des premières navigations phéniciennes (à partir du premier millénaire avant notre ère) et par la suite pendant toute l'Antiquité, les composantes ethniques des populations étaient à peu près fixées et réparties comme suit : Maures et Numides sur le littoral, Gétules et Garamantes, ancêtres des Touaregs actuels, sur les plateaux, dans le Tassili et le Hoggar et Éthiopiens (d'un type physique proche des Peuls du Sahel actuel ou encore des Toubous du Tibesti) dans les régions méridionales de la bande saharienne.

Treize millénaires au moins avant notre ère, on relève la présence d'une population qui serait la première race à représenter l'Homo sapiens en Afrique du Nord. Lorsque débute, vers 7000, l'aventure berbère avec l'apparition d'une population de race méditerranéenne au nord, le Sahara n'était pas encore totalement un désert. Au sud du Tibesti et du Tassili, au sud et à l'ouest du Hoggar, dans la partie méridionale de la Mauritanie et jusque dans la steppe soudanaise, une population de type négroïde avait déjà développé une civilisation dotée de céramique. À partir du IVe millénaire et jusqu'au milieu du IIe, des populations de race blanche s'installent dans l'extrême nord du continent, tandis que d'autres vont progressivement pénétrer dans les massifs centraux sahariens et entrer en contact avec les descendants des négroïdes saharo-soudanais.

Dès le début de la protohistoire (période qui précède immédiatement l'apparition de l'écriture et correspond au premier âge des métaux), c'est-à-dire vers 1200, l'importance des populations blanches va croissant. Tandis qu'au nord se constituent les Maures et les Numides, au sud apparaissent les Équidiens, conducteurs de chars. Ces derniers deviennent par la suite des cavaliers qui seront connus sous le nom de Gétules ou de Garamantes. La domination progressive par ces derniers des régions sahariennes provoquera la soumission ou le refoulement, vers le bas pays du Niger, du Tchad et du Sénégal, des populations noires ou métissées. Le refoulement fut irréversible, d'autant que la bande désertique marque une limite à toute velléité d'expansion africaine vers le nord.

Pasteurs dans le massif du Tassili n'Ajjer.

HOGGAR

Qui est à l'origine des premières peintures rupestres du Tassili-Hoggar?

Les quelque 1 500 abris peints et 40 000 gravures dénombrés au Sahara témoignent du climat humide ainsi que de la flore et de la faune abondantes qui y régnaient il y a 5 000 ou 6 000 ans, avant la désertification. Ce n'est qu'à partir du Néolithique que les populations ont couvert les rochers de gravures et de peintures. Les plus anciennes (phase dite des "têtes rondes") ainsi que la découverte de restes humains attestent de l'occupation du Sahara, jusque dans la partie septentrionale, par une population noire qui n'a aucune racine méditerranéenne.

À partir du IIIe et jusqu'au milieu du IIe millénaire, se superposent sur les anciennes représentations, des peintures où les styles et les motifs sont différents : c'est la phase dite "bovidienne" en raison de l'importance du bœuf domestique. Des scènes diverses de la vie courante sont représentées et les types humains figurés sont divers : négroïde, éthiopien et méditerranéen. Le type éthiopien est très semblable à celui des Peuls actuels. C'est à cette époque que les premières populations blanches s'installèrent dans le Sahara mais des incertitudes subsistent sur le moment exact de leur apparition et leur origine. Ce sont les populations pré-berbères, dont l'importance sociale ira croissant. En effet, dans la phase artistique suivante (à partir de - 1200), on voit apparaître des représentations de chevaux, de conducteurs de chars, puis de cavaliers. Le désert a déjà commencé à s'installer ; ces cavaliers, connus sous le nom de Gétules, sont les ancêtres directs des Touaregs.

TOUAREGS

Qui sont les Touaregs?

Les Touaregs sont les descendants directs des Berbères du Sahara, lesquels étaient connus des historiens antiques sous le nom de Gétules et de Garamantes. Ces derniers ont progressivement imposé leur domination sur les populations sahariennes jusqu'à devenir les seuls occupants de cette vaste région. Par la suite, leurs descendants, les Touaregs, ont vu leur territoire se réduire au fil des invasions.

Nomades par excellence et guerriers en d'autres temps, les Touaregs vivaient de l'élevage des chameaux et des prélèvements de tributs sur les sédentaires. Aujourd'hui, avec un mode de vie bouleversé, en particulier depuis les Indépendances, les "hommes bleus" ne sont plus que 1,5 million et occupent la partie sud du Sahara en Algérie ainsi que le nord du Mali, du Tchad et du Niger. Les Touaregs qui se veulent, avant tout, libres et soucieux de préserver leur langue, leur culture et leur mode de vie, sont en proie actuellement à de graves problèmes. En particulier au nord du Niger où ils font l'objet d'une persécution permanente suivie parfois de massacres perpétrés par les autorités militaires au pouvoir.

PEUPLEMENT DES AMÉRIQUES

D'où venaient les premiers Américains?

Le peuplement du continent américain commença il y a 50000 ans et se renforça il y a 25000 ans, à la fin de la dernière ère glaciaire, appelée Wisconsin. Des hommes venus d'Asie et de Sibérie atteignirent l'Amérique, franchissant à pied sec l'actuel détroit de Béring, alors vaste pont de glace reliant le nord-est de l'Asie à l'Alaska. Ils se dispersèrent à travers tout le continent sans savoir qu'avant eux aucun être humain n'avait encore posé le pied en Amérique.

Lorsque ces grands chasseurs arrivèrent devant les montagnes Rocheuses, ils se divisèrent en deux groupes : les uns contournèrent les Rocheuses par l'est et se répandirent dans la Grande Prairie – aujourd'hui le Canada et les États-Unis –, les autres longèrent la côte Pacifique vers le sud pour parvenir jusqu'à l'actuel Mexique. Ces derniers suivirent la cordillère des Andes pour enfin se disperser sur l'immense continent sud-américain.

Ainsi, quelques milliers d'années plus tard, ces petits groupes d'hommes donnèrent naissance à de grandes civilisations qui allaient fasciner les Espagnols du XVIe siècle : les Mayas, les Aztèques et les Incas.

INUITS

Comment vivaient les peuples du Grand Nord?

Venus de Sibérie en plusieurs vagues migratoires, les ancêtres des Eskimos – que l'on appelle aujourd'hui "Inuits" – atteignirent l'Alaska vers 4000 av. J.-C. puis s'établirent sur toute la côte arctique jusqu'au Groenland 2500 ans environ avant notre ère.

Au cours des siècles, les modifications climatiques (fin de la glaciation) et la chasse intensive du gros gibier (mammouth et mastodonte) provoquèrent la disparition de ces grands herbivores. Les hommes chassèrent alors le bœuf musqué ou le caribou qui leur fournissaient une nourriture abondante. Leur peau servait à confectionner des vêtements et des tentes que les femmes cousaient à l'aide d'aiguilles en os et de fil en boyau. L'hiver, lorsque la température descendait jusqu'à -50 °C, les Eskimos s'abritaient dans des igloos ou dans des villages aux maisons semi-souterraines dont l'armature se composait d'omoplates et de côtes de baleines recouvertes de gazon et de peaux.

Vers l'an mille de notre ère, tous ces peuples venus d'Asie occupaient tout le Nord du continent américain, de l'Alaska à la côte Est du Canada. Pour chasser les gros mammifères marins, ils inventèrent le harpon à flotteur et naviguèrent à bord de kayaks ou d'umiaks (embarcations destinées à transporter plusieurs personnes déjà utilisées par les Okwik – autre peuple de l'Arctique – cinq siècles avant J.-C.).

BISONS, SIOUX ET COMANCHES

Comment vivaient les Indiens des forêts et des plaines d'Amérique du Nord?

Alors qu'au XVIe siècle l'Amérique Centrale et la région des Andes abritaient de grandes civilisations, la plupart des Indiens d'Amérique du Nord vivaient encore à l'état tribal. C'est le cas des Indiens des Plaines dont les principales tribus étaient les Sioux, les Blackfeet ou Pieds-Noirs, les Dakotas, les Cheyennes, les Crows, les Arapahos et les Comanches, dont le vaste territoire s'étendait du Mississippi aux montagnes Rocheuses. Avant l'arrivée des "Visages-Pâles", les Indiens des Plaines étaient des agriculteurs qui vivaient de la cueillette du riz sauvage et cultivaient le maïs. Avec l'introduction du cheval (lors de la colonisation européenne au XVIe siècle), l'économie se modifia et la chasse intensive aux bisons commença.

Les bisons, grands voyageurs et "seigneurs des plaines", imposèrent un mode de vie nomade aux Indiens qui dépendaient entièrement d'eux. En effet, chaque partie du corps de l'animal était exploitée : la viande, bien sûr; mais aussi la peau, utilisée pour confectionner des vêtements, des couvertures, des mocassins, des tipis ou wigwams; les poils, tressés pour former de solides cordes; les cornes, qui servaient de gobelets et de cuillers; les intestins ou les tendons qui fournissaient du fil pour coudre et des cordes pour les arcs.

INDIENS PUEBLOS

Quel genre d'habitations les Indiens pueblos édifièrent-ils ?

Du Ier au XIIIe siècle de notre ère, le Sud-Ouest de l'Amérique fut occupé par trois grandes populations d'agriculteurs : les Hohokam, les Mogollon et les Anasazi, nom qui signifie les "Anciens". Ces derniers s'établirent dans la région des Quatre Coins qui regroupe aujourd'hui l'Utah, le Colorado, l'Arizona et le Nouveau-Mexique. Là, ils érigèrent douze cités reliées entre elles par un important réseau de routes. Surpris par cette incroyable architecture et cette organisation, les Espagnols nommèrent "pueblos" (villages) ces cités et, de là, leurs constructeurs.

Site de Casagrande habitation Hohokam (XIVe-XVe siècles).

Les Anasazi, ou Indiens pueblos, cultivaient leurs champs de maïs, de courges et de haricots au sommet des mesas (plateaux aux versants abrupts). Au XIIe siècle, certainement las des raids incessants de nomades pillards, les Anasazi édifièrent de véritables forteresses construites à flanc de falaise. Ces habitations troglodytiques formaient un arc de cercle totalement inaccessible. Les sites de Mesa Verde et du Canyon de Chelly sont les plus célèbres.

Pour abriter leurs cérémonies religieuses (purifications, danses rituelles, incantations agraires...), les Pueblos construisirent de vastes salles souterraines, appelées *kivas*.

ABORIGÈNES D'AUSTRALIE

D'où venaient les Aborigènes d'Australie?

Il y a plus de 40 000 ans, poussés par les courants marins et la mousson, des hommes, venus d'Asie du Sud-Est, abordent les côtes du nord de l'Australie. Il est probable qu'aucun être humain, avant eux, n'y avait encore jamais posé le pied...

Le mot "Aborigène" qui signifie "celui qui est né dans le pays où il vit", est surtout employé pour désigner les premiers habitants de l'Australie. Les Aborigènes n'ont pas trouvé une nature particulièrement accueillante en abordant sur cette île immense (7,5 millions de km^2, presque quinze fois plus grande que la France) : des déserts de terre rouge et des forêts tropicales très sauvages les y attendaient. En arpentant sans cesse ces vastes étendues à la recherche de gibier, de fruits, de racines et de points d'eau, les premiers habitants de l'Australie ont acquis peu à peu un savoir naturaliste défiant toutes nos classifications scientifiques. Ils connaissent précisément chaque espèce animale et végétale et savent que ces terres, dites arides, possèdent d'immenses richesses naturelles aux ressources infinies.

Aborigène du golfe de Carpentarie.

NOURRITURE DES ABORIGÈNES

De quoi se nourrissent les Aborigènes?

Les Aborigènes sont des nomades. Ils vivent essentiellement de la chasse, de la pêche et de la cueillette. Pour eux, le désert australien n'est ni aride, ni stérile, ni monotone, mais c'est au contraire un vaste silo regorgeant d'innombrables ressources.

La flore est très riche : elle compte acacias, baobabs, pandanus (palmiers odorants), kapokiers (qui fournissent le kapok, une fibre végétale) et enfin des eucalyptus dont il existe un millier d'espèces différentes. La faune se compose surtout de marsupiaux : kangourous, opossums, couscous, koalas... Armés d'un propulseur (outil qui donne plus de puissance au jet de la lance) et d'un boomerang qui sert à assommer, blesser les proies ou à rabattre les oiseaux dans les filets, les hommes chassent le gros gibier. Les femmes et les enfants cueillent des fruits, ramassent des plantes, récoltent des racines, des ignames et dénichent le petit gibier en l'assommant, en l'enfumant ou en le faisant sortir de son terrier à l'aide d'un bâton à fouir.

Outre la nourriture végétale, la chair de kangourou et d'émeu, les Aborigènes sont très friands de larves, de fourmis, de mouches à miel, de souris, de grenouilles et de lézards.

LE TEMPS DU RÊVE

Qu'est-ce que le Temps du Rêve?

Chez les Aborigènes, comme dans beaucoup de populations primitives, la nature est peuplée d'"esprits". Tout au long de leur vie, les hommes retracent les récits extraordinaires de leurs ancêtres.

Les histoires du Temps du Rêve constituent une sorte de genèse, qui explique la formation du paysage, l'apparition des animaux, des plantes et des hommes. Les Aborigènes disent que ce sont leurs ancêtres qui, en traversant l'Australie, ont façonné ce paysage : tel lac fut créé par les larmes d'un ancêtre crocodile, telle roche rouge se forma avec le sang d'un peuple ancestral... Après avoir longtemps marché et laissé çà et là leurs traces sacrées, les Anciens se sont enfoncés sous terre ou sont montés au ciel pour veiller sur les hommes.

Les Aborigènes appellent ces êtres fantastiques des "Rêves" parce qu'ils apparaissent souvent dans leur sommeil pour les guider. Ces ancêtres éternels s'appellent *Kangourous*, *Fourmis à miel*, *Ignames* ou encore *Étoiles*, *Pluie*, *Colère*. Chaque individu appartient à un Rêve, soit qu'il lui ait été transmis par ses parents, soit qu'il lui ait été révélé en rêve, ou qu'il soit lié à son lieu de naissance. Ainsi, un homme né près d'un point d'eau fera de ce lieu son totem et devra en être le gardien.
Pour honorer ces êtres légendaires, les Aborigènes organisent de grandes cérémonies, ou *corroboree*. À cette occasion, ils se peignent le corps avec des poudres et des peintures à base de plantes. Chanter, danser et peindre les histoires du Temps du Rêve attachent à jamais les Aborigènes à ce qu'ils ont de plus sacré : leur terre.

MAORIS

Comment la Nouvelle-Zélande s'est-elle peuplée ?

Les premiers habitants des îles qui constituent la Nouvelle-Zélande s'installèrent sur les côtes vers 950 (certains pensent que le peuplement est beaucoup plus ancien). Les grandes migrations se firent vers le milieu du XIVe siècle. Certainement chassés par la guerre ou la famine, les Maoris, surnommés les "Vikings des mers du Sud", quittèrent Tahiti – qu'ils nomment dans leurs récits Waitiki – et parcoururent ainsi plus de 3 000 km à bord de leurs longues pirogues à balancier, pouvant contenir jusqu'à cent rameurs, avant d'atteindre la Nouvelle-Zélande.

Les Maoris ne connaissaient ni le métal, ni la poterie ; leurs armes et leurs outils rudimentaires étaient en bois, en écaille ou en os. Ils vivaient essentiellement de la chasse et de la pêche et, lorsque le sol le permettait, ils cultivaient des patates douces (kumara), qu'ils avaient apportées avec eux. Très vite, les Maoris formèrent des groupes tribaux. Attaché à la tradition, chaque *iwi*, ou tribu, prit le nom des *waka*, ou pirogues, qui les avaient amenés : Arawa, Aotea, Matatua et Takitimu sont de célèbres pirogues. Les Maoris sculptaient merveilleusement bien le bois et excellaient dans l'art du tatouage.

Guerrier maori.

TAPU = TABOU

Quels étaient les tabous de la société polynésienne ancienne ?

La hiérarchie était très importante pour les Polynésiens : plus on était élevé dans l'échelle sociale, plus on détenait de *mana*, de pouvoirs magiques.
Aussi devait-on se protéger de la mana d'un prince ou d'un roi. Il fallait ainsi éviter à tout prix qu'un monarque ne touchât le sol de ses pieds : si cela se produisait, la terre chargée de pouvoirs magiques pouvait instantanément foudroyer celui qui mettait ses pas dans ceux du roi. On se devait donc de poser sur le sol des *tapas*, nattes confectionnées avec de l'écorce de mûriers. Toutes ces précautions étaient appelées *tapu* ou *kapu* (à l'origine "interdit" et "sacré") mot qui devint pour les Européens "tabou".

Marae (ancien lieu de culte polynésien) de Taputapuatea.

Dans les îles Marquises, par exemple, les vêtements et les objets appartenant aux chefs étaient tabous et aucun homme "simple" ne devait les toucher, tout comme la chair de tortue était taboue pour tout autre qu'un chef ou un prêtre. Ces derniers étaient eux-mêmes tabous, ainsi que l'ombre de leurs maisons sur laquelle personne ne devait marcher.

MOAÏ

Qui érigea les statues de l'île de Pâques?

Le Hollandais Jacob Roggewen découvrit l'île en 1722, le jour de Pâques. Depuis, plusieurs anthropologues tentèrent de découvrir le secret de ces gigantesques statues monolithiques, pourvues de grandes oreilles, appelées moaï, qui peuvent atteindre 20 m de hauteur et peser jusqu'à 82 tonnes. Représentent-elles des ancêtres, des dieux ou bien encore des prêtres ou des grands chefs? Toutes les hypothèses furent avancées, cependant, la tradition orale s'étant depuis longtemps perdue, les géants de l'île de Pâques demeurent les seuls témoins d'un culte disparu et inexpliqué.

L'anthropologue scandinave, Thor Heyerdahl s'intéressa plus à l'origine des habitants de l'île qu'à la signification de leurs statues. Aussi retint-il cette légende : Hotu Matua et son peuple "les Longues-Oreilles" auraient quitté leur pays natal, un désert où les animaux et les humains mouraient de chaleur, pour aborder sur l'île il y a plus de 1 000 ans.

Pour Heyerdahl cela ne fait pas de doute, il s'agit des côtes désertiques du Pérou; les auteurs des statues seraient donc des Indiens péruviens. Cette thèse, quoique plausible, n'a toujours pas été prouvée scientifiquement.

PAPOUS

Quels furent les premiers peuples de la Nouvelle-Guinée?

Les anthropologues divisent les habitants de la Nouvelle-Guinée en trois groupes : les Pygmées, vivant dans les forêts du centre de l'île, les Papous (nom qui vient du malais *papuwah*, signifiant "cheveux crépus") et les Mélanésiens qui habitent les côtes et les îles dites mélanésiennes. Des peuplades du Paléolithique pour certaines, auraient été repoussées de ce lieu d'origine par des civilisations asiatiques beaucoup plus avancées.

La Nouvelle-Guinée, longtemps appelée "terre du diable", fut atteinte par de nombreuses vagues d'immigrants négroïdes qui y seraient parvenus au Paléolithique en passant par l'Indonésie : les Négritos, les Papous, les Tasmaniens, les Aborigènes, les Australiens, puis au Néolithique, les Mélanésiens.

Ces séries d'immigrations s'étalèrent de la dernière période glaciaire aux quelques millénaires avant l'ère chrétienne. Les premières traces d'habitants pratiquant l'agriculture et l'élevage datent de 6000 avant J.-C. Malgré leurs caractères physiques dissemblables (taille et coloration de la peau) et leurs différentes cultures (700 tribus aux langages distincts), les populations de Nouvelle-Guinée peuvent être incluses dans la grande famille des Mélanésiens.

CANNIBALISME

Les peuples d'Océanie étaient-ils cannibales?

Le cannibalisme fut longtemps de rigueur dans certaines sociétés primitives, mais uniquement pour des raisons religieuses.

L'anthropophagie, pratiquée en Océanie avant et après l'arrivée des Blancs, engendra une série de fables plus extravagantes les unes que les autres. On accusa les Mélanésiens de faire commerce de chair humaine, de dévorer leurs parents lorsqu'il leur était impossible de se procurer de la viande, de manger des jeunes femmes qu'ils avaient auparavant fait grossir…
D'autres hypothèses concernant ces "farouches cannibales" et ces "coupeurs de têtes" furent ainsi avancées, mais il semblerait que dans la majorité des cas, la raison profonde de l'anthropophagie soit l'idée d'une continuité par-delà la mort.

En mangeant un morceau de la chair d'un mort, les Mélanésiens croyaient pouvoir non seulement s'approprier les qualités qu'il possédait de son vivant – particulièrement le courage et la force –, mais surtout faire demeurer les défunts parmi les vivants.

Papous de Nouvelle-Guinée.

TAHITI

Quand les archipels polynésiens ont-ils été habités?

On imagine mal la quantité de pirogues qui ont dû chavirer et sombrer, ou dériver sur des milliers de kilomètres dans l'océan Pacifique sans jamais toucher terre… Le nombre des victimes de cette épopée est certainement considérable. Sans boussole, avec les voiles rudimentaires de leurs navires à balancier, ancêtres de nos modernes catamarans, les peuples de l'archipel indonésien et de la Nouvelle-Guinée se sont lancés à l'assaut du Pacifique à partir du Xe siècle après J.-C. Sortant à peine du Néolithique, certains en étaient même encore à des stades antérieurs de développement. Pourtant, ceux que le grand explorateur anglais Cook appellera plus tard "les Phéniciens des mers du Sud" parvinrent à occuper les îles des archipels polynésiens de manière progressive, chaque nouvelle génération devant se lancer à l'aventure afin de ne pas aggraver la surpopulation de ces îles minuscules

Tahiti, les îles Carolines, les Marshall, les îles Salomon, attestent une présence humaine dès l'an mille. Les Fidji, les Samoa, pourtant plus proches des bases de départ, ne furent occupées que cent ans plus tard. La Nouvelle-Zélande fut découverte par des pirogues venues des Samoa, de Vanuatu et de Nouvelle-Calédonie vers le XIVe siècle.

Toutes ces populations de la Micronésie et de la Polynésie semblent au croisement des civilisations archaïques de l'archipel indonésien et de la Nouvelle-Guinée; leur type ethnique évoque un mélange entre une forte majorité asiatique, et des éléments négroïdes venus de la Mélanésie.

2

LES CINQ ANTIQUITÉS DU MONDE

LES BASSINS DE CIVILISATION : L'ANTIQUITÉ

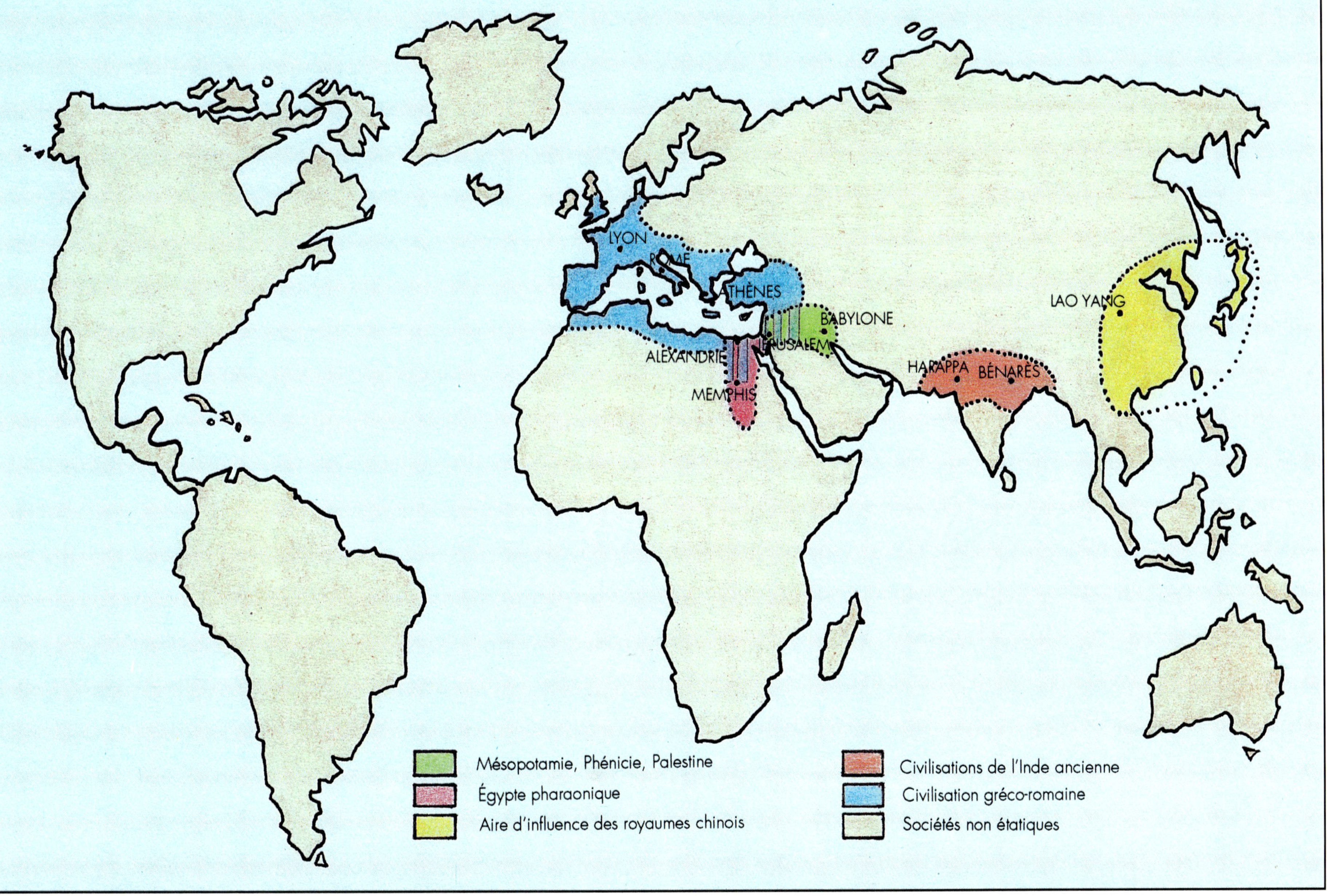

–4500 À +500 : NAISSANCE DES SOCIÉTÉS, ÉCLOSION DES SYSTÈMES DE PENSÉE

Pour la plupart des historiens européens, jusqu'au milieu du XXe siècle, il n'y avait qu'une Antiquité. Ils concentraient donc leur intérêt sur le pays qui avait donné naissance à l'archéologie moderne (l'Égypte), sur celui où était née la démocratie (la Grèce), sur le monde dans lequel le Christ était né (l'Empire romain). Ils situaient le lieu de naissance de toute la civilisation humaine autour du bassin méditerranéen, en laissant de côté l'histoire des autres continents.

En fait, chaque culture a connu un développement spécifique et imaginé des solutions originales aux problèmes inhérents à toute communauté humaine. Il faut donc garder à l'esprit qu'il n'y a pas eu une seule Antiquité. En réalité, plusieurs régions du monde ont émergé à peu près en même temps de la Préhistoire, autour de cinq foyers privilégiés : la Mésopotamie, l'Égypte, la Grèce et Rome, l'Inde, la Chine et le Japon. En Afrique, en Amérique et en Océanie, les habitants, peu nombreux et dispersés, évoluèrent plus lentement. Mais dans l'ensemble on peut dire tout de même que quatre hommes sur cinq au moment de la naissance du Christ étaient concernés, sur tous les continents, par des changements profonds et rapides qui préparèrent l'éclosion de sociétés complexes, de mieux en mieux organisées et décidées à survivre avec la conscience de leur identité.

Urbanisation, agriculture et artisanat, écriture et conquêtes marquèrent cette éclosion quasi simultanée des cinq Antiquités du monde. Ainsi reculèrent et disparurent lentement - ou brutalement - les comportements et les modes de vie primitifs. Par cinq points différents, à la manière de taches d'huile, l'humanité, après s'être contentée de s'étendre sur la Terre, se mit à la conquérir, à se l'approprier. Cette époque antique produisit à la fois des merveilles et des horreurs : long cortège de pillages et de crimes, conquêtes brutales, esclavage généralisé, mais aussi naissance du droit, structuration des religions, construction de systèmes philosophiques cohérents furent communs à la Mésopotamie, à l'Égypte, au monde gréco-romain, à l'Inde, à la Chine et au Japon.

C'est au cours de cette période que l'humanité construisit un grand nombre de merveilles architecturales, afin d'honorer les dieux issus de la nouvelle conception du monde. Le confucianisme, le bouddhisme, la philosophie grecque, l'hindouisme et les mythes égyptiens, la Bible, le judaïsme et le christianisme datent aussi de cette époque. Ils représentent un autre effort architectural, celui qui permit de structurer des idées entre elles. Aujourd'hui, les trois quarts des croyants dans le monde s'intègrent à des systèmes de pensée qui datent de cette période antique.

CROISSANT FERTILE

À quoi ressemblait la Mésopotamie antique?

La Mésopotamie fut avec l'Égypte et sensiblement au même moment l'un des plus brillants foyers de civilisation que le monde ait connu. D'ailleurs, la Bible situe le paradis terrestre du côté de l'Orient. Le mot Mésopotamie signifie en grec le "Pays entre les fleuves". Cette région du Moyen-Orient est en effet enserrée entre deux cours d'eau : l'Euphrate à l'ouest et le Tigre à l'est. Ils coulent parallèlement sur 1 000 kilomètres vers le sud-est pour rejoindre le golfe Persique. Aujourd'hui, c'est un paysage aride, parsemé de pierrailles où les torrents sont presque toujours à sec.

Dans l'Antiquité, le Tigre et l'Euphrate jouaient pour la Mésopotamie le même rôle que le Nil pour l'Égypte. Ils adoucissaient le climat et procuraient de l'eau aux régions environnantes. Pendant la fonte des neiges dans le haut pays, les crues du printemps apportaient des alluvions qui fertilisaient le sol, même si leur excès provoquait des inondations. Cette fertilité exubérante permettait de cultiver le blé et l'orge, mais aussi le raisin, les dattes et les figues.

Les habitants durent accomplir de grands travaux pour endiguer les fleuves, drainer les terres et canaliser les eaux. Leurs maisons et tous leurs édifices étaient bâtis en brique crue, confectionnée avec de l'argile séchée au soleil. C'était en effet le seul matériau dont ils disposaient, car la pierre faisait cruellement défaut dans cette région, à l'exception de l'Assyrie, riche en albâtre.
Entourée au nord et à l'est par des montagnes, au sud et à l'ouest par des déserts, la Mésopotamie a de tout temps suscité la convoitise de ses voisins. Pendant toute son histoire, elle dut continuellement faire face aux invasions.

INVENTION DU DROIT

Pourquoi dit-on que Hammourabi, roi de Babylone, a inventé le droit ?

Au XVIIIe siècle avant J.-C., après la chute des Sumériens, le roi Hammourabi crée l'Empire babylonien. Il est célèbre pour être l'auteur du code qui porte son nom, composé de 282 articles retrouvés au début du XXe siècle, gravés sur une stèle de basalte noir, aujourd'hui conservée au Louvre. Cette stèle montre le dieu Soleil dictant la loi au roi. Ainsi, à cette époque, la source du pouvoir législatif est nécessairement divine. Ce code régit les relations entre les sujets des divers pays réunis sous le commandement du roi. C'est le plus ancien texte de lois connu, bien qu'il s'inspire de codes sumériens antérieurs.

Selon ce code, la société babylonienne était divisée en trois groupes : les hommes libres, les inférieurs et les esclaves. Le droit pénal comportait des sanctions sévères (souvent la peine de mort). Il n'hésitait pas à appliquer la loi du talion : si un homme libre crevait l'œil d'un homme libre, on lui crevait un œil. Mais, s'il infligeait le même sévice à un inférieur ou à un esclave, il devait simplement payer une somme d'argent ou la moitié du prix de l'esclave. Le code d'Hammourabi ignorait la prison et les travaux forcés.

Stèle d'Hammourabi.

TOUR DE BABEL

La Tour de Babel a-t-elle vraiment existé ?

Selon la Bible, dans la Genèse, la Tour de Babel serait la grande tour que les descendants de Noé essayèrent d'élever jusqu'au Ciel. Mais Dieu aurait anéanti leurs efforts insensés en faisant en sorte qu'ils ne se comprennent pas. Il s'agissait vraisemblablement d'une ziggourat, c'est-à-dire d'une construction typique de l'architecture religieuse mésopotamienne : une énorme tour de brique, haute de sept étages, reliés par une rampe en pente douce dont le sommet était censé communiquer avec le ciel. Ainsi, à la base se trouvaient les hommes et en haut les dieux. Cette tour symbolisait un trait d'union entre le ciel et la terre.

Des restes de ziggourat existent dans plusieurs villes, mais le plus connu de ces édifices est l'Etemenanki, tour du grand temple du dieu Mardouk à Babylone dont seul l'emplacement a été retrouvé : c'était la fameuse Tour de Babel. Elle ressemblait à une immense pyramide à gradins mesurant une centaine de mètres à la base et autant en hauteur. Au sommet se dressait le sanctuaire du dieu Mardouk.

Ce n'est pas le seul point commun que l'on puisse relever dans l'histoire des Hébreux et celle des Mésopotamiens. Ainsi, l'épisode du Déluge que Dieu déchaîne pour punir les hommes de leurs péchés existait déjà dans l'épopée de Gilgamesh écrite au IIIe millénaire avant J.-C.

BABYLONE

Pourquoi dit-on que Babylone était la plus belle ville du monde au VIe siècle avant J.-C. ?

C'est sous le règne de Nabuchodonosor II (604-562 avant J.-C.) que le nouvel Empire babylonien atteignit toute sa puissance. Ce roi s'empara par deux fois de Jérusalem et ordonna la déportation des Hébreux. Son pouvoir s'étendait alors sur toute la Mésopotamie.

La ville de Babylone frappa ses contemporains par sa splendeur. Elle fut construite de part et d'autre de l'Euphrate. Un pont de 115 mètres de long reliait la ville neuve à l'ouest et la vieille ville à l'est. La route triomphale pavée sur 22 mètres de large était bordée de murailles de 7 mètres de haut, décorées de céramiques émaillées représentant 120 de lions de couleur fauve se détachant sur fond bleu... La ville était entourée par une double enceinte, séparée par un fossé rempli d'eau : l'enceinte extérieure d'un périmètre de 18 km et d'une largeur de 6,5 mètres et l'enceinte intérieure large de 4 mètres, percée de portes monumentales dont la plus célèbre était la porte d'Ishtar. Haute de plus de 12 mètres, elle était décorée de taureaux jaunes dédiés à Adad (dieu de l'orage) et de dragons blancs dédiés à Mardouk (le dieu créateur du Cosmos et initiateur de l'existence de l'homme). La ville possédait plusieurs palais dont celui de Nabuchodonosor, doté d'une immense salle du trône de 50 mètres sur 15. Non loin se trouvaient les jardins suspendus de Babylone qui comptaient parmi les sept merveilles du monde, ainsi que des édifices religieux et la fameuse Tour de Babel. Dans la ville, les rues se coupaient à angle droit et les maisons comptaient 3 à 4 étages.

La beauté de Babylone était d'autant plus impressionnante que son déclin fut particulièrement rapide. En effet, peu de temps après la mort de Nabuchodonosor en 562, la conquête perse mettait un terme à l'Empire babylonien.

MEILLEURS NAVIGATEURS

Qui étaient les meilleurs navigateurs de l'Antiquité ?

Plusieurs milliers d'années avant J.-C., un peuple sémite, les Phéniciens, s'installe sur une étroite bande de terre comprise entre le mont Liban et la mer Méditerranée.

Du XIe au VIIIe siècle avant J.-C., les Phéniciens vont rester les seuls maîtres de la Méditerranée. Ils constituent pour la première fois dans l'histoire du monde une puissance à vocation exclusivement maritime et commerciale. Ils ne colonisent pas, mais se contentent de jalonner leurs routes de comptoirs et d'entrepôts.

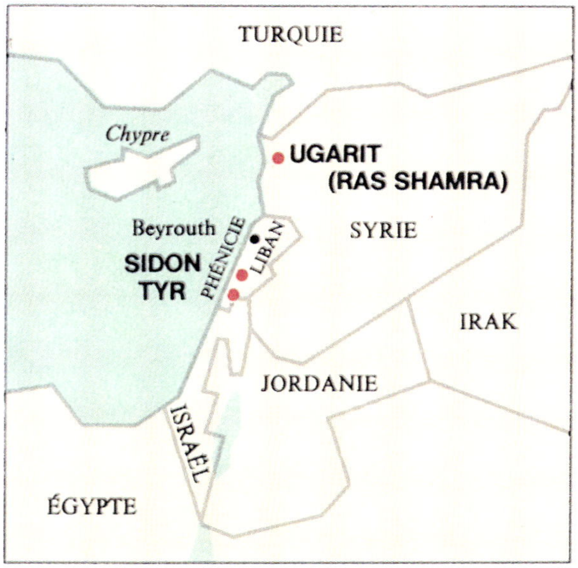

Les frontières de cette carte correspondent au tracé actuel.

Les Phéniciens pratiquent une navigation côtière avec deux types de navires : des galères de combat effilées, munies d'un éperon, mues par des rameurs, et des navires de commerce beaucoup plus lourds, équipés d'une simple voile, dirigés par des rames placées sur les côtés. Ils découvrent le moyen de se diriger sur la mer grâce aux étoiles et au soleil. Leur chance fut d'être situés près des deux régions les plus riches du monde antique : l'Égypte et la Mésopotamie. Ils vont jouer un rôle d'intermédiaires en entreposant et en distribuant les produits de tout l'Orient. Vers 500 avant J.-C., les Phéniciens sont conquis par les Perses, avant d'être intégrés plus tard dans le monde hellénistique.

ÉCRITURE PHÉNICIENNE

Quel fut le rôle des Phéniciens dans le développement de l'écriture ?

La vocation d'intermédiaires des Phéniciens s'est affirmée dans un domaine capital : celui de l'écriture. En effet, au milieu du IIe millénaire, les peuples les plus développés ne disposaient encore que de deux systèmes d'écriture d'une complexité extrême : celui des hiéroglyphes égyptiens et celui des cunéiformes mésopotamiens qui étaient fondés sur des symboles schématiques et un système syllabique exigeant un grand nombre de signes.
Pendant 2000 ans environ, l'écriture fut réservée à une élite, les scribes, qui, après de longues études, acquéraient le monopole des fonctions administratives. Pourtant, il était encore possible de simplifier l'écriture en décomposant la syllabe en consonnes et en voyelles afin d'obtenir un alphabet composé de lettres. Cette simplification ultime de l'écriture constituait une opération très abstraite.

C'est vers 1100 avant J.-C. que les Phéniciens, sans doute dans la ville de Byblos, eurent les premiers l'idée de créer l'alphabet : un système de 22 consonnes remplaçant des milliers de signes et permettant de décomposer tous les mots en sons. Les Grecs améliorèrent le système en y ajoutant des voyelles. Leur alphabet, transmis aux Romains, devint l'alphabet latin que nous utilisons de nos jours.

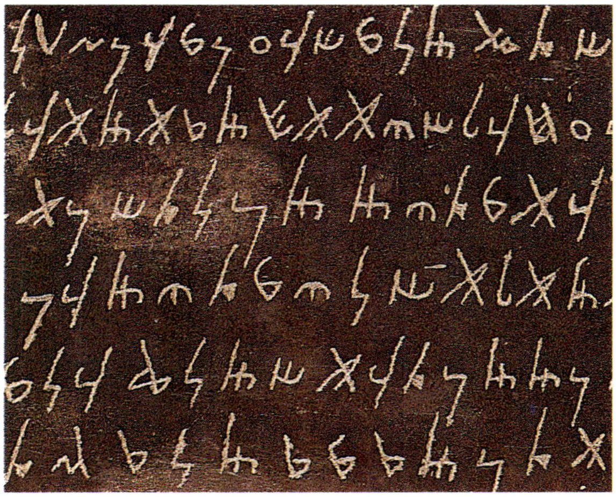

MÈDES ET PERSES

Qui étaient les Mèdes et les Perses?

Sur le vaste plateau montagneux qu'on appelle aujourd'hui l'Iran, entre le golfe Persique, l'océan Indien et les déserts de l'Asie centrale, jusqu'au Caucase et à la mer Caspienne, vivaient des peuples rudes, pasteurs et pillards. Ces tribus se divisaient en deux groupes : au Nord, les Mèdes; au Sud, les Perses. Tout au long du second millénaire avant J.-C. ces deux peuples conquirent peu à peu toute la région, réduisant les autochtones en esclavage. C'est à partir du VIIIe siècle que les Assyriens apportèrent aux Mèdes et aux Perses les éléments d'une civilisation plus brillante.

Le fondateur légendaire de l'Empire médique, Phraortès, donna naissance à une dynastie conquérante : son fils Kyaxarès et son petit-fils Astyage soumirent et unifièrent les tribus de presque tout l'Iran actuel. Mais un vassal perse d'Astyage, Cyrus, qui était peut-être son petit-fils, souleva les tribus perses contre l'empereur mède. En 549 il s'empara de sa capitale, Ecbatane. Dès ce moment, les conquêtes de Cyrus établirent l'unité de l'Empire perse sur les décombres de la civilisation médique. Lorsque après avoir pris Babylone et envahi la Lydie du roi Crésus, Cyrus entra en conflit avec la civilisation grecque naissante, celle-ci ne faisait déjà plus la distinction, appelant indifféremment "Mèdes" ou "Perses" les peuples soumis par Cyrus et ses successeurs, Cambyse, Darius et Xerxès.

CONQUÉRANT

Qui fut le premier grand conquérant?

Nous sommes au VIe siècle avant J.-C. sur la rive nord du golfe Persique. Vers 555, le roi Cyrus réussit à grouper autour de lui les Perses et à les soulever contre le roi des Mèdes, Astyage. Vainqueur de ce dernier, il réunit sous son autorité Perses et Mèdes. Quelques années plus tard, il se heurta aux Lydiens, gouvernés par Crésus, dont la richesse inépuisable est restée proverbiale. À la bataille de Sardes, les chevaux lydiens furent affolés par l'odeur des chamelles que Cyrus avait fait placer à la tête de ses troupes : ce fut un désastre pour les Lydiens! Cette épopée transforma Cyrus en maître incontesté de l'Asie Mineure. Se tournant alors vers l'est, il agrandit ses frontières jusqu'au Syr-Daria et jusqu'à l'Indus.
Fort d'un immense réservoir d'hommes et de richesses, Cyrus songea alors à régler le sort de l'empire de Babylone. La ville fut prise presque sans combat. Elle reçut Cyrus comme un libérateur et non pas comme un conquérant. La reconstruction du temple de Jérusalem fut ordonnée et Cyrus autorisa les captifs hébreux à regagner leur patrie.
À sa mort, vers 530 avant J.-C., seule l'Égypte restait encore insoumise. Elle fut conquise par son fils Cambyse.

Cyrus a fondé le plus grand empire que le monde ait connu jusqu'alors. Ceci s'explique par l'indulgence dont il fit preuve à l'égard des peuples vaincus et de leurs rois, aussi bien Crésus en Lydie que Nabonide à Babylone. Dans cet Orient habitué aux cruautés effroyables, les peuples saluaient les Perses comme des libérateurs. La tolérance et la clémence de Cyrus contribuèrent à maintenir pendant longtemps la paix dans ce gigantesque empire, jusqu'à sa conquête par Alexandre.

LE NIL ET L'ÉGYPTE

Pourquoi dit-on que l'Égypte est un "don du Nil"?

L'Égypte est un désert traversé par un fleuve, le Nil, qui coule du nord au sud sur plus de 6700 kilomètres, du lac Victoria à la mer Méditerranée. De fortes pluies tropicales lui permettent de franchir le Sahara. L'Égypte est protégée à l'ouest et à l'est par le désert. Au sud, les chutes d'eau, les cataractes, arrêtent la navigation et limitent les contacts avec l'étranger. Au nord, sur 1200 kilomètres, l'Égypte se divise en deux parties : la haute Égypte, étroite vallée enserrée par le désert, et la basse Égypte où le Nil se partage en un large delta pour se jeter dans la Méditerranée ; c'est le domaine des marécages, de la chasse, de la pêche, des crocodiles et des hippopotames!

Selon l'historien grec Hérodote, "l'Égypte est un don du Nil". En effet, le développement de la civilisation égyptienne fut conditionné par la crue du Nil. Chaque été, d'août à octobre, les eaux du fleuve envahissaient la vallée pour déposer les limons noirs fertiles qui constituaient alors la plus précieuse richesse de l'Égypte. Cette fertilisation était d'autant plus importante que la crue avait lieu pendant la période des plus fortes chaleurs où l'évaporation est intense.

Mais cette crue nécessitait la main de l'homme pour produire tous ses effets bénéfiques. Elle devait être contenue, répartie grâce à des canaux, des digues, des barrages. Tous ces travaux demandaient un État bien organisé et un pouvoir central fort. Une crue trop forte ou trop faible pouvait avoir des conséquences désastreuses.
Pourtant les Égyptiens firent du Nil un véritable dieu et surnommèrent leur pays "le Noir et le Rouge" pour marquer l'opposition entre les limons noirs fertiles de la crue et le sable rouge du désert.

DYNASTIES ÉGYPTIENNES

Quelles sont les grandes périodes de l'histoire de l'Égypte ?

On divise l'histoire de l'Égypte antique en trois périodes. Les pharaons sont classés en 30 dynasties à partir de Narmer, premier pharaon légendaire qui vécut vers 3100 avant J.-C.

L'Ancien Empire (du 27e au 22e siècle avant J.-C.) : la capitale est à Memphis. C'est au 26e siècle avant J.-C. que l'on construit les grandes pyramides. L'histoire de ces temps reculés est peu connue et se termine par des troubles.
Le Moyen Empire (du 21e au 18e siècle avant J.-C.) : la paix et la prospérité reviennent. La capitale est désormais à Thèbes. Mais les Hyksos, un peuple venu d'Asie, envahissent le delta, puis tout le pays. Leur domination a duré un siècle et demi.
Le Nouvel Empire (du 16e au 11e siècle avant J.-C.) : c'est l'apogée de l'Égypte, tant sur le plan des conquêtes que sur celui des arts (temples de Karnak, de Louqsor, tombeaux pharaoniques de la vallée des Rois). Elle est marquée par le règne des pharaons Ramsès II et Aménophis III.

Enfin, au Ier millénaire avant J.-C., l'Égypte doit affronter les invasions successives des Perses, des Grecs avec Alexandre le Grand qui fonde la ville d'Alexandrie, et des Romains (suicide de la reine Cléopâtre en 30 avant J.-C.). Les Égyptiens abandonnent leurs croyances millénaires aux premiers siècles de l'ère chrétienne.

ÉCRITURE ÉGYPTIENNE

Comment écrivaient les Égyptiens ?

Peu d'écritures sont aussi esthétiques que l'écriture égyptienne. Les hiéroglyphes (du grec "hiéros" : sacré et "glyphein" : graver) étaient sculptés dans la pierre ou tracés au pinceau sur du papyrus fabriqué à partir d'un roseau qui poussait sur les bords du Nil. Le plus ancien spécimen connu se trouve sur la palette de Narmer, datée de 3100 avant J.-C.

On distingue trois sortes de signes :
Les idéogrammes : signes graphiques qui représentent la forme de la chose et non les sons. Par exemple, pour écrire le mot "arbre", on dessine un arbre et pour le verbe "manger", un homme qui met la main à sa bouche.
Des phonogrammes : pour exprimer des mots abstraits, le hiéroglyphe est utilisé pour transcrire un son qui représente le mot ou une partie du mot. C'est le principe du rébus graphique. Par exemple, le mot "chagrin" serait décomposé en deux dessins : un chat et un grain. Les signes peuvent être à la fois des idéogrammes et des phonogrammes. Ainsi, le signe pourra être Râ (le soleil), Râ (le dieu du Soleil) ou le son "ra" comme dans le mot radeau.
Des déterminatifs : ils donnent le sens lorsque deux lectures possibles se présentent.
Les hiéroglyphes s'écrivaient de haut en bas, de gauche à droite ou de droite à gauche selon l'orientation des signes.

SCRIBES

Les scribes jouaient-ils un rôle important ?

L'écriture égyptienne était d'une grande complexité : elle comportait à la fois des idéogrammes et des phonogrammes. À l'époque des pharaons, elle exigeait un long apprentissage et une pratique constante. Le scribe utilisait un pinceau et une palette sur laquelle étaient fixées des pastilles de peinture noire et rouge ainsi qu'un godet pour tremper son pinceau, qu'il passait préalablement sur la couleur choisie. Puis, avec l'écriture démotique, apparaît le calame, un roseau taillé à pointe fine, qui donnait une écriture moins élégante que l'écriture classique.

Le scribe (du latin "scribere" : écrire) représentait l'élément central de l'administration égyptienne. Il tenait les comptes, levait les impôts, dirigeait les travaux, gouvernait villes et provinces. Il occupait ainsi un poste de fonctionnaire parfaitement indispensable dans un État très centralisé.

En effet, savoir écrire dans un pays où la quasi-totalité de la population était analphabète présentait un précieux avantage, ainsi qu'il est dit dans un texte de l'époque : "Sois scribe, cela t'épargnera toute fatigue et tout labeur pénible,… le scribe dirige le travail de tout le peuple, il n'y a pas d'impôts pour lui."

PIERRE DE ROSETTE

Qu'est-ce que la pierre de Rosette ?

En 1799, au cours de l'expédition de Bonaparte en Égypte, un officier français découvrit à Rosette, dans le delta du Nil, un bloc de basalte qui présentait une triple inscription en hiéroglyphes, en démotique (écriture courante égyptienne) et en grec. C'était la pierre de Rosette qui allait permettre le déchiffrement des hiéroglyphes.

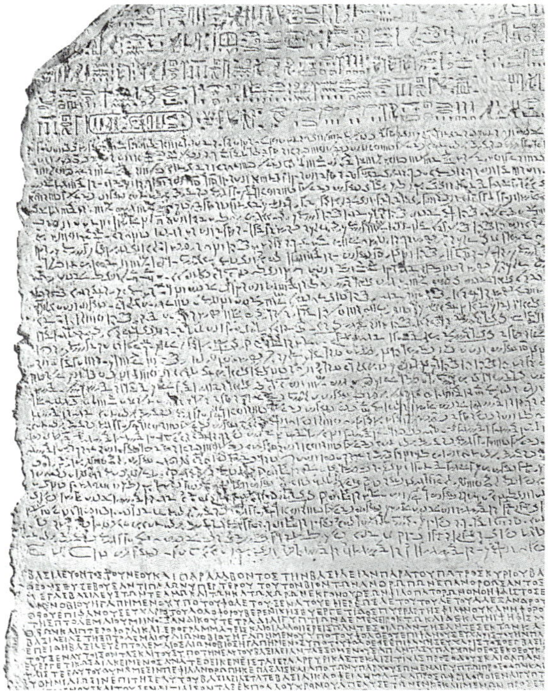

On partit de l'hypothèse que les textes hiéroglyphiques et démotiques ne devaient être qu'une simple traduction du texte grec. Il suffisait donc en partant de l'écriture connue (le grec) de décrypter les écritures inconnues.

C'est alors que Jean-François Champollion (1790-1832), un égyptologue français, réussit à isoler le nom du pharaon Ptolémée. Il lui faudra néanmoins de nombreuses années de recherche pour déchiffrer l'écriture hiéroglyphique et comprendre que l'égyptien est à la fois une langue idéographique et phonétique. Ainsi, dans le nom du pharaon Ramsès, le premier signe correspond au disque solaire Râ (signe idéographique), les autres sont phonétiques puisqu'ils représentent une ou plusieurs lettres. Champollion entreprit la rédaction d'une grammaire de la langue égyptienne et d'un dictionnaire qui resta inachevé à sa mort en 1832.

PHARAON

Quel est le rôle du pharaon ?

Le pharaon est à la fois un dieu et un roi. Considéré comme le "Fils de Râ", le dieu-Soleil, il est le garant de l'ordre universel qui se manifeste concrètement par le mouvement des astres, le lever du soleil ou le retour périodique de la crue du Nil. Sur Terre, c'est le seul interlocuteur possible des dieux. Ainsi, l'absence du pharaon est ressentie par le peuple comme une catastrophe cosmique qui remet en cause le bon ordre du monde.

Souverain de la haute et de la basse Égypte, le pharaon possède la terre et cumule tous les pouvoirs : administratif, religieux, militaire et judiciaire. En pratique, le pouvoir est exercé par des fonctionnaires et, plus précisément, par le vizir (sorte de Premier ministre). Son palais est le centre administratif de l'Égypte entière. Il n'est malheureusement pas à l'abri des complots : plusieurs pharaons ont été chassés du trône ou assassinés par des ambitieux à la recherche du pouvoir.
À sa mort, le pharaon rejoint son père Râ pour l'éternité. Il monte à bord de la barque solaire pour accompagner le dieu dans sa course céleste. Sa tombe, souvent mise en chantier le jour de sa prise de pouvoir, peut prendre des proportions considérables comme en témoignent les pyramides ou les hypogées (tombeaux souterrains) des pharaons du Nouvel Empire.

ATTRIBUTS PHARAONIQUES

Quels sont les attributs du pharaon ?

Dans les représentations, le pharaon se reconnaît aisément à sa taille toujours très supérieure à celle des personnages qui l'entourent. Il porte la couronne rouge de la basse Égypte ou la couronne blanche de la haute Égypte. Parfois, elles sont réunies en une seule qui s'appelle alors le Pschent. Il tient dans ses mains le sceptre, symbole de son autorité sur son peuple, et le fouet représentant le pouvoir de rendre la justice.

Sur son front, l'*uraeus* le protège : c'est un motif ornemental représentant un cobra en fureur qui dresse sa gorge dilatée et dont le souffle brûlant doit anéantir les ennemis éventuels du pharaon.
Enfin, considéré comme un dieu vivant, le pharaon porte souvent une barbe postiche. De même, le pagne royal se distingue du vêtement des simples mortels par la queue de taureau qui pend à sa ceinture.
Le mot "pharaon" apparaît pour la première fois dans la Bible. C'est ainsi que les Hébreux avaient transcrit une expression égyptienne, "la Grande Maison", qui désignait à la fois le palais royal et ses occupants.
Cette expression peut être comparée à celle de "Sublime Porte" qui, par association d'idées, évoquait autrefois le Sultan ottoman, ou à celle de "l'Élysée" qui, pour les Français, désigne le Président de la République.

PYRAMIDES

Pourquoi a-t-on construit les pyramides ?

Dans l'Égypte ancienne, la pyramide est une tombe royale, de base quadrangulaire, à quatre faces triangulaires se rejoignant à leur sommet. Véritable maison d'éternité, le tombeau tient une place considérable dans les croyances religieuses égyptiennes.

Les pyramides n'ont pas encore livré tous leurs secrets, notamment celui de leur construction. Elles ont énormément excité l'imagination des archéologues et ont donné lieu à des théories très fantaisistes sur leur destination : greniers à blé, monuments de la science égyptienne, observatoires astronomiques.
Ce sont les trois pharaons de la IVe dynastie, Chéops, Chephren et Mykérinos, qui firent construire les grandes pyramides de Guizeh au nord-ouest de Memphis, il y a près de 5000 ans. La plus grande d'entre elles, celle de Chéops, était considérée par les Grecs comme l'une des sept merveilles du monde. Elle mesure 230 mètres de côté et atteignait à l'origine 147 mètres de haut. Ses 6 millions de tonnes de pierre auraient nécessité 30 ans de travail et 100000 esclaves. Ses 2 millions de blocs de pierre auraient été tirés sur des plans inclinés construits en terre. La qualité de sa construction est remarquable : les blocs de 2 ou 3 tonnes sont si bien ajustés que les joints n'excèdent pas un demi-millimètre !

SPHINX

Quel est le rôle du sphinx de Guizeh ?

Le sphinx est un monstre fabuleux à corps de lion et à tête humaine. En Égypte, ces statues colossales étaient préposées à la garde des sanctuaires funéraires. Ainsi, le grand sphinx de Guizeh représente le roi Chéphren et veille sur les pyramides. De taille imposante, il mesure 20 mètres de haut et sa tête atteint 4,5 mètres de large. Le sphinx exprime le caractère éternel de l'art égyptien. Sa présence millénaire, sa masse imposante, l'expression impénétrable de son visage symbolisent une puissance qui défie le temps. Encore aujourd'hui, le sphinx exprime la grandeur du peuple égyptien et de son chef, le pharaon. D'Égypte, le thème du sphinx s'est répandu dans d'autres civilisations. Ainsi, on retrouve cette créature dans la mythologie grecque, en particulier dans la légende d'Œdipe.

Aujourd'hui, le sphinx est l'un des édifices les plus menacés d'Égypte. Sculpté dans du calcaire dont la composition n'est pas homogène, il présente une grande fragilité face aux agressions de l'érosion et de la pollution. Ainsi, le cou, taillé dans la partie la moins résistante du rocher, s'effrite dangereusement et sa tête menace de tomber. Aucune des solutions envisagées actuellement pour le consolider ne semble satisfaisante.

AKHENATON

Quel rôle Akhenaton joua-t-il dans la religion égyptienne?

Dans l'histoire des peuples occidentaux, on ne distingue que trois religions qui n'admettent qu'un seul Dieu : le judaïsme, le christianisme et l'islam. Pourtant, au XIVe siècle avant J.-C., le pharaon Aménophis IV de la XVIIIe dynastie croyait en un dieu unique, Aton, symbolisé par le disque solaire. Il était convaincu de son influence sur l'humanité et de son pouvoir pour assurer l'unité du vaste empire égyptien. C'est pourquoi, en l'honneur de ce dieu, Aménophis changea son nom en Akhenaton qui signifiait "la splendeur d'Aton" et fit construire une nouvelle capitale sur le site de l'actuelle Tell el-Amarna.

Mais cette tentative de réforme rencontra une immense opposition de la part du clergé d'Amon, le principal dieu d'Égypte, et de l'ensemble de la population. Ce fut bientôt la guerre ouverte. Le pharaon voulut faire disparaître Amon. Il fit marteler son nom gravé sur les monuments afin de le rendre illisible et détruisit ses statues.

Puis le pharaon négligea la politique étrangère et laissa les Hittites menacer l'Égypte. Peu de temps après sa mort, le culte d'Amon fut rétabli, la nouvelle capitale abandonnée et ainsi disparut la nouvelle religion, tentative aussi brutale qu'éphémère.

Akhenaton et Nefertiti.

TOUTANKH-ATON, TOUTANKH-AMON...

Toutankhamon fut-il un grand pharaon?

Gendre d'Aménophis IV, le pharaon hérétique, Toutankhamon lui succède très jeune et prend alors le nom de Toutankhaton, en hommage à la nouvelle religion fondée sur Aton que symbolise le disque solaire. Trois ans plus tard, Thèbes redevient la capitale de l'Égypte. Reprenant alors le nom de Toutankhamon, le pharaon consacre le retour du culte d'Amon et sauve son pays de la guerre civile. Il meurt très jeune, vers l'âge de 18 ans, en 1352 avant J.-C.

C'est bien après sa mort, plus de 3000 ans plus tard, que Toutankhamon accéda à la célébrité. Pendant le Nouvel Empire, les tombes des pharaons furent creusées dans la montagne, face à la ville de Thèbes, la fameuse vallée des Rois. Mais elles furent l'objet de pillages systématiques et ne laissèrent que peu de traces. Pourtant, le 5 novembre 1922, l'archéologue anglais Howard Carter découvrit le tombeau intact de Toutankhamon. Il contenait des lits, des cercueils, des carrosses, des statues, des candélabres en or. Devant de telles richesses, offertes à un pharaon inconnu, on ose à peine imaginer ce que pouvait contenir la tombe de Ramsès II, l'un des plus célèbres rois d'Égypte...

VIE QUOTIDIENNE

Comment se déroulait l'année d'un paysan égyptien ?

Les paysans formaient l'immense majorité de la population de l'Égypte, et étaient à l'origine de sa richesse. Le Nil conditionnait la vie du paysan égyptien.

En effet, l'année agricole se divisait en trois périodes. Pendant la crue d'été, d'août à septembre, le paysan était employé sur les chantiers du pharaon à la construction des temples et des pyramides. Puis, en octobre, il labourait son champ à l'aide d'une houe (sorte de pioche) ou d'un araire (ancêtre de la charrue) et semait le grain dans une terre encore meuble et humide. Enfin, en avril et mai, la saison des récoltes commençait. Puis revenait la crue.

Les plantes cultivées étaient bien sûr des céréales (blé, orge), mais aussi des légumes (fèves, lentilles). Le lin et la vigne poussaient bien dans ce pays. L'existence des paysans était cependant difficile. En effet, la terre appartenait au pharaon. Chaque année, ses fonctionnaires (les scribes) percevaient les impôts. Celui qui ne pouvait payer était bastonné, mis en prison et dans les cas plus graves, mis à mort. Le paysan vivait très modestement dans une maison de terre construite non loin de ses champs. Il portait un simple pagne et marchait pieds nus.

AMON, ANUBIS, HORUS...

Quels étaient les principaux dieux égyptiens ?

D'après Hérodote, "les Égyptiens sont les plus religieux de tous les hommes". Les Égyptiens sont avant tout polythéistes. En effet, les dieux de l'Égypte se comptent par centaines. Nombre de divinités égyptiennes présentaient un corps humain et une tête d'animal (Horus le faucon, Anubis le chacal, Thot l'ibis, Khnoum le bélier, Sobek le crocodile).

D'une façon générale, le culte des animaux a beaucoup marqué les Anciens qui notent que les Égyptiens, pendant une période de famine, préféraient se dévorer entre eux plutôt que de manger les animaux sacrés. Ce culte a eu beaucoup de succès auprès du petit peuple. Ainsi, on adorait Bastet, la déesse chatte. D'autres dieux représentent des éléments naturels : c'est le cas de Geb (la terre), Nout (le ciel), Hâpy (le Nil). Certains dieux étaient adorés dans toutes les régions d'Égypte, d'autres dans certaines régions uniquement. Râ, le dieu-Soleil d'Héliopolis est associé avec Amon de Thèbes et forme Amon-Râ, le roi des dieux. Certains hommes furent divinisés après leur mort. Ainsi, Imhotep, le ministre-architecte, constructeur de la première pyramide, devint un dieu guérisseur. On l'appela Asclépios chez les Grecs et Esculape chez les Romains. Enfin, Osiris, le dieu des morts, occupait une place à part.

Épisode de la vie agricole en Égypte.

OBÉLISQUES

Comment construisait-on les obélisques ?

L'obélisque est un bloc de pierre, généralement en granit rose d'Assouan, présentant une base quadrangulaire et taillé en forme de pyramide très élancée. Le sommet est recouvert d'or alors que les quatre faces sont gravées d'inscriptions. Symboles solaires dans l'Égypte pharaonique, ces monuments étaient dressés par paires de part et d'autre de l'entrée des temples, devant les pylônes. Celui de la reine Hatshepsout dans le temple d'Amon à Karnak mesure 30 mètres de haut et pèse 320 tonnes. Le plus grand (42 mètres) se trouve dans les carrières d'Assouan et est resté inachevé.

Après avoir choisi dans la carrière une surface sans défaut, les Égyptiens délimitaient les contours de l'obélisque en creusant une profonde tranchée. La partie la plus difficile du travail consistait à détacher la face inférieure. Des trous étaient alors creusés dans lesquels on enfonçait des coins de bois. Ces derniers étaient humidifiés afin qu'en se dilatant ils fassent éclater la roche, libérant ainsi le monolithe.
L'obélisque qui se dresse sur la place de la Concorde à Paris depuis 1836 fut offert à la France. Il marquait l'entrée du temple d'Amon à Louqsor. Haut de 24 mètres, il pèse 250 tonnes.

OSIRIS

Quelle est la légende d'Osiris ?

Osiris, fils de Nout (le ciel) et Geb (la terre) était le modèle du bon roi qui enseigne aux hommes le respect des dieux, l'agriculture et l'ordre universel. Jaloux de lui, son frère Seth le tua et dépeça son corps en quatorze morceaux qu'il dispersa. La femme d'Osiris, Isis, rassembla alors son corps démembré afin qu'il soit momifié par le dieu embaumeur à tête de chacal, Anubis. Son fils, Horus, se révolta contre Seth et après l'avoir vaincu, reprit l'héritage de son père et devint souverain d'Égypte. À ce titre, il est considéré comme le père de tous les pharaons.

Osiris est toujours représenté sous forme humaine. Il est le dieu des morts et le symbole de la vie dans l'au-delà. Ainsi, le peuple était persuadé que pour revivre après la mort, il suffisait comme pour Osiris de répéter sur le corps des défunts les gestes magiques d'Isis et les prières d'Horus et de Thot.
Abydos, en haute Égypte, devint la ville sacrée d'Osiris. Un temple fut construit à sa mémoire et devint un important centre de pèlerinage. Osiris et Isis furent les divinités les plus populaires d'Égypte : le culte d'Isis s'étendit bien au-delà du Nil.

Triade d'Osorkon en l'honneur d'Osiris.

MOMIFICATION

Qu'est-ce que la momification ?

Pour les Égyptiens, la mort conduit à une autre forme de vie et le corps est habité par plusieurs principes vitaux. Le plus important est le "Ka", l'énergie vitale du mort, qui ne survit que si le corps n'est pas détruit. Cette croyance a donné naissance à la momification qui fut d'abord réservée au roi, puis étendue à toute la population.

Cette opération comportait plusieurs étapes. Les embaumeurs enlevaient du corps les éléments putrescibles comme le cerveau et les viscères. Ces derniers étaient placés dans des urnes funéraires au couvercle en forme de tête humaine ou animale, appelées aussi canopes. Puis le corps était rempli de myrrhe, de cannelle et autres parfums. Après avoir été recousu, il était plongé pendant 70 jours dans un bain de natron qui assurait sa conservation. Ce délai écoulé, il était lavé, puis enveloppé de bandelettes de lin très fin, imprégné de gomme.

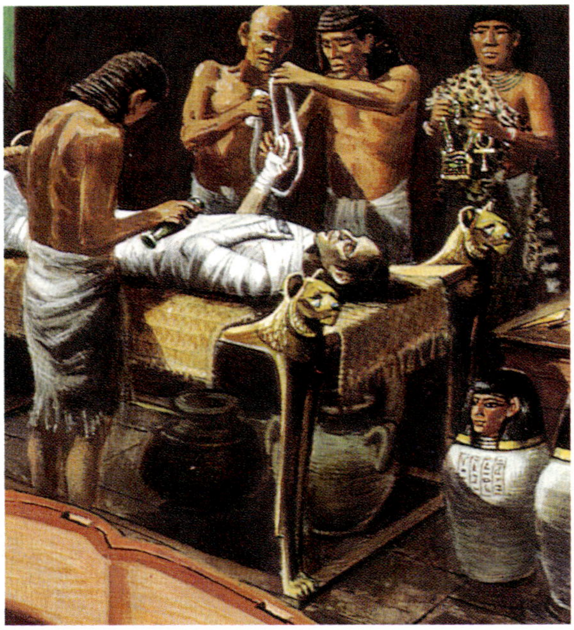

On rendait ensuite à la famille du défunt la momie placée dans un coffre de bois taillé à l'image de la forme humaine, le sarcophage. Il existait à cette époque un embaumement de deuxième et troisième classe pour les Égyptiens peu fortunés ou de catégorie plus modeste…

JUGEMENT D'OSIRIS

Qu'est-ce que le jugement d'Osiris ?

Lors des cérémonies funéraires égyptiennes, le sarcophage et le mobilier du défunt étaient placés dans la tombe et scellés pour toujours. Une chapelle était érigée pour recevoir des offrandes (nourriture). Grâce à ces dons, le mort pouvait continuer à vivre dans le monde souterrain, appelé royaume d'Osiris.

Avant de pouvoir revivre dans un monde de l'au-delà, le mort devait d'abord subir un jugement dans une salle de tribunal, présidé par Osiris, assisté d'Isis et de Nephtys. Le défunt, vêtu de lin blanc, était présenté par Anubis. Il prononçait alors la "confession négative" qui consistait à démontrer que sa vie avait été juste. Elle comportait une série de phrases comme "je n'ai pas fait le mal, je n'ai pas affamé, je n'ai pas tué". Son cœur était ensuite placé sur l'un des plateaux d'une balance, sur l'autre se trouvant la déesse Maat (Justice et Vérité), symbolisée par une plume.
Thot, le dieu à tête d'ibis, contrôlait la pesée, les deux plateaux devant s'équilibrer. Près de la balance, se tenait un monstre, la "Grande Dévorante" qui mettrait en pièces le défunt si le jugement était défavorable.
Dans le cas contraire, le mort était admis dans le royaume d'Osiris ou "champs d'Ialou", qui symbolisait l'Égypte. Il y retrouvait ses activités terrestres. Heureusement, les oushebti, petites statuettes, travaillaient pour lui.

ORIGINES DU JUDAÏSME

Pourquoi la religion des Hébreux marqua-t-elle particulièrement le monde antique?

Les Hébreux étaient un petit groupe de pasteurs nomades installés en Mésopotamie. D'après la Bible, vers 1760 avant J.-C., Dieu ordonna au patriarche Abraham d'emmener son peuple vers le Pays de Canaan (la Palestine actuelle) et promit de donner cette région à ses descendants. Après avoir vécu là sous la conduite des patriarches Isaac et Jacob, les Hébreux, chassés par une famine, s'installèrent en Égypte dans le pays de Gochen, mais ils furent bientôt réduits en esclavage.

C'est alors que le Pharaon ordonna de noyer tous les nouveau-nés. L'un d'eux échappa à la mort. On l'appela Moïse, "sauvé des eaux". Lorsqu'il fut devenu adulte, Dieu lui ordonna de délivrer son peuple pour le conduire hors d'Égypte. Après la traversée miraculeuse de la mer Rouge, Moïse reçut de Dieu, sur le Mont Sinaï, les dix commandements gravés sur des tables de pierre, les *Tables de la Loi*. Un coffret de bois fut alors construit pour les conserver : c'est l'*Arche d'Alliance*. Après avoir guidé les Hébreux pendant 40 ans dans le désert, Moïse mourut avant de pénétrer en Palestine, la Terre promise.

À une époque où toutes les civilisations étaient polythéistes, les Hébreux célébraient un Dieu unique : Yahvé. Jaloux et puissant, celui-ci conclut avec Abraham, puis avec Moïse, une alliance fondée sur la Loi (la Thora) et les dix commandements. La Thora est un pacte entre Dieu et son peuple. Celui-ci accepte la Loi et Dieu, en retour, lui donne la Terre promise. Lorsque la Loi n'est pas respectée, des prophètes annoncent la condamnation à l'exil, considéré comme un châtiment : c'est la Diaspora. Mais si Dieu punit, il sait aussi pardonner. De là vient la confiance des Juifs dans leur Dieu, même aux moments les plus sombres de leur histoire.

David emporte l'Arche d'Alliance. Miniature extraite d'un manuscrit du Moyen Âge.

PALESTINE

Comment les Hébreux ont-ils conquis la Palestine ?

C'est au XIIIe siècle avant J.-C. que les Hébreux, sous la conduite de Josué, pénètrent en Palestine. Ils vont se heurter aux Cananéens qui occupent l'intérieur des terres et aux Philistins, un peuple de la mer qui s'est installé sur la côte et qui possède des armes en fer. Divisés en douze tribus, les Hébreux mettent à leur tête des Juges. Chefs élus, ils cumulent les pouvoirs militaires et judiciaires. Les plus célèbres furent Deborah et Samson.

Au XIe siècle avant J.-C., les Philistins font peser une forte menace sur les Hébreux et obligent ces derniers à abandonner l'organisation en tribus et à renforcer leur unité nationale en se donnant une monarchie. Le Juge Samuel désigne comme roi Saül. Celui-ci meurt dans la bataille de Gelboé, remportée par les Philistins, et David lui succède. Rendu célèbre par son combat contre le géant philistin Goliath et son maniement de la fronde, David, grâce à ses victoires militaires, est le véritable créateur du royaume d'Israël. Il fait de Jérusalem sa capitale et y installe l'Arche d'Alliance.

À la mort de David, en 970, c'est son fils Salomon qui lui succède. Sous son règne, le royaume d'Israël atteint son apogée. Mais lorsqu'il meurt en 930, les tribus se divisent pour former deux royaumes : celui de Juda et celui d'Israël. Ils disparaîtront tous les deux, conquis par les Assyriens et les Babyloniens. Pour les Hébreux va débuter la période sombre de la Diaspora (la dispersion, l'exil).

TEMPLE DE SALOMON

À quoi ressemblait le temple de Salomon ?

Après s'être servis durant leur séjour dans le désert d'un temple portatif qui abritait l'Arche d'Alliance, les Juifs entreprirent au Xe siècle avant J.-C., sous le règne de Salomon, la construction du temple de Jérusalem. Mais la Palestine ne possédait pas de forêts assez riches pour fournir le bois nécessaire. C'est le prince phénicien de Tyr qui apporta les fameux cèdres du Liban. Pendant sept ans, 170 000 ouvriers travaillèrent à l'édification de ce temple.

Il s'agissait d'un vaste ensemble de cours, d'édifices et de murailles. On pénétrait dans une première cour autorisée aux non-Juifs (le *parvis des Gentils*), puis, à l'intérieur, dans une seconde cour surélevée où seuls les Juifs pouvaient pénétrer nu-pieds. Elle était divisée en trois : le parvis des femmes, le *parvis d'Israël* et le *parvis des prêtres*. C'est ici que se trouvait la "Mer d'Airain", énorme vasque de bronze de 5 mètres de diamètre sur 2,5 mètres de profondeur qui servait aux prêtres pour leurs ablutions rituelles.

Le sanctuaire proprement dit, de dimensions modestes, était divisé en trois parties : le vestibule, le Saint et le Saint des Saints qui abritait l'Arche d'Alliance contenant les Tables de la Loi. Sanctuaire unique, le Temple de Jérusalem fut entièrement détruit en 586 par Nabuchodonosor, roi de Babylone. Un second temple construit par Hérode fut incendié par les Romains en 70. Le seul vestige, le Mur des Lamentations, est devenu le lieu de ralliement des Juifs du monde entier.

Rideau de l'Arche de la loi.

MINOTAURE

Quelles sont les origines mythologiques de l'histoire de la Crète?

Un jour, Zeus, le roi des dieux, aperçut la belle Europe. Prenant la forme d'un taureau blanc, il emmena la jeune fille jusqu'en Crète. Elle lui donna alors trois fils, dont Minos. Devenu roi de Crète, Minos dota le pays des lois les plus justes, fonda cent grandes villes dont la principale fut Cnossos et se rendit maître de toute la Méditerranée. Mais Pasiphaé, son épouse, engendra un terrible monstre, le Minotaure, moitié homme, moitié taureau, qui se nourrissait de chair humaine. Minos décida de le cacher et fit construire un labyrinthe par son architecte Dédale.

Chaque année, les Athéniens devaient envoyer 7 jeunes garçons et 7 jeunes filles en pâture au monstre. Décidé à le tuer, Thésée, fils du roi Égée, prit place parmi eux. Ariane, fille de Minos, tombée amoureuse de Thésée, lui procura un fil qui lui permit de sortir du labyrinthe après avoir tué le monstre. Furieux, Minos, soupçonnant Dédale de complicité, l'emprisonna avec son fils Icare dans le labyrinthe. Mais ceux-ci réussirent à s'enfuir en se confectionnant des ailes faites de plumes et fixées avec de la cire. Hélas, Icare vola si haut que la chaleur du soleil fit fondre la cire de ses ailes : il s'écrasa sur une île de Méditerranée…

Sur le chemin du retour, Thésée oublia de hisser la voile blanche de son bateau en signe de victoire comme il l'avait promis à son père. Égée, voyant la voile noire, crut que son fils avait péri et se jeta dans la mer qui porte aujourd'hui son nom.
Guidés par cette légende, les archéologues Schliemann et surtout Evans entreprirent des fouilles sur le site de Cnossos où siégeait le palais de Minos. L'Anglais Evans fut le premier à établir une chronologie de la Crète antique. Il tenta même de reconstruire certaines parties du palais découvert à Cnossos.

LE LABYRINTHE DE CNOSSOS

À quoi ressemblait le palais de Cnossos?

Cnossos, ville située sur la côte nord de la Crète, fut le principal centre de la civilisation minoenne. Elle connut ses heures les plus brillantes entre 1700 et 1400 avant J.-C., alors que des souverains connus sous le nom énigmatique de Minos y avaient installé leur résidence. Au début du siècle, des fouilles, dirigées par l'archéologue anglais Evans, ont mis au jour les restes d'un vaste palais.

Le palais comprenait plus de 1 300 pièces formant un ensemble qui s'élevait, à certains endroits, sur 4 ou 5 étages. On y trouvait des salles d'audience, des bureaux, des cours, des terrasses, des magasins, des lieux réservés aux cérémonies religieuses. Toutes ces salles étaient organisées autour d'une cour centrale rectangulaire, centre vital du palais.

Le long des murs des magasins, d'énormes jarres en terre cuite (les pithois) contenaient du vin, de l'huile ou du blé. On a retrouvé des traces de canalisations, de salles de bains, de toilettes, autant d'aménagements modernes étonnants pour l'époque. Autour du palais qui n'était pas fortifié, s'étendait une ville dont on estime que la population, au IIe millénaire avant notre ère, s'élevait à 80 000 ou 100 000 habitants. Il n'est donc pas étonnant que la complexité de ce palais ait donné naissance à la légende du labyrinthe habité par un monstre connu sous le nom de Minotaure.

SANTORIN

Comment expliquer la fin soudaine de la Crète antique?

Caractérisée par un grand raffinement, cette civilisation a influencé l'ensemble du monde méditerranéen. Elle comptait de nombreux palais, comme celui de Cnossos et, dotée d'une flotte puissante et surtout persuadée d'être invincible, elle négligea la construction de fortifications autour de ses résidences royales. La Crète connut une longue période de paix intérieure. Pourtant, cette civilisation si brillante, qui a duré environ 1 500 ans, de 3000 à 1400 avant J.-C. disparut brutalement.

Les spécialistes mettent en avant deux hypothèses, qui ne s'excluent d'ailleurs pas :
– Tout d'abord, la Crète aurait connu un tremblement de terre responsable de la destruction des villes et des palais, provoqué par une éruption volcanique, qui serait à l'origine de cette disparition (peut-être celle du volcan de l'île de Théra à Santorin, entre 1500 et 1470 avant J.-C.).
– Ensuite, on pense à une invasion brutale de peuples étrangers à partir de 1450. Probablement s'est-il agi des Achéens, ancêtres fondateurs de la civilisation grecque.

Quelle qu'en soit la cause, la décadence de la civilisation crétoise fut irrémédiable. Les Achéens et surtout les Phéniciens supplantèrent les Crétois en s'assurant l'hégémonie en Méditerranée. Après l'invasion des Doriens vers 1100 avant J.-C., la Crète ne joua plus qu'un rôle insignifiant dans l'histoire grecque. Pourtant, c'est sans doute par son art de vivre, son raffinement, sa prise en compte de l'individu qu'elle marqua le plus les civilisations voisines.

GRÈCE D'HOMÈRE

Quels étaient les grands traits de la civilisation homérique?

Le monde décrit dans l'*Iliade* et l'*Odyssée* est celui des Achéens. Mais sur bien des points les rédacteurs de ces textes ont inclus dans leur poème épique des éléments tout à fait postérieurs, aussi bien en ce qui concerne les usages sociaux, l'art de la guerre, que les vêtements ou les habitudes alimentaires. On doit donc plutôt se fier aux découvertes archéologiques qu'aux textes d'Homère pour se faire une idée de la vie quotidienne des peuples qui, venus d'Europe centrale à partir de 2000 avant J.-C., s'établirent peu à peu en Grèce et durent céder la place ensuite, vers l'an 1000, aux envahisseurs doriens.

Les Achéens ont détruit puis remplacé en Grèce continentale et en Crète (conquise vers 1450) la civilisation égéenne initiale. L'économie de leur monde reposait sur l'élevage, assuré par les couches élevées de la société, et l'agriculture, dont la charge incombait aux pauvres et aux quelques serfs et esclaves vivant en marge de cette société féodale archaïque. De nombreuses places fortes (Mycènes, Tirynthe, Argos, parmi les plus impressionnantes) attestent de l'insécurité générale et des rivalités violentes de ces seigneurs qui surent pourtant s'unir pour partir ensemble, vers 1300 avant J.-C., à la conquête de la lointaine Troie.

Les Achéens portaient la barbe et les cheveux longs; ils ne connaissaient guère la monnaie, et pratiquaient plutôt le troc de lingots de fer de bronze ou d'or.

Hospitaliers en temps de paix, ils se transformaient en pillards féroces au moindre désaccord. Les guerriers, réunis en assemblées égalitaires, pratiquaient une démocratie directe primitive et élisaient un chef pour les expéditions militaires. Ils croyaient aux dieux du Ciel et des Enfers, brûlaient leurs morts ou les enterraient dans de somptueuses tombes à coupole (les tholos).

Mycènes : masque funéraire en or d'Agamemnon.

GUERRE DE TROIE

La guerre de Troie a-t-elle eu lieu ?

Deux faits corroborent la réalité d'un conflit ancien entre la civilisation grecque archaïque et les occupants des détroits qui séparent l'Europe de l'Asie. Tout d'abord, les ruines découvertes au siècle dernier sur le site d'Issarlik (en Turquie) mettent en évidence le caractère stratégique de cette place forte ainsi que la coïncidence de sa destruction avec la date supposée de la "guerre de Troie". Ensuite, la colonisation, au cours du premier millénaire avant J.-C., de toute la côte ouest de l'Asie Mineure par les Grecs prouve que la destruction du "verrou troyen" a permis l'extension grecque en mer Égée puis en Méditerranée orientale.

Un conflit important, de caractère stratégique, a donc bien opposé les derniers rois mycéniens aux peuples qui contrôlaient à l'époque le verrou maritime des Dardanelles et du Bosphore. On peut en revanche douter de la réalité des faits décrits deux à trois siècles plus tard par les poètes qui furent à l'origine de la rédaction de l'*Iliade* et de l'*Odyssée*. On n'a trouvé nulle trace du cheval de bois qui aurait permis la prise de la ville, auquel pourtant les Anciens croyaient avec une totale unanimité. La brèche observable dans l'une des murailles du site d'Issarlik pourrait-elle être celle que, selon Homère, les Troyens pratiquèrent pour faire entrer l'énorme cheval de bois dans leurs murs ? Rien n'est moins sûr. Les armes, les objets divers trouvés sur place attestent bien de combats, de destructions et d'incendies.

Mais les premières fouilles furent pratiquées par Schliemann, dès 1871, de manière peu rigoureuse. Les objets, souvent mélangés, ne peuvent nous renseigner avec grande précision. Les chercheurs contemporains sont tout de même parvenus à dater la prise de la Troie du roi Priam entre 1300 et 1250 avant J.-C.

Reconstitution du légendaire cheval de Troie.

ULYSSE

Qui était Ulysse ?

Ulysse (Odusseus, en grec ancien) était le roi d'Ithaque, petite île de la mer Ionienne, située entre la Grèce continentale et l'Italie. La patrie légendaire du "Rusé Ulysse", comme le nomment les poèmes homériques, était l'une des plus éloignées de la ville de Troie. Ulysse mit donc très longtemps à regagner son île d'Ithaque, après la chute de la cité troyenne. Le récit de ses mésaventures est rapporté dans un long poème, l'"Odyssée", au terme duquel le héros, de retour dans sa patrie, retrouve sa fidèle épouse Pénélope.

La réalité de l'existence historique d'Ulysse ne peut bien évidemment pas être démontrée. Le personnage a peut-être réellement vécu, mais il faut plutôt le prendre comme le symbole du sang-froid, de la ruse et du courage, qualités que les rois grecs n'avaient pas toujours en même temps. Dans l'*Iliade*, Homère rapporte de nombreux exemples de cette ruse d'Ulysse et souvent sa duplicité n'est guère sympathique. À d'autres moments, il ramène le calme par son bon sens. Le poète lui attribue l'idée du cheval de bois rempli de soldats grecs qui, à la nuit tombée, envahissent la ville et donnent le signal du carnage. Ulysse reste dans l'histoire militaire l'inventeur du plus célèbre et du plus ancien des pièges qui aient été tendus à un ennemi trop naïf et crédule.

Représentation médiévale d'Ulysse et ses compagnons.

NAISSANCE DE LA GRÈCE

Comment dater les débuts de la civilisation grecque proprement dite ?

Pour les Grecs de l'Antiquité, l'acte fondateur de leur monde était la guerre de Troie. Mais les légendes accumulées par les envahisseurs successifs, peu à peu assimilés aux populations locales, montrent bien que le fait culturel grec est très antérieur. Pourtant, bien qu'ancienne, la conscience grecque a mis plus de deux millénaires à se constituer : même si les Grecs avaient tous un sentiment d'appartenance nationale commune, exprimée à travers leurs croyances, leurs mœurs, ou tout simplement par leurs Jeux Olympiques et leurs villes sacrées, jamais ils ne parvinrent à une véritable unité politique, du moins tant que les cités demeurèrent indépendantes et donc rivales.

Fouilles d'Akrothiri (Crète).

On peut considérer que la civilisation grecque débute aux alentours de 2000 avant J.-C., avec l'arrivée des Achéens. La conquête de la Crète vers 1450, celle de Troie un siècle et demi plus tard, cimentent une unité culturelle que l'invasion dorienne de 1100 ne parvient pas à détruire. Vers 800 avant J.-C. tous les éléments, militaires, économiques et culturels sont en place pour permettre la domination en Méditerranée orientale, de la côte sud de l'Italie aux confins de la Palestine, d'une civilisation maritime et commerçante dont le mode de vie deviendra rapidement un modèle pour l'Occident tout entier.

CAPITALE : ATHÈNES

D'où venait la puissance d'Athènes?

La région d'Athènes, appelée "Attique", a connu un peuplement très ancien : habitée depuis le Néolithique, cette péninsule a subi les invasions achéennes puis doriennes. Sa population s'était regroupée en de nombreux villages et villes. La cité d'Athènes, fondée en 1582 avant J.-C. par le légendaire Cécrops, mena un rude combat pour repousser vers le Péloponnèse les envahisseurs doriens autour de 1100 avant J.-C. De cette époque date l'opposition politique et économique avec la ville dorienne de Sparte qui aboutira à une guerre meurtrière et fratricide aux Ve et IVe siècles avant notre ère.
Les habitants de l'Attique surent mettre en valeur un sol pauvre (un tiers à peine des sols étaient cultivables) dans le cadre d'une économie marchande résolument tournée vers l'exportation : ils devinrent les premiers producteurs d'huile d'olive et de vin en Grèce. En déboisant leurs collines, en exploitant les carrières de marbre de l'Attique, les Athéniens devinrent des maîtres dans l'art de la construction des navires et leur savoir-faire architectural influença toute la Grèce.

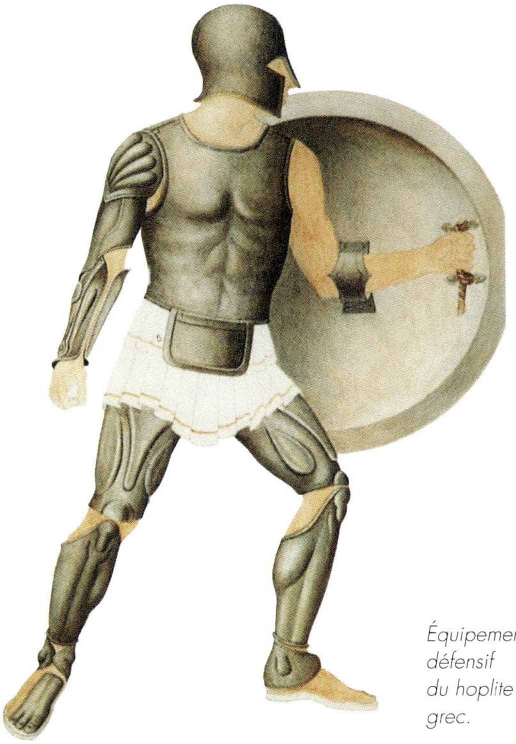

Équipement défensif du hoplite grec.

Maîtres du transport maritime, habiles banquiers et commerçants, les Athéniens inventèrent puis utilisèrent les premières monnaies. Leurs mines de fer, d'argent et d'or, la beauté de leurs céramiques, la qualité de leur production artisanale et l'efficacité de l'organisation de leurs ports et de leurs marchés concentrèrent entre les mains des habitants de l'Attique et plus particulièrement de la caste des propriétaires fonciers, des armateurs et des commerçants, une puissance économique considérable qui ne tarda pas à se traduire par une domination militaire sur le monde grec.

Acropole d'Athènes, le Parthénon.

GRECS CONTRE PERSES

Qu'a-t-on appelé "Guerres médiques"?

Dans l'histoire grecque, les Guerres médiques sont le premier jalon qui marque la montée de la puissance athénienne et le recul des civilisations de l'Orient devant l'expansion des peuples européens. À l'issue de ce conflit long de cinquante ans, l'Empire perse se replia sur lui-même tandis que la confédération grecque, menée par la puissance athénienne, parvint à se rendre maîtresse de tous les échanges commerciaux importants en Méditerranée.

L'empereur perse (les Grecs disaient parfois "mède") Cyrus s'était emparé des villes tenues par les Grecs sur la côte de l'Asie Mineure (Ionie). La révolte, soutenue par Athènes, fut matée par l'empereur Darius. Puis les Perses tentèrent en 490 avant J.-C. un débarquement près de Marathon, à 43 km au nord d'Athènes. Repoussés par 10 000 Athéniens, ils revinrent quelques années plus tard, menés par l'empereur Xerxès. Retenu aux Thermopyles par une poignée de Spartiates, l'empereur perse fut vaincu à Salamine par la flotte athénienne de Thémistocle en 480. D'autres défaites perses (Platées, Mycale, Eurymédon) achevèrent de débarrasser les côtes de la mer Égée de la présence des Mèdes. En 479 toute la côte ionienne était libérée, puis celle de la mer Noire, et enfin la Thrace en 475. La confédération de Délos, dirigée par Athènes, était assez puissante en 449 pour imposer à l'empereur de ne placer aucun soldat à moins de trois jours de marche des côtes de la mer Égée!

Casque de Miltiade.

SPARTE

Quelle particularité la ville de Sparte présentait-elle?

La ville de Sparte est une création des envahisseurs doriens des XIIe et XIe siècles avant J.-C. Ces guerriers, venus du Nord, ne connaissaient que les vertus de la guerre. Leur vie, austère et belliqueuse, imposa à toute la population conquise de la Laconie (au centre et au sud du Péloponnèse) un style de gouvernement et des habitudes qui tranchaient terriblement avec les aspirations des autres cités grecques.

Statue récente de Léonidas à Sparte.

Peu enclins, contrairement aux Athéniens par exemple, aux activités artistiques, ils développèrent un modèle de société très hiérarchisée, gouvernée par deux rois, cinq administrateurs (les *éphores*) et une aristocratie farouchement attachée à ses prérogatives. L'efficacité de l'enseignement militaire dispensé dans des écoles-pensionnats obligatoires fit de nombreuses fois ses preuves. Ainsi, Léonidas, avec seulement 300 hommes, retint trois jours aux Thermopyles des dizaines de milliers de Perses… Par la suite, les guerriers spartiates vinrent à bout de l'immense empire maritime athénien à l'issue d'un conflit long de plusieurs dizaines d'années qui épuisa la Grèce tout entière. Sparte ne put cependant résister à la poussée macédonienne, aux entreprises romaines ni aux envahisseurs barbares. C'est aujourd'hui une petite ville isolée dont toutes les marques de la grandeur passée ont disparu.

DÉMOCRATIE ATHÉNIENNE

Qui a instauré la démocratie à Athènes?

C'est seulement en 507 avant J.-C. que Clisthène parvint à imposer à toutes les forces politiques rivales une Constitution stable, fondée sur un équilibre relatif entre la puissance des grands propriétaires, l'influence de la classe des marchands et les intérêts du petit peuple de l'Attique, principalement constitué de paysans pauvres.

Depuis les lois de Dracon, établies en 620, l'essentiel du pouvoir politique était tenu par les Eupatrides, vieille noblesse achéenne qui possédait la plupart des terres riches de l'Attique. La constitution de Solon, édictée en 594, abolit les dettes des paysans pauvres et évita la guerre civile en accordant une stricte égalité de tous les citoyens libres devant la Loi. Les deux plus puissants partis athéniens se déchirèrent pendant près d'un siècle, avant de parvenir à un accord, consigné par la constitution démocratique de Clisthène. Sans résoudre les problèmes sociaux de fond, elle parvint tout de même à organiser le peuple athénien en dix tribus, menées chacune par un stratège. Chaque tribu fournit cinquante membres au Conseil des 501. Cette subdivision par circonscriptions locales brisa le pouvoir politique de l'aristocratie, sans lui retirer le pouvoir économique.

Solon.

PÉRICLÈS

Qui était Périclès?

Fils de la plus haute noblesse athénienne (son père, Xanthippe, fut un chef respecté et sa mère, Agariste, était petite-fille du réformateur Clisthène), Périclès embrassa pourtant la cause du petit peuple d'Athènes. Son intelligence politique et militaire, reconnue même par ses rivaux, lui valut de diriger la destinée de la cité pendant près de quarante ans entre 467 et 428 avant J.-C. Malgré les revers subis contre les Spartiates à la fin de sa vie, Périclès a su consolider la grandeur économique, culturelle et militaire d'Athènes. Son nom reste synonyme de l'âge d'or de cette cité grecque.

Avec l'appui des partis populaires, Périclès mena une politique résolument réformatrice. Il instaura l'indemnité de deux oboles pour les membres des assemblées, ainsi que la solde des conscrits du service militaire. On lui doit aussi l'établissement dans les colonies d'Athènes des paysans pauvres de l'Attique. Ses travaux d'embellissement de l'Acropole (le Parthénon date de cette époque), ainsi que la construction des "longs murs" (6 km de muraille pour protéger la route d'Athènes au port du Pirée), permirent d'employer les sans-travail. Élève des philosophes Zénon d'Élée et Anaxagore, ami du sculpteur Phidias, il fit de sa ville le centre intellectuel et artistique de la Grèce.

DÉMOCRATIE

Comment fonctionnait la démocratie athénienne?

Le système politique inventé par les Athéniens est un régime politique de "démocratie directe" dont les limites sont connues : il y avait des esclaves dans cette société dite démocratique et les femmes ne votaient pas… D'autre part, le système de l'assemblée générale des citoyens laissait la porte ouverte à la domination des démagogues et bien souvent les votes étaient achetés! Pourtant, c'est à Athènes qu'est née, au cours du Vᵉ siècle, la première forme historique de "gouvernement du peuple" (traduction du mot grec *démokratia*), fondé sur une Constitution, des lois votées et modifiées par les citoyens eux-mêmes. Malgré ses défauts, cette démocratie instaura l'égalité juridique des citoyens, un système de délibération collective, les éléments de base d'une justice populaire et les rudiments d'une administration au service de tous. Comparée aux civilisations qui lui furent contemporaines, où l'autocratie de rois héréditaires et l'anarchie barbare de la loi du plus fort dominaient tout, la démocratie athénienne semble étonnamment moderne.

50 000 citoyens âgés de plus de 21 ans, régulièrement convoqués en assemblée générale sur une colline, la Pnyx, votaient à main levée après un débat public sur toutes les questions concernant l'intérêt de la ville. Une assemblée restreinte de 501 membres, parfois répartie en commissions spécialisées, veillait à l'application des décisions collectives. Les votes, aussi bien dans les assemblées politiques que judiciaires, se faisaient à la majorité plus une voix. Tout citoyen avait le droit de prendre la parole, à tout moment.

ZEUS, HÉRA, APHRODITE, ETC.

Les Grecs croyaient-ils aux dieux mythologiques?

Le Panthéon des dieux grecs consacre la domination des croyances achéennes en des divinités du Ciel sur les cultes de la civilisation égéenne de la Grèce primitive, qui honorait des dieux marins et souterrains. La famille divine de la mythologie grecque (Zeus, Héra, Poséidon, Aphrodite, Athéna, etc.) est bien trop "humaine" pour que les Grecs les plus éclairés y aient cru longtemps. Mais dans le petit peuple, le foisonnement des superstitions, des rites magiques et des croyances traditionnelles assura pendant des siècles la persistance du paganisme grec, ce culte d'une foule de dieux différents.

L'essor des mathématiques et des sciences de la Nature, complété au IIIᵉ siècle par la pensée d'Épicure qui évacuait proprement la réalité des dieux, ne put pas empêcher la floraison de croyances magiques et le succès des "Mystères", sortes de sectes religieuses secrètes qui furent très en vogue pendant toute la période hellénistique. Le christianisme lui-même mettra plusieurs siècles à venir à bout des croyances magiques et mythologiques du vieux monde grec.

La procession des Panathénées à Athènes honorait la déesse Athéna.

CULTURE GRECQUE

Quels sont les traits spécifiques de la culture grecque classique ?

L'harmonie abstraite et mathématique des formes architecturales, le goût de l'imitation et de la stylisation dans la sculpture, le culte des émotions fortes dans le théâtre et la littérature, la réflexion rigoureuse dans la philosophie et les sciences ont donné au monde antique puis à celui de la Renaissance et des Temps modernes un modèle culturel complexe et varié, qui fut longtemps considéré comme indépassable

Les Grecs de l'époque classique allaient voir une tragédie d'Euripide comme nous allons au cinéma, entamaient sous les platanes ou à l'ombre des tonnelles d'interminables discussions philosophiques. Dans le plus petit village de pêcheurs, on trouvait toujours un homme pour faire des vers et les déclamer à ses voisins, en pleine rue. Tous révéraient la beauté du corps humain, magnifiée par les statues de Phidias, Lysippe ou Praxitèle. Chacun pouvait interpeller Socrate et lui demander ce qu'il pensait de la nature de l'âme, ou exiger d'Épicure des explications plus claires sur sa théorie des atomes. Les Grecs sont les inventeurs de l'idéal culturel moderne : raffinement, gratuité, culte de l'harmonie des choses et de la puissance de l'esprit créateur de l'homme. La contribution de ce petit peuple à l'histoire générale de l'humanité peut à bon droit être qualifiée d'exceptionnelle !

ALEXANDRE LE GRAND

Qui était Alexandre le Grand ?

La période qui suivit la mort de Périclès fut difficile pour Athènes et la Grèce tout entière. La victoire des Spartiates dans la guerre du Péloponnèse, la reprise des hostilités avec l'Empire perse, les interminables guerres intestines entre les grandes cités de l'époque, Athènes, Thèbes et Sparte, affaiblirent peu à peu la puissance de ces villes au profit du royaume de Macédoine, dirigé par un roi rusé et fin politique qui rêvait de fédérer sous son autorité toutes ces cités grecques rivales.
Considérée plus ou moins par les Grecs comme un royaume barbare, la Macédoine s'hellénisa rapidement sous le règne de Philippe, qui attira des artistes et des philosophes dans sa capitale (le philosophe grec Aristote fut le précepteur de son fils Alexandre). Profitant des querelles fratricides entre les cités grecques, Philippe finit par attaquer et vaincre à Chéronée, en 338, une coalition athénienne et thébaine. Toute la Grèce tomba sous sa coupe. La démocratie fut abolie dans toutes les cités de la confédération d'Athènes.

Alexandre, monté sur le trône en 336, poursuivit l'œuvre unificatrice de son père en Grèce, puis attaqua l'Empire perse. Une série de victoires rapides et écrasantes élargit en une dizaine d'années l'influence grecque à tout le bassin oriental de la Méditerranée. Le monde hellénistique prit alors la succession de la Grèce classique.

HELLÉNISME

Comment définir le monde hellénistique ?

Les conquêtes fulgurantes d'Alexandre donnèrent aux Grecs le contrôle de zones extrêmement vastes : au moins pour un temps, on se mit à parler grec jusqu'aux confins de l'Inde, au Pakistan, en Afghanistan, dans tout l'Empire perse et jusqu'en Égypte ! L'épopée de la conquête, qui amena l'armée alexandrine à plus de 5 000 km de la Macédoine, fut cependant suivie d'un retour à la réalité : dislocation, guerres civiles, révoltes d'esclaves, piraterie, inflation galopante, prolétarisation des petits paysans, urbanisation trop rapide et artificielle, hellénisation hâtive des peuples conquis.

Malgré ses difficultés et son gigantisme, l'empire éclaté d'Alexandre parvint à imposer la civilisation grecque à des peuples divers, groupés autour des trois pôles majeurs du monde hellénistique : Alexandrie en Égypte, Pergame en Asie Mineure, Athènes en Grèce. Une immense zone d'influence se constitua alors en Méditerranée orientale.

Économique tout d'abord, car les marchés grecs devinrent le point de passage de tout le commerce avec les civilisations de l'Orient ; militaire ensuite, parce que malgré les querelles intestines, les armées des royaumes hellénistiques, organisées selon des modèles combinés macédoniens, spartiates et athéniens demeurèrent longtemps invincibles. Culturelle enfin, dans la mesure où Athènes, même après avoir perdu la démocratie et l'indépendance extérieure, demeura un exemple illustre pour tout le monde grec : scientifiques, philosophes, artistes en tous genres rivalisaient d'intelligence et d'audace. Les monuments, la sculpture et la littérature se firent plus baroques. La pureté de l'art classique laissa la place à des formes plus tourmentées dont la richesse époustoufla cependant les Romains, nouveaux conquérants venus de l'Ouest. Conquise à son tour par cette culture brillante, l'élite romaine se mit elle aussi à parler grec.

Bataille d'Issos entre Alexandre et Darius. Mosaïque trouvée à Pompéi (IIe siècle avant J.-C.)

ÉTRUSQUES

Qui étaient les Étrusques ?

Les Étrusques formaient une population peut-être initialement étrangère à l'Italie ; leur origine demeure d'autant plus mystérieuse que leur écriture est encore indéchiffrée. C'est tout d'abord en Étrurie (la Toscane actuelle) vers 900 avant J.-C. que fleurit cette civilisation brillante, influencée par la Grèce et l'Asie Mineure. Les Étrusques furent longtemps le peuple le plus civilisé de l'Italie préromaine, et soumirent les tribus environnantes, leur inculquant des rudiments de gouvernement et leur enseignant leur savoir-faire technique et artistique. Les Romains vécurent deux siècles au moins sous la domination étrusque, qui fut la première et la plus importante influence qu'ils eurent à subir, avant même celle de la Grèce.

Autour des centres de Véïes, Clusium, Perusia, Tarquinii, les Étrusques imposèrent leur art raffiné (peinture, sculpture, artisanat de l'or) et leurs mœurs cruelles (sacrifices humains, combats de gladiateurs). Ils dirigèrent la vie politique de la première Rome en lui donnant trois rois, Servius Tullius et les deux Tarquin. Une bonne partie de l'aristocratie romaine du Latium (la région de Rome) était d'origine étrusque ou vivait à la mode étrusque. L'opposition entre les peuples latins et leurs seigneurs étrusques finit pourtant par tourner au conflit ouvert, dont les événements sont consignés dans les légendes construites par les idéologues et les historiens latins postérieurs.

ORIGINES DE ROME

Romulus et Remus ont-ils existé ?

Il est peu probable que Romulus et Remus, qui sont, selon la légende, à l'origine de la fondation de Rome, aient réellement existé. Mais sans doute leur histoire évoque-t-elle de façon mythique les luttes qui ont dû réellement marquer les débuts de Rome.

Le rattachement légendaire des deux jumeaux fondateurs à l'histoire de la guerre de Troie évoque nettement l'exode supposé des Étrusques et leur établissement dans la région. L'épisode de l'enlèvement des Sabines représente peut-être un fait réel, et en tout cas prouve que Rome est, dès ses origines, une confédération de bandes et de clans qui vivaient au VIIIe siècle face à face, sur les collines du Palatin et du Quirinal.

L'origine divine de Romulus et Remus (ils seraient fils du dieu Mars et d'une vestale), leur survie miraculeuse grâce à la louve qui les allaita enfants, le combat final entre les deux frères pour le pouvoir sur la nouvelle ville rappellent aux Romains postérieurs à la fois leur mission universelle de civilisation, voulue par des dieux favorables, et le destin historique d'une cité qui, bien qu'en permanence ensanglantée par des conflits fratricides, parvint en quelques siècles à conquérir l'Italie, puis la Méditerranée tout entière ainsi qu'une bonne partie de l'Europe occidentale.

Statue moderne de la louve légendaire allaitant Romulus et Remus.

GUERRES PUNIQUES

Pourquoi Hannibal n'a-t-il pas vaincu les Romains ?

Décidé à mettre un terme à l'expansion romaine en Méditerranée occidentale, Hannibal dirigea les armées carthaginoises durant la seconde guerre punique (le terme punique désigne les conflits qui opposèrent Romains et Carthaginois).
Habile tacticien, fin stratège, Hannibal sut profiter d'une attaque gauloise contre les positions romaines pour tenter une invasion de l'Italie par le nord. Il réussit en 218 avant J.-C. à traverser l'Espagne, puis le sud de la Gaule et enfin les Alpes à la tête d'une puissante armée composée d'alliés numides, ibériques et gaulois. Ses victoires fulgurantes et meurtrières mirent une bonne partie de l'Italie sous sa coupe : après avoir perdu 70 000 hommes lors de la bataille de Cannes, en Apulie, il fallut une génération aux Romains pour reconstituer une armée digne de ce nom. Pendant quinze ans, ils se contentèrent de préserver leur capitale et de harceler Hannibal. Mais en 202, à Zama, les soldats de Scipion n'avaient plus peur des éléphants du général carthaginois et écrasèrent son armée.

Inventeur de la "retraite élastique" qui surprit les Romains à Cannes, et des "armes secrètes" (les éléphants), friand d'attaques nocturnes, Hannibal se montra meilleur stratège que ses adversaires romains. Mais, embarrassé par les intrigues du Sénat de Carthage, il hésita à attaquer la ville même de Rome. Peut-être aussi la croyait-il imprenable ? Son frère Hasdrubal lui disait : "Tu sais vaincre, Hannibal, mais tu ne sais pas profiter de ta victoire !"

Les ruines de Carthage.

EXPANSION ROMAINE

Que s'est-il passé à la suite des guerres entre Rome et Carthage ?

Les trois guerres qui opposèrent, sur plus d'un siècle, les Romains aux Carthaginois, tournèrent finalement à l'avantage de la cité italienne. Les vainqueurs romains se trouvèrent alors à la tête d'un empire terrestre et maritime qui couvrait la moitié occidentale de la Méditerranée. L'Espagne, l'Afrique du Nord devinrent des provinces colonisées tandis que, dans l'année même de la chute définitive de Carthage, la Grèce hellénistique à son tour tombait aux mains des Romains. En 146, il ne manquait plus rien à la puissance romaine pour réclamer la succession historique du monde grec.

La destruction de la seule puissance capable de rivaliser avec Rome ouvrit le chemin à une conquête rapide du bassin méditerranéen tout entier. En annexant les territoires et les marchés contrôlés par Carthage, les Romains quittèrent leur zone d'origine, l'Italie, pour jeter les bases d'un monde nouveau, organisé et prospère qui donna sa forme définitive au vieux rêve des rois macédoniens : créer une fédération unifiée et solide de tous les peuples de la Méditerranée. La victoire d'une civilisation de type occidental sur les Orientaux qu'étaient les Carthaginois a déplacé le "centre de gravité" historique vers l'ouest : désormais, ce ne serait plus à Athènes, Pergame ou Alexandrie que pourrait naître un Empire, mais bien plutôt à Rome.

VIE POLITIQUE À ROME

Quelles étaient les faiblesses de la République romaine?

Les institutions imaginées par les fondateurs de la République en 509 avant J.-C. étaient conçues pour empêcher la dictature d'un seul homme. Mais elles n'avaient rien pu faire pour effacer les différends qui existaient entre une aristocratie de propriétaires et une plèbe miséreuse composée de paysans pauvres, d'ouvriers et d'artisans sans emploi dont le nombre s'accrut sans cesse en même temps que la puissance romaine s'étendait en Italie, puis dans tout le bassin méditerranéen.

Seuls les grands propriétaires profitaient de ces conquêtes, accroissant leurs possessions, étendant leurs marchés, important des dizaines de milliers d'esclaves. Mais ce blé quasi gratuit arraché aux populations conquises et ces esclaves bon marché mirent les citoyens romains au chômage. L'intransigeance du parti aristocratique, la corruption lente des mœurs politiques amenèrent une situation troublée. Malgré les tentatives avortées de redistribution des terres (les Gracques et Marius à la fin du second siècle avant J.-C.), malgré la nécessité de l'unité nationale dans une période de guerres incessantes, le parti aristocratique et le parti populaire instaurèrent pendant tout le premier siècle avant J.-C. un climat de guerre civile. Les bandes armées se battaient sur le Forum, des hommes politiques étaient assassinés ou exilés, tandis que d'autres profitaient du désordre pour tenter, comme Sylla ou César, de prendre le pouvoir pour eux seuls. Que ce soit pour le compte du parti aristocratique ou pour défendre officiellement les intérêts du petit peuple, les hommes politiques de la République déclinante l'achevèrent en violant tour à tour des lois rendues inapplicables par les désordres civils, la corruption, les oppositions de classe. À la fin du premier siècle avant J.-C., lorsqu'Auguste prit le pouvoir, tous acceptèrent sa dictature, pourvu qu'elle apportât la paix et la sécurité. L'Empire romain est né de cette lassitude à l'égard des désordres dont la République n'avait pu venir à bout.

Marius Caïus.

PREMIER EMPEREUR ROMAIN

Qui fut le premier empereur romain, César ou Auguste ?

César fut assassiné en mars 44 avant J.-C. précisément pour avoir tenté de se faire couronner empereur. Auguste eut, lui, la prudence de ne jamais revendiquer ce titre. Vainqueur de la guerre civile qui opposa les prétendants à la succession de César, Auguste, son fils adoptif, devint monarque "en douceur" ; il préserva les formes de la République mais les vida de leur contenu démocratique.

Par la suite, aucun des monarques qui se déchirèrent pour s'emparer du pouvoir impérial n'osa non plus se proclamer "empereur" : au sens strict, jamais il n'y eut d'empereur à Rome. Le mot même n'existait pas : *imperator* signifie seulement "général en chef".
Les monarques romains se nommaient eux-mêmes à l'aide des surnoms des deux premiers : ainsi on ne disait pas l'empereur Claude, mais Claudius Augustus Caesar. Et s'il est vrai que le pouvoir impérial (*imperium*) était une réalité, et que chaque empereur était divin (*divus*) pour la foule, on continua d'élire pour la forme des consuls sans pouvoir, tandis que le Sénat poursuivait, pour rien, ses séances à Rome… En fait, la dictature du Prince de l'État (*princeps*) était totale, puisqu'elle cumulait les trois pouvoirs (exécutif, législatif et judiciaire) sans compter la puissance économique que conférait la direction des affaires romaines !

Tibère, successeur d'Auguste, consolida les institutions mises en place par son prédécesseur.

PAX ROMANA

Qu'a-t-on appelé la "paix romaine" ?

Cent ans après Auguste, à la fin du premier siècle après J.-C., l'ensemble des côtes de la Méditerranée et l'arrière-pays est administré par les Romains. Les régions conquises le plus récemment (Grande-Bretagne, Pays-Bas, Palestine, Illyrie) subissent de temps à autre des répressions brutales, mais dans l'ensemble le monde pensé par Auguste autour de quatre grands pôles économiques, politiques et culturels (Italie, Gaule, Grèce et Égypte) s'est solidement établi dans la paix. Les voies de communication sillonnent l'Empire, tenu par 150 000 soldats de métier et des milliers de fonctionnaires zélés recrutés sur place. La tolérance des religions locales, la citoyenneté accordée peu à peu aux habitants des provinces, la sécurité assurée sur terre comme sur mer par l'écrasement des bandes de pillards et des pirates permirent au commerce, à l'agriculture et à l'artisanat de se développer rapidement.

Pièce d'argent utilisée au début de l'Empire dans les régions contrôlées par Rome.

La "paix romaine" (Pax romana), instaurée par Auguste au sortir des guerres civiles, facilita la romanisation de tout le monde méditerranéen et un essor économique sans précédent de cette région. L'aristocratie italienne, installée dans toutes les colonies, amena avec elle le mode de vie romain, qui ne tarda pas à devenir un exemple pour tous.

PHILOSOPHIES ET RELIGIONS ANTIQUES

Quelles étaient les philosophies et religions dominantes dans l'Empire romain ?

Les Romains avaient peu à peu abandonné les vieilles croyances dans le Panthéon mythologique classique. Si dans le peuple on sacrifiait encore à Jupiter, à Mars ou à Vénus, les classes plus aisées et les intellectuels se partageaient selon trois courants philosophiques majeurs : épicurisme et stoïcisme grecs, mysticisme oriental.

De Grèce venaient le stoïcisme et l'épicurisme, systèmes de pensée cohérents, bien construits, capables de proposer à la fois une explication du monde et des règles de morale. D'Égypte et d'Orient, les soldats de retour et les émigrants avaient apporté à Rome toute une foule de cultes plus ou moins mystiques, magiques et spiritualistes. Ainsi on honorait à Rome sous l'Empire des divinités orientales mystérieuses : Baal, Râ, Osiris, et bien d'autres, parmi lesquelles le Christ…
Le stoïcisme conseillait aux hommes la résignation face à un monde construit selon des schémas inconnus mais naturels, et donc incontestables. Un empereur romain, Marc Aurèle, compte au nombre des adeptes de cette philosophie : ses *Pensées* sont restées célèbres. L'épicurisme prêchait l'abstention politique et le culte des plaisirs personnels : celui de la connaissance scientifique d'un monde abandonné par les dieux, et ceux de l'amour et de la bonne chère, en sachant néanmoins éviter les excès. Le spiritualisme oriental combinait croyances magiques, mythes de l'au-delà et foi dans la rédemption par des dieux sauveurs, censés venir mettre un terme à la corruption morale et aux injustices de l'Empire.

Buste supposé de Démocrite, philosophe grec du Ve siècle avant J.-C, créateur de la théorie atomiste : il fut le premier à imaginer que la matière était constituée d'éléments simples, invisibles et indivisibles, qu'il appela "atomes".

PROUESSES TECHNIQUES ROMAINES

Est-ce l'avance technologique des Romains qui assura leur suprématie ?

Il est incontestable que les Romains étaient parvenus à une maîtrise étonnante en matière de construction de bâtiments militaires et d'habitations, d'ouvrages d'art et de voies de communication. Bon nombre de leurs réalisations demeurent : aqueducs, qui amenaient l'eau courante dans les villes, voies pavées sur des milliers de kilomètres, qui servent encore au tracé des autoroutes, arènes et théâtres où l'on donne encore des représentations, comme à Rome, Nîmes ou Avignon.

Ces technologies, acquises parfois auprès des peuples conquis, en Grèce, en Égypte ou en Gaule, les Romains les avaient affinées, construisant des villes nouvelles dans les colonies afin de servir de "vitrine" pour les peuples vaincus. Rues pavées, vastes allées, égouts souterrains, immeubles à étages, jardins sophistiqués, jets d'eau, fontaines au carrefour de rues se croisant à angle droit, tout le savoir-faire des techniciens romains ne tarda pas à persuader les peuples colonisés des avantages à tirer de la présence de ces envahisseurs. Ainsi, très vite, au lieu d'une résistance farouche, l'Empire bénéficia de l'engouement collectif de ses sujets pour les "nouveautés" du mode de vie romain.

Reconstitution des tranchées fortifiées de César à Alésia.

ROME IMPÉRIALE

Comment vivaient les Romains de l'époque impériale ?

Durant les deux premiers siècles de notre ère, l'Empire romain constitua une zone de relative prospérité. La croissance économique continue permise par la "paix romaine" finit par produire un mode de vie général beaucoup plus élevé dans l'Empire que dans les régions limitrophes de Germanie, d'Afrique ou du Moyen-Orient, non contrôlées par l'administration romaine. Les différences sociales demeurèrent néanmoins : les citadins vivaient mieux que les ruraux, les riches commerçants et aristocrates mieux que les foules miséreuses des grandes cités, sans parler des millions d'esclaves exploités et méprisés.

Villa romaine.

Dans l'ensemble, malgré les querelles politiques dans les hautes sphères du pouvoir et la menace montante des Barbares germaniques, les citoyens romains et les sujets de l'Empire vécurent sous la protection des lois et des règlements d'une administration parfois lourde mais le plus souvent efficace. Cultivés, sensibles aux arts appris des Grecs, les Romains de l'Empire ont en trois siècles construit et administré avec rigueur et tolérance un monde brillant culturellement, capable de prouesses technologiques et économiquement prospère. Le mélange brutal de peuples et de coutumes très différents produisit cependant une crise morale importante. Réalité administrative avant tout, l'Empire ne sut jamais devenir une entité nationale réellement unifiée.

NUMIDIE

Quelle a été l'importance de la Numidie antique?

Les Numides, Berbères qui peuplaient la moitié est du Maghreb et se distinguaient des Maures de la moitié ouest et des Gétules du Sahara, créèrent, durant les deux derniers siècles avant J.-C., un État puissant à la civilisation originale.

En fait, la Numidie était constituée de deux royaumes rivaux : Masaesyle et Massyle. En 203, Massinissa, fils du roi défunt Gaïa, mit fin à la domination des Masaesyles et régna alors, durant plus d'un demi-siècle, sur toute la Numidie. Dès lors, il s'attacha, en premier lieu, à sédentariser les nomades en les convertissant à l'agriculture, puis lança un vaste mouvement d'urbanisation. La vie économique connut alors un essor considérable et les ressources financières engendrées par l'impôt permirent à Massinissa de constituer un État puissant avec, pour capitale, Cirta, l'actuelle Constantine.

Habile et intelligent, Massinissa permettra d'accroître la puissance de son État jusqu'à empiéter sur les territoires carthaginois en 153. Malgré son alliance avec Rome, il n'est pas improbable que la peur de l'annexion de Carthage par les Numides, constituant ainsi un empire africain puissant et dangereux pour Rome, fut à l'origine de la destruction totale de la capitale punique en 146. À la mort de Massinissa en 143, sous l'arbitrage de Rome, la Numidie fut partagée entre ses trois fils. Micipsa, devenu rapidement le seul détenteur du pouvoir, après la mort de ses frères, continua l'œuvre de son père pendant une trentaine d'années. Le même partage sera effectué à sa mort, en 118, entre ses deux fils et son neveu Jugurtha. Mais Jugurtha, mécontent, s'empara de l'ensemble de la Numidie en 112. C'est le point de départ d'une longue guerre entre Rome et la Numidie. En 105, Jugurtha, trahi, fut battu et mis à mort à Rome. Cette défaite sonna le glas du royaume numide. Par la suite, Rome mit au pouvoir des rois dociles et sans grande envergure qui favorisèrent la pénétration romaine.

Collection de pièces gallo-romaines. En haut, à droite, Jugurtha.

JUDÉE OCCUPÉE

Quelle était la situation politique de la Judée sous l'occupation romaine ?

Sous le règne d'Auguste, la Judée du roi Hérode le Grand avait perdu toute vraie indépendance, mais l'occupation romaine se faisait en douceur, à la suite d'accords passés avec la dynastie locale régnante. La Judée était donc une province romaine avec un statut d'autonomie particulier. La nouvelle capitale, Césarée, construite pour limiter le prestige de Jérusalem, consacra l'implantation sur la terre des Hébreux de la culture gréco-latine : depuis l'an 4 après la naissance du Christ, ce royaume vassal avait été annexé par l'État romain.

Des Zélotes parvinrent finalement à s'emparer d'une place forte, Massada, massacrant la garnison romaine en 66. La réplique fut brutale et massive : Vespasien et son fils Titus attaquèrent et détruisirent Jérusalem et son temple en 69-70, firent le siège de Massada et la prirent en 73 à la suite du suicide collectif des insurgés. Titus organisa la dispersion d'une bonne partie des Juifs, qu'il fit vendre comme esclaves aux quatre coins de la Méditerranée.

L'agitation des nationalistes juifs créa des troubles permanents : le peuple hébreu n'acceptait pas le polythéisme romain, ni le culte de l'Empereur. Pour les Juifs, il n'y avait qu'un seul Dieu, "Yavhé" (voir p. 57), et tous en Judée voyaient d'un mauvais œil les élites collaborer avec des païens, qui plaçaient des statues à tous les carrefours.

La situation politique était donc troublée sans cesse par des révoltes localisées plus ou moins organisées par les Zélotes, une secte intégriste décidée à chasser les Romains. Ces chefs de bande, qui se proclamaient "Roi des Juifs" ou "Messie" étaient systématiquement pourchassés et exécutés par les Romains, sans grand succès autre qu'un maintien très relatif de l'ordre public.
Le Christ vécut durant cette période. Il est fréquemment fait allusion dans les Évangiles au problème de fond posé par la présence romaine en Judée.

Représentation médiévale de Josué faisant défiler l'Arche d'Alliance devant Jéricho.

JÉSUS-CHRIST

Que savons-nous de l'existence historique du Christ?

Pour un historien, écrire une biographie du Christ serait une tâche totalement impossible. Un historien s'appuie sur des documents, sur des témoignages. Or, si la période au cours de laquelle le Christ a vécu est bien connue, il n'existe à son sujet aucun récit, aucun témoignage de ses contemporains, juifs ou romains. Quant aux Évangiles, écrits entre 50 et 100, le propos de leurs auteurs est moins de raconter la vie du Christ que de transmettre sa parole et de communiquer la foi qu'ils ont en lui. À ce titre, ils ne peuvent constituer des sources sûres pour l'historien. Les seules traces historiques que Jésus a laissées concernent les deux pôles de son existence : sa naissance et sa mort.

La naissance de Jésus à Bethléem est attestée par un recensement effectué sous le contrôle des Romains, mais la date en est incertaine. Les historiens la situent aujourd'hui vers 6 ou 5 avant le début de l'ère chrétienne. Quant à sa mort sur la croix, elle est brièvement mentionnée par quelques auteurs antiques. Parmi eux, Flavius Josèphe (37-95?), un historien juif qui combattit les Romains avant de se rallier à eux et qui écrivit notamment une histoire du peuple juif depuis ses origines jusqu'à Néron. Dans cet ouvrage intitulé *Les Antiquités judaïques*, on trouve une allusion à "Jésus, homme sage qui accomplit des choses merveilleuses et entraîna à sa suite beaucoup de Juifs et beaucoup de Grecs. Sur la dénonciation des premiers de notre nation Pilate le condamna à la croix..." Quelques autres mentions se trouvent chez Pline l'Ancien, Tacite et Suétone, auteurs latins des Ier-IIe siècles.
C'est tout ce que l'Histoire a retenu du Christ : entre sa naissance et sa mort – qui se situerait aux alentours de l'an 30 – on ne sait rien de lui...

EVANGILES

Quand, comment et par qui les Évangiles ont-ils été rédigés?

À ces questions il existe des réponses traditionnelles, fournies par l'historiographie chrétienne et les écoles historiques du XIXe siècle. Les quatre évangiles auraient été rédigés entre 50 et 65 pour les textes de Matthieu, Marc et Luc et entre 92 et 100 pour celui de Jean. Tous auraient pour base un recueil unique des "Paroles" du Christ, aujourd'hui perdu.

Le premier évangile de Matthieu, écrit en araméen, langue populaire de la Palestine des Hébreux, daterait de 50 ou 55, soit à peine une vingtaine d'années après la mort du Christ. Ernest Renan, historien des religions du XIXe siècle, pensait que le plus ancien était celui de Marc, mais sans preuve formelle.

L'évangile de Marc, jeune disciple assistant de Pierre à Rome, semble rédigé avec une pudeur modeste, tandis que celui de Luc, lettré et médecin, dont le texte fut achevé semble-t-il vers 63, paraît plus savant. Les trois premiers évangiles dits "synoptiques" (ils suivent le même plan) sont en tout cas antérieurs à la persécution de Néron et à la chute de Jérusalem, événements historiques majeurs auxquels ils ne font aucune allusion. Seul le quatrième évangile pose un réel problème. Officiellement, il daterait de la fin du premier siècle, soit 70 ans après la mort du Christ. Or entretemps, en 69, Jérusalem et son temple avaient été détruits et le peuple juif dispersé dans l'Empire romain. Pour les Juifs, cet événement ne pouvait qu'être d'une importance capitale; pourquoi Jean, s'il a effectivement écrit vers 100, n'en fait-il pas mention? De même, Néron, en 65, profitant de l'incendie de Rome pour anéantir la communauté chrétienne dans sa capitale, porta un coup terrible à la religion naissante. Si Jean n'y fait pas non plus allusion, c'est peut-être parce que son texte est lui aussi antérieur à ces événements. Les Évangiles sont peut-être tous plus anciens qu'on ne le dit. Il n'en reste pas moins que l'ensemble des manuscrits sur lesquels sont fondés les textes modernes sont des traductions de transcriptions grecques des IIIe, IVe et Ve siècles! Ce qui nous met très loin de l'époque du Christ. Aucun des originaux n'a pu être conservé...

La Dernière Cène,
c'est-à-dire le dernier repas du Christ.
Peinture de Jacopo Robusti, dit Tintoret (1518-1594), Venise, Scuola di San Rocco.

CHRISTIANISME

Comment le christianisme s'est-il propagé dans l'Empire ?

Une série de recoupements nous permet de penser que le Christ, mort aux alentours de 33-34, laissa derrière lui un nombre assez considérable de fidèles. Dès 36-37, les apôtres (disciples directs du Christ, qui l'avaient connu) et les fidèles de la nouvelle religion (témoins de miracles, convertis récents, etc.) menaient des débats à la sortie des synagogues et présentaient aux Juifs pratiquants une biographie du Christ et un exposé simplifié de sa doctrine. La génération suivante des convertis (Paul, citoyen romain, devenu chrétien en 38-39) fixa la "Doctrine de la Bonne Nouvelle" (*evangellion*, en grec) sur des livrets, des aide-mémoire, dans des lettres ou des discours recopiés et distribués dans toutes les grandes villes du monde gréco-romain : Jérusalem, Éphèse, Corinthe, Athènes, Carthage, Lyon et Rome. Après la rupture des chrétiens avec le judaïsme officiel en 49 après J.-C., ils devinrent une secte autonome qui se développa si vite qu'en 65, l'empereur Néron, les considérant comme un groupe séditieux, les déclara ennemis de l'État et déclencha la première persécution. Aucun des apôtres du Christ n'est mort dans son lit. Tous ont été martyrisés. L'empereur Trajan, quarante ans plus tard, inventa des procédures judiciaires spéciales pour détruire la secte. En 193, la nouvelle religion est si puissante que l'Édit de Septime Sévère décide de l'interdire totalement. En 257, c'est Valérien qui relance les persécutions. En 303-304 à nouveau, des milliers de chrétiens, esclaves, citoyens, chevaliers romains et même nobles sont exécutés. Il faut attendre la conversion de l'empereur Constantin lui-même pour que le christianisme devienne tout d'abord légal, puis religion officielle de l'Empire.

La religion créée par le Christ et ses disciples est parvenue à répondre en un temps très bref à la crise morale d'un Empire immense, déséquilibré par l'absence d'unité nationale et la corruption des classes dominantes. L'idée du salut éternel, de fraternité, d'un Dieu-homme sauveur de l'humanité redonnait un sens à l'existence, aussi bien celle de l'esclave méprisé que du noble fatigué des plaisirs inutiles de la cour impériale.

Conversion de Saint-Paul.
Peinture de Crozat (ci-contre).
Au début du christianisme, le baptême se pratiquait par immersion complète du nouveau converti, à l'âge adulte, (ci-dessus).

AFRIQUE DU NORD ROMAINE

Quel a été l'impact de la domination romaine en Afrique du Nord?

La présence romaine en Afrique du Nord commence avec la prise et la destruction de Carthage en 146 av. J.-C. et s'achève avec la perte de Carthage en 430 de notre ère, à l'arrivée des Vandales. Rome étendra sa conquête sur tout le Maghreb. La domination y fut politique, administrative et religieuse mais la pacification ne fut jamais totalement réalisée et jusqu'à la fin, Rome se heurta à des insurrections caractérisées.

Sous la "pax romana", paix romaine", l'Afrique du Nord connut un essor considérable; la vie économique s'intensifia; l'agriculture utilisa de nouvelles techniques et transforma le pays en grenier à blé de Rome. Un spectaculaire mouvement d'urbanisation (déjà entamé par les Numides) s'étendit de la façade maritime jusqu'à la lisière du Sahara tandis que les grandes villes et les grands ports étaient reliés par un remarquable réseau routier. Les vestiges archéologiques de cette époque attestent de l'apport de la civilisation romaine à l'Afrique du Nord. Sur un autre plan, la politique d'assimilation ainsi que la prospérité contribuèrent à la romanisation des populations autochtones, en particulier urbaines. Les conditions économiques et sociales, issues de la société romaine, facilitèrent l'évangélisation.

Ruines de Carthage.

De fait, l'invasion vandale ainsi que la première conquête arabe ne signifièrent pas l'effacement complet de l'influence romaine; malgré la conversion des Berbères à l'Islam, le christianisme devait survivre jusqu'au XIe siècle.

SAINT AUGUSTIN

Qui était Saint Augustin?

Saint Augustin (alias Aurelius Augustinus) est un Berbère chrétien né le 13 novembre 354 à Thagaste, ville actuellement dénommée Souk Ahras en Algérie. Devenu évêque, il consacrera toute sa vie à l'Église chrétienne et laissera une œuvre impressionnante tant par la quantité que par la qualité.

Après des études littéraires à Carthage, il devient professeur et ouvre une école à Thagaste. Par la suite, titulaire d'une chaire de rhétorique (cours sur l'art de parler) à Milan, il est tenté par une carrière politique. Mais, profondément hanté par les problèmes métaphysiques, il se convertit au christianisme à 32 ans. De retour à Thagaste, il mène une vie monastique consacrée à la prière et à l'étude durant trois ans. En 395, il devient évêque d'Hippone (aujourd'hui Annaba en Algérie). Son activité incessante va faire de lui l'animateur de toute l'Église d'Afrique. Sans cesse travaillant, il mourut le 28 août 430 pendant le siège d'Hippone par les Vandales qui venaient d'envahir l'Afrique du Nord. Il est considéré comme un des Pères de l'Église et son œuvre a eu une immense influence sur tous les penseurs et théologiens chrétiens, y compris Luther.

BARBARES

Comment se sont produites les invasions barbares ?

Les Romains et les peuples héritiers de la civilisation de l'Empire considéraient les Barbares comme des êtres inférieurs. Pendant longtemps ils pensèrent qu'il suffisait de les maintenir derrière des barreaux, comme des animaux, pour s'en protéger. L'empereur Hadrien, dès le deuxième siècle, fit construire une immense muraille, longue de plusieurs milliers de kilomètres, le *limes*. Faite de palissades de bois et de remblais, avec de-ci de-là quelques places fortes en dur, elle ne résista pas aux déferlements barbares plus ou moins organisés des IVe et Ve siècles.

Les "invasions" débutèrent très tôt par des pénétrations lentes de populations civiles germaines chassées par la famine et les luttes entre chefs, ou attirées par la prospérité réputée de la Grèce, de la Gaule et de l'Italie. Pendant la "paix romaine", la politique impériale permit l'assimilation de ces étrangers dociles, qui payaient leurs impôts comme tout le monde. Lorsque la poussée barbare s'accentua au IIIe siècle, l'immigration fut interdite.

Mais la corruption des gardes ou des attaques plus concertées permirent l'installation de peuples barbares qui se romanisèrent peu à peu, devenant à l'occasion les "chiens de garde" des Romains aux frontières. Il ne faut jamais oublier que, même plus tard, des généraux barbares alliés des Romains, le Goth Alaric, le Hun Attila n'attaquèrent l'Empire que parce que celui-ci avait imprudemment refusé de payer le salaire dû pour sa protection contre d'autres Barbares plus menaçants encore !

À partir des années 376 à 423, on passa de la migration de civils faméliques au déferlement militaire organisé. L'Empire, devenu entre-temps chrétien, s'autodétruisit devant la poussée barbare. Rome, prise trois fois entre 410 et 476, cessa d'être une vraie capitale. L'Empire romain ne subsista qu'en Orient, dirigé par les dynasties chrétiennes de Constantinople, l'ancienne Byzance des Grecs, qui allait lui valoir son nom d'Empire byzantin.

CHUTE DE L'EMPIRE ROMAIN

Pourquoi le christianisme ne put-il sauver l'Empire romain d'Occident ?

La chute puis la destruction de la civilisation romaine en Europe de l'Ouest furent l'occasion d'une régression politique, économique et culturelle sans précédent : on passa en deux siècles d'un État prospère et fédéré à une anarchie meurtrière généralisée. La violence devint la règle, les lois n'existant plus, pillages, rapts et meurtres régirent les rapports de voisinage. À un État de droit succédèrent tribalisme et vendetta ; la disparition des assemblées locales, remplacées par des conseils de chefs barbares capricieux et cruels, entraîna celle des écoles, des livres, un ralentissement de la production agricole, la destruction de l'artisanat. On revint au troc, et dans le chaos sanglant de ces siècles qui suivirent la dernière prise de Rome, l'Église fut la seule force qui tenta d'enrayer la chute complète de la culture antique. La création de paroisses rurales et de monastères sédentarisa les tribus errantes et les fuyards. Les évêques jouèrent souvent, au péril de leur vie, un rôle actif dans les pourparlers entre Romains assiégés et barbares ; ils tentèrent de préserver les manuscrits précieux, cherchèrent aussi à entretenir les routes, les aqueducs.

La société "baptisée" de la fin du Ve siècle n'était pas profondément chrétienne : à peine un Gallo-Romain sur cinq se réclamait de la foi du Christ et le danger barbare menaçait la religion catholique (les Germains envahisseurs étaient fréquemment chrétiens, mais de la secte hérétique arienne). Les évêques-diplomates se firent administrateurs improvisés ; en eux le conflit entre le désir de voir disparaître la société impériale encore trop païenne et celui d'éviter le chaos barbare trouva rarement une solution facile. Mais dans l'ensemble les chrétiens de cette période tentèrent de gagner les chefs barbares à la foi du Christ. Les conversions furent hâtives et superficielles. Elles ne purent empêcher l'Europe de l'Ouest de plonger dans la nuit des temps barbares.

CIVILISATION DE L'INDUS

Que savons-nous de la civilisation de l'Indus?

Dans les années 1920, des fouilles entreprises dans les sables de la vallée de l'Indus (dans l'actuel Pakistan) mirent au jour les ruines d'une civilisation inconnue, vieille de 4000 ans. En étendant les recherches, on constata que le territoire de cette civilisation baptisée "de l'Indus" s'était déployé jusqu'à la vallée du Gange à l'est, vers l'Afghanistan au nord-ouest et vers l'actuelle Bombay au sud. À ce jour, plus d'une centaine de cités ont été dégagées. Ce qu'il en reste révèle un urbanisme si étonnamment "moderne" qu'on parle de civilisation des cités.

Parmi ces cités, deux brillent d'un éclat particulier : Mohenjo Darô et Harappâ (d'où l'autre appellation de *civilisation harappéenne*). Distantes de 640 km, leur importance et leur identité culturelle ont fait supposer qu'elles furent peut-être les deux capitales d'un empire "indusien"... Les vestiges de ces cités phares bâties au bord de fleuves témoignent d'une organisation supérieure : fortifications, rues à angles droits, bâtiments administratifs, marchés, maisons en briques (le matériau d'élection de cette civilisation) à balcons, équipées d'installations hydrauliques sophistiquées : salle de bains, puits intérieur, cabinet, "tout à l'égout"...).

Cette civilisation brillante s'éteignit entre 1800 et 1500 av. J.-C. pour des raisons mal connues, l'hypothèse la plus vraisemblable étant que, affaiblie par des catastrophes naturelles (crues de l'Indus?), elle céda sous l'invasion massive de cavaliers armés de fer venus de l'Ouest : les Indo-Européens, se nommant eux-mêmes les Aryens (les nobles). L'écriture indusienne tomba dans l'oubli (elle reste indéchiffrée à ce jour) et on ne devait pas retrouver l'écho des splendeurs de la civilisation des cités dans les Véda, textes sacrés de l'Inde...

VÉDISME

Qu'est-ce que le védisme et les Véda ?

Largement antérieur à l'hindouisme et au bouddhisme, le védisme est l'antique religion de l'Inde. Introduit par les Indo-Européens au tournant des Ier et IIe millénaires avant notre ère, son nom vient du Veda ("savoir"). C'est le plus ancien ensemble de textes sacrés conservés en Inde. Au fil des siècles, l'hindouisme – ou brahmanisme – détrôna peu à peu le védisme pour devenir la religion dominante aux environs du IVe siècle avant J.-C.

Ganesh, le dieu éléphant des hindous.

L'hindouisme conserva du védisme ses Écritures (en leur adjoignant de nouveaux textes) et ses divinités… en les multipliant. Le grand dieu Indra céda son rang à une trinité composée de Brahma (le Créateur), Vishnu (le Conservateur) et Shiva (le Destructeur). L'innovation majeure concerna la réincarnation (*samsara*) qui permettait au croyant de reconnaître en chaque nouveau dieu un ancien revenu sous une autre apparence pour une autre existence (*avâtâr*). Immortelle, l'âme humaine transmigre sans fin d'un corps à un autre. Toute vie étant souffrance, le but suprême est d'échapper au cycle des re-naissances. Cette bienheureuse délivrance s'appelle le *Nirvâna*.

CASTES

En quoi consiste le système des castes ?

La société brahmanique a conçu une hiérarchie en quatre castes (varna) composées, du haut en bas de la pyramide sociale, des prêtres (Brâhmana), des guerriers (Kshatriya), des artisans et paysans (Vaishya), et enfin des serviteurs (Shûdra).

Le système des castes a son origine religieuse dans le démembrement du "corps social" de Brahma : de sa tête sortirent les *Brâhmanes*, de son bras les *Kshatriya*, de sa cuisse les *Vaishya*, de son pied les *Shûdra*. L'homme étant plus pur au-dessus de la ceinture, d'après cette philosophie, le classement se justifie du même coup.
Inclassables, donc exclus du système des castes, les autres hindous héritaient des travaux soit "dégradants" soit attentant à la vie (chasseurs, bouchers…). Tout en bas des hors-castes, les "derniers des mortels" sont les intouchables (*Chândâla* : "mangeurs de chiens") dont la seule présence souille les membres des castes.

Le système des castes n'est pas injuste pour l'hindou qui croit en la réincarnation : on ne naît pas noble ou intouchable par hasard, mais en vertu des mérites ou fautes qu'on a accumulés dans sa vie antérieure (c'est la loi du Karma, principe de la rétribution des actes).

BOUDDHA

Quand vécut le Bouddha et qu'enseigna-t-il?

Vers 560 av. J.-C., aux confins de l'Inde et du Népal, naquit dans la famille royale de Gautama un prince prénommé Siddharta (ce qui signifie "but atteint"). Il vécut une jeunesse dorée dans le palais de son père jusqu'au jour où il découvrit subitement que le bonheur est éphémère et que la souffrance gouverne le monde. Tout bascula dans sa vie. Siddharta Gautama quitta les siens et renonça à ses richesses pour commencer sa quête : trouver le moyen pour les hommes d'échapper aux maux de l'existence. Au bout d'années d'errance et de privations, sa méditation le conduisit en une nuit à la Vérité qu'il cherchait obscurément. Illuminé par la Connaissance, il était devenu le Bouddha : l'Éveillé.

La "solution" dont le Bouddha eut la révélation, est le renoncement. C'est le message des Quatre Nobles Vérités qu'il allait enseigner :

. la souffrance est inhérente à la vie;

. la souffrance naît de la non-réalisation des désirs;

. supprimer le désir, c'est donc supprimer la souffrance;

. le recueillement et la maîtrise de soi-même sont le moyen de parvenir à la non-vie et la non-souffrance (le *Nirvâna* : anéantissement dans la béatitude et béatitude de l'anéantissement).

Après son Illumination, le Bouddha consacra les 45 ans qui lui restaient à vivre à diffuser non pas sa religion (il n'adorait aucun dieu, n'en était pas un lui-même) mais sa méthode de salut. Les disciples affluèrent, les conversions se multipliant d'autant plus que le message de fraternité du Bouddha, par-dessus le système des castes, s'adressait à tous sans distinction. On commença à vénérer "les Trois Joyaux du bouddhisme" que sont le Bouddha, sa Vérité, sa Communauté. À 80 ans, le créateur du bouddhisme quitta ce monde pour entrer dans le *Nirvâna*.

"Stupa" de Sarnath (Inde), commémorant le premier prêche de Bouddha. Ci-dessus, Bouddha (Sri Lanka).

PETIT VÉHICULE GRAND VÉHICULE

Qu'appelle-t-on Petit et Grand Véhicules?

Non fixée par écrit, la doctrine du Bouddha éclata en une multitude de sectes que dominèrent deux tendances. Bouddhistes "religieux" et "philosophes" s'accordaient sur le but à atteindre, le Nirvâna, mais pas sur la façon d'y parvenir. Les premiers diffusèrent leur foi au moyen du "Grand Véhicule" (Mahâyâna) et les seconds leur système au moyen du "Petit Véhicule" (Hînayâna, image péjorative due au parti adverse). Tandis que le Petit Véhicule dominait l'Inde du Sud, Ceylan, la Birmanie, le Cambodge, la Thaïlande et le Laos, le Grand Véhicule gagnait l'Inde du Nord, le Tibet, le Népal, la Chine, la Corée, le Japon. Le schisme s'accentua ainsi.

Le Bouddha avait préconisé un juste milieu entre vie de plaisirs et vie ascétique. C'était à chacun de chercher son salut par l'effort personnel, la rigueur morale, la concentration spirituelle. Le Petit Véhicule s'en tint à cette auto-discipline qui laissait l'homme face à lui-même, sans autre appui que l'exemple du Maître.
Le Grand Véhicule délaissa ces règles de vie trop dures pour une religion du salut. Bouddha devint parfois un dieu, le croyant put compter sur l'aide des *Bodhisattva*, ces "Promis à l'Éveil" qui, renonçant au Nirvâna, se consacraient au salut des autres.

Le regard de Bouddha, Katmandou.

DYNASTIE MAURYA

Qui était le grand roi Maurya Açoka?

Dans son palais, le roi Açoka avait fait placer un pilier d'acier trempé d'apparence inoxydable.

Quand le jeune Açoka monta sur le trône en 273 av. J.-C., il héritait du premier Empire indien fondé vers -300 par son aïeul le grand conquérant Candragupta Maurya. Unificatrice de l'Inde, la Maison impériale avait tout pouvoir dans tous les domaines. Après un début de règne placé sous le signe de la force (conquêtes militaires), Açoka se fit disciple du Bouddha et apôtre de la non-violence (*ahimsa*). Ce fut la chance historique du bouddhisme qui devint une véritable religion d'État.

Açoka entendait consacrer son règne au bien de ses sujets. Les dépenses de la Cour et de l'armée furent réduites au bénéfice de la médecine et de l'instruction. Grâce au zèle sans relâche de ce souverain pieux et pacifique, une "propagande éclairée" répandit partout la parole bouddhique. Recrutés dans les communautés monastiques, les missionnaires d'Açoka sillonnèrent toute l'Asie. À l'intérieur même de l'Empire, on grava les Édits d'Açoka sur des colonnes et des rochers (ce sont les plus anciennes inscriptions retrouvées en Inde) : ils invitent à la charité, à la tolérance, au respect de la vie sous toutes ses formes...

Après sa mort en 236 av. J.-C., Açoka devint une légende et son règne un âge d'or où avaient fleuri la paix et la justice, la littérature (le *Râmâyana* et le *Mahâbhârata*, les grandes épopées de l'Inde, datent de cette époque) et l'art religieux (on prête à l'Empereur la construction de plus de 80 000 *stupa*, ces dômes abritant des reliques du Bouddha ou de "Saints" du bouddhisme). En plein essor à l'étranger, le bouddhisme ne retrouvera jamais en Inde la place qui fut la sienne au temps d'Açoka : après 1 500 ans d'existence, il connaîtra même une éclipse totale sur sa terre natale, cédant la primauté au brahmanisme.

PREMIERS ROIS CHINOIS

Qui étaient les cinq souverains et les trois dynasties?

Les origines de l'histoire chinoise remontent à la nuit des temps. À ses débuts, la Chine aurait vécu un âge d'or sous les règnes de cinq souverains mythiques auxquels la légende prête tous les dons. Ce sont eux qui auraient inventé les rites, la divination, l'agriculture, le mariage, la musique, le calendrier, le char, les vêtements... La Chine donne à ses rois le titre de Fils du Ciel car ils tiennent leur pouvoir d'En-Haut. Leur mission est d'assurer la pérennité de l'Empire du Milieu (les Chinois nomment ainsi leur pays qui est pour eux le centre du monde, seul foyer de civilisation parmi les barbares). L'accord entre le Ciel et son Fils le roi est temporaire : qu'une dynastie vienne à rompre ce "contrat de confiance" et c'en est terminé, une autre plus digne lui succède... jusqu'à ce qu'elle démérite à son tour. Ainsi finirent les Trois Dynasties – Hia, Shang, Zhou – qui succédèrent aux Cinq Souverains.

À mi-chemin de l'histoire et du mythe, la dynastie Hia aurait été fondée vers le XXIe siècle avant J.-C. par Yu le Grand. Tout au long d'une série de dix-sept règnes, elle serait restée au pouvoir plus de quatre cents ans. De cette époque datent les premiers canaux, l'élevage du ver à soie, le tissage. Au XVIIe siècle avant J.-C., Shang le Victorieux détrôna Kie le tyran, dernier d'une lignée décadente, et fonda celle qui porte son nom (prenant ensuite celui de Yin). Une trentaine de rois Shang/Yin se suivirent en six siècles. Affaiblie, la dynastie fut renversée en 1027 av. J.-C. par les Zhou qui établirent un record de durée en se maintenant 806 ans sur le trône (perdant avec le temps le pouvoir politique pour ne garder que le pouvoir religieux). L'extinction des Zhou en -221 correspond à une ère nouvelle : l'Empire unifié.

SEIGNEURS DE LA GUERRE

Qui étaient les Hégémons?

De 770 à 481 av. J.-C. s'écoulèrent trois siècles agités baptisés par les chroniques chinoises époque des Printemps et des Automnes. Quand le roi Zhou ne fut plus qu'un symbole religieux, de puissantes cités prirent leur autonomie. À leur tête, les seigneurs féodaux constituèrent des principautés héréditaires indépendantes de la Maison royale. Tous ces États étaient en perpétuelle rivalité. Tantôt l'un, tantôt l'autre dominait, tous cherchant à imposer leur suprématie, leur hégémonie. On appelle Hégémons les chefs d'État qui conduisirent la politique à la place de la dynastie vacillante des Zhou. S'ils ne furent pas rois en titre, les Hégémons eurent le pouvoir de fait.

Les grands Hégémons ne furent ni des tyrans, ni forcément les adversaires des rois en place. Le premier d'entre eux, le duc Huan de l'État de Ch'i, sauva la civilisation chinoise de la barbarie des envahisseurs du Nord. Le plus célèbre, le duc Wen de l'Etat de Ch'in, resta dans les mémoires, malgré ses succès militaires, comme "le civilisateur" (*Wen*), et non "le guerrier" (*Wou*). Le temps des *Seigneurs de la guerre* fut une époque de rayonnement intellectuel et spirituel qui produisit les "Cent Écoles" et des penseurs de la taille de Confucius et de Lao-tseu.

ROYAUMES COMBATTANTS

Qu'appelle-t-on période des Royaumes combattants?

L'équilibre maintenu tant bien que mal par les Hégémons était trop précaire pour garantir une stabilité durable. La situation politique s'aggrava au Ve siècle av. J.-C. avec la montée des conflits entre États. Une fois les plus faibles écartés, sept États se retrouvèrent en lice pour l'affrontement final. Une ère nouvelle s'ouvrit qui dura jusqu'au IIIe siècle av. J.-C., vit la décadence de l'ordre féodal et que l'histoire appelle période des Royaumes combattants ("royaumes" et non "principautés" car les plus ambitieux usurpèrent le titre de roi que détenait le souverain légitime Zhou).

Dans cette lutte pour leur survie et pour la suprématie, la victoire devait revenir au plus belliqueux. Ce serait l'État de Ch'in. En 247 av. J.-C., le prince Cheng était monté sur le trône de Ch'in avec des idées de conquête bien arrêtées. Le prestige d'un pouvoir fort et d'une politique de fer était dans l'air du temps : les Légistes – courant de pensée célèbre par sa rigueur et son culte de la Loi – ne prônaient-ils pas que la fin (le triomphe de l'État) justifiait les moyens? Cheng imposa une guerre sans merci à ses rivaux qu'il élimina un par un.

En 221, la Chine était unifiée. Son nouveau maître prit le nom de Ch'in Shi Huang-ti, le "Grand Empereur" : la Chine impériale était née.

Ornement en bois sculpté et laqué du IIIe siècle avant J.-C., provenant du Teh'Ang-cha.

ECRITURE CHINOISE

De quand date l'écriture chinoise?

Les mots chinois ont une seule syllabe. Utilisant des pictogrammes ou des idéogrammes (représentation de l'idée par un dessin, un symbole), le chinois est la seule écriture non alphabétique encore en usage. Les premières traces de cette écriture datent de la dynastie Shang, vers -1500. Sous les Zhou, vers -800, une seule et même écriture fut fixée dans le royaume. Elle connut des variantes au temps des États indépendants, d'où des risques de confusion. La nécessité d'une standardisation amena le premier empereur Ch'in Shi Huang-ti à imposer (-213) partout la même base de vocabulaire. Jusqu'aux Han, on écrivit sur des lattes reliées par un cordon. Le premier dictionnaire parut sous cette forme, cent ans avant notre ère. Cent ans après notre ère, les Chinois inventaient le papier.

Un seul système d'écriture l'emporta d'abord : le *wenyan* – chinois "classique" réservé à de nobles usages (textes officiels, historiques, philosophiques). Cette langue savante, sans rapport avec celle de tous les jours, était l'apanage des lettrés. Très différent, le *baihua*, chinois "parlé", s'écrivait plus facilement. Au terme de sept siècles de concurrence, le *baihua* s'imposa comme la seule langue écrite de la Chine (1920).

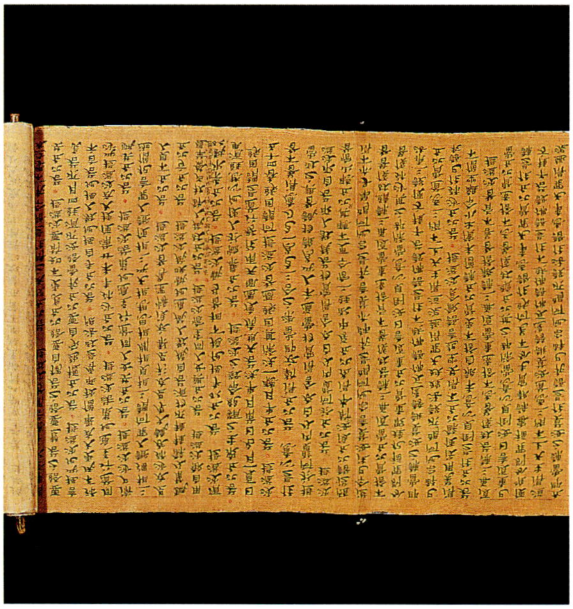

TAOÏSME

Qui était Lao-tseu?

Parmi les Cent Écoles du VIe siècle avant J.-C. s'illustra le courant taoïste dont Lao-tseu fut le "Vieux Maître". À l'opposé de Confucius (son contemporain d'après la tradition) et plus encore des Légistes, Lao-tseu ne fut pas un penseur politique et ne s'intéressa qu'à la vie intérieure. Son objectif – la communion de l'homme avec l'univers – ne passe pas par des lois ou des pratiques mais par le Tao, "voie" de la nature. Dans cette quête d'harmonie, la paix de l'âme s'obtient par une vie simple et droite, détachée des choses matérielles et de l'emprise sociale. La sagesse est d'échapper à ce monde illusoire, de ne pas intervenir, de laisser les choses suivre leur cours en étant comme l'eau qui s'adapte à toute situation sans perdre son identité.

La légende dit qu'à la fin de sa vie, Lao-tseu, las de la folie humaine, abandonna ses fonctions d'archiviste pour s'en aller vers le soleil couchant. À la frontière, on le pria de ne pas partir sans laisser sa doctrine à l'Empire du Milieu. Lao-tseu dicta alors le *Tao-tö king*, "Livre de la Voie et de la Vertu". Ensuite, nul ne sait ce qu'il devint, mais le taoïsme entra dans l'histoire.

CONFUCIANISME

Qui était Confucius?

Né en 551 av. J.-C. et mort en -479, Confucius (Kong-fou-tseu) fut le témoin lucide de la décadence de la royauté et du déclin de la noblesse. Conservateur dans l'âme, il tenta de préserver l'héritage des Anciens pour le confier aux nouvelles générations ("je n'invente pas, je transmets"). C'est dans cet esprit qu'il fonda à 22 ans sa première école de pensée. Confucius devait consacrer la majeure partie de son existence à chercher vainement d'État en État le prince qui mettrait sa philosophie en pratique. Loin des charges officielles, il se réfugia finalement dans l'enseignement, louant sans relâche la loyauté, la piété filiale, la justice et la politesse, considérée comme un art de vivre.

Confucius n'ayant pas écrit, ce sont ses disciples qui résumèrent sa doctrine dans les *Entretiens.* Lui ne se doutait pas qu'un jour lointain, ses compatriotes lui voueraient un tel culte qu'ils le diviniseraient, lui bâtiraient des temples. Le confucianisme mit du temps à faire son chemin, mais quand son heure arriva, ce fut avec éclat. Trois cents ans après sa mort, sous la dynastie Han, Confucius devint le maître à penser par excellence de la Chine, et il en sera ainsi pendant vingt siècles.

Soucieux de l'équilibre d'une civilisation vacillante, le confucianisme prône le respect des valeurs traditionnelles et des structures hiérarchiques établies. Il allie morale et politique. De même que la hiérarchie familiale suppose le culte des ancêtres et la soumission du fils au père, de même les classes inférieures doivent respecter les classes supérieures – à charge pour celles-ci de donner le bon exemple et de gouverner avec sagesse (en vertu d'une règle d'or du confucianisme : "ne pas faire aux autres ce qu'on ne voudrait pas subir").

Scène de la vie de Confucius et de ses disciples. Peinture du début du XIXe siècle.

CHINE IMPÉRIALE

Que fit le premier grand empereur de Chine ?

Une fois tournée la page des Royaumes combattants (voir p. 89), le premier empereur Ch'in Shi Huang-ti n'eut de cesse de renforcer l'unité nationale. Celui qui avait aboli la féodalité devint le bâtisseur d'un ordre nouveau. Instaurant un gouvernement centralisé, il s'attaqua aux particularismes régionaux et, en une décennie, réussit à uniformiser un empire gigantesque en matière de lois, de poids et mesures, de calendrier, d'écriture, de monnaie.

Parallèlement, Ch'in Shi Huang-ti lança un formidable programme d'aménagement du territoire que couronna l'édification de la Grande Muraille de Chine. Longue de 3000 km, la Grande Muraille n'est pas seulement une ligne de défense contre les barbares : elle matérialise ce "tout" qu'est l'Empire du Milieu. Prolongée par la dynastie Han, la Grande Muraille sera encore renforcée par les Ming au XVe siècle.

Ch'in Shi Huang-ti ne régna que 11 ans (221-210 avant J.-C.). Sa dynastie s'éteignit peu après lui mais le régime impérial qu'il avait fondé lui survécut plus de 2000 ans. C'est à lui que la Chine doit son nom en Occident.

HAN

Quel rôle les Han ont-ils joué dans l'histoire de la Chine ?

En 206 av. J.-C., l'anarchie menaçait quand Lieou Pang, un aventurier, rétablit un pouvoir central. Ce *grand ancêtre* des Han fonda leur dynastie qui dura quatre siècles et vit les progrès de l'administration, de l'agriculture, de l'astronomie, des mathématiques, des techniques (papier, livres, horloges-clepsydres de grande précision...).

Le plus illustre des Han fut l'empereur Wou-ti qui régna cinquante-quatre ans (141-87 av. J.-C.), mit au pas les féodaux, affermit l'État, pacifia et agrandit le pays, repoussa les Huns. Wou-Ti encouragea le commerce international en utilisant la soie comme monnaie d'échange. Le va-et-vient des marchands à travers déserts et montagnes traça ce qu'on appela la Route de la soie sur 7000 kilomètres. Cette route allait favoriser aussi la circulation des hommes et des idées.

Ch'in Shi Huang-ti avait voulu rompre avec le passé ; les Han renouèrent avec la tradition et firent du confucianisme la doctrine officielle de l'État. Les charges publiques revinrent à des fonctionnaires recrutés sur leurs connaissances des classiques confucéens. Des concours réservés aux *lettrés* sortit l'élite des *mandarins* (le *mandarinat* fournira les hauts fonctionnaires jusqu'en 1911).

En 1974, on a retrouvé l'armée d'argile et de bronze que le Grand Empereur avait fait enterrer avec lui : 6000 soldats montaient toujours la garde près de celui qui avait rêvé d'emporter son pouvoir dans l'autre monde...

PREMIER ÉTAT JAPONAIS

Comment le Yamato devint-il le premier État japonais?

Les faits placent l'entrée du Japon dans l'histoire vers le IVe siècle de notre ère, à l'époque où, dans la plaine du Yamato, une volonté politique tenta pour la première fois d'unifier un pays divisé en tribus. La tradition, elle, fait remonter un millénaire plus tôt l'acte de naissance du pays du Soleil levant. Au VIIe siècle avant J.-C., Iwarehiko, arrière-arrière-petit-fils de la déesse du Soleil Amaterasu, serait parti à la conquête de l'archipel, fondant – le 11 février de l'an -660 – l'État du Yamato (nom désignant le Japon ancien).

Légende ou réalité, toujours est-il qu'à la suite de Iwarehiko (devenu après sa mort Jimmu Tênno : l'Empereur Jimmu), tous les souverains nippons revendiquèrent leur filiation avec la déesse, garante de leur légitimité. Ainsi naquit la seule dynastie de l'histoire du Japon, la plus ancienne famille régnante du monde. Les trois symboles de la religion Shintô – le miroir, le sabre, les bijoux (confiés par la divinité à ses descendants) – sont les emblèmes du pouvoir de la maison impériale.

Akihito, devenu en 1989 le 125e empereur du Japon.

CLANS

Quelle était l'importance des "clans"?

L'empereur du Japon avait beau descendre du Soleil (parmi ses ancêtres brillait la déesse Amaterasu), ce n'était pas lui qui exerçait le pouvoir politique mais de puissantes familles de sa cour réunies en Uji, en "clans". Sur fond d'intrigues et de rivalités, ces grandes familles se disputaient le contrôle de l'État. Par de savants jeux d'alliances, les plus ambitieuses hissaient leurs membres aux postes clés du gouvernement, et régnaient de fait à la place de l'empereur. Ce fut le cas des Soga au VIIe siècle, puis des Fujiwara qui restèrent les maîtres du Japon du VIIe au XIe siècle.

De même que le clan impérial avait à sa tête l'empereur (*tênno*) et la déesse protectrice Amaterasu, chaque clan familial avait son chef de famille (*ujigami*) et sa divinité tutélaire attitrée (*ujinokami*). Il possédait en outre ses propres privilèges, transmis de génération en génération, comme la charge des affaires religieuses (clan Nakatomi) ou celle des affaires militaires (clan Mononobé). À la fin du XIIe siècle, cette organisation de la société japonaise fut remise en question avec le coup de force du premier *Shogun* (gouverneur militaire).

SHINTÔ

Qu'est-ce que le Shintô ?

Le Shintô est "la voie des dieux" ou plus exactement la "voie des kami" (tout ce qui mérite d'être craint ou vénéré pour sa force extraordinaire est un kami). Si le terme "Shintô" n'a été utilisé qu'à partir du VIe siècle pour distinguer cette croyance du bouddhisme, le shintoïsme est la plus ancienne religion du Japon et la seule véritablement "nationale". Elle nous est surtout connue par les récits mi-historiques, mi-légendaires du Kojiki ("Récit des choses anciennes") et du Nihongi ("Fastes du nippon") rédigés tous deux au VIIIe siècle.

Le Shintô est une religion polythéiste (croyance en de multiples "dieux") et animiste (tout dans la création a une âme) où prime le culte de la nature. Plus que le dogme ou la morale, comptent la pureté rituelle et la communion de l'homme avec les *kami* qui habitent les arbres, les vagues, les torrents, les rivières, les volcans, les rochers, les grottes... Des milliers et des milliers de *torii* peuplent le paysage japonais : portiques d'entrée des sanctuaires shintoïstes, ils ouvrent un espace consacré par la présence d'un *kami*.
Le *Kojiki* raconte comment, au commencement, les *kami* Izanagi et Izanami donnèrent vie à tout ce qui existe. Il s'ensuit que tout sur cette Terre, à commencer par les êtres vivants, a une origine commune et une nature "divine". De là la croyance des Japonais, profondément ancrée chez eux, en leur parenté avec les *kami* comme avec la création – de là aussi leur respect pour le monde qui les entoure et leur sens aigu du devoir et de l'honneur (ne jamais démériter, plutôt se suicider). Quand le confucianisme chinois pénétra au Japon, il ne fit que renforcer le culte des ancêtres déjà propre au shintoïsme.

CORÉE

Quel rôle joua la Corée dans l'éclosion de la civilisation japonaise?

La position de la péninsule coréenne, rattachée à la Chine par le nord, proche de l'archipel nippon par le sud, lui a donné dans l'histoire un rôle d'intermédiaire entre ses deux grands voisins. Pénétrée des idées chinoises (dans les domaines de l'art, de l'administration, du bouddhisme, du confucianisme) plus que tout autre pays, la Corée les répercuta outre-mer à travers des ambassades et des vagues continues d'émigration. Le Japon lui doit ainsi une large part de sa culture.

L'influence du *Pays du Matin Calme* (la Corée ne recevra que plus tard son nom de la dynastie Koryo) sur le Japon culmina au VIe siècle avec l'introduction du bouddhisme. Celui-ci avait fait ses premiers pas en Chine à l'amorce de notre ère. En quelques siècles, il s'était propagé à l'ensemble de la Chine et jusqu'en Corée. C'est de là que partit en 552 l'ambassade qui présenta solennellement le bouddhisme au Souverain du Yamato : "*Cette doctrine est la plus excellente de toutes. De l'Inde lointaine elle est venue jusqu'à nous. Ton serviteur la transmet au Pays Impérial car le Bouddha a dit : « Ma doctrine s'étendra vers l'Orient ».*" La religion importée divisa la cour du Yamato. Le clan Soga, ouvert aux bienfaits de la civilisation continentale, fut sensible à l'esprit universel du bouddhisme. Plus conservateurs, les autres virent dans les pro-bouddhistes le parti de l'étranger. Une lutte des clans s'ensuivit qui dura trente-cinq ans. En 587, les Soga l'emportèrent. C'est sous la régence d'un des leurs, le grand législateur Shôtoku (592-622), que le bouddhisme s'enracina dans la terre nippone. *L'Édit des 17 articles* (604) fit de cette religion le fondement spirituel de l'État tout en posant l'idée d'un pouvoir central. Le titre ancien de Souverain du Yamato disparut, ce serait désormais *l'Empereur Céleste du Pays du Soleil Levant* qui s'adresserait à son tout-puissant homologue chinois *l'Empereur Céleste du Pays du Soleil Couchant.*

Bouddha du temple Popchusa en Corée.

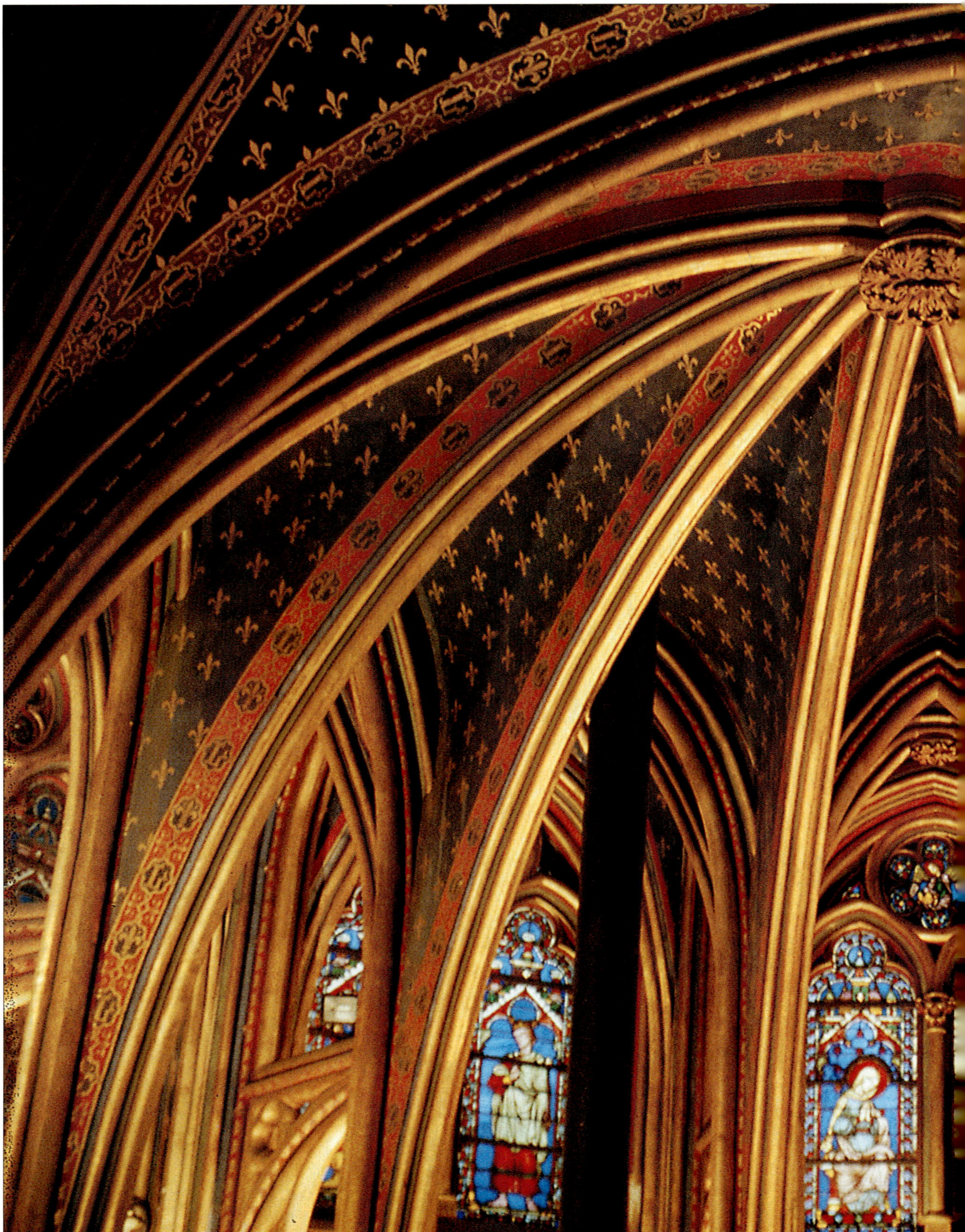

3

MILLE ANS D'HISTOIRE AU RALENTI

LES BASSINS DE CIVILISATION : LE MOYEN ÂGE

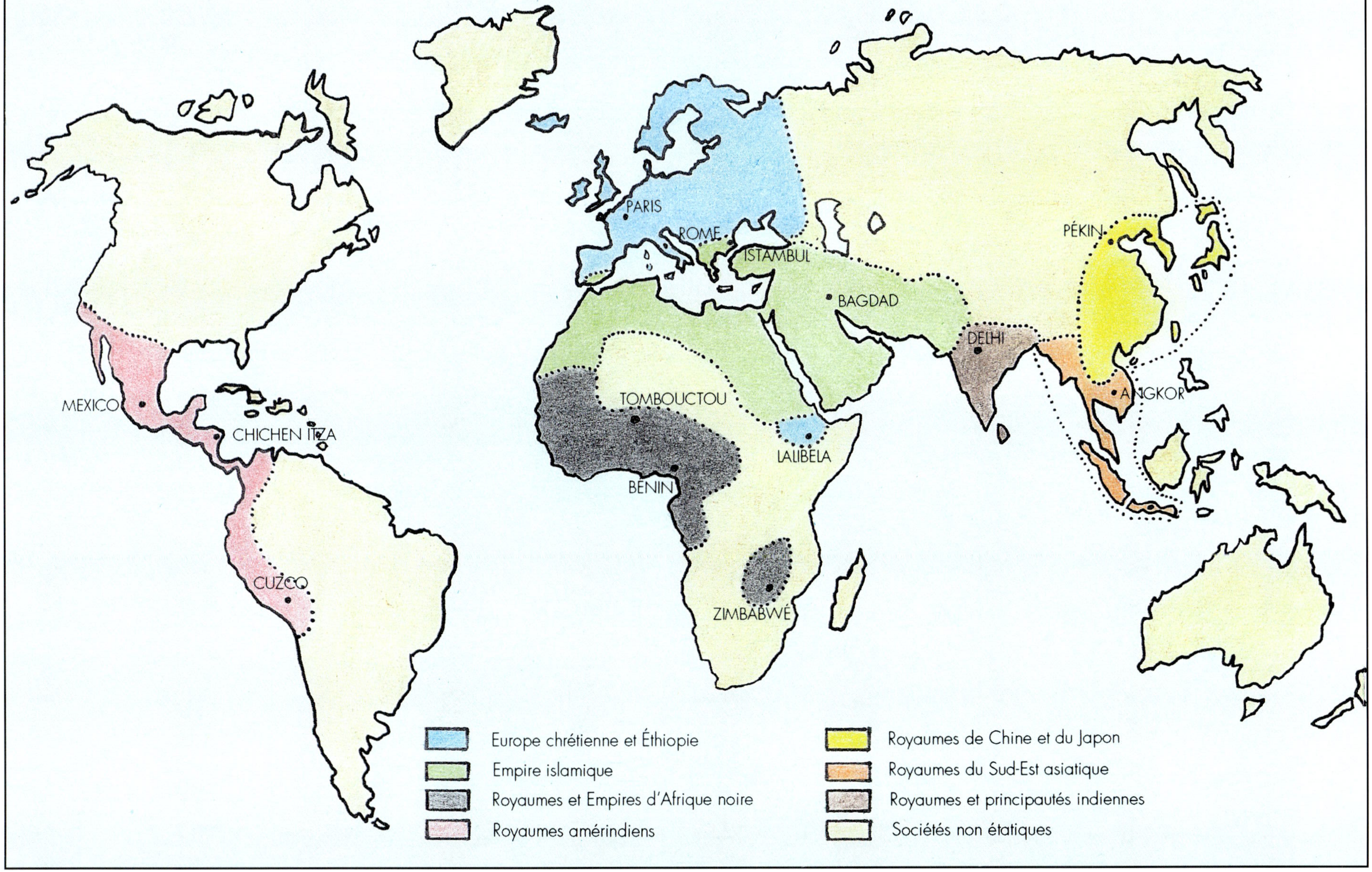

500 À 1500 APRÈS J.-C. : LE MOYEN ÂGE DES GRANDES CIVILISATIONS

De la chute de l'Empire romain à la découverte des Amériques, la civilisation de l'Europe occidentale connut un net ralentissement. L'évolution historique de cette région du monde sembla marquer le pas et sa civilisation, née dans le bassin méditerranéen des apports successifs orientaux, grecs et romains, progressa par à-coups, en trois étapes : long déclin consécutif aux destructions occasionnées par les invasions germaines et huniques aux IVe et Ve siècles, puis essor économique, renouveau culturel et politique du VIe au XIe siècle, enfin crise profonde aux XIVe et XVe siècles, car le choc de l'effondrement d'une culture antique brillante qui avait porté la pensée abstraite à quelques-uns de ses sommets fut long à absorber ; l'adaptation à de toutes nouvelles conditions de vie fut sans doute facilitée par la religion chrétienne, qui assura tant bien que mal la transition vers un monde féodal inconnu des Anciens.

Ailleurs, en Orient, il y eut aussi une longue période de troubles. La Chine, malgré sa puissance, s'enferma et prépara son déclin ultérieur. L'Inde connut de longs siècles de guerres internes. En Océanie et dans les archipels indonésien, malais, philippin, tout comme en Indochine, les conquérants successifs ne surent imposer longtemps leurs conquêtes et leurs empires éphémères.

Lentement, en Afrique noire sahélienne et centrale, des sociétés de plus en plus évoluées se constituent. Tout droit sorties du Néolithique, les vieux royaumes africains coexistent avec des empires agressifs, contiennent l'avance islamique, pacifient les fédérations de tribus qui se montrent trop entreprenantes. L'Afrique, au moment où l'Europe enterre les millions de morts de la guerre de Cent Ans ou de la Peste Noire, amorce son décollage.

En Amérique Centrale, sur ce continent encore inconnu de tous, à l'abri des regards, des civilisations extrêmement brillantes voient le jour. Olmèques, Mayas et Aztèques parviennent à une étonnante maîtrise de l'agriculture, grâce à une observation précise des phénomènes cycliques de la Nature. De grandes villes, un commerce prospère, des monuments majestueux marquent les progrès de ces cultures amérindiennes.

La notion de Moyen Âge n'est donc opératoire que pour l'Europe chrétienne, l'Inde et la Chine. Car s'il est bien une civilisation pour laquelle cette notion est vide de sens, c'est la civilisation islamique, qui prit au cours de ces siècles une extension considérable, allant jusqu'à imposer sa loi, ses sciences et ses arts à bon nombre de régions méditerranéennes, moyen-orientales et même asiatiques.

Entre la fin de Rome et la découverte de Colomb, la civilisation d'Europe était une forme de développement culturel et social parmi d'autres ; elle dut bon nombre de ses progrès sur le plan des connaissances et des techniques à des apports extérieurs provenant de régions du monde où les connaissances et le savoir-faire avaient atteint une élévation et un raffinement encore inégalés. S'ils furent obscurs, les temps moyenâgeux ne le furent que pour elle.

LES GERMAINS ET L'EMPIRE

Quelles ont été en Europe les conséquences de la chute de l'Empire romain?

En déposant, en 476, le dernier empereur, Romulus, ceux que les Romains désignaient comme Barbares vont-ils effacer plusieurs siècles de civilisation gréco-romaine?

C'est sur le plan des structures politiques que les conséquences semblent les plus évidentes : à l'unité de l'Europe établie sous l'autorité de l'empereur et du système administratif romain fait place le morcellement en royaumes; à la "paix romaine" font place des guerres incessantes. Mais les envahisseurs ne représentent que 5% de la population de l'Europe et, ils n'ont aucune expérience de ce qu'est l'administration d'un État. Aussi conservent-ils pour une bonne part les structures administratives existantes et utilisent-ils la compétence des élites. Ainsi en France et en Italie, le latin demeure la langue de rédaction des lois et de l'administration, le droit romain coexiste avec celui des populations nouvelles. En revanche, les bouleversements dans la vie économique et sociale sont importants : le commerce, les villes ont été durement atteints. On assiste à un repli sur les campagnes où bon nombre de grands domaines sont passés entre les mains des conquérants. Mais progressivement s'accomplit la fusion avec l'aristocratie ancienne. Sur le plan culturel, le choc entre les deux civilisations n'a pas entraîné la disparition de l'héritage antique. D'abord parce que dans une grande partie de l'Europe, les Germains ont adopté, avec le latin, l'écriture romaine. Ensuite parce qu'ils se sont convertis au christianisme. Au sein de l'Église, de ses écoles, de ses monastères, de ses bibliothèques une partie de cet héritage continue à se transmettre. Mais les connaissances scientifiques du monde antique reculent devant les superstitions, et les philosophies non chrétiennes disparaissent.

Si les invasions ont mis fin à l'Empire romain en tant qu'ensemble politique et territorial, bien des aspects de sa civilisation ont survécu et il s'est constitué en Europe une culture commune faite d'un mélange de traditions grecques, romaines, chrétiennes et germaniques.

L'éclatement des villes gallo-romaines et le retour des populations vers les campagnes déclencha un grand mouvement de déboisement, assuré principalement par des serfs au service du clergé.

FREKK, FRANCI... FRANCS

Qui étaient les Francs?

C'est en 241 après J.-C., dans un récit historique, qu'apparaît pour la première fois le nom de "Franci", sans doute dérivé de la racine germanique "Frekk" signifiant "hardi, courageux".

Cet ensemble de peuplades germaniques, installées aux frontières de l'Empire romain, s'unissent et lancent une attaque à l'issue de laquelle certaines d'entre elles s'implantent en Gaule.
Mais, malgré cette première tentative d'union, la division en deux ensembles autonomes, Francs Saliens et Francs Ripuaires, demeure. En 358, les Saliens franchissent le Rhin et s'installent au nord des Pays-Bas actuels. Profitant du recul des armées romaines face à la grande invasion des Germains en 406, ils pénètrent en 430 dans l'actuelle Belgique, où Childeric installe sa garnison à Tournai. Son fils Clovis lui succède en 465. Celui-ci va d'abord vaincre le Romain Syagricus à Soissons (en 486), puis les Alamans à Tolbiac (en 496). Il réalise par la force l'unité entre Saliens et Ripuaires et enfin conquiert l'Aquitaine par sa victoire à Vouillé (en 507) sur les Wisigoths.
Mais Clovis fut aussi celui qui a fait deux choix essentiels pour l'avenir. Il installe son palais à Paris et se convertit au christianisme. À sa mort, en 511, le royaume franc s'est imposé comme une des principales puissances de l'Europe nouvelle née de la décomposition de l'Empire romain.

Baptême de Clovis.

CHARLEMAGNE

Qu'appelle-t-on la Renaissance carolingienne?

L'avènement en 751 du premier roi carolingien, Pépin le Bref, inaugure une période au cours de laquelle les rois francs vont tenter de restaurer une autorité bien affaiblie. Son fils, Charlemagne (768 - 814) va être l'artisan de ce qu'on a appelé la Renaissance carolingienne. Sacré empereur par le pape Léon III, en l'an 800, il veut restaurer l'unité de l'Europe chrétienne face à l'autre christianisme (représenté à l'Est par l'Empire byzantin) et face à l'Islam.

Les lettrés dont il s'entoure (Paul Diacre, Paulin d'Aquilée, Alcuin) vont l'encourager à créer dans son palais d'Aix-La-Chapelle, dans les monastères et dans les grandes villes, des écoles destinées à améliorer la formation du clergé et des 8000 fonctionnaires qui composent son administration. Cet effort va déboucher sur l'adoption d'une nouvelle forme d'écriture, la "minuscule caroline", l'élaboration d'une nouvelle grammaire latine et sur l'essor de l'activité de copie de textes anciens dans les *scriptoria* des monastères.
Enfin, cette renaissance culturelle est à l'origine de la construction de nombreuses églises et monastères, où se manifeste la volonté de retrouver le style romain.

La Renaissance carolingienne impulsée par Charlemagne fut, 600 ans avant la Renaissance italienne du XVe siècle, une première tentative de retour aux sources de l'héritage de l'Antiquité romaine.

SAINT-EMPIRE

Qu'est-ce que le Saint-Empire romain germanique ?

La création de cet empire en 962 par Otton Ier, fondateur de la dynastie des Hohenstaufen, répondait à un objectif ambitieux : il s'agissait d'associer le pouvoir spirituel de la papauté et le pouvoir temporel du souverain le plus puissant d'Europe, celui qui régnait sur l'Allemagne et l'Italie du Nord.

Mais les intérêts des deux pouvoirs étaient contradictoires. Les papes entendaient utiliser cette alliance pour renforcer l'emprise de l'Église sur la société féodale. Les empereurs, qui ne détenaient le trône que de leur élection par les Grands Électeurs (princes et villes d'Allemagne), voulaient au contraire l'utiliser pour contrôler l'Église et légitimer leur autorité sur ces pouvoirs qui entendaient rester autonomes.
Au-delà de la question de savoir qui du pape ou de l'empereur devait conférer aux évêques l'investiture, c'est la direction de l'Église qui était l'enjeu du conflit. Dans cette lutte, en utilisant l'alliance avec les villes italiennes et certains princes allemands, les papes contribuèrent à affaiblir le pouvoir impérial qui prit fin momentanément avec la dynastie des Hohenstaufen en 1268. Les Habsbourg d'Autriche le rétablissent en 1273 mais surtout parviennent, sous Charles Quint (1500-1558), à rassembler sous une même couronne le Saint-Empire et l'Espagne. C'est le début d'une longue lutte avec la France qui ne s'achèvera qu'avec la dissolution du Saint-Empire par Napoléon en 1806.

Frédéric Barberousse (Frédéric Ier), 1122-1190.

NORMANDS

Quelles ont été les conséquences des invasions normandes ?

Normands vient de "Nordmanni", les "hommes du Nord", et désigne donc les peuples germaniques d'Europe scandinave, ceux que l'on appelle aussi les Vikings. Commerçants et excellents marins, ils sillonnent les mers à bord du *snekkja*, à tort appelé *drakkar*, mot qui désigne en réalité la proue ornée de figures fantastiques de leurs embarcations. Une partie d'entre eux va coloniser le Groenland, l'Islande et atteint même le Canada au Xe siècle. Les Varègues, originaires de Suède, pénètrent en Europe de l'Est où ils fondent le comptoir commercial de Kiev puis la principauté de Novgorod. Mais ce sont surtout les raids des flottes venues du Danemark qui auront les plus lourdes conséquences.

La première conséquence des invasions normandes fut l'instauration d'un climat de terreur en raison des pillages et des destructions perpétrés à partir de 845. La deuxième fut le coup fatal porté à l'autorité des rois carolingiens qui se révélèrent incapables de repousser les envahisseurs. Aussi les seigneurs construisent des châteaux pour assurer la protection de leurs domaines et deviennent de plus en plus indépendants. De plus, en 911, Charles le Simple doit céder aux Normands tout l'Ouest de son royaume qui devient le duché de Normandie. La troisième conséquence fut la conquête de l'Angleterre par le duc de Normandie, Guillaume le Conquérant, en 1066.

L'AN MIL

Pourquoi a-t-on eu peur de l'an mille?

Contrairement à ce que l'on a longtemps pensé, ce n'est pas la fin du monde que l'on redoutait à l'approche de l'an mille mais la réalisation de la prophétie annoncée dans l'Apocalypse de saint Jean. Dans ce passage de l'Évangile, il est en effet expliqué que l'Ange a enchaîné Satan pour 1 000 ans et que "les 1 000 ans écoulés, Satan relâché de sa prison, s'en ira séduire les nations des quatre coins de la Terre et les rassemblera pour la guerre..."

Mais on ne savait pas très bien si ce délai d'un millénaire commençait avec la naissance ou avec la mort du Christ. Aussi vit-on les auteurs de chroniques guetter tous les signes susceptibles de manifester la réalisation de la prophétie entre 1000 et 1033. C'est ainsi que furent interprétés le passage d'une comète en 1014, une éclipse de soleil en 1033 et la terrible famine de la même année. Pour eux, il s'agissait de manifestations des forces du Mal qui devaient amener l'Église à entreprendre un mouvement de purification pour gagner le combat contre le Diable. Ce mouvement déboucha sur la réforme grégorienne (moralisation du clergé, affirmation de l'autorité de l'Église), sur les critiques contre l'enrichissement des monastères et de l'Église, mais aussi sur la lutte contre les Infidèles, avec les massacres de Juifs en Europe et la première croisade de 1095.

GRÉGOIRE VII

Qu'est-ce que la réforme grégorienne?

On appelle réforme grégorienne un ensemble de réformes et d'initiatives qui débutèrent avec le pape Grégoire VII (1073-1085), et qui répondaient à un triple objectif : affirmer le pouvoir de l'Église face au pouvoir des souverains européens, rendre les mœurs du clergé plus conformes à l'idéal de l'Évangile et enfin christianiser en profondeur une société encore marquée par les survivances de l'esprit païen.

En effet, les hommes d'Église se sont très tôt intégrés dans la société féodale et ceci au détriment de leurs missions : évêques et abbés étaient devenus de riches propriétaires des terres que leur attribuaient les souverains qui les nommaient. Les charges ecclésiastiques s'achetaient et beaucoup de prêtres vivaient en concubinage notoire! Au sommet, le choix du pape était entre les mains du détenteur du trône du Saint Empire romain germanique. Grégoire VII mit en place le système de l'élection du pape par un collège de cardinaux et imposa le principe de l'investiture des évêques par Rome. La réforme grégorienne ne mit pas fin aux abus dont une partie du clergé était coupable mais elle contribua à faire naître une aspiration à la pureté des mœurs qui déboucha sur la création d'ordres monastiques nouveaux tels que celui des Cisterciens.

Les hommes de l'an mille recherchaient dans le Christ un réconfort contre leurs angoisses. L'inscription de cette mosaïque byzantine signifie "Je suis la voie de la Vérité et de la Vie".

DES ERMITES AUX MOINES

Qu'est-ce qu'un ordre monastique?

Les ordres monastiques sont des organisations regroupant l'ensemble des moines qui vivent selon une même règle ("régula" en latin); ils forment le clergé régulier. Le mot moine vient du grec "monos" qui signifie seul. Le moine est donc celui qui a fait le choix de se retirer de la société, par opposition au clergé séculier, composé de prêtres qui vivent dans le siècle ("saeculum" en latin) c'est-à-dire parmi les laïcs, et donc dans la société.

C'est dans le désert égyptien, puis en Syrie au IIIe siècle que l'on voit se retirer les premiers ermites. Puis les premières formes de vie commune s'organisent au IVe siècle avec saint Basile, auteur de la première règle que suivent encore aujourd'hui les moines orthodoxes. Saint Benoît de Nurcie (480-547), fondateur de l'ordre des Bénédictins, posa les fondements du monachisme occidental.
Le moine est désormais celui qui, après avoir fait les trois vœux exigés (obéissance à l'abbé, chasteté et pauvreté), entre au monastère pour se consacrer à l'étude et à la prière dans le cadre d'une vie commune. C'est avec l'ordre de Cluny que le monachisme bénédictin va connaître sa plus grande expansion mais aussi attirer les critiques de ceux qui l'accusent d'avoir abandonné l'idéal de pauvreté. C'est pour retrouver cet idéal que seront créés les ordres cistercien, franciscain et dominicain.

CROISADE

Qu'est-ce qu'une croisade?

Une croisade est une expédition militaire, répondant à un appel lancé par la Papauté, qui regroupe ceux qui "prennent la croix", c'est-à-dire qui arborent une croix rouge cousue sur la poitrine. Son objectif est de s'emparer de Jérusalem afin de permettre aux chrétiens de faire le pèlerinage sur le tombeau du Christ.

Le 27 novembre 1095, Urbain II lance le premier appel à la croisade. Très vite des foules nombreuses originaires du Nord de la France et de Rhénanie, régions victimes de famines et d'épidémies, prennent le chemin de Jérusalem, attirées à la fois par le pardon des péchés promis par le pape et par l'espérance d'une vie meilleure; ce fut la *Croisade des pauvres*. Nombreux furent également les *chevaliers*, poussés non seulement par la foi, mais aussi par l'appât du gain et la soif d'aventures. Le 15 juillet 1099, ils s'emparent de Jérusalem, où ils se livrent au massacre et au pillage, et créent le Royaume latin de Jérusalem. Commence alors un affrontement, lourd de conséquences, entre les chrétiens et les musulmans dont l'enjeu est à la fois religieux, politique et économique. Mais chacune des huit Croisades (la dernière date de 1267) sera aussi l'occasion d'une rivalité intense entre grandes puissances européennes pour la direction de l'expédition et le contrôle des possessions chrétiennes en Syrie et au Liban.

FÉODALITÉ

Qu'est-ce que la féodalité?

Le terme féodalité désigne l'ensemble des institutions qui organisent les relations entre ceux qui dominent les sociétés européennes au Moyen Âge et qui forment ce que l'on a appelé d'abord la chevalerie puis la noblesse.

Les seigneurs du Moyen Age possèdent la plus grande partie des terres, source de la richesse et moyen d'assurer leurs pouvoirs sur les paysans qui la travaillent. Mais des guerres incessantes les opposent. Peu à peu les seigneurs les plus puissants vont s'assurer les services de ceux qui leur permettront de se défendre contre leurs ennemis. Pour cela le *suzerain* cède une terre, le *fief*, à celui qui devient son *vassal*, afin de s'assurer de sa fidélité. En échange, ce dernier devra combattre aux côtés de son seigneur en cas de guerre. Ce contrat entre les deux hommes est scellé au cours de la *cérémonie de l'hommage* : le vassal place ses mains entre celles de son suzerain, prête serment de fidélité sur la Bible et dit "Sire je deviens votre homme". Peu à peu se constitue ainsi une hiérarchie avec ses titres (ducs, comtes, marquis, chevaliers). Les liens de vassalité se transmettent de père en fils, donnant naissance à une classe noble.

CHEVALIERS DU MOYEN ÂGE

Qu'est-ce que la chevalerie?

La chevalerie est à la fois une classe sociale, un mode de vie et un idéal. Le chevalier est souvent un seigneur qui possède des terres et exerce un pouvoir sur les paysans qui les cultivent. Mais un simple roturier peut devenir chevalier s'il est valeureux.

Le chevalier est un guerrier reconnaissable à son équipement : la cotte de mailles en fer (haubert), le casque (heaume), le bouclier (l'écu), les éperons, la lance et l'épée. Sa vie est consacrée à l'art de la guerre. Dès l'âge de 7 ans, il apprend à monter à cheval. À 12 ans, il quitte sa famille pour servir son seigneur dont il devient le page puis l'écuyer. Vers 18 ans, il est fait chevalier à l'issue de la cérémonie de l'adoubement. Son existence se partage alors entre la guerre, la chasse, les tournois et les banquets.
Être chevalier c'est enfin vivre selon un idéal et être fidèle à son seigneur (le pire crime c'est de trahir sa foi, d'être un félon). Un bon chevalier est aussi bien sûr celui qui se distingue au combat par ses prouesses, comme ceux que les chansons de geste offrent en modèle, à l'exemple du héros de la chanson de Roland. Mais le chevalier est aussi celui qui sait "faire la cour", qui vit donc selon l'esprit courtois qu'ont célébré les fameux romans de Chrétien de Troyes, *Lancelot ou le Chevalier à la charrette*, *Perceval ou le Conte du Graal*, et les poèmes chantés des troubadours et des trouvères.

CHÂTEAUX FORTS

Pourquoi a-t-on construit tant de châteaux forts au Moyen Âge?

On a dénombré plus de 6 000 châteaux datant du Moyen Âge rien qu'en France. Les premiers n'étaient que des tours de bois, construites sur une hauteur naturelle ou sur une motte de terre, entourées d'une palissade et de fossés. Ils avaient alors une fonction militaire : il s'agissait de protéger un domaine face aux incursions des envahisseurs (Normands, Sarrasins et Hongrois aux IXe et Xe siècles) mais aussi contre les attaques de seigneurs rivaux. Puis, à partir du XIe siècle, alors que l'Europe n'est plus soumise à des invasions, apparaissent des donjons de pierre, les palissades sont remplacées par de hautes murailles flanquées de tours. D'abord parce que les Européens ont acquis des techniques de construction au contact des Byzantins et des Arabes au cours des Croisades, mais aussi parce que la fonction du château s'est transformée. Il doit maintenant être une forteresse imprenable pour faire face aux seigneurs qui oseraient l'attaquer. Il doit permettre au maître des lieux de recevoir dans les appartements de son donjon ses vassaux au cours de luxueux banquets afin d'affirmer son rang. Enfin, il est aussi, par la taille imposante de ses tours, le signe du pouvoir seigneurial sur la société paysanne.

L'émergence de la société féodale explique la multiplication des châteaux forts au Moyen Âge.

SERFS ET VILAINS

Quelle est la condition des paysans au Moyen Âge?

Au Moyen Âge, les paysans constituent 90 % de la population mais très peu possèdent des terres. Ils vivent dans le cadre de la seigneurie et une double domination pèse sur eux.
Tout d'abord leur force de travail est au service du seigneur, soit sous forme de corvées qui permettent la mise en culture de sa réserve, soit parce qu'ils lui versent, par le paiement du *cens*, une grande partie de la production qu'ils réalisent sur les *tenures* qui leur sont concédées.
Le seigneur détient aussi sur son domaine le *ban*, c'est-à-dire le pouvoir de juger et de punir. Enfin, en échange de la protection qu'il assure, il peut imposer aux paysans le paiement des *droits de banalités* (taxes sur l'utilisation du four, du moulin, du pressoir) et des péages lors de la traversée d'un pont.

L'installation du système seigneurial a donc considérablement aggravé la condition paysanne. Aussi, la différence d'origine entre les serfs, non libres et entièrement dépendants de leur maître, et les vilains ou paysans libres, disparaît peu à peu. Tous sont sous le pouvoir du seigneur et désignés comme vilains, terme qui à l'origine était appliqué simplement aux habitants du domaine ("villa", en latin) et qui marque désormais avec mépris celui qui est de condition inférieure.

EXTENSION DES CULTURES

Quels sont les progrès de l'agriculture au Moyen Âge?

Du XIe au XIIIe siècle, l'agriculture a connu en Europe un incontestable essor qui s'est traduit par un recul des famines (elles sont moins fréquentes mais ne disparaissent pas) et par une augmentation de la population (elle passe de 8 à 16 millions en France entre le XIe et le XIVe siècle).
Ces progrès s'expliquent d'abord par un certain nombre d'innovations. Les forces naturelles remplacent l'utilisation de la force physique des hommes grâce au moulin à eau et surtout au moulin à vent qui, venu d'Orient, n'apparaît en Occident qu'à la fin du XIIe siècle. L'amélioration des attelages (collier d'épaule et joug frontal) et le développement de la production de fer favorisent l'extension de l'usage de la charrue qui permet de labourer plus en profondeur que l'araire et donc d'accroître les rendements.

Labourer plus en profondeur permet de diminuer les superficies mises en jachère et donc de passer du système d'assolement biennal à l'assolement triennal. Deux tiers des terres, et non plus seulement la moitié, vont pouvoir être cultivés chaque année, ce qui va entraîner une hausse des productions. Mais les rendements restent faibles et c'est surtout l'extension des surfaces cultivées grâce au défrichement des forêts qui explique l'augmentation des productions agricoles.

Moulins sur l'île grecque de Mykonos. Ce sont les Byzantins qui introduisirent en Europe la technique du moulin à vent, qu'ils avaient apprise des Arabes.

DE LA FÉODALITÉ À LA MONARCHIE

Quand apparaît la monarchie féodale?

La monarchie féodale est le nom donné au système politique qui se forme entre le XIe et le XIIIe siècle en France et en Angleterre. Sa naissance et son évolution sont l'histoire d'une longue lutte gagnée par les rois contre les seigneuries féodales.

Sceau de Jean sans Terre, Angleterre, XIIe siècle.

En France, l'autorité des rois s'affirma d'abord par les armes, qui permirent d'agrandir le domaine royal et obligèrent les seigneurs à se reconnaître vassaux de celui qui était placé à la tête de la hiérarchie féodale. C'est ensuite en mettant en place une administration, que les rois imposèrent les deux pouvoirs qui les placèrent au-dessus des autres seigneurs : celui de faire les lois, de rendre la justice et celui de lever l'impôt. Enfin l'alliance avec l'Église va faire du roi, par le sacre, un représentant de Dieu sur Terre.
En Angleterre, le processus fut différent. Après la conquête normande (en 1066), Guillaume, puis ses successeurs, les Plantagenêts, instaurèrent leur pouvoir sur la hiérarchie féodale saxonne et mirent en place une administration normande centralisée. Puis en 1215, Jean sans Terre dut signer la Grande Charte qui limitait les pouvoirs du roi en l'obligeant à respecter les libertés des nobles, des villes.
À l'issue de cette évolution, la France et l'Angleterre sont devenues les deux principales puissances en Europe et ce n'est pas un hasard si elles vont s'opposer au cours de la guerre de Cent Ans.

ROMAN ET GOTHIQUE

Comment distinguer l'art roman de l'art gothique?

"Roman" et "gothique" sont des termes qui datent des XVIIIe et XIXe siècles. Le premier s'applique aux constructions des XIe-XIIe siècles qui utilisaient des techniques d'architecture romaines mêlées d'influences "barbares", tandis que le gothique, qui naît au milieu du XIIe siècle, serait une création originale de l'Europe chrétienne, affranchie de l'héritage antique.

Les églises romanes et gothiques sont bâties selon un plan identique avec ses trois parties (la nef, le transept et l'abside) qui dessinent une croix orientée vers Jérusalem.

Dans les deux cas, le monument a la même fonction, c'est un lieu de prière construit à la gloire de Dieu mais aussi un livre d'images dont la décoration sert à l'enseignement, à une époque où l'immense majorité de la population est analphabète.

La première différence tient d'abord aux techniques d'architecture. L'édifice roman utilise la *voûte* en plein cintre, héritée des Romains. Le gothique naît avec

Église romane de Tournus.

Sainte Chapelle (style gothique).

l'invention de la *croisée d'ogives* qui va permettre, en dirigeant le poids vers l'extérieur sur les piliers consolidés par des *arcs-boutants*, d'évider les murs, et d'élever la nef (elle atteint 48 m dans la cathédrale de Beauvais). L'édifice devient beaucoup plus élancé et laisse pénétrer, par ses grands vitraux, la lumière.

La différence entre les deux styles traduit aussi une évolution de la sensibilité religieuse. Les fresques et les sculptures romanes expriment les inquiétudes, les angoisses de ce temps : représentation de l'enfer, de scènes de l'Apocalypse où un Dieu tout-puissant juge les hommes.

Au contraire, les figures des vitraux et des sculptures gothiques sont plus réalistes et humaines : on y représente la Vierge, le Christ, les saints et elles manifestent la volonté de traduire la vie intérieure, les sentiments.

Enfin, la différence de hauteur et d'ampleur de l'édifice correspond à des objectifs nouveaux. La cathédrale gothique doit pouvoir accueillir une population plus nombreuse et témoigne de la richesse de la ville ou du souverain qui en finance la construction.

NAISSANCE DES UNIVERSITÉS

Qu'est-ce qu'une université au Moyen Âge ?

Le terme "université" vient d'un mot latin qui signifie "corporation". En effet, à partir de la fin du XIIe siècle, de la même façon que les artisans ou les commerçants s'unissent pour former des corporations, on voit, dans les grandes villes où existait une école, se regrouper maîtres et étudiants pour former une université.

Une université est en général formée de quatre facultés selon que l'on y enseigne les arts (lettres et sciences), la théologie, la médecine ou le droit. Après six ans d'enseignement général dispensé à la faculté des arts, l'étudiant passe le baccalauréat qui lui ouvre les portes d'une des trois autres facultés où il pourra obtenir la licence, c'est-à-dire le droit d'enseigner, puis le doctorat. Les premières universités étaient véritablement "européennes". Tout l'enseignement y était dispensé en latin, maîtres et étudiants pouvaient passer de Bologne à Paris ou à Oxford sans aucun problème.
C'est dans ce cadre des universités que furent élaborées les œuvres majeures de la culture médiévale. Parmi celles-ci émergent les traités de théologie de saint Thomas d'Aquin et saint Bonaventure qui fondent la scolastique, c'est-à-dire l'étude des textes sacrés selon les méthodes définies par Aristote. Mais des œuvres de poésie marquèrent aussi cette période avec Rutebeuf, Jean de Meung (*Le Roman de la Rose*), François Villon et surtout le Florentin Dante (*La Divine Comédie*).

CHASSE AUX SORCIÈRES

Pour quelles raisons pourchassait-on les sorcières au Moyen Âge ?

Au Moyen Âge, les théologiens considéraient que la sorcellerie était une manifestation de la présence et de l'action du Diable dans le monde. Le combat contre les envoyés de Satan est du même ordre que la lutte contre les hérétiques. L'Inquisition, qui le prit en charge, leur réserva d'ailleurs le même sort, la mort par le feu.
Aux XIVe et XVe siècles, les bûchers s'allumèrent en très grand nombre aux quatre coins de l'Europe chrétienne. Les victimes étaient pour la plupart des femmes que l'on représentait toujours sous les mêmes traits : de vieilles paysannes pauvres vivant seules au milieu de la forêt. Or, la Peste noire de 1348-1352, les terribles famines de cette période ont contribué à jeter sur les routes des milliers de miséreux contraints à vivre de cueillette dans les forêts.

La "chasse aux sorcières" s'explique par une double peur. Peur face au Diable dont la puissance maléfique se manifeste par des calamités (épidémies, guerres, famines) et par l'action de celles que l'on considère comme ses représentantes, les sorcières. Peur aussi des riches et de l'Église face à ces miséreux, de plus en plus nombreux en ces temps de crise. Ils représentent une menace pour l'ordre établi, comme par exemple Jeanne d'Arc qui fut brûlée comme sorcière pour avoir osé prendre la place d'un prince à la tête d'une armée se portant au secours de son roi.

PESTE NOIRE

Combien d'hommes sont morts au cours de l'épidémie de Peste noire?

Jamais l'Europe ne connut d'épidémie aussi terrible que celle qui sévit de 1348 à 1352, appelée la Grande Peste ou Peste noire. Importée d'Orient par un bateau italien, cette peste bubonique se répandit très rapidement : près du tiers probablement de la population européenne périt, passant de 88 millions d'individus en 1300, à 65 millions en 1400... Bien que les classes populaires fussent plus touchées, l'épidémie atteignit aussi les riches et les grands personnages, la reine de France par exemple.

Cette baisse brutale de la population entraîna une crise économique générale. La main-d'œuvre devint plus rare et ne suffit plus à assurer le travail de la terre. Malgré la hausse des redevances seigneuriales, beaucoup de seigneurs se trouvèrent en difficulté et eurent recours à la guerre et au brigandage. Ces pillages plongèrent plus encore les campagnes dans la crise. Frappée par la crise, la paysannerie fit éclater sa colère par des jacqueries (Le "Jacques" était le surnom donné au paysan en Île-de-France) et le petit peuple des villes par de violentes émeutes. Après une phase d'essor du XIe au XIIIe siècle, l'Europe entrait donc dans une période de crise aux XIVe et XVe siècles.

GUERRE DE CENT ANS

Qu'appelle-t-on guerre de Cent Ans?

On appelle guerre de Cent Ans la série de conflits qui opposèrent la France et l'Angleterre de 1337 à 1475. Cette guerre, en fait, avait commencé en 1154, lorsque Henri Plantagenêt, comte d'Anjou, duc de Normandie, puis duc d'Aquitaine de par son mariage avec Aliénor, était devenu roi d'Angleterre. Une situation explosive était ainsi créée : par ses possessions françaises, le roi d'Angleterre devenait le vassal du roi de France, mais un vassal dangereusement puissant... Des guerres s'ensuivirent et, au XIVe siècle, l'Angleterre ne possédait plus en terre de France que la Guyenne et une petite portion de la Picardie. Le conflit rebondit en 1337, lorsque Édouard III, roi d'Angleterre et petit-fils par sa mère du roi de France Philippe le Bel, revendique la couronne de France, qui avait été donnée à son cousin, Philippe VI de Valois. Cette querelle dynastique recouvre, bien entendu, de puissants enjeux économiques et politiques. La Guyenne, exportatrice de vins vers l'Angleterre, en est un, et Philippe VI ne se prive pas d'y fomenter des troubles, tout en s'alliant aux Écossais en guerre contre les Anglais. Les villes flamandes, importatrices de laine anglaise, en sont un autre, et Édouard III s'emploie à les mettre dans son camp. Néanmoins, la querelle dynastique est au cœur du conflit, puisque, en 1420, Henri V reprend la revendication d'Édouard III au trône de France et son fils Henri VI se pare même du titre de roi de France.

La réunion des deux royaumes sous une même couronne a donc été l'enjeu majeur de la guerre de Cent Ans. Les Anglais faillirent y parvenir, mais sans doute cette union n'eût-elle pas été durable, car une des conséquences de cette guerre a été, en France comme en Angleterre, l'émergence du sentiment national.

GRANDES VILLES DU MOYEN ÂGE

Quelles sont les grandes villes d'Europe au Moyen Âge ?

L'histoire des villes au Moyen Âge présente deux périodes bien contrastées. D'abord une période de déclin entre le Vᵉ et le Xᵉ siècle (les échanges commerciaux se raréfient, les villes, fermées à l'abri de leurs remparts, deviennent avant tout le lieu de résidence du comte et de l'évêque), puis entre le XIᵉ et le XIIIᵉ siècle, on assiste à un renouveau urbain.

À la fin du XIIIᵉ siècle on dénombre 25 villes de plus de 40 000 habitants. Parmi elles se dégagent 5 agglomérations de plus de 100 000 âmes dont Paris qui, avec 200 000 habitants, est alors la cité la plus peuplée d'Occident. Le renouveau du commerce entre le XIᵉ et le XIIIᵉ siècle explique cette renaissance urbaine. Les grandes agglomérations qui ont émergé sont toutes situées à l'intersection des grandes routes commerciales.

La plus forte zone de concentration urbaine se situe alors en Italie, grande porte par laquelle s'effectue le commerce entre l'Europe et le monde extérieur, c'est-à-dire l'Empire byzantin, le monde musulman et, au-delà de ces pays, l'Afrique tropicale et l'Extrême-Orient. L'autre plaque tournante du commerce avec l'Orient est l'Espagne dont les grandes villes (Grenade, Séville, Cordoue) sont restées aux mains des musulmans jusqu'au XIIIᵉ siècle.

Mais le développement du commerce au sein même de l'Europe a fait naître et se développer aussi d'importants foyers urbains. C'est ainsi qu'ont émergé sur les bords de la mer Baltique des villes commerçantes qui se sont regroupées pour former la Hanse. Autour de Gand et de Bruges s'est développée la florissante industrie drapière flamande qui exporte ses productions dans toute l'Europe. Enfin, c'est à l'occasion des grandes foires qui se tiennent toute l'année comme, en France, celle du Lendit à Saint-Denis près de Paris et celles de Champagne, que s'opère la jonction entre produits d'Orient et produits d'Occident.

VENISE

Quelle fut la place de Venise dans le monde?

Située sur une lagune, donc sur un site marécageux à priori non favorable à l'établissement d'une ville, Venise a d'abord été un lieu de refuge pour les populations fuyant l'invasion des Lombards. Peu à peu, ses habitants ont dragué et canalisé les eaux, puis construit sur les îles des maisons sur pilotis. Ne pouvant vivre des ressources de la terre, les Vénitiens exploitèrent les avantages de leur situation géographique et politique. Politiquement, Venise bénéficiait en effet de la protection de l'Empire byzantin, porte d'accès au commerce avec l'Orient. Géographiquement, elle était située au carrefour entre l'Italie, le monde germanique, l'Europe balkanique et l'espace méditerranéen.

À partir du Xe siècle, Venise est la plaque tournante du commerce international. Par elle transite en grande partie le commerce entre l'Occident et l'Orient islamique, entre le monde slave et l'Europe occidentale.

Le commerce permet d'abord l'enrichissement des négociants vénitiens qui investissent une partie de leurs bénéfices dans le développement des productions locales qui sont ensuite exportées : travail des fourrures, des pierres précieuses, du verre et du cristal. Cette prospérité permet aussi la construction d'une flotte puissante.

Pont des Soupirs à Venise.

À partir du XIIIe siècle, profitant de sa puissance navale et financière, Venise va utiliser les croisades pour se constituer un empire colonial en Méditerranée et devenir une grande puissance politique.

Enfin, le rôle de Venise fut aussi un rôle culturel. On doit au marchand vénitien Marco Polo et à son *Livre des merveilles du monde* (1269) la première approche de la civilisation chinoise. Les palais vénitiens avec leur synthèse d'influences orientales et occidentales fourniront une source d'inspiration à beaucoup d'architectes européens.

Fort vénitien à Rhodes.

JUSTINIEN ET THÉODORA

Quel rôle a joué l'empereur Justinien ?

En 395 après J.-C., à la mort de Théodose, l'Empire romain était divisé en deux : l'Empire d'Occident avec Rome comme capitale et l'Empire d'Orient avec Constantinople, la ville que l'empereur Constantin avait édifiée sur le site de la colonie grecque de Byzance, entre la mer Noire et la mer de Marmara. En 476 après J.-C., l'Empire romain s'effondre en Occident avec la prise de Rome, mais continue à vivre en Orient. C'est en 482 que naquit Justinien, fils de paysan. Son oncle, Justin, d'abord simple soldat, puis général et enfin empereur, l'appela auprès de lui pour le seconder. Justinien se maria avec la fille du gardien des ours du cirque de Constantinople, danseuse et courtisane. Elle deviendra l'impératrice Théodora puisqu'en 527, à la mort de son oncle, Justinien lui succède et est sacré empereur. Sous son règne, l'Empire romain d'Orient, que l'on appellera plus tard Empire byzantin, et la ville de Constantinople qui compte un million d'habitants vont atteindre leur apogée.

Justinien se consacre à une œuvre législative en chargeant des équipes de juristes d'établir des recueils de lois clairs et logiques : c'est le Code Justinien, base du droit dans la civilisation européenne. Il entreprend également de reconstituer l'unité de l'ancien Empire romain en reconquérant les pays occupés par les barbares. Ainsi, il reprend l'Afrique du Nord aux Vandales, le Sud de l'Espagne aux Wisigoths et l'Italie aux Ostrogoths. Enfin, en 532, il fit édifier la basilique Sainte-Sophie dédiée à la sagesse divine ("Sophia" en Grec). Dix mille ouvriers furent employés à sa construction. Sa coupole, qui s'élève à 54 mètres du sol, dépasse celle de Saint-Pierre de Rome, pourtant bâtie mille ans plus tard. Si les conquêtes de Justinien furent éphémères, son œuvre de juriste et de bâtisseur continue de lui survivre.

ICÔNES

Qu'est-ce qu'une icône?

Le mot "icône" vient du grec et signifie "image". Les icônes sont des panneaux portatifs peints représentant le Christ, la Vierge, les saints ou les martyrs, qui décorent les églises chrétiennes d'Orient. La majeure partie de ces icônes est exécutée sur bois. Objets de culte, elles jouent le rôle d'intermédiaires entre la puissance divine et les hommes. Elles sont investies d'un pouvoir surnaturel et passent pour exaucer les prières des croyants.

Dans les églises, les icônes sont placées face à la nef, sur un grand panneau séparant les fidèles du chœur. Dans les maisons, elles animent la vie privée de l'individu qui leur adresse prières et offrandes. Autrefois, placées à la tête des armées, elles assuraient la protection des combattants.

L'icône byzantine doit obéir à des règles très strictes aussi bien dans le choix des thèmes qui s'inspirent des Écritures que de la technique pratiquée. Le peintre emploie le procédé de la détrempe, utilisant le jaune d'œuf pour lier les couleurs et leur donner des aspects chatoyants. Le but n'est pas de réaliser une œuvre d'art, mais de provoquer chez le spectateur la plus intense émotion religieuse possible.

MOSAÏQUES

Comment fabriquait-on une mosaïque byzantine?

La mosaïque est un procédé artistique qui consiste à grouper sur une surface solide des petits cubes d'une matière dure, de façon à créer une image. Exigeant une préparation technique et matérielle minutieuse, elle fait appel à des équipes d'ouvriers très qualifiés. Contrairement à la peinture où les couleurs se mêlent, la mosaïque les juxtapose pour accentuer les contrastes. Les Byzantins furent les maîtres reconnus de cette technique.

Dans un premier temps, on enduisait d'une ou deux couches de ciment la surface à décorer, sur laquelle étaient tracées les grandes lignes de la future mosaïque. Puis, on appliquait une couche de mortier fin sur une petite surface, de façon à terminer le travail avant que le support ne sèche. L'image était alors peinte dans tous ses détails, à l'aide des couleurs choisies. Aussitôt, l'artiste plaçait les tesselles, c'est-à-dire les petits cubes multicolores, en commençant par les contours puis en complétant les parties intérieures. En séchant, le mortier fixait les tesselles. Il ne restait plus qu'à passer sur la surface un mastic de façon à boucher les espaces entre les petits carrés de couleur.

Dans les mosaïques byzantines, les fonds étaient dorés. La fabrication des tesselles nécessitait alors un travail de longue haleine car une mince feuille d'or devait être enserrée entre deux plaques de verre.

CHRISTIANISME "ORTHODOXE"

Pourquoi la religion orthodoxe est-elle apparue ?

Le christianisme est né dans l'Empire romain. En 1054, un schisme rompt l'union au sein de l'Église chrétienne qui se divise alors en deux : l'Église orthodoxe, fidèle au Patriarche de Constantinople et l'Église catholique dont le chef est le Pape de Rome.
En réalité, ce schisme ne fut que l'aboutissement d'une séparation culturelle et politique croissante entre l'Ouest et l'Est. Ainsi, le grec est utilisé en Orient, alors que le latin est la langue pratiquée en Occident. Après la chute de Rome en 476, il n'y eut plus d'empereur, excepté en Orient. Celui-ci se comportait de plus en plus comme un monarque universel, chef effectif de l'Église. Parallèlement, à l'ouest, le prestige des papes grandissait. Ainsi, en 800, c'est Léon III qui couronne Charlemagne.

Pendant des siècles, l'Église byzantine se posa en gardienne de l'orthodoxie (la vraie foi) et accumula ses griefs contre Rome. Ces querelles "byzantines" ne portaient que sur des détails du dogme. Le 14 juillet 1054, le représentant du Pape déposa sur l'autel de Sainte-Sophie une bulle d'excommunication qui consacra la rupture définitive. Cette séparation ne fit que s'accentuer au cours de l'histoire. Ainsi, la quatrième croisade mit la ville de Constantinople à sac en 1204. Les chrétiens d'Occident n'apportèrent pas leur soutien à Constantinople lorsqu'elle tomba aux mains des Turcs en 1453.

FIN DE CONSTANTINOPLE

Comment disparut l'Empire byzantin ?

Sous le règne de Basile II, au début du XIe siècle, l'Empire byzantin a atteint son apogée. Les victoires de cet empereur lui valent le surnom significatif de "Tueur de Bulgares"... Le schisme de 1054 donne à Constantinople un surcroît de prestige, d'autant que la ville reste la première place commerciale de Méditerranée.
Pourtant, la décadence va être rapide. En 1071, la victoire de Mantzikert donne aux Turcs la majeure partie de l'Asie Mineure. En 1204, les barons chrétiens de la quatrième croisade s'emparent de Constantinople. Pendant trois jours, la ville est saccagée et pillée, et nombre de ses habitants massacrés. L'Empire latin de Constantinople fut de courte durée puisqu'en 1261, Michel VIII fonda la dernière dynastie byzantine. Mais les Latins ne laissèrent derrière eux que des ruines. Dès lors, l'Empire byzantin, affaibli, épuisé, ne put s'opposer à l'assaut irrémédiable des Turcs ottomans, d'autant qu'il ne reçut qu'un très faible soutien de l'Occident.

En 1453, le sultan Mehmet II décida d'en finir et de prendre Constantinople. Le siège débuta le 5 avril : 80 000 assaillants s'opposèrent à 20 000 défenseurs. Pendant sept semaines, la résistance fut héroïque, mais, dans la nuit du 28 au 29 mai, l'assaut fut donné sur tous les fronts. Le dernier empereur, Constantin XI, mourut au combat. Dans la journée, la ville fut prise et livrée au pillage. À dater de ce jour, l'Empire byzantin fut rayé de la carte.

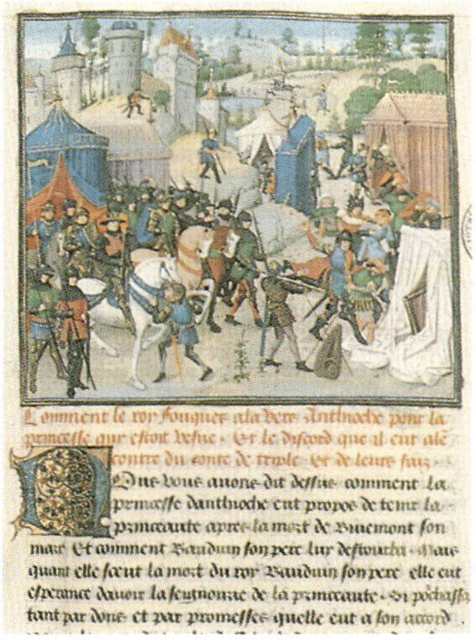

AFRIQUE DU NORD BYZANTINE

Quel a été l'impact des dominations vandale et byzantine en Afrique du Nord préislamique ?

De leur passage en Afrique du Nord, les Vandales et les Byzantins ne laisseront rien ou presque ; ils resteront pour l'histoire de la région des passants sans postérité culturelle.

Les Vandales envahirent l'Afrique du Nord en 430. Avec à leur tête le roi Genséric, ils dévastèrent le pays et commirent les pires exactions. L'État vandale, dont l'organisation était fondée sur le pillage, spolia les propriétaires et persécuta l'épiscopat religieux considéré comme l'allié de Rome. D'une manière générale, l'apport intellectuel, artistique, juridique et économique des Vandales fut tout simplement nul. Un siècle plus tard, en 533, l'empereur Justinien lança les armées byzantines à l'assaut de l'Afrique du Nord et, en quelques mois, l'État vandale fut défait. Mais les Byzantins n'occupèrent qu'une faible partie des anciennes provinces romaines. L'Afrique romaine fut ainsi restaurée mais durant toute l'occupation, les armées byzantines durent mener des batailles permanentes et jamais décisives contre les Berbères. D'imposantes forteresses byzantines témoignent de ces combats. Sous la domination byzantine, la vie économique redémarra mais les grandes réalisations n'étaient plus de mise. Sur le plan religieux, l'évangélisation se poursuivit mais on assista progressivement, sans doute sous l'effet du renouveau des traditions berbères, à un affaiblissement de la culture latine. Il y eut même de nouveaux royaumes berbères, mais sans grande envergure.

Lorsque les armées arabes débarquèrent en Afrique du Nord en 647, les Byzantins n'étaient plus que les occupants d'une province réduite et affaiblie et n'offrirent guère de résistance à la pénétration de l'Islam.

Les combattants sont des Arabes volontaires. La bannière proclame que Dieu est unique et que Mohammed est son messager.

ARABIE PRÉISLAMIQUE

Comment était l'Arabie avant l'islam?

L'Arabie est un immense désert de sable avec, à l'extrême sud, une région fertile qui lui valut, dès l'Antiquité, le nom d'"Arabie heureuse". Comme l'Asie et la Mésopotamie, mais bien plus tard, l'Arabie du Sud connut des civilisations avancées. Le royaume de Saba y prospérait, dès le IXe avant J.-C., au milieu d'une civilisation urbaine raffinée et solide, grâce à l'exportation des aromates et au trafic des matières précieuses avec l'Inde. Plus tard, au début du Ve siècle, d'autres États se constituèrent au côté de Saba, comme par exemple le royaume de Qataban, qui ne sombra que vers l'an 200 de l'ère chrétienne au profit des Sabéens. Ces derniers déclinèrent progressivement jusqu'à disparaître à la suite de l'invasion perse en 570 de notre ère.

En Arabie du Nord, théâtre d'incessantes luttes tribales, des États, coalitions de tribus, pour certains très importants, se sont également constitués. On peut citer ceux des Nabatéens, des Palmyréniens, des Lakhmides et des Ghassanides. De nombreuses années avant la prédication de Mohammed, à la suite de la disparition des derniers royaumes et en particulier de ceux de la zone sudarabique, s'établirent en Arabie centrale de nombreuses cités marchandes comme La Mecque, tenue par l'importante tribu des Qoraïchites.

L'histoire des Nabatéens et des Palmyréniens illustre ce que fut le rôle des Arabes du Nord, qu'il ne faut pas se représenter comme des Bédouins incultes, mais comme des caravaniers enrichis par le commerce et en contact permanent avec les civilisations sédentaires de Syrie, de Mésopotamie et de leurs frères de race d'Arabie du Sud.

TRIBUS ARABES

Comment vivaient les Arabes avant l'avènement de l'islam?

La structure des sociétés bédouines et sédentaires était tribale. Au gré des alliances des clans, les tribus se faisaient et se défaisaient et les États se constituaient par domination d'une tribu sur les autres. Dans la société du désert, de culture essentiellement orale, la forme suprême de l'art était la poésie, d'où l'importance du poète. En effet, au même titre que la bravoure de ses héros, l'éloquence du poète déterminait la grandeur et par suite la prédominance d'une tribu.

Dans la zone sud-arabique, on pratiquait la culture en terrasses et des systèmes de barrage et de canaux permettaient d'en assurer l'irrigation. Le développement du commerce des aromates, très prisés dans le bassin méditerranéen, en fit une région prospère jusqu'à devenir la plaque tournante du transit des produits précieux de l'Afrique orientale et de l'Inde. Quant à l'Arabie déserte, les Bédouins y vivaient de l'élevage, de la culture du palmier-dattier en oasis et du commerce caravanier. Cultivateurs de la lisière du désert et éleveurs échangeaient leurs produits.

Mais la dure vie du désert obligeait souvent les Bédouins, la saison sèche venue, à recourir à la razzia, source de profit et de gloire (cette pratique n'était en effet pas déshonorante, au contraire). Avant même l'avènement de l'islam, à la suite du déclin tant politique qu'économique de l'Arabie du Sud, apparurent en Arabie déserte, de nombreuses cités commerciales prospères qui utilisaient la monnaie et non plus le troc. Cela entraîna un affaiblissement des valeurs traditionnelles et des structures tribales, et la transformation des modes de vie.

SÉMITES

Les Arabes sont-ils des Sémites?

Le terme "Sémites", universellement répandu, désigne tous les peuples parlant ou ayant parlé des langues sémitiques; ces peuples ont joué un rôle important, dès l'aube de l'histoire, dans le Proche-Orient. L'humanité leur est redevable de l'écriture alphabétique et des trois grandes religions monothéistes, le judaïsme, le christianisme et l'islam.

Faisant partie de ce groupe, les Arabes sont des Sémites. Plusieurs écoles développent des thèses plus ou moins contradictoires. Le bloc des Sémites était composé des Assyriens et des Babyloniens, des Araméens, des Phéniciens, des Hébreux et des Arabes. L'analyse selon des critères de langue, actuellement la plus généralement admise, est la seule susceptible de définir avec certitude une famille sémitique et de postuler une unité préhistorique des Sémites qui ont occupé une région continue et bien délimitée comprenant la péninsule arabique, la steppe syro-arabe et la côte orientale de la Méditerranée. L'évolution de l'humanité, jalonnée de grands flux migratoires, atteste des mélanges et des influences étrangères auxquels ont été confrontés tous les peuples. Pour des raisons historiques particulières, principalement religieuses, les Arabes et les Juifs ont, eux, conservé leurs caractéristiques d'origine sans modification majeure.

CROYANCES PRÉISLAMIQUES

Quelles étaient les croyances des anciens Arabes?

Aussi loin que l'on puisse remonter, les habitants de la péninsule arabique ont toujours rendu un culte à de nombreux dieux. L'objet de ces adorations pouvait prendre les aspects les plus divers mais la plupart des divinités locales et parfois tribales étaient essentiellement de type astral.

Dans le Sud, aux royaumes de Saba et de Qataban, on vénérait les grands dieux lunaires Almaqah et Amm. Certains astres, comme l'étoile du matin Vénus, ont été vénérés dans presque toute la péninsule. Le désert était souvent peuplé, dans l'imagination des Bédouins, d'êtres malveillants (*chaitân*) ou de génies (*djinn*). Certaines tribus adorèrent même une épée plantée dans le sable et autour de laquelle, en son cercle, étaient fixés les démons. À ces dieux, on offrait des prières, des sacrifices et certains faisaient même l'objet de pèlerinages. Comme par exemple la Ka'ba, construction cubique, érigée à La Mecque par la puissante tribu des Qoraïchites qui en tirait un profit commercial considérable. La Ka'ba représentait la résidence d'un dieu inconnu, mais plus tard, les Qoraïchites la transformèrent en un lieu de culte de tous les dieux afin de préserver leurs intérêts. Avec l'arrivée de Mohammed, le polythéisme (croyance en plusieurs dieux) laissa progressivement la place au monothéisme, sans doute parce que l'islam répondait aux aspirations des Arabes à un dieu unique comme dans les deux autres religions monothéistes déjà révélées : le judaïsme et le christianisme.

La Ka'ba (située à La Mecque) est un lieu sacré. Les pèlerins font le tour de la pierre sacrée.

MOHAMMED, MAHOMET

Qui était Mohammed?

Mohammed ibn Abdallah, en français Mahomet, est né en 570 de notre ère à La Mecque, cité commerciale prospère sous la coupe de la puissante tribu des Qoraïchites et construite autour de la Ka'ba, siège de tous les cultes. Il était orphelin et, bien qu'appartenant à la tribu des Qoraïchites, il eut une enfance difficile. Après avoir été berger et conducteur de caravanes, il se mit au service de Khadidja, veuve riche et intelligente qu'il épousa par la suite.
À la recherche de nouvelles voies religieuses (son métier de caravanier l'avait conduit jusqu'en Syrie où il avait été en contact avec des chrétiens et des juifs) et bénéficiant d'une bonne éducation morale et religieuse, Mahomet se consacre, grâce à Khadidja, à ses préoccupations mystiques. Ainsi, tous les ans, il avait l'habitude de se retirer un mois, pour méditer, dans une grotte sur la colline de Hira proche de La Mecque. C'est dans cette grotte, vers 610, qu'il reçut les premières révélations célestes par la voix de l'archange Gabriel qui lui aurait dit : "Parle au nom de ton Seigneur qui t'a créé".
D'abord incrédule, il finit par ne plus douter à l'apparition de l'archange Gabriel lui répétant plusieurs fois : "Récite". Ému et saisi d'impuissance devant la dimension incommensurable de la tâche, il décida de fuir et se réfugia chez lui. Mais là, couvert d'un manteau et de couvertures et en proie à une très vive émotion, il entendit à nouveau l'archange Gabriel : "Ô toi qui es couvert d'un manteau ! Lève-toi et avertis ! Ton seigneur glorifie-le !".

À la suite des apparitions de l'ange Gabriel, Mahomet comprit alors que son destin était tracé et qu'il était l'envoyé d'Allah. Après avoir livré son message aux Mecquois, il constitua autour de lui une petite communauté de fidèles. En 622, début du calendrier de l'Hégire, persécutés par les Qoraïchites, Mahomet et ses compagnons cherchèrent refuge dans l'oasis de Médine. De là, il étendit progressivement, après maintes batailles, l'emprise de l'Islam sur la péninsule arabique et au delà. Lorsque le Prophète mourut, le 8 juin 632 (an 11 de l'Hégire), l'Islam était déjà aux marches de l'Empire byzantin.

Une page du Coran.

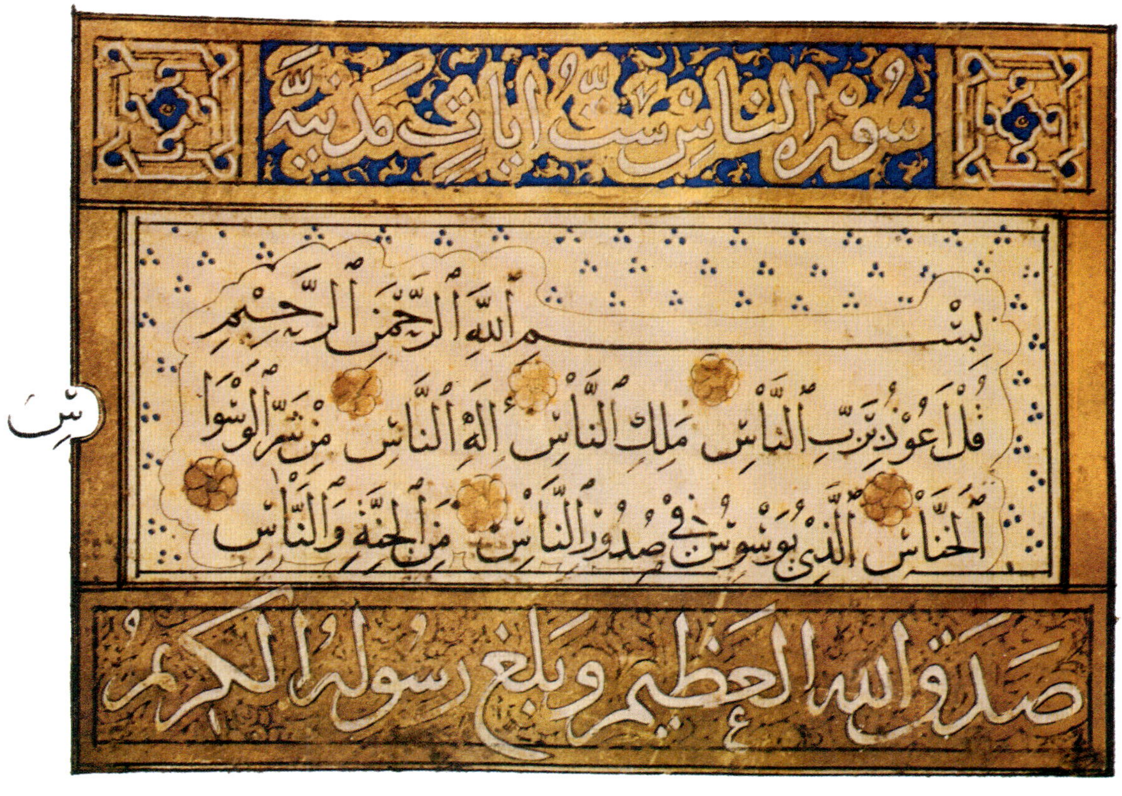

ISLAM

Quelles sont les caractéristiques de la religion islamique?

L'islam apparaît avant tout comme la religion de l'unicité de Dieu. Le mot islam se traduit par "soumission de plein gré à la volonté de Dieu". Cette soumission commence en tout premier lieu par l'attestation (shahada) : "J'atteste que Dieu est unique et que Mahomet est l'envoyé de Dieu".

La foi porte sur les principaux points suivants : l'existence de Dieu, les envoyés, les livres sacrés, les anges et le Jugement dernier. Le *Coran*, livre sacré, revêt pour le musulman une importance capitale. Il est, par excellence, le livre où se trouvent consignées toutes les paroles révélées par Dieu à Mahomet et par voie de conséquence la source de son dogme, de sa prière, de son code juridique ainsi que des règles de conduite et de pensée. Le parfait musulman doit respecter cinq préceptes : l'attestation, la prière, le zaccat (un impôt religieux), le ramadan et le pèlerinage à La Mecque dans la mesure de ses moyens. Sur le plan pratique, le Coran réglemente la vie de l'oumma (la communauté des fidèles). En effet, certaines sourates (versets) contiennent des dispositions interdisant le contact et la consommation du porc, du vin et la pratique des jeux de hasard, tandis que d'autres sont relatives aux lois criminelles et civiles concernant l'homicide, le vol, l'usure, le mariage, le divorce, l'adultère et l'héritage. L'islam est actuellement constitué de deux schismes (deux groupes séparés) entre lesquels il n'existe pas de différence de fond : les *Sunnites*, majoritaires, qui considèrent qu'il n'y aura plus de révélations et que Mahomet est le "sceau des prophètes", et les *Chiites* pour qui le retour du mahdi (qui serait l'envoyé d'Allah, destiné à continuer l'œuvre de Mahomet) doit guider l'humanité avant le jour du Jugement dernier. Au-delà de ces considérations d'ordre théologique, tous les musulmans gardent la même référence de base : le *Coran*.

Le taj Mahal. Des versets du Coran sont gravés à même le marbre de l'entrée du monument (ci-dessus).

CONQUÊTES

Quels ont été les territoires conquis par l'islam ?

Après la mort de Mahomet en 632, Abou Bakr fut finalement désigné comme *calife* (un mot qui signifie “lieutenant” du Prophète), ce qui fit de lui le chef à la fois politique et religieux de tous les musulmans. Il rétablit rapidement la suprématie de l'islam. À partir de 633, Abou Bakr, puis son successeur Omar, lancèrent les armées musulmanes à l'assaut des Empires byzantin et perse et en l'espace de 12 ans, la Syrie, la Palestine, l'Égypte et la Mésopotamie passèrent aux mains des Arabes. Seuls des obstacles naturels ont mis un frein à cette expansion fulgurante : les montagnes de l'Iran oriental et du Taurus, limites naturelles de la Syrie. Vient ensuite une période de consolidation, cependant non dénuées de troubles.

L'expansion des territoires conquis par l'islam entre dans sa seconde phase à partir de 660. Elle s'effectue dans trois directions : l'Asie Mineure et Constantinople, l'Afrique du Nord et l'Espagne, l'Asie centrale et l'Inde.

Entre le IXe et le XIVe siècle, le flambeau est repris par des non-Arabes qui vont porter l'islam en Afrique noire, en Inde et en Indonésie. Les dernières conquêtes de l'islam seront réalisées, à partir de la fin du XIVe siècle en territoire byzantin avec la chute de Constantinople, par la dynastie naissante des Ottomans qui reprend à son compte la grande épopée musulmane.

GRENADE

La perte de l'Espagne a-t-elle pu être compensée par les Arabes ?

En 1492, la chute du royaume de Grenade mit fin à sept siècles de domination arabe en Espagne. Cette défaite n'était que la conclusion d'un long processus de décomposition de l'empire islamique. Pour les chrétiens de la *Reconquista*, l'histoire avait tourné en leur faveur et l'heure était venue de construire un empire sur les ruines de celui de l'islam. Les rêves de conquête des puissances européennes allaient enfin pouvoir prendre forme. Mais la décadence de l'empire musulman avait engendré par elle-même les éléments du renouveau de l'empire. Depuis le début du XIVe siècle se mettait en place une puissance nouvelle, la dynastie ottomane. Celle-ci reprend à son compte la grande épopée musulmane et va donner un nouveau souffle à l'islam.

Les Ottomans, forts des succès obtenus durant le XIVe et le XVe siècles, sont tentés d'étendre leur empire. En effet, la prise de Constantinople, la fin de l'Empire byzantin, l'anarchie et l'atmosphère de fin de règne en pays d'islam conduisent à la constitution d'un nouveau grand empire musulman à cheval sur l'Europe et l'Asie, qui récupère ainsi à l'Est ce qu'il vient de perdre à l'Ouest.

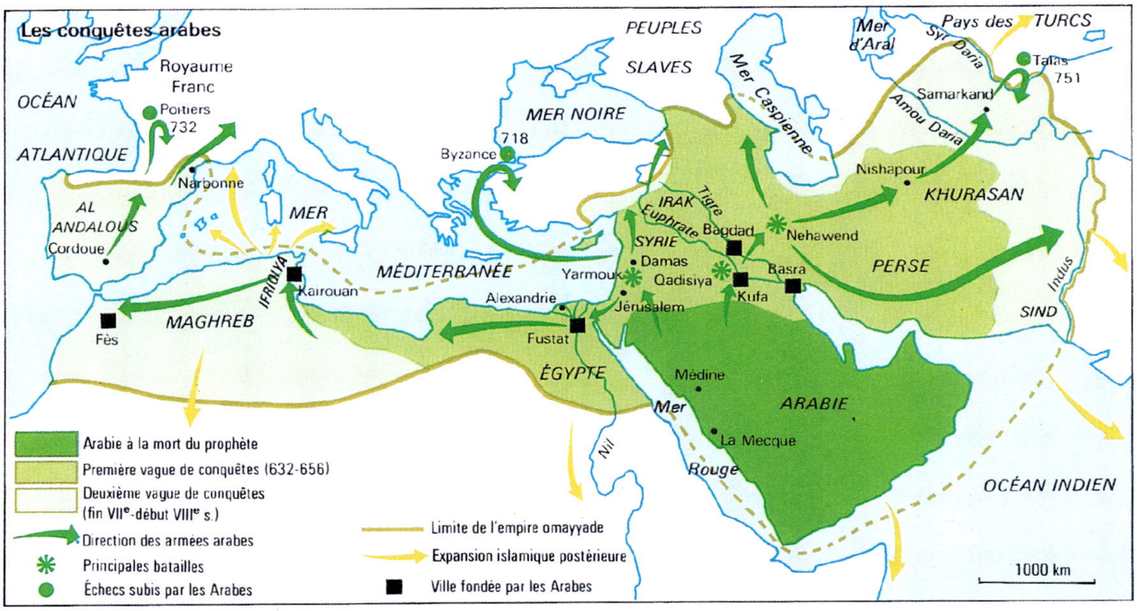

OTTOMANS

Qui étaient les Ottomans ?

Dès le XIIe siècle, l'État turc établit sa domination sur l'Anatolie (Asie Mineure) et confina ainsi les Byzantins sur la partie occidentale de l'Asie Mineure. Les Mongols, héritiers de l'empire de Gengis Khan, remirent en cause cette suprématie, mais l'État turc avait largement favorisé, durant un siècle, l'implantation de tribus regroupées en plusieurs petits émirats autonomes. La dynastie ottomane prit racine dans l'un de ces émirats : une puissante tribu, issue de la branche oghouz des Turcs, avait pour chef Osman, probablement membre de la confrérie religieuse des Ghazis. Sûrement pour défendre leurs territoires contre les Byzantins et sans doute pour combattre pour la foi musulmane et pour son triomphe, à partir de 1290, Osman et plus tard, son fils Orkhan, lancèrent les premières offensives et réussirent à conquérir une large façade sur la Méditerranée, bien située face aux territoires européens de Byzance.

Après une période de consolidation de l'Émirat commença une phase d'expansion, faite de victoires et de défaites, jusqu'au coup d'arrêt, important mais non décisif, infligé par le Mongol Tamerlan à Ankara, en 1402. La prise du pouvoir par Mehmed Ier permit de renouer avec le succès et de jeter les bases de ce qui deviendra l'Empire ottoman. Avec l'avènement de Mehmed II et de Soliman le Magnifique, l'Empire atteignit son apogée et régna sur l'Europe balkanique, une partie de l'Europe centrale, le Proche-Orient arabe et l'Afrique du Nord (hormis le Maroc). À partir du XIXe, sous les coups de boutoir européens, l'Empire se démembra et finit par laisser la place à l'actuelle République turque en 1923.

A Delhi, le plus haut minaret du monde témoigne de la présence musulmane en Inde.

DISLOCATION DE L'EMPIRE ISLAMIQUE

Quelle a été l'évolution politique de l'empire islamique ?

Avec l'engagement des Ommeyyades en 660, après une période de troubles et de luttes pour le pouvoir, l'expansion, à l'origine religieuse, s'amplifie et prend une dimension politique. Se pose alors le problème de l'administration des territoires conquis. Les premiers califes ont adapté les institutions locales à la législation islamique mais l'essentiel du pouvoir restait entre les mains des musulmans d'origine arabe. Un siècle suffit à consommer la disqualification des Ommeyyades. En 750, Aboul Abbas prend le pouvoir et donne naissance à la dynastie des Abbassides. La capitale politique est transférée de Damas à Bagdad. Le califat abbasside délaisse pour un temps l'expansion territoriale et se donne pour mission de consolider l'empire par une politique d'égalité entre les Arabes et les non-Arabes. L'évolution extraordinaire qui s'ensuit va donner naissance à "l'âge d'or" de l'islam. Mais comme toute médaille, la dynastie possède son revers : sous "l'âge d'or" se développaient les germes de la future dislocation. Le déclin de l'empire musulman trouve ses racines dans la politique et la religion.

À partir du XIe siècle, le pouvoir central perd de sa puissance et l'on assiste à un fractionnement du monde musulman. L'égalité des droits entre tous les musulmans n'est qu'une façade ; l'armée, pilier de l'empire, n'est plus constituée des fidèles du début de la conquête mais de mercenaires, tandis que l'unité religieuse n'est plus qu'une illusion du fait de la multiplicité des mouvements schismatiques. Progressivement, l'empire laisse place à une multitude de petits États sans grande envergure jusqu'à l'arrivée des Ottomans.

CIVILISATION ISLAMIQUE

Quel a été l'apport de la civilisation islamique?

L'empire musulman a donné naissance à une civilisation d'une richesse exceptionnelle. À diverses périodes de son histoire, en particulier entre le VIIIe et le XIe siècle, période dite de "l'âge d'or", des villes comme Bagdad et Cordoue vont être la source d'un formidable jaillissement intellectuel et artistique. Le développement du savoir a été tel que les Arabes ont constitué un relais précieux entre la science antique et la Renaissance européenne. L'essor a touché tous les domaines de la culture humaine et il est difficile de dresser, dans ce cadre, une liste exhaustive de toutes les contributions.

À l'époque des Abbassides, un grand courant de traduction a permis de sauver de l'oubli les antiques cultures de Perse et de Grèce. Dans le domaine de la médecine, l'apport de la civilisation musulmane est tel que, pendant une dizaine de siècles, la médecine arabe et ses préceptes règnent, faisant la transition entre la médecine antique et la médecine moderne. En effet, les traités d'Ibn Sînâ (Avicenne), d'Ali Abbas et d'autres furent la base des études médicales dans les grandes écoles européennes de l'époque. En chimie, Djâbir ibn Hayyân et Al Birûni contribuèrent à différencier la chimie véritable de l'alchimie. L'astronomie connut un progrès considérable grâce aux observatoires installés à Damas, Bagdad et Cordoue : Al Battâni découvrit l'inclinaison du plan écliptique, Thâtit ibb Qora détermina la longueur de l'année solaire. En mathématiques, l'arithmétique est perfectionnée par l'emploi de nouveaux chiffres, la trigonométrie plane et sphérique voit le jour tandis que la pensée mathématique est influencée par Al Khawarezmi qui est à l'origine des plus anciens ouvrages d'algèbre. En matière de lettres, la poésie brilla de mille feux à la cour des Ommeyyades d'Espagne et Ibn Khaldoun posa les fondements d'un système philosophique de l'histoire dans son *Histoire universelle.* Quant aux beaux-arts, d'une esthétique originale, ils connurent un essor considérable : il suffit d'admirer l'architecture des mosquées, des palais de Grenade et d'ailleurs pour en mesurer le raffinement et la splendeur.

Pour scruter le ciel, Akbar fit construire des instruments d'astronomie géants composés de paraboles et de viseurs taillés dans le marbre (ci-contre).

MOYEN ÂGE AFRICAIN

Quel était l'état d'avancement des sociétés africaines au XVe siècle?

L'Afrique est un continent. Son étendue explique que les niveaux de développement des peuples qui l'habitaient aient été si variés. Il n'y avait aucune commune mesure entre les empires islamisés de l'Afrique occidentale, qui avaient atteint un stade de civilisation préindustriel pour certains, et les tribus nomades de l'Afrique australe ou les peuples vivant dans les forêts et les montagnes de l'Afrique centrale.

L'économie africaine durant tout le Moyen Âge, entre les VIIe et XVe siècles, connut de grosses difficultés de développement à cause de la faiblesse technique des véhicules (tout se transportait en chars à bœufs ou à dos d'homme) et des voies de communication (la plupart des fleuves étaient infranchissables et la forêt vierge ou le Sahara constituaient des frontières naturelles que seules quelques caravanes parvenaient à traverser). D'autre part, les querelles tribales et ethniques, les conflits entre royaumes ou la simple rivalité de voisinage ralentissaient le commerce, plaçant des haltes obligatoires et des taxes trop nombreuses sur le chemin des commerçants. Pourtant, au XVe siècle, après des centaines d'années de tâtonnement, l'Afrique amorçait son décollage économique, grâce à une production agricole relativement variée et abondante, à laquelle s'ajoutait un artisanat des textiles et des métaux efficace et rentable. Les grands royaumes africains que les Européens rencontrèrent au XVe siècle furent au début traités avec tous les égards, car ils levaient des impôts, battaient monnaie, avaient des livres et des universités de théologie. Les Portugais, les Hollandais, les Espagnols et les Français qui vinrent faire commerce avec eux ne les considéraient pas comme des civilisations inférieures. Ce n'est qu'avec les tribus dispersées que les Européens marquèrent aisément leur supériorité. Au XVe siècle, l'Afrique avait bien autant de chances de se développer que les autres continents. La traite des esclaves brisa définitivement son élan.

Le "Zimbabwé", capitale du puissant État bantou, au XVe siècle.

EMPIRE DU MALI

Qu'a-t-on appelé empire du Mali ?

Le premier empire africain, celui du Ghana, disparaît au XIe siècle avec la prise de sa capitale, Koumbi Saleh, par des armées musulmanes venues du Maroc et de Mauritanie. Le royaume malien du chef Kankou Moussa reprend le flambeau de la civilisation noire africaine au XIVe siècle. Maître des mines d'or de la région, il fait en 1325 la preuve, par son fastueux pèlerinage à La Mecque, que l'Afrique occidentale islamisée est à la hauteur des puissances de cette époque.

L'empire du Mali, fondé à la suite d'une querelle dynastique réglée par une bataille décisive en 1230 au Niger, met au pouvoir une aristocratie féodale regroupant des milliers de clans fédérés. Le "Mansa" du Mali règne dans sa capitale et impose à l'Afrique noire occidentale une organisation administrative complexe, un système évolué d'arbitrage judiciaire pour limiter les conflits tribaux. Le Mansa lève des impôts, contrôle et régule les productions artisanale et agricole pour l'exportation et l'usage domestique. Son territoire se morcelle pourtant peu à peu, à la suite d'un long déclin lié à la montée de puissances mieux organisées et agressives. Pendant près de deux siècles cependant, l'empire de "Moussa Melly", comme le nommaient les Français, apporta une relative stabilité et un certain développement économique à la côte sénégambienne et aux peuples vivant dans la boucle du haut Niger.

SONGHAY

D'où venait la puissance des Songhay et pourquoi disparurent-ils ?

La longueur et l'importance stratégique du Niger, seul grand fleuve d'Afrique occidentale sahélienne, suscitèrent la concentration de nombreuses tribus tout au long de son cours. Depuis l'Antiquité africaine, c'est autour de ce fleuve et de ses affluents que s'étaient établis les premiers marchés, qui avaient peu à peu fait place à de grandes villes fortifiées telles que Niani, Djénné, Tombouctou, Gao.

Les conquêtes du roi Sonni Ali Ber, menées de manière fulgurante contre l'Empire malien finissant, donnent aux Songhay, peuple de la boucle du Niger, la prépondérance sur les Maliens regroupés autour de Niani. Les successeurs de Sonni Ali Ber étendent le territoire initial de leur empire à presque toute l'Afrique occidentale sahélienne : au cours des XVe et XVIe siècles, les Songhay finissent par contrôler une zone de plus de 3 000 km d'étendue au sud du Sahara.

Cet empire africain rigoureusement organisé, doté d'une administration et d'une armée efficaces, ne dédaignait ni les arts ni la culture : à Tombouctou et à Gao, un islam tempéré et sophistiqué, typiquement noir, vit un instant le jour. Mais en 1591, l'armée du sultan de Marrakech, El Mansour, commandé par Djouder Pacha, un renégat espagnol, après une épique traversée du Sahara, parvint à mettre à sac la capitale, Tombouctou, grâce à la supériorité de ses armes à feu. Entièrement massacrée ou emmenée en esclavage, la population songhay disparut, laissant derrière elle les ruines d'une puissante civilisation africaine autonome.

COMMERCE EN AFRIQUE

Comment le commerce africain s'est-il organisé ?

Aucun État d'Afrique, si puissant soit-il, n'eut jamais au cours du Moyen Âge la capacité de réglementer l'ensemble des échanges sur une étendue aussi vaste. À partir du VIIe siècle, se créèrent spontanément des communautés économiques primitives, liées par le troc de marchandises complémentaires. Ainsi, par le regroupement lent et souvent conflictuel de régions plus ou moins vastes, des empires se constituèrent, qui tentèrent de gérer des mécanismes économiques que jamais ils ne purent correctement réguler.

Le commerce en Afrique noire s'organisa lentement, à partir du VIIe siècle, autour de quatre grandes zones. Le Sahara, perçu comme une mer, était parcouru par ces vaisseaux qu'étaient les caravanes touareg, qui faisaient le lien entre le Maghreb islamisé et l'Afrique noire animiste. De part et d'autre du Sahara, du nord au sud et d'est en ouest, des communautés très différentes (Mandingues, Berbères, Soudanais, Éthiopiens, Béninois, Maliens et Guinéens) parvinrent à mettre sur pied un commerce prospère. La seconde zone, plus centrale et australe, occupée par des forêts denses, resta longtemps enclavée : les tribus des côtes équatoriales, de la profonde forêt zaïroise, demeuraient le plus souvent à un stade primitif de développement. La troisième zone, proche des sources du Nil et du Haut Soudan en Éthiopie était tenue par une civilisation noire christianisée très anciennement. Quant aux peuples de l'Afrique australe qui construisirent les cités fortifiées du Zimbabwe, on sait très peu de chose sur eux si ce n'est que ces peuples du Zambèze et du Mozambique avaient atteint un niveau d'organisation assez élevé : l'État bantou semble avoir dominé longtemps l'Afrique australe, avant que l'invasion zoulou ne le détruise.

Représentation du XIXe siècle d'une caravane de marchands en Afrique du Nord.

TRIBUS

Qu'est-ce qu'une "anarchie familiale égalitaire"?

Cette expression est utilisée pour désigner un type particulier d'organisation sociale peu hiérarchisée, typique de certaines sociétés africaines non étatiques. Les tribus dispersées dans les forêts ou les savanes pouvaient fonctionner politiquement sans chef désigné. L'essentiel des relations sociales était donc assuré par les règles familiales de vie : reconnaissance par le lignage, alliances par le mariage, mais aussi par la fraternité de combat ou la solidarité dans le travail. Le plus souvent, dans ces communautés réduites à un clan (nomade ou sédentaire), la seule autorité était celle de l'âge, les derniers-nés devant respect aux générations précédentes. Elle s'ajoutait le plus souvent à celle du mari sur sa femme et de la mère sur ses filles.

Le terme "anarchie", qui désigne une absence de pouvoir, reste applicable à ces sociétés à pouvoir diffus. Leurs relations sociales demeurent au stade de l'arbitrage personnel. Aucun État ne lève d'impôts, aucun juge officiel ne punit qui que ce soit. En cas de conflit entre membres du groupe, on s'assoit et on palabre. La relation parentale prime et assure dans ce type de groupe à la fois le sentiment d'appartenance et l'autolimitation des conflits. L'aspect "égalitaire" reste une caractéristique de ce type d'organisation : les hommes entre eux, les femmes entre elles, les enfants entre eux sont statutairement égaux. Avant la formation des grands empires et l'arrivée des Européens, presque tous les Africains vécurent sous ce régime de démocratie primitive.

ASHANTI

Comment s'est formée la fédération ashanti?

Initialement, les Ashanti étaient des peuples vivant dans les forêts côtières du golfe de Guinée. Mais la poussée des razzias organisées par les royaumes et les tribus esclavagistes voisines les contraignit à s'étendre un peu plus vers l'intérieur, dans la savane. Le mouvement de la population ashanti commença au cours du XVIe siècle pour finalement se transformer en une invasion militaire de la région voltaïque, du Ghana et du Togo actuels.

Les tribus se constituèrent en fédération, sous la direction d'un royaume central tenu par l'"Ashantene" (origine de l'appellation "Ashanti"). Se faisant passer pour magicien, il fit croire aux sept autres rois que le dieu du Ciel lui avait envoyé un trône. Ce siège sacré a effectivement existé ; il s'agissait d'un tabouret de bois recouvert d'une épaisse feuille d'or.

Les rois ashanti organisèrent la résistance aux razzias pendant deux siècles, à partir de 1701, date de la fondation de la fédération. Ils menèrent fréquemment des attaques contre les forts côtiers des Occidentaux, les obligeant à passer avec eux des traités et à payer des taxes. À elle seule, la fédération ashanti empêcha la pénétration européenne en Afrique occidentale jusqu'à la fin du XIXe siècle.

GRANDS ROYAUMES AFRICAINS

Quels étaient les royaumes africains les mieux organisés ?

Mis à part les grands empires historiques du Moyen Âge africain (Ghana, Mali, Songhay, Éthiopie, Zimbabwe), un certain nombre de royaumes et de groupements de tribus parvinrent à maintenir un temps leur indépendance pendant la période de la traite, grâce à l'efficacité de leur organisation économique, politique et militaire : il s'agissait des royaumes du Bénin, du Dahomey, de Kongo, des guerriers peuls, des tribus mossi, wolof, des cités yoruba, des royaumes de Madagascar.

Ces peuples très divers étaient parvenus à un stade élevé d'organisation politique grâce à la centralisation des pouvoirs, dont la raison la plus profonde fut certainement la prospérité économique. Le surplus de production faisant apparaître le commerce et des marchés fixes, il fallut contrôler ces regroupements de population de plus en plus nombreuse. La concentration de la richesse créée entre les mains d'une classe dominante entraîna l'extension du territoire, afin de contrôler d'autres marchés.

Les chefferies wolof, les cités yoruba ou le royaume du Bénin, malgré des fonctionnements internes très différents, présentaient donc des traits communs : administration centrale, impôts et comptabilité précise, taxes douanières, corvées imposées aux vaincus, vente des captifs et des serfs endettés aux négriers occidentaux.

DÉCLIN DE L'AFRIQUE

Pourquoi les empires et les royaumes africains ont-ils disparu ?

Il faut pour comprendre cet effondrement politique de l'Afrique considérer trois cas. Les empires qui ont disparu avant le XVIe siècle ont été détruits soit par des guerres civiles, soit par des conflits inter-africains, soit par des invasions islamiques. Ceux qui ont disparu entre le XVIe et le XIXe siècle ont été détruits par les perturbations politiques, économiques et culturelles imposées à l'Afrique par la grande traite négrière vers les Amériques. Enfin, les États qui ont disparu à partir de la fin du XIXe siècle ont été détruits par l'invasion coloniale européenne.

Le fait déterminant pour l'avenir de l'Afrique fut indiscutablement l'irruption des puissances européennes dans leur histoire intérieure. En effet la ponction humaine de la traite négrière a privé le continent d'une vingtaine de millions d'hommes et de femmes valides. Les conséquences démographiques ont été énormes : entre 20 000 et 150 000 personnes vendues par an, de la fin du XVe à la fin du XIXe siècle ! Ainsi en 1600, la population du continent noir constituait 30 % de la population mondiale. En 1800, elle avait chuté à 20 %, en 1900 à 10 %... La désorganisation économique, la généralisation des guerres tribales destinées à approvisionner les négriers ont fait retourner l'Afrique à un stade antérieur de civilisation. La disparition des premières formes complexes d'organisation politique et économique en Afrique a enlevé à ce continent toute chance de se développer normalement.

MALAISIE ET INDONÉSIE PRÉHISTORIQUES

Comment l'archipel indonésien s'est-il peuplé ?

L'Indonésie est un État de l'Asie du Sud-Est, qui comprend plus de 3000 îles. Les principales sont les îles de la Sonde (Java, Sumatra, Bali...), une grande partie de l'île de Bornéo, les Célèbes, les Moluques, ainsi que la Nouvelle-Guinée occidentale.

À partir de 2000 avant J.-C., des vagues successives de peuples venues de Malaisie se mêlèrent aux habitants primitifs de l'archipel indonésien. Comme leurs voisins polynésiens, ils vécurent de la chasse, de la cueillette et de la pêche. Les Indonésiens étaient des marins chevronnés. Le travail du fer et du bronze fut introduit dans le pays dans la seconde moitié du Ier millénaire avant J.-C. par des hommes venus d'Indochine. Récipients cérémoniels, outils et tambours de bronze ont été retrouvés sur l'archipel et datent probablement de 500 avant J.-C. à 500 après J.-C.

Dès le début du IIe siècle de notre ère, plusieurs civilisations se développèrent. Chassés de leurs terres, des princes de l'Inde du Sud vinrent s'installer à Java où ils édifièrent de somptueux royaumes. Avec eux, la littérature, l'architecture et la religion hindoues entraient en Indonésie.

Maquette de pirogue à balancier, du type de celles qui furent utilisées pour la navigation dans l'océan Indien et le Pacifique.

BOROBUDUR

Qu'appelait-on Borobudur ?

Ce gigantesque sanctuaire (140 m de côté et 52 m de hauteur) fut construit à Java entre 778 et 856, sous le règne de la dynastie des Sailendra, les "souverains de la montagne". Borobudur était consacré non seulement à la Sagesse et à la doctrine de Bouddha, mais avait également pour fonction de montrer aux pèlerins la voie de l'illumination. On pense qu'il fallut environ 30 000 sculpteurs et tailleurs de pierre et des milliers de maçons pour travailler, durant près de 75 ans, à l'édification du plus grand monument bouddhique du monde.

Bouddha du sanctuaire Borobudur à Java.

Borobudur n'est pas un temple comme les autres. Aussi grandiose que puisse être son architecture, Borobudur doit avant tout être lu. En effet, des centaines de bas-reliefs sculptés représentent, dans les galeries inférieures, la vanité des choses terrestres – contraire à la philosophie de Bouddha qui prêchait le renoncement et l'oubli de soi. En revanche, dans les galeries supérieures, les bas-reliefs évoquent des scènes exemplaires de la vie du prince Siddharta avant qu'il ne devienne Gautama Bouddha. C'est ainsi que les Javanais d'avant l'an mille purent lire dans la pierre le cheminement de l'homme en quête de la vérité ultime.

EMPIRE SRIVIJAYA

Qu'est-ce que l'Empire srivijaya ?

Dès le IIe siècle de notre ère, les Indonésiens établirent des relations avec l'Inde et la Chine. L'influence de la civilisation brahmanique et bouddhique joua un rôle déterminant dans le développement de l'Indonésie. Du VIIe au début du XIVe siècle, plusieurs royaumes, aux civilisations brillantes, imposèrent leur domination politique et spirituelle.

À Sumatra, l'empire bouddhiste de Srivijaya se constitua autour de la cité de Palembang. Puissance essentiellement commerciale, l'empire domina toute la côte ouest de Sumatra, la péninsule Malaise et l'ouest de Java. La suprématie maritime de ce royaume était indéniable : construction de gigantesques navires de 400 à 600 tonnes – les plus grands bateaux du monde à cette époque –, exportation de richesses locales comme le camphre, le girofle, l'aloès, le bois de santal, la noix de muscade... et contrôle du commerce entre la Chine et l'Inde.

Suscitant de plus en plus la jalousie des royaumes javanais et indiens, Srivijaya succomba sous les assauts répétés du roi javanais Singasari qui s'empara de l'Empire en 1275.

Contrairement aux Sailendra, qui régnèrent sur Java pendant plus de cent ans et à qui l'on doit les magnifiques temples de Borobudur, Mendut, Kalasan, Plaosan et Sewu, les Srivijaya ne léguèrent à l'histoire aucun vestige archéologique. Seules des inscriptions gravées dans la pierre en vieux malais et en *sanskrit* (langue sacrée de l'hindouisme qui signifie *parfait*) et quelques statues témoignent de l'existence de ce royaume dont la prospérité fit l'admiration des voyageurs persans et arabes. Après la mort du dernier roi Singasari, en 1292, son héritier fonda l'empire du Mojopahit : le premier royaume à dominer toute l'Indonésie. La chute du Mojopahit, vers 1520, marqua définitivement le triomphe de l'islam qui, dès le XIIIe siècle, avait commencé à se répandre dans l'archipel.

Java : restauration du temple bouddhique de Borobudur qui date du IXe siècle.

VILLAGE DAYAK

Quelle est la particularité d'un village dayak?

Les Dayaks, d'origine proto-malaise, arrivèrent à Bornéo, la plus grande des îles de l'Insulinde, 5000 ans environ avant notre ère. Au cours des siècles, ils furent repoussés à l'intérieur de l'île par les Chinois et les Malais plus évolués qu'eux. Ces derniers prirent ainsi possession des meilleures terres et des voies navigables, laissant les Dayaks s'enfoncer dans la jungle épaisse et humide.
Malgré leurs différences (les Dayaks se divisent en deux groupes : les "gens de la mer", ou *Iban*, établis le long de la rivière Kapuas et les "gens de la terre", ou *Dayaks* subdivisés en sept tribus principales, possédant chacune son nom et son dialecte), les Dayaks vivent tous de la même manière. Ils pratiquent l'animisme et se nourrissent essentiellement grâce à la chasse, à la cueillette et à la culture du riz.

Le "village" dayak est une maison collective, dont la longueur atteint parfois 300 m, et où cinquante familles peuvent être hébergées! Cette maison symbolise parfaitement le sens communautaire des tribus. Leur société repose, en effet, sur le partage et la mise en commun des biens qui s'effectuent sous l'œil bienveillant du tuwa rumah, le chef de la "longue maison".

"Longue maison" dayak de la tribu Tanjung.

BALI

Quels textes anciens inspirent les artistes balinais?

Depuis la nuit des temps, la danse et les arts dramatiques jouent un rôle important dans la vie des Balinais. Autrefois, toutes les danses étaient liées à un rituel destiné à divertir les dieux.

Les acteurs et les danseurs balinais s'inspirent des grands textes d'origine hindouiste, tel le "Ramâyâna", rédigé vraisemblablement vers le Ve siècle de notre ère à partir de légendes remontant au IVe siècle avant J.-C. et le "Mahabharata", que l'on date entre le IIe siècle avant J.-C. et le IVe siècle de notre ère. Ces deux longs poèmes épiques, rédigés en sanskrit, ont pour thème principal le combat entre le Bien et le Mal.

Ainsi, la danse *kejcak* retrace un épisode du "Ramâyâna" qui raconte les aventures héroïques de Ramâ, parti à la recherche de son épouse Sîta enlevée par les démons de Râvana, le génie du Mal et secouru par le roi des singes Hanuman. Un vaste chœur d'hommes accompagne chaque action. Les chanteurs poussent des cris saccadés qui imitent aussi bien les singes, le vent, la mer, le sifflement de l'ouragan ou encore le fracas assourdissant du tonnerre. À la fin de la représentation, les acteurs symbolisent le triomphe du Bien sur le Mal en formant une pyramide qui monte vers le ciel.

TORAJA

Selon la légende, d'où venaient les ancêtres des Toraja ?

Les Toraja, "peuple des hauts plateaux", vivaient dans les régions montagneuses de l'île des Célèbes, aujourd'hui appelée Sulawesi. L'origine du peuple Toraja est très ancienne. On a récemment découvert des mégalithes (monuments de pierre de grandes dimensions), ainsi que des sarcophages préhistoriques qui prouvent que des humains habitaient l'île au Néolithique.

Les Toraja croient en une légende : il y a très longtemps, leurs ancêtres vivaient dans les étoiles et, au terme d'un long voyage, ces êtres divins "to manurung", seraient descendus du ciel pour se fixer sur la Terre et fonder différentes dynasties dans l'île des Célèbes. Depuis, la pensée religieuse des Toraja a scindé l'univers en deux mondes. Dans le premier, le monde supérieur, résident le Bien, la lumière, la vie et la virilité; le monde inférieur, lui, est associé au Mal, à la nuit, à la mort et à la féminité.

Selon la religion traditionnelle, *Puang Matua*, le créateur de l'univers, donna d'abord la vie à l'homme et au buffle (animal représentant une divinité mythique du monde inférieur appelé *To ara lindo*, qui supporte la Terre sur ses cornes).

BATAK

Qu'est-ce qui caractérisait l'artisanat batak ?

Parmi les habitants de Sumatra, deux grands groupes ethniques se distinguent : les Minangkabau – dont le premier souverain aurait été un descendant direct d'Alexandre le Grand – et les Batak. Ces derniers, considérés pendant longtemps comme des cannibales primitifs, formaient un peuple d'agriculteurs parvenus à un niveau de connaissance assez élevé. Les Batak possédaient un calendrier composé de 12 mois de 29 ou 30 jours, soit 355 jours, détenu uniquement par le chef du village ou le sage.

L'artisanat batak était très élaboré. Cette civilisation savait admirablement travailler le bois. Les piliers de leurs maisons sur pilotis (véritables monuments de l'architecture batak) étaient sculptés et peints : le rouge pour les dieux bienveillants, le blanc pour les forces naturelles, le noir pour les esprits de la terre.

Enfin, les Batak possédaient des textes sacrés appelés *pustaha* contenant leur mythologie et leurs thèmes religieux. Ces livres, dont la fabrication est unique au monde, se présentent sous la forme d'une longue bande d'écorce en accordéon, dont les pages sont reliées par deux morceaux de bois.

NÉGRITOS

Qui étaient les Négritos?

Les Philippines se composent d'environ 7000 îles, îlots et atolls éparpillés sur l'océan Pacifique, la mer de Chine, la mer des Célèbes et la mer de Sulu.

À l'époque de la Préhistoire, des péninsules et des isthmes reliaient l'archipel philippin aux terres indonésiennes. C'est par ce chemin que vinrent, de l'Asie du Sud-Est, les premiers groupes d'hommes, les Négritos, pygmées nomades du Paléolithique. Les Aëta constituaient alors le groupe principal de cette ethnie et vivaient essentiellement de la cueillette de végétaux naturels, de la chasse et de la pêche.

Si les Aëta ignoraient encore la céramique et l'art des métaux (ils faisaient cuire leur nourriture dans des récipients de bambou recouverts de feuilles), la nature qui les entourait n'avait pas de secrets pour eux. On raconte que certaines tribus connaissaient plus de 450 espèces de plantes, leur valeur nutritive, leurs propriétés médicinales et leur toxicité!

Plus tard, lorsque les bras de terre furent recouverts par l'eau des glaciers qui fondaient, d'autres hommes primitifs, et néanmoins excellents marins, traversèrent des mers dangereuses à bord de grandes pirogues, appelées *barangays*, et vinrent également s'installer aux îles Philippines. Ces migrateurs se fixèrent principalement dans les régions côtières, repoussant plus à l'intérieur des terres, vers les hauts-plateaux, les premiers groupes établis le long des rivages. Au début du Ier millénaire avant l'ère chrétienne, d'autres populations, venues par vagues successives du continent sud-asiatique, continuèrent de peupler l'archipel. Ces nouvelles tribus n'avaient pratiquement aucun contact entre elles, chacune voulant conserver ses propres rites, sa culture, ses coutumes, ses traditions tribales et son dialecte. C'est ce qui explique la mosaïque d'ethnies qui peuple les Philippines.

La construction artisanale des pirogues s'est perpétuée jusqu'à aujourd'hui.

TASADAY

Existe-t-il encore des peuples vivant à la manière de leurs ancêtres du Néolithique ?

Contrairement à la plupart des autres peuples philippins, qui connaissaient déjà l'agriculture, les Tasaday – minuscule peuplade vivant dans les forêts du sud-ouest de l'île de Mindanao – ne se nourrissaient que de végétaux (bananes, gingembre sauvage, baies, noix, fleurs comestibles, racines) et de petits animaux (grenouilles, crapauds, têtards, crabes). Les Tasaday ne possédaient pas d'armes et ne chassaient jamais les grands animaux tels que les singes, les cerfs ou les cochons sauvages qu'ils considéraient comme des amis.
La pierre était la base de leur outillage : frottée vigoureusement sur la roche, elle devenait tranchante et pouvait ensuite être fixée par des lianes sur un manche de bois pour servir de hache. Les Tasaday habitaient dans des grottes dissimulées par une végétation luxuriante. Là, un feu restait allumé en permanence : le jour pour cuire les aliments et la nuit pour avoir chaud.

Il existe encore aujourd'hui une tribu Tasaday. Ce sont les derniers troglodytes au monde. Isolés de toute civilisation, ils vivent toujours au même endroit, à la manière de leurs ancêtres du Néolithique.

RIZIÈRES EN TERRASSES

Quel peuple inventa le principe des cultures en terrasses ?

Il y a 3 000 ans déjà, les Ifugaos, "les hommes de la terre", mirent au point un ingénieux système d'irrigation pour la culture des rizières en terrasses s'étageant au flanc de la cordillère centrale de Luçon, la plus grande île des Philippines. À l'aide de cannes de bambou, ils canalisaient l'eau de pluie qu'ils faisaient couler du sommet des montagnes. Ce chef-d'œuvre de technique agricole fut le fruit d'un travail de plusieurs générations. Les Ifugaos transformèrent ainsi une terre aride en une région fertile et productive.

Pour supporter cet épuisant travail dans les rizières, les hommes et les femmes Ifugaos chiquaient du bétel. Cette chique, qui donne à la salive et aux dents une couleur rouge, se composait de noix de bétel, de tabac et de chaux vive, elle avait la propriété de supprimer la faim et la fatigue. Comme beaucoup de tribus, les Ifugaos était animistes : ils pensaient que chaque chose avait une âme (*linauwa*) et une matière spirituelle (*alimaduan*). Pour satisfaire cette âme, il fallait lui offrir des sacrifices : la tête d'un ennemi était alors la plus digne des offrandes…

Rizières en terrasses aux Philippines.

ANGKOR

Qui bâtit les temples d'Angkor?

Implantés au Cambodge depuis le IIe millénaire avant notre ère, les Khmers édifièrent une civilisation qui prit forme au Ier millénaire après J.-C. pour arriver au sommet entre le IXe et le XIIIe siècle. Devenu le "grenier à riz" de l'Indochine, le riche empire khmer se donna pour capitale Angkor ("la Grande Ville") dont le prestige et la splendeur rayonnèrent sur toute l'Asie du Sud-Est.
C'est au milieu du VIIe siècle que Jayavarman Ier aurait élu la région d'Angkor pour centre de son royaume. À la fin du IXe siècle, Yaçovarman (le roi lépreux) fonda la première Angkor autour d'une petite colline appelée Phom Bakheng. Tout en haut, il édifia un "temple-montagne" composé d'un sanctuaire dédié à Shiva (avec cinq tours et cinq terrasses), et de cent huit autres tours pour les divinités mineures.

Dans la première moitié du XIIe siècle, Suryavarman II (le Protégé du Soleil) ramena la paix et l'unité dans un empire divisé par des conflits intérieurs (usurpation du pouvoir) et des guerres avec l'étranger (les Vietnamiens et surtout les Chams, ennemis héréditaires des Khmers). Suryavarman II déplaça la capitale de quelques kilomètres et fit bâtir Angkor Vat : "la Grande Ville Temple", extraordinaire réussite architecturale qui signe aussi l'apogée du brahmanisme dans la culture khmère. En 1177, les Chams attaquèrent le Cambodge et réussirent à s'emparer d'Angkor qui fut livrée au pillage. Jayavarman VII, roi bouddhiste, les en chassa et sauva l'empire du péril cham. Pour immortaliser cette victoire, il fit reconstruire la ville qui devint Angkor Thom – "la Grande Capitale". Entre autres merveilles, la nouvelle Angkor s'enrichit du Bayon, grand temple dominé par cinquante-quatre tours portant sur leurs quatre faces le visage du Bouddha-roi.

GUERRE SINO-VIETNAMIENNE

Comment fut sauvée l'indépendance du Vietnam ?

Bouddha parlant

Le Vietnam (Dai-Viet ou Nam Viêt) mit plus de mille ans à se libérer de la domination chinoise. Occupé, contrôlé depuis 111 av. J.-C., il dut attendre la chute des T'ang pour connaître sa première dynastie nationale en 939. Le Vietnam renforça son indépendance en 1010 avec la dynastie Ly et l'établissement de sa capitale à Hanoï. Mais la Chine n'avait pas renoncé à ses projets de reconquête…

En 1074, la Chine des Song prépara une offensive contre le Dai-Viet (nom du Vietnam depuis 1054). À Hanoï, où le roi n'avait que dix ans, le généralissime Ly Thuong Kiet reçut les pleins pouvoirs. Devançant l'attaque ennemie, il envahit la Chine du Sud par terre et par mer, le temps d'anéantir les bases de départ adverses. La riposte des Song ne tarda pas : les deux camps s'affrontèrent au passage du fleuve Nhu Nguyet (1077). Ly Thuong Kiet galvanisa ses troupes en faisant parler de nuit le génie du fleuve ("Comment ces barbares osent-ils envahir notre sol ? Leur audace insensée verra leur déroute sanglante !") – le texte était du généralissime et la "voix" un trucage habile. Le stratagème réussit : les Vietnamiens enthousiasmés gagnèrent la bataille. Deux siècles après, les Trân (successeurs des Ly) repoussèrent les Mongols et sauvèrent une seconde fois l'indépendance du Vietnam.

BIRMANIE

Comment s'est constitué le royaume de Pagan ?

Non loin du Popa, volcan éteint qui passait pour abriter les 37 Nats (esprits du pays), la cité de Pagan, en Birmanie, aurait été fondée dès 638. Le premier grand souverain de Pagan fut Anauratha, en 1044. Unificateur du royaume, propagateur du Petit Véhicule (*voir p. 87*), il fit de son règne un temps de légende. Il donna une assise économique à ses ambitions en développant la riziculture (irrigation et fertilisation de la plaine de Kyaukse). Forte d'une masse d'éléphants de guerre, l'armée birmane s'imposa aux quatre coins du royaume. En 1057, Anauratha conquit Thaton, capitale de ses voisins du Sud, les Môn, ouvrant ainsi à Pagan l'accès à la mer et bien d'autres horizons…

Toute la population de Thaton (30 000 personnes) fut déportée à Pagan. Mais là, les vaincus "civilisèrent" leurs vainqueurs, leur enseignant leurs techniques, leurs arts, leur alphabet. L'union de la puissance birmane et de la culture Môn donna sa grandeur au Royaume de Pagan. À son apogée, Pagan fit régner la paix sur la Birmanie, le Laos et la Thaïlande. Il rayonna pendant deux siècles, jusqu'à ce que la cité aux 13 000 pagodes soit envahie par les Mongols en 1287.

ROYAUME THAÏ

Comment naquit le premier royaume thaï?

Le Siam (ancien nom de la Thaïlande) fut longtemps dominé par les Khmers, les Môns et les Birmans. Puis vinrent les Thaïs (peuple d'origine sino-tibétaine, ancêtres des Thaïlandais actuels) qui occupèrent le pays du fleuve Menam pour y devenir des dirigeants de villes et régions khmères avant d'accomplir leur destin "national" au XIIIe siècle.

Wat Pra Suthep, palais de Chiang Maï.

En 1238, les Thaïs renversèrent le gouvernement khmer de Sukhothai et installèrent à la place un pouvoir indépendant. Au nord de Sukhothai ("berceau de la civilisation thaïlandaise"), ils créèrent les principautés de Phayao et Chiangraï. Après le déclin des Khmers, celui des Môns et des Birmans profita aux Thaïs. Phra Râma Kamheng (Rama le Fort), prince de Sukhothai, conquit la vallée du Menam. En 1287, l'année de la chute du royaume de Pagan, il conclut un "traité d'amitié éternelle" avec les chefs de Chiangraï et Phayao. Avec cette fédération, Râma Kamheng fondait le premier État thaï.

Râma Kamheng fut aussi l'inventeur de l'écriture thaï (1283), fondée à la fois sur les alphabets khmer et môn. On connaît une inscription gravée en 1292 et faisant l'éloge du premier royaume thaï indépendant : "Ce royaume est bon : il y a des poissons dans l'eau, du riz dans les champs, le roi n'écrase pas son peuple de taxes..."

LAOS

Quelle était l'importance stratégique du royaume laotien?

Vers 1350, Fa Ngoum, un prince lao qui avait été élevé à la cour d'Angkor, partit à la tête d'une armée khmère rassembler la poussière d'États qui s'étendaient de part et d'autre du Mékong. En forgeant l'unité lao en 1353, il constitua au cœur de l'Asie du Sud-Est un royaume d'une importance stratégique. Le Lan Xang, royaume du "Million d'éléphants", s'étendit au carrefour de la Chine, du Viêt-nam, du Cambodge, de la Thaïlande et de la Birmanie.

Reculant les frontières de son pays, Fa Ngoum s'empara au sud de Vientiane (la légende dit qu'il la prit par la ruse, en bombardant la cité de projectiles d'or et d'argent avant d'attaquer par surprise au moment où les assiégés se disputaient le butin). Après vingt ans de pouvoir, le héros national du Laos fut remplacé par son fils surnommé *Sam Sèn Thai*, le "chef des 300 000 Thaïs". Deux siècles plus tard (1563), l'expansion du *Lan Xang* vers le sud déplaça la capitale de Xieng-Tong (menacée par les Birmans après l'avoir été par les Vietnamiens) à Vientiane. Le roi Sethathirat y fit élever un palais – dont la magnifique pagode (le *Wat Pra Keo*) eut l'honneur d'abriter le *Bouddha d'émeraude* (jadis offert à Fa Ngoum par le roi d'Angkor) – et un temple reliquaire (le *That Louang*), joyau de l'architecture laotienne.

Wat Pra Keo, palais royal de Bangkok.

DYNASTIES CHINOISES

Quelles furent les grandes dynasties chinoises du Moyen Âge ?

Les Han (voir p. 92) avaient traversé une première crise au début de notre ère avec le règne de l'usurpateur Wang Mang (9-22). Une fois les Han postérieurs définitivement écartés du pouvoir par la révolte des Turbans jaunes en 184, l'Empire se disloqua pour quatre cents ans. À la fin du IIIe siècle, les Tsin réunifièrent un temps un pays éclaté en Trois Royaumes mais ne purent rien contre les grandes invasions barbares. La refonte de l'Empire fut l'oeuvre des Souei (589-618) à qui succédèrent les T'ang.

Après les Han, les plus grandes dynasties de Chine furent les T'ang (618-907) qui marquèrent l'apogée de sa splendeur et les Song (960-1279). En avance sur le monde entier, la civilisation chinoise inventa la boussole, l'imprimerie, la poudre (à l'origine destinée aux feux d'artifice, pas aux canons...).

Après la chute des T'ang (907), la Chine rentra dans une ère de divisions. En 960, un coup d'État militaire plaça sur le trône la dynastie Song qui régna jusqu'en 1279... date à laquelle elle s'effondra devant les Mongols. Pour la première fois, une famille royale étrangère était au pouvoir en Chine.

MONGOLS

Comment la Chine fut-elle conquise par les Mongols ?

1211-1216 : il a fallu cinq ans à peine aux Mongols (peuple nomade des steppes asiatiques) pour conquérir la Chine du Nord sous le commandement de Gengis Khan, qui contourna la Grande Muraille construite par les Chinois. Son petit-fils Kubilai Khan acheva la conquête de l'Empire du Milieu en 1279. Pour la première fois, Pékin devint la capitale (baptisée Khanbaliq, "la ville du khan"). Kubilai y fonda sa propre dynastie sous le nom chinois de Yuan. Les Yuan régnèrent un siècle jusqu'en 1368, date à laquelle la dynastie "nationale" Ming reprit le pouvoir.

Sous le règne de Kubilai/Yuan, la Chine connut la prospérité : la "paix mongole" protégeait la Route de la soie, favorisant les communications à travers tout l'empire mongol, de l'Extrême-Orient à l'Occident. En échange de son riz ou de ses précieuses soieries, la Chine recevait d'Inde et de Perse notamment des épices, des pierres précieuses, des perles, des tapis. Protégé par Kubilai, le Vénitien Marco Polo séjourna 16 ans dans l'Empire du Milieu avant de rentrer en Italie avec de fabuleux souvenirs qu'il consigna dans son *Livre des Merveilles* (1298). L'Occident stupéfait découvrit la civilisation du bout du monde...

KAMIKAZE

Pourquoi les Mongols ne purent-ils conquérir le Japon ?

Au XIIIe siècle, quand leur gigantesque empire eut conquis la Corée et la Chine elle-même, les Mongols regardèrent du côté de l'Extrême-Orient, vers ce Japon qui leur échappait encore. Malgré l'inégalité des rapports de force, le Japon refusa de se soumettre. La réaction de l'empereur mongol ne se fit pas attendre : en 1272, Kubilai Khan lança 900 navires et 25 000 hommes à l'assaut de l'archipel. Supérieurs en nombre et en armement, les envahisseurs se heurtèrent à une résistance acharnée des chevaliers nippons dans la baie de Hakata ; ils durent se replier à cause des tempêtes. Mettant ce répit à profit, les Japonais ceinturèrent la baie d'une muraille pour casser l'élan de la terrible cavalerie mongole.

Les Mongols attaquèrent à nouveau en 1281, forts d'une armée de 150 000 soldats. C'est alors qu'un typhon anéantit leur flotte, mettant définitivement fin à leurs visées sur l'archipel. Les Japonais virent dans ce typhon salvateur le doigt de la providence et le baptisèrent Kamikaze, "Vent divin". Ce coup du destin devait leur laisser le sentiment qu'eux et leur patrie étaient protégés des dieux, donc invulnérables.

Peinture de Kuniyoshi. Japon.

REPLI DE LA CHINE

Pourquoi la Chine se referma-t-elle sur elle-même ?

Avec l'arrivée au pouvoir de la dynastie conservatrice des Ming, la Chine se coupa volontairement du monde extérieur. La restauration de la Grande Muraille, le renforcement du pouvoir central (avec la création d'une police secrète) et la fermeture de la Route de la soie furent les signes d'un régime autocratique et d'une politique isolationniste dont les effets devaient marquer négativement la suite de l'histoire du pays.

Au début, les contacts avec l'étranger furent maintenus grâce aux grandes expéditions navales (1405-1433) confiées par l'Empereur Yung Lo à l'amiral en chef Cheng Ho. "Vitrine" de la Chine des Ming, ces voyages pacifiques (ni pillage, ni trafic d'esclaves) avaient pour mission de conquérir les esprits par l'étalage des splendeurs et des raffinements de l'Empire du Milieu. L'année même du retour de la septième expédition de Cheng Ho (1433), un coup d'arrêt fut porté à l'expansion de la culture chinoise. Yung Lo était mort, interdiction fut faite de se déplacer hors des frontières. C'était le "grand repli". Au moment où l'Europe allait s'élancer à la conquête des mers, la Chine faisait marche arrière et redevenait une puissance exclusivement continentale et rurale.

NARA

Que fut, pour le Japon, le siècle de Nara ?

En 701, le gouvernement du Yamato promulgua le Code de l'ère Taiho, fixant l'organisation de l'Empire nippon. Ainsi s'ouvrit le siècle de Nara où "l'État régi par les codes" disposa pour la première fois d'une capitale permanente (auparavant l'empereur et sa cour errante changeaient de résidence) fixée à Nara (710) et connue sous le nom de Heijo-kyo, Cité de la Tranquillité.

Le VIIIe siècle fut pour le Japon une époque d'intense activité artistique. En même temps que florissaient les arts et les lettres, se multipliaient les échanges avec la Chine. Heijo-kyo copia la prestigieuse capitale des Souei et des T'ang : Ch'ang-an (l'actuelle Hsian). Le siècle de Nara marqua aussi l'apogée du bouddhisme au Japon, lequel contribua grandement à l'essor de l'architecture et de la sculpture : en témoigne aujourd'hui encore le *daibutsu*, Grand Bouddha de Nara, gigantesque statue de 21 mètres de haut, couverte de 22 kg d'or, qui exigea 14 ans de travail et 550 tonnes de cuivre !

Le succès envahissant du bouddhisme – trop de moines, trop de temples à Nara – finit par contraindre la Cour impériale à émigrer en 794 à Kyoto (la nouvelle capitale pour les quatre siècles à venir).

SHÔGUN ET SAMOURAÏ

Qui étaient le Shôgun et les Samouraïs ?

Au XIIe siècle, la lutte de deux clans très puissants, les Taïra et les Minamoto, déboucha en 1192 sur le triomphe de Minamoto Yorimoto. Réunissant une armée de samouraïs (guerriers d'élite), il établit le premier gouvernement militaire japonais dont il prit la tête sous le titre de Shôgun, qui signifie généralissime. Le nouveau maître du pays ne renversa pas l'Empereur (nul ne contesta la légitimité de la Maison impériale) et lui laissa les apparences du pouvoir, mais Kamakura, le chef-lieu du shogunat (ou bakufu) devint la véritable capitale politique du pays. Parallèlement à la dynastie régnante, le régime des shôguns exerça l'autorité pendant près de sept siècles.

Le samouraï (littéralement "celui qui sert") obéit, par delà son devoir de loyauté vis-à-vis de son chef, au culte de l'épée Le "code du guerrier" exige de lui courage, droiture, mépris du danger, fermeté d'âme… Poussé à l'extrême, son sens de l'honneur lui fait préférer la mort à l'humiliation de la défaite (c'est le suicide *seppukku*, plus connu sous le nom de *hara-kiri*).

GUPTA

Comment finit l'Empire gupta?

Après le règne d'Açoka (voir p. 87), ses descendants se partagèrent le pouvoir. L'Empire maurya déjà divisé prit fin avec les invasions d'Asie centrale. Six siècles s'écoulèrent avant que l'Inde ne retrouve sa splendeur passée avec la dynastie des Gupta (300-600 ap. J.-C.). Moins vaste que l'Empire maurya, celui des Gupta (couvrant la majeure partie de l'Inde centrale) rayonna plus encore, restant dans l'histoire comme "l'âge classique" de la civilisation indienne.

Fondée par Chandragupta Ier, la dynastie s'illustra à travers les règnes de Samudragupta, l'empereur poète-musicien (au pouvoir de 330 à 375, le temps de battre 14 rois et de conquérir 35 Etats indiens) et Chandragupta II (375-413). Surnommé "Soleil de l'héroïsme" (*Vikramaditya*), ce dernier réussit comme son père à mener de front succès militaires (reconquête de l'Inde du Nord-Ouest sur les Scythes) et culturels. Faxian, un pèlerin chinois qui visita l'Inde à cette époque, a laissé le récit d'un empire prospère et bien administré. Ujjain, la capitale, pouvait s'enorgueillir d'abriter ce qui comptait en matière d'esprit : les "neuf joyaux du savoir" (*Navaratna*), parmi lesquels brilla le poète-dramaturge Kalidasa (tenu pour le plus grand écrivain de l'Inde, souvent imité, jamais égalé).

Skandagupta, dernier des grands Gupta, monta sur le trône en 455. Lui vivant, les Huns dirigés par Toramâna et son fils Mihirakula ne purent pénétrer dans l'Empire (conduits par Attila, ils se retournèrent contre l'Occident). Après sa mort en 467, commença une période d'instabilité qui vit plusieurs maharajahs ("grands rois") indépendants. Les hordes des Huns revinrent à l'attaque et, cette fois, l'Inde sombra dans le chaos.

HARSHA

Qui était l'empereur Harsha ?

La décadence qui suivit la mort du dernier grand Gupta dura plus d'un siècle jusqu'à l'entrée en scène du prince Harsha en 606. Plus tard, il fera de son accession au pouvoir une date symbolique : l'an 606 devenant l'an 0 de l'ère nouvelle (ce calendrier ne lui survivra pas). Héritier à 16 ans d'un État du Nord, il entama la conquête des royaumes voisins. En 612, il contrôlait une grande partie de l'Inde du Nord. Quand il mourut en 647, Harsha ne laissa pas d'héritier direct. Son empire centralisé, qui ne tenait que par la personnalité hors du commun de son fondateur, fut morcelé au moment même où les Arabes arrivaient aux frontières...

Monarque éclairé, Harsha fut un habile politique doublé d'un administrateur né (il sut récupérer les structures de l'administration gupta). Humaniste et tolérant, il n'épargna jamais sa peine pour ses sujets. Protecteur des arts, des lettres et des sciences (homme de savoir lui-même et écrivain), il assura le renom de l'université bouddhiste de Nalanda. Selon le pèlerin chinois Hiuen Tsang, "de son premier à son dernier jour, jamais Harsha ne céda à la colère ni n'ôta la vie à créature vivante".

RÂJPOUTS

Qui étaient les rois râjpouts ?

De la chute de l'empire d'Harsha à l'avènement de l'empire musulman sur son territoire, l'Inde connut des temps obscurs qu'illumina l'aventure des Râjpouts (Râja Putra : Fils de Roi). Ces rois-chevaliers du Moyen Âge indien qui tenaient leurs fiefs dans le Râjpoutâna ("Demeure de la Royauté", actuel Râjasthân) opposèrent une résistance acharnée à l'envahisseur arabe. Ils s'illustrèrent par une vaillance, une noblesse d'âme qui élevèrent les récits de leurs prouesses au rang d'épopée. Le prestige des Râjpouts fut tel qu'on vit de nobles lignées renier leurs ancêtres pour se prétendre Râjpouts.

Entre le IXe et le XIIe siècle, ces grands féodaux devaient montrer plus d'esprit chevaleresque que d'ambition politique : certains clans râjpouts pesèrent de tout leur poids dans les grandes manœuvres d'alors mais aucun ne reconstitua un Empire indien unifié. Soutenus par les brahmanes dans leur combat contre les musulmans, les Râjpouts embrassèrent l'hindouisme (le bouddhisme convenait moins à des guerriers) qu'ils magnifièrent : la période râjpoute marqua le sommet de l'architecture et de la sculpture indiennes avec l'édification des temples de Khajuraho.

Palais d'Akbar, le Grand Râjahstân, Inde.

CEYLAN

Quel fut l'âge d'or de Ceylan ?

Ceylan entra dans l'histoire au IIIe siècle avant J.-C. avec l'arrivée de missionnaires bouddhistes conduits par un fils de l'empereur Açoka. Un siècle plus tard, les Tamouls d'Inde du Sud occupèrent le nord de Ceylan. Les insulaires les rejetèrent à la mer mais le destin de Ceylan resta placé sous le signe d'invasions et de reconquêtes successives.

À la fin du Ier millénaire, le royaume tamoul des Cholas contrôlait l'Inde du Sud et disposait d'un empire maritime. En 993, il annexa Ceylan qui, plaque tournante vers le Sud-Est asiatique, était un enjeu stratégique de première importance. L'île regagna son indépendance en 1070, sous l'impulsion de Vijaya-bâhu – le seul vrai roi puisqu'il détenait la Dent du Bouddha, relique sacrée symbole de la légitimité royale. Ceylan libérée allait connaître son âge d'or sous le règne de Parâkrama-bâhu Ier (1153-1186).

Les Cholas avaient ravagé l'antique cité Anurâdhapura et son université, phare du bouddhisme. Parâkrama-bâhu fit de Polonnaruwa la nouvelle capitale, plus splendide encore. Une fois la paix et l'ordre rétablis dans l'île, il étendit le renom de Ceylan hors de ses frontières en lançant des expéditions en Inde du Sud et en Birmanie.

TIBET

Qui sont les lamas du Tibet ?

Alors même qu'il s'éteignait en Inde, sa terre natale, le bouddhisme s'imposa comme religion d'État au Tibet. Dans leurs *lamaseries* perdues dans les hauteurs du "Toit du Monde" (le Tibet), les *lamas* (maîtres, guides spirituels) firent œuvre de salut public en traduisant près de 5000 textes des Écritures bouddhiques. Après la disparition des originaux en Inde, les 316 volumes conservés au Tibet firent de lui le gardien de l'héritage. Le bouddhisme tibétain a son originalité : pour atteindre l'Illumination (le fruit), le pratiquant (la base) privilégie l'expérience directe (le chemin) grâce aux *Tantra*, systèmes de pratiques religieuses, magiques, physiques, sexuelles… qui permettent de communier avec le divin.

L'importance des lamas dans le bouddhisme tibétain fait qu'on parle aussi bien de lamaïsme. Fondé par le grand réformateur Tsongkhapa à l'aube du XVe siècle, l'ordre Gelugpa (École des hommes vertueux) se donna pour chef suprême le Dalaï-Lama (Océan de Sagesse). Convaincus de son éternité, les moines aux bonnets jaunes se mettent en quête, à sa mort, de l'enfant en qui il s'est réincarné. Quand ils l'ont trouvé, n'importe où dans le monde, ils l'adoptent et l'élèvent comme leur futur Maître.

OLMÈQUES

Quelles furent les premières grandes civilisations américaines ?

Les Olmèques, ancêtres et précurseurs de toutes les civilisations précolombiennes, sont apparus en 1200 avant J.-C., – soit 700 ans avant l'âge d'or de la Grèce classique. Ce peuple vivait dans la jungle et les marécages qui bordaient le golfe du Mexique, couvrant les États actuels de Veracruz et de Tabasco.

Cette mystérieuse population semble avoir été obnubilée par une impressionnante puissance religieuse. Les temples majestueux de San Lorenzo et de La Venta témoignent de la grande influence qu'exercèrent les prêtres-rois sur leurs fidèles. La Venta fut le principal centre religieux olmèque. Une pyramide, qui culmine à 35 m de hauteur, domine le site. À son pied se dressent des autels destinés aux sacrifices et de gigantesques têtes monolithiques, dont la pierre provient d'une carrière située à 120 km de La Venta…

Le thème du jaguar se retrouve à travers toutes les œuvres de ce peuple. Il semblerait que cet animal ait joué un rôle important dans la religion olmèque. Adoré sans doute pour sa force et sa puissance, le jaguar fut représenté sous la forme d'un dieu hybride grimaçant, mi-homme, mi-bête. Ingénieux bâtisseurs, les Olmèques se révélèrent également habiles agriculteurs (culture du maïs et construction de canaux), ainsi que de grands fabricants de poteries et de bijoux. Ils furent aussi les inventeurs de l'écriture hiéroglyphique et du jeu de pelote, "sport" sacré. Ils connaissaient les chiffres et probablement l'usage du calendrier. Ignorant pourtant les outils métalliques, ils pouvaient aussi bien sculpter, avec une incroyable précision, des œuvres colossales en basalte pesant plus de 20 tonnes que de délicates figurines de jade.

Le jeu de pelote, ou "tlachtli", était pratiqué par les anciens Olmèques.

CITÉS-ÉTATS DES MAYAS

Comment les cités mayas étaient-elles administrées ?

Les Mayas faisaient débuter leur ère 400 ans avant J.-C. alors que de récentes découvertes prouvent que le territoire maya fut occupé dès 3000 avant J.-C.
La société maya était divisée en classes. Il y avait tout d'abord les esclaves, puis les paysans. Au-dessus d'eux, on trouvait les nobles – farouches guerriers chargés de collecter les impôts – et enfin au sommet régnaient les prêtres.

Il n'existe pas d'État maya centralisé, mais une série de cités-États gouvernées par un chef héréditaire, "halach uinic" ou "Grand Soleil", lui-même assisté d'un conseil. Ce souverain d'ascendance "divine" était tout-puissant. À ses attributions religieuses se joignaient les activités sociales, politiques et scientifiques. Plus d'une centaine de cités ont été dénombrées dont les plus importantes étaient : Tikal, Uaxactun, Copan, Piedras Negras, Palenque, Chichen Itza, Uxmal et Mayapan. Nullement isolés les uns des autres, les Mayas observaient les mêmes coutumes religieuses et de bonnes relations "commerciales" entre cités s'étaient établies.

Les échanges portaient sur le sel et le miel du Yucatan, sur les plantes médicinales, le jade, le coton et les esclaves. Les graines de cacao servaient de monnaie, car le chocolat était apprécié partout en Amérique.

CALENDRIER MAYA

Comment les Mayas mesuraient-ils le temps ?

La civilisation maya fut sans aucun doute très prestigieuse. Les Mayas étaient non seulement des artistes et des architectes confirmés, mais également de grands scientifiques qui développèrent à un haut degré l'astronomie, les mathématiques et un système élaboré de mesure du temps.

La déesse Tlazoltéotl accouche près du dieu Tezcatlipoca (en vautour). La colonne de droite symbolise les jours et les seigneurs des jours.

Le concept de temps était fondamental pour les Mayas. Pour en comprendre et dominer le mécanisme, les prêtres mayas mirent au point trois calendriers, le Tzolkin, ou Cercle Sacré, comprenant 260 jours était utilisé pour prédire l'avenir et distinguer les jours heureux des jours néfastes. Le Haab, calendrier solaire, comptait 365 jours répartis en 18 mois de 20 jours ; enfin le calendrier lunaire ou vénusien de 584 jours établissait la durée des apparitions de Vénus. Observateurs attentifs du ciel, les Mayas fixèrent avec exactitude les dates des éclipses du Soleil et de la Lune et prévoyaient les équinoxes.

Vérifiés par des astronomes modernes, les calculs des prêtres mayas, qui ne possédaient ni lunette, ni lentille optique, se sont avérés d'une précision extraordinaire ! Les Mayas avaient également fixé une date d'origine du monde – le 13 août 3113 avant J.-C. – et en avaient prévu la fin – le 24 décembre 2011 de notre ère.

RELIGION MAYA

Quel rôle jouait la religion dans la vie des Mayas?

Pour les Mayas chaque moment de la journée et toute activité était une cérémonie sacrée. Ils adoraient essentiellement les forces de la nature telles que les dieux de la Pluie et du Printemps, le Soleil, la Lune, une déesse du Sol et de la Fécondité ainsi que les esprits qui régnaient sur le Temps : les jours, les mois, les années et le mouvement des étoiles. Les dieux mayas étaient innombrables. Même les commerçants ou les voyageurs avaient le leur. Le maïs quant à lui fut élevé au rang de plante sacrée. Aujourd'hui encore, le paysan maya s'adresse à son champ de maïs en l'appelant "Votre Grâce"...

Les cultes mayas persistent au XXe siècle...

Réputés pour avoir été un peuple pacifique et philosophe, les Mayas ne se contentèrent pas de ces rites innocents qui consistaient à offrir aux dieux des grains, des plantes, des fruits et autres aliments. Peu à peu, les religieux imposèrent au peuple des rituels plus stricts et sacrifièrent aux dieux le bien le plus précieux qui soit : des êtres humains.

Les jeunes victimes, très souvent consentantes – pour les Mayas il s'agissait là d'un rite solennel et non pas cruel – étaient soit égorgées au-dessus d'un autel, soit précipitées au fond d'un *cénoté* ou puits sacré, afin de s'attirer les faveurs des dieux de la Pluie, lesquels, pensaient les Mayas, vivaient au fond de ce puits. Avant chaque cérémonie importante, comme par exemple l'accession au trône d'un nouveau prince, les prêtres – qui avaient le droit de se marier et de mener une vie somptueuse – allaient se cloîtrer au sommet des pyramides, dans des pièces sombres et humides où ils devaient se purifier en s'automutilant et en jeûnant. Après cette longue période de réflexion et de préparation, le prêtre pouvait accomplir ces grandes cérémonies.

Chichen Itza, le Temple des Guerriers.

CHICHEN ITZA

Qui édifia la cité de Chichen Itza?

Au Xe siècle, chassés par des guerriers nomades de la cité de Tula, la tribu toltèque des Itzas, en quête d'une nouvelle patrie, envahit à son tour une vieille cité maya. Déjà sur le déclin, les Mayas n'opposèrent guère de résistance à ces nouveaux occupants et participèrent à l'édification de la nouvelle capitale toltèque : Chichen Itza.

Au centre de la place principale de Chichen Itza, les Toltèques, aidés d'artisans mayas, dressèrent une gigantesque pyramide, *el Castillo* en espagnol, “le Château”, au-dessus de laquelle fut construit un temple dédié à Quetzacoatl, le Serpent à Plumes. Cette divinité, vénérée par les Toltèques, et dont le culte exigeait de nombreux sacrifices humains, devint peu à peu le dieu le plus important de toute la Méso-Amérique (Amérique Centrale et Mexique). La fusion des techniques mayas et de l'art toltèque fit de Chichen Itza l'une des cités les plus grandioses de l'Amérique précolombienne.
Peuple d'artistes mais aussi farouches guerriers, les Toltèques dominèrent le Mexique central et le Yucatan pendant près de 200 ans.
Ce n'est que vers 1188 qu'ils tombèrent sous les coups des barbares Chichimèques, des Aztèques, et des Itzas de la région de Mayapan.

DISPARITION DES MAYAS

Pourquoi la civilisation maya a-t-elle soudainement disparu?

Lorsque, en 1547, les troupes de l'Espagnol Cortès s'emparèrent de Yucatan, l'hégémonie maya dans la région n'était plus qu'un souvenir. Toutes les cités du vaste territoire maya, qui recouvrait les États actuels du Salvador, du Belize, du Guatemala et une partie du Honduras, avaient été désertées. Ainsi, cette civilisation, qui par sa science et son art, avait dominé toutes les autres cultures précolombiennes, avait mystérieusement disparu.

Après avoir atteint son apogée vers le VIIIe siècle, la civilisation maya des régions centrales connut une crise dramatique. À quoi était-elle due? À l'épuisement des sols? Aux soulèvements et aux guerres entre cités? À une révolte du peuple? À la famine, la maladie ou à une épidémie foudroyante? La réponse n'a toujours pas été trouvée.

On sait que, lorsque les Toltèques envahirent le Yucatan vers l'an 987, la civilisation maya – ou ce qu'il en restait – était déjà en pleine décadence. Les Toltèques donnèrent même aux Mayas l'espoir d'une renaissance. Puis, vers la fin du XIIe siècle, la cité de Mayapan domina le Yucatan, mais ne put empêcher les Mayas de délaisser les arts et d'abandonner peu à peu l'astronomie.

TENOCHTITLAN MEXICO

Comment naquit l'immense Empire aztèque ?

Les Aztèques, originaires de la région d'Aztlan, d'où leur nom, sont les derniers venus sur la scène de l'histoire précolombienne.

Peuple de chasseurs nomades, ils errèrent pendant plus de 200 ans avant de se fixer dans une petite île du lac Texcoco, au milieu des eaux saumâtres et des marécages. L'endroit n'était pas très praticable, mais c'est là que s'accomplit l'oracle prédit par Huitzilopochtli, le dieu de la Guerre et du Soleil. Il avait en effet été dit que la capitale des Aztèques serait bâtie à l'endroit où un aigle, posé sur un cactus, dévorerait un serpent (scène devenu l'emblème du Mexique moderne). Ainsi naquit la ville de Tenochtitlan ("Le lieu du Cactus"), la future Mexico.

La volonté de puissance des Aztèques fut telle qu'en un siècle, ils soumirent tous les peuples du Mexique central. Mixtèques, Zapotèques, Chichimèques, Toltèques et Totonaques furent tour à tour vaincus. Lorsqu'en 1520, les navires espagnols arrivèrent, les Aztèques possédaient le plus grand empire du Mexique précolombien, rassemblant plus de quinze millions d'habitants et s'étendant de l'Atlantique au Pacifique.

SACRIFICES HUMAINS

Pourquoi les Aztèques sacrifièrent-ils autant d'êtres humains ?

Deux pyramides jumelées – temples appelés *teocalli* ou maisons des dieux – dominaient la capitale aztèque Tenochtitlan. L'une était dédiée à Tlaloc, dieu de la Pluie et du Tonnerre, l'autre à Huitzilopochtli, dieu de la Guerre et du Soleil. Sur les autels sacrificiels de ces pyramides, de sanglants rituels avaient lieu ; soit pour maintenir l'ordre du monde, soit pour favoriser le retour du Soleil.

Les Aztèques étaient en effet persuadés que le Soleil mourait chaque fois qu'il se couchait et qu'il n'existait qu'une façon de le faire revivre : lui donner la "liqueur divine" que seuls les cœurs humains contenaient.

Lorsqu'en 1487, Ahuitzotl, l'empereur le plus puissant et le plus autoritaire de toute la lignée aztèque, consacra le temple de Huitzilopochtli, 20 000 prisonniers de guerre (certains disent 80 000) gravirent les marches des pyramides pour s'y faire arracher le cœur, encore battant, par les prêtres qui l'offraient alors au dieu solaire. Les victimes, le plus souvent droguées, acceptaient leur sort sans se révolter, car en nourrissant de leur sang la divinité, elles s'assuraient une vie glorieuse dans l'autre monde et rejoignaient à tout jamais le royaume du Soleil.

Ce bas-relief de Chichen Itza représente une décapitation rituelle. Le sang, figuré par les serpents, jaillit du cou coupé. La tête tombe sur le bras tendu du guerrier sacrifié.

CASTES AZTÈQUES

Quelle place les marchands occupaient-ils dans la société aztèque?

"On peut s'émerveiller au spectacle de l'ordre et de la bonne administration qui s'exercent partout dans le pays", écrivait à Madrid l'Espagnol Cortés. En effet, la loi et l'ordre étaient les maîtres mots de l'Empire aztèque. À Tenochtitlan, l'organisation sociale dépendait d'une hiérarchie aux règles très sévères.

Le souverain, appelé *Tlaotani* ou Grand Orateur, occupait la place la plus importante dans la société et dirigeait toute la vie politique de l'Empire. Bien que l'Empire aztèque présentât quelques aspects démocratiques (les habitants de la ville étaient groupés en clans ou *calpulli* et leurs délégués avaient accès au conseil suprême), le monarque régnait en despote et détenait le pouvoir absolu. À ses côtés se trouvait le *cihuacoatl* ou "Femme Serpent" (il s'agissait en fait d'un homme!). Ce dernier s'occupait des affaires étrangères et des tâches administratives. Les *pilli* étaient chargés de gouverner les provinces, de contrôler le territoire et de prélever les impôts sous forme de produits agricoles, de vêtements, de bijoux ou de plumes. Toutes les villes de l'Empire aztèque devaient payer des impôts au gouvernement de Tenochtitlan.

Les *macehuatli*, ou "gens de petite condition", c'est-à-dire les paysans, les prêtres ordinaires et les artisans, composaient la plus grande partie de la population. Ils devaient obligatoirement porter des vêtements unis. Seuls les nobles pouvaient se vêtir d'habits bigarrés. Celui qui mettait des vêtements ne correspondant pas à sa classe était passible de la peine de mort.

Les pochteca étaient des marchands dont le rôle officiel était de parcourir toute la Méso-Amérique afin d'approvisionner les marchés mexicains en denrées rares. Mais en réalité, ce qui leur valait honneurs et privilèges, c'était surtout leur rôle d'espions au service de l'empereur. En effet, au cours de leurs voyages, les pochteca devaient noter scrupuleusement les richesses et estimer la puissance des pays qu'ils parcouraient.

Les caravanes des marchands franchissent les torrents des Andes par d'étroits ponts de lianes.

HERNÁN CORTÉS

Comment se termina le règne des Aztèques?

En 1519, onze caravelles espagnoles débarquaient, avec à leur tête Hernán Cortés et 550 hommes, en territoire aztèque à la recherche du précieux métal. Comment faire pour s'emparer des richesses du roi Moctezuma II qui, depuis dix-sept ans, régnait sur un empire composé de onze millions d'habitants?

En traversant diverses provinces, Cortés s'aperçut, avec satisfaction, que la colère et la révolte couvaient déjà depuis longtemps. De nombreuses populations (comme les Totonaques), durement opprimées par les Aztèques, ne tardèrent pas à s'allier avec le "libérateur". Persuadé que Cortés était Quetzalcoatl (le dieu légendaire de la création parti en exil cinq siècles auparavant en promettant de revenir un jour du côté du Soleil Levant), Moctezuma l'accueillit aimablement. Mais devant les atrocités commises par les Espagnols – ils massacrèrent sans pitié, pillèrent les temples et brisèrent les idoles – les Aztèques de Tenochtitlan se révoltèrent et réussirent à en chasser les intrus.

Pendant les combats contre les Espagnols, Moctezuma avait tenté, en vain, d'apaiser son peuple. Mais les insurgés ne croyaient plus en la parole de leur empereur et lui lancèrent à la tête une volée de pierres. Gravement blessé, Moctezuma refusa tout remède et se laissa mourir. Tenochtitlan, chef-d'œuvre du Mexique précolombien, fut reprise deux ans plus tard par Cortés, qui la rasa entièrement. L'arrivée des conquistadores avait foudroyé une brillante civilisation alors en plein essor.

MANCO CAPAC

Comment est né l'Empire inca?

Au XIIe siècle, conduits par leur premier seigneur et fondateur de la dynastie, Manco Capac, les Incas – qui n'étaient alors qu'un groupe de familles –, quittèrent les rives du lac Titicaca pour s'établir dans la région montagneuse de Cuzco, l'actuel Pérou. La légende raconte que Manco Capac et sa femme (que l'on suppose avoir été sa sœur) auraient été engendrés par le dieu Soleil. Manco Capac, muni d'un bâton d'or, devait bâtir une nouvelle ville à l'endroit où le bâton s'enfoncerait dans le sol. Ainsi naquit Cuzco, la capitale inca.

Ce légendaire souverain eut douze successeurs. Pachacuti Inca Yupanqui (1438-1471) et son fils, Tupac Inca Yupanqui (1471-1493) furent les neuvième et dixième de la dynastie. C'est sous le règne de ces intrépides et belliqueux souverains, que de nombreuses tribus voisines furent soumises. Peu à peu, le territoire inca devint un véritable Empire aussi puissant que redouté.

Si les prisonniers des pays conquis acceptaient la domination des Incas – en adoptant leurs lois et leur religion –, ils étaient alors épargnés (les chefs pouvaient garder leur rang) et devenaient citoyens de l'Empire.

POUVOIRS DE L'"INCA"

Qui était le Sapa Inca ?

Tous les successeurs de Manco Capac se prétendirent fils de Inti, le dieu du Soleil et donc intermédiaires entre le monde divin et la Terre "Aucun oiseau ne vole, aucune feuille ne remue si telle n'est pas ma volonté." Ainsi s'exprimait le Sapa Inca, qui signifie "le seul", l'unique empereur.

Le Sapa Inca règne sans partage et son pouvoir est total. Il est à la fois le chef civil, militaire et religieux de l'Empire. Afin de conserver la pureté de sa race, il doit prendre obligatoirement pour légitime épouse une autre descendante du Soleil : sa sœur, appelée la Coya (reine). Mais le nombre de concubines de l'Inca est illimité. Le rôle de la Coya est très important, en l'absence de l'empereur c'est elle qui dirige l'Empire.
Quiconque se présentait devant le Sapa Inca devait ôter ses sandales et baisser les yeux, nul en effet n'avait le droit de regarder le fils du Soleil en face. Lors de ses déplacements, l'empereur était porté dans une magnifique litière en or, couverte de plumes multicolores. Lorsqu'un empereur mourait, il était momifié et chaque année, pour célébrer le Soleil, on portait les momies des chefs vénérés en procession dans toute la ville.

PIZARRO

Comment et pourquoi l'Empire inca s'est-il éteint ?

Au fil des règnes, Cuzco devint une gigantesque métropole. Un impressionnant réseau routier (15 000 km) reliait la capitale inca aux autres régions du vaste Empire. Palais, temples et maisons étaient élevés par la seule force physique de milliers d'hommes, qui ignoraient la roue, le bœuf et la poulie. La constitution et l'expansion de l'Empire inca – qui connut son apogée sous le règne de Huayna Capac (1493-1525) et dont le territoire s'étendait sur environ 4 500 km le long de l'océan Pacifique – furent aussi fulgurantes que devait l'être sa chute. À la mort de Huayna Capac, l'Empire fut disputé entre ses deux fils, Huascar et Atahualpa. Une longue guerre fratricide s'engagea d'où Atahualpa sortit vainqueur, mais à quel prix ! L'Empire, très affaibli, ne put résister longtemps aux ruses et aux attaques de la petite armée espagnole (180 hommes) dirigée par Francisco Pizarro.

En 1532, en même temps que des milliers de vies, la conquête détruisit, les coutumes, la religion et la fierté de tout un peuple. Les Espagnols furent sans pitié. Pour s'emparer du précieux métal ils torturèrent, pillèrent et détruisirent des vestiges irremplaçables. L'avide Pizarro fit fondre les magnifiques objets en or qui faisaient l'orgueil des orfèvres incas. En un mois, huit tonnes d'or furent transformées en lingots. Atahualpa fut exécuté. Avec lui mourait le vaste Empire des Incas qui n'aura brillé que 100 ans.

Les premières explorations portugaises du XVᵉ siècle ouvrirent la voie aux grandes découvertes des navigateurs européens.

4

L'EUROPE DÉMARRE LA PREMIÈRE

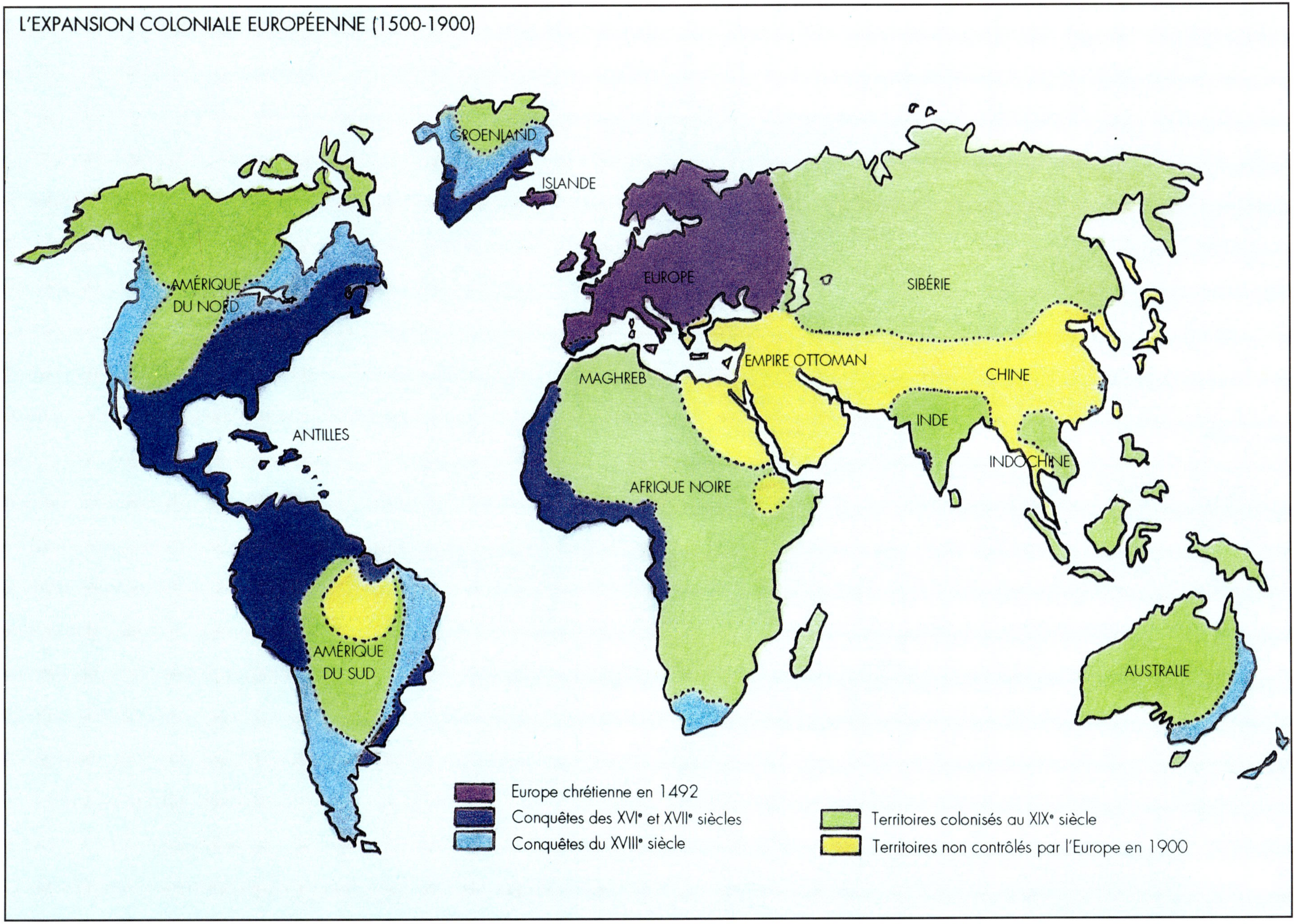
L'EXPANSION COLONIALE EUROPÉENNE (1500-1900)
GROENLAND
ISLANDE
AMÉRIQUE DU NORD
EUROPE
SIBÉRIE
EMPIRE OTTOMAN
CHINE
MAGHREB
INDE
INDOCHINE
ANTILLES
AFRIQUE NOIRE
AMÉRIQUE DU SUD
AUSTRALIE
Europe chrétienne en 1492
Conquêtes des XVIe et XVIIe siècles
Conquêtes du XVIIIe siècle
Territoires colonisés au XIXe siècle
Territoires non contrôlés par l'Europe en 1900

1500 À 1900 : LE MONDE DEVIENT EUROPÉEN

L'invasion et la "mise en valeur" du continent américain donnèrent à l'Europe la maîtrise du monde en l'espace de quatre siècles. Les profits immenses tirés de l'exploitation des champs de canne, des forêts sauvages, des épices transplantées, des mines d'or et d'argent, de la traite des Noirs permirent à l'Europe de prendre une avance décisive dans tous les domaines où elle avait, au cours du Moyen Âge, connu de graves problèmes de développement.

Dans celui de la pensée tout d'abord, l'effort se porta sur une simplification de la religion chrétienne qui, d'entrave au développement qu'elle était, devint sous sa forme protestante la plus dynamique des idéologies. Pour ce qui est des philosophies, l'apparition de systèmes fondés sur un usage rigoureux du raisonnement et de l'expérience amena des progrès considérables en matières de technologie. Très vite, l'Europe sut tirer parti des inventions des autres peuples (boussole, papier, poudre à canon) et innova à son tour en découvrant et en utilisant de nouvelles sources d'énergie : le charbon, tout d'abord, puis la vapeur. À la fin du XIXe, la suprématie militaire, culturelle, scientifique et technique de l'Europe avait colonisé la planète dans tous les sens du terme. Aucune élite dans le monde ne put échapper aux mirages de l'Occident, dont les bienfaits en matière de médecine, d'enseignement ou d'alimentation s'accompagnaient le plus souvent de coups de canon et de baptêmes forcés.

Le monde, avant 1492, aurait pu connaître une série de développements parallèles dont l'Europe ne serait pas forcément sortie victorieuse. Or il prit une direction imprévue : la découverte accidentelle de l'Amérique par les Européens a donc bien changé le cours de l'Histoire.

S'il est vrai que toutes les grandes religions monothéistes sont nées au cours de l'Antiquité (l'islam apparaît, lui, au tout début du Moyen Âge européen), la période moderne a vu l'éclosion des grands systèmes de pensée philosophique, économique et politique qui structurent le monde du XXe siècle : le capitalisme industriel, appuyé par des idéologies qui mettaient en avant l'enrichissement individuel et la liberté, trouva un adversaire de taille dans le socialisme marxiste, construit, lui, sur les notions d'intérêt général et d'égalité sociale par la contrainte. Les révolutions américaine et française donnèrent au monde l'exemple brillant de peuples prenant conscience de la nécessité politique de la démocratie et capables de la défendre les armes à la main. Mais peu à peu cette avance de l'Europe et de l'Amérique blanche se mua en domination. Les rêves d'égalité et de liberté, étendard de la civilisation industrielle, se mirent à masquer les horreurs d'une colonisation rapide et meurtrière du monde.

Car, en 1900, la planète entière se mit à vivre au rythme de l'Europe et de ses valeurs. Mais celles-ci ne furent pas assez fortes pour préserver l'unité des Occidentaux au-delà des querelles d'intérêt. En se partageant les continents, les puissances coloniales plantaient deux mauvaises graines : la rivalité entre elles, la haine entre elles et le reste du monde. Les conflits armés de notre siècle – on les compte par dizaines – proviennent de cette européanisation inutile et brutale du monde.

HUMANISME

Qu'est-ce que l'humanisme ?

C'est aux XVe et XVIe siècles que se produisit en Europe et plus particulièrement en Italie une révolution intellectuelle caractérisée par un désir de rupture avec le Moyen Âge. Cette période est considérée comme barbare, d'où le qualificatif de "gothique" (digne des Goths) donné aux monuments.

Montaigne.

L'aspect essentiel de l'humanisme se caractérise par sa foi et sa confiance dans l'homme qui est désormais placé au centre de la création. La recherche de son épanouissement devient l'objectif primordial. Les humanistes débordent d'une soif de savoir universel. Ainsi que l'écrit Rabelais, "seul le savant est vraiment un homme". C'est d'abord vers la littérature gréco-latine des Anciens que vont se tourner les précurseurs de cette doctrine, les Italiens Dante, Pétrarque ou Boccace. Parallèlement, face à la violence généralisée, ils développent un idéal pacifiste. Mais, plus généralement, les humanistes étudient les sciences, la médecine, et observent la nature. On assiste surtout à un changement dans l'état d'esprit. Les humanistes veulent vérifier dans les faits, par l'expérience, les hypothèses écrites : c'est le développement de l'esprit critique.

Dans le domaine artistique également, l'homme devient le principal sujet des peintres et des sculpteurs. Ils veulent le montrer dans toute sa force et sa beauté en s'inspirant des statues antiques et en profitant des connaissances acquises en anatomie. En même temps se développe une nouvelle vision du monde avec la découverte de l'Amérique.

GUTENBERG

Comment Gutenberg a-t-il inventé l'imprimerie ?

L'imprimerie est inventée en Chine bien avant qu'elle n'apparaisse en Occident. Pendant tout le Moyen Âge, en Europe, ce sont les moines qui recopient les manuscrits. C'est pourquoi les livres sont rares, chers et les erreurs nombreuses. Vers 1400, on utilise des plaques de bois gravées en relief. Une fois encrées, elles reçoivent une feuille de papier appliquée grâce à une pression de la paume de la main. Cette technique présente deux inconvénients : le bois est fragile et la plaque gravée n'est pas réutilisable.

Vers 1450, Johannes Gensfleisch, dit Gutenberg, est le premier à mettre au point le procédé d'imprimerie en caractères mobiles (les types), ou typographie, chaque caractère représentant une lettre et étant réutilisable. Pour leur fabrication, il utilise un alliage de plomb, d'antimoine et d'étain qui se révèle si parfait qu'il sera utilisé pendant 500 ans. C'est en 1455 qu'il publie la Bible latine "à quarante-deux lignes" (car elle comporte 42 lignes par page), dite Bible de Gutenberg.

L'imprimerie a bouleversé la transmission des connaissances et multiplié la production de livres, dont le nombre atteignit 20 millions pendant la seconde moitié du XVe siècle, alors que le travail des moines tout au long du Moyen Âge n'avait pu en produire que quelques milliers...

Une imprimerie moderne.

TECHNIQUES DE L'IMPRIMERIE

Comment fonctionne un atelier d'imprimerie au XVIe siècle ?

Les opérations nécessaires à la réalisation d'un livre se sont maintenues sans changement jusqu'au début du XXe siècle.

L'ouvrier prélève des lettres dans un meuble à casiers (la casse) et les assemble de façon à former des lignes, puis une ou plusieurs pages. Celles-ci sont serrées dans un châssis (la forme), puis posées sur le plateau inférieur (le marbre) d'une presse construite sur le modèle des pressoirs à vis employés par les vignerons. À l'aide de tampons, l'imprimeur encre la forme, puis applique la feuille de papier. Une vis actionnée à bras d'homme développe la pression en abaissant le plateau supérieur de la presse. L'encre passe alors de la forme sur le papier : la feuille est imprimée. Enfin, des correcteurs examinent la feuille pour chercher les erreurs éventuelles.

On estime qu'une presse à imprimer au XVIe siècle ne fournissait que 300 feuilles par jour. À l'origine, les caractères ont cherché à imiter l'écriture manuelle que les hommes de la Renaissance ont ensuite qualifiée de "barbare", d'où le terme de "caractères gothiques". Ils ont été très vite remplacés en France et en Italie par les caractères "romains" et "italiques".

ARTISTES ET MÉCÈNES

Qu'est-ce qu'un mécène ?

Ce nom vient de Caius Maecenas, un conseiller de l'empereur Auguste, protecteur des arts et des lettres.

Un mécène est un riche personnage qui, sans pratiquer lui-même d'activité artistique, n'hésite pas à aider financièrement les peintres, les musiciens, les poètes... Pendant la Renaissance, l'œuvre d'art est le plus souvent le résultat de la rencontre entre le mécène et l'artiste, le second ayant besoin du premier pour réaliser son œuvre.

L'Italie du Moyen Âge était morcelée en de nombreux États rivaux. Chaque ville, chaque prince, chaque prélat désirait montrer sa puissance et sa richesse. C'est pourquoi banquiers florentins, marchands vénitiens, pontifes romains, voulurent posséder des palais, des statues, des tableaux, donner des fêtes fastueuses dans un splendide décor.
Parmi les grands mécènes de la Renaissance, il faut citer à Florence, Laurent de Médicis, dit Laurent le Magnifique, ou le pape Jules II à Rome. C'est à Michel-Ange que ce dernier s'adressa pour sculpter son *Moïse* et peindre le plafond de la chapelle Sixtine. Il fallut quatre ans de travail pour décorer 500 m² et peindre plus de 300 personnages. C'est encore un pape qui permit à Michel-Ange de réaliser la fresque du *Jugement Dernier* : sur une surface de 20 mètres sur 10, il déchaîna un univers de nus d'une rare violence.

Intérieur d'une imprimerie au XVIe siècle.

ROI ARTISTE ?

François Ier fut-il un mécène ?

François Ier devient roi de France en 1515, à la mort de son cousin Louis XII. Ses portraits nous montrent un cavalier rieur, à la fois athlétique et élégant, aimable et séducteur, à l'intelligence rapide, mais superficielle. C'est un guerrier d'une folle bravoure, un sportif accompli qui excelle au jeu de paume, à la chasse, à la lutte.

François Ier, comme un chevalier du Moyen Âge, se fait adouber par Bayard sur le champ de bataille de Marignan. En même temps, prince de la Renaissance, il est amateur de belles choses, ouvert aux nouveautés, mécène et quelque peu artiste lui-même. D'ailleurs, la grande réussite de son règne se situe sur le plan intellectuel et artistique. Il fonde le Collège de France en 1530, protège les humanistes et les poètes comme Budé, Ronsard, Marot. Il propage en France la Renaissance italienne en attirant des artistes tels que Léonard de Vinci et Benvenuto Cellini. Il fait construire les châteaux de Fontainebleau et de Chambord.

COPERNIC

Quelle fut la découverte de Nicolas Copernic ?

Cet astronome polonais (1473-1543) qui parcourut les plus célèbres universités d'Italie, de Bologne, Rome ou Padoue, peut être considéré comme l'un des plus grands génies du XVIe siècle.

Jusqu'au XVIe siècle, on concevait un univers dont la Terre occuperait le centre. Or, en 1543, Copernic expose son système héliocentrique : pour lui, le Soleil, astre fixe, est placé au centre de l'univers. Autour de lui, sur des orbites de dimensions différentes, gravitent la Terre et les autres planètes. La Terre parcourt la sienne en une année. Sa rotation sur elle-même est responsable de l'alternance des jours et des nuits. La Lune est son satellite.

Il faudra attendre les observations de Kepler et de Galilée au siècle suivant pour que la thèse de Copernic s'impose. Ces théories furent, en effet, mal accueillies car elles faisaient de la Terre une planète parmi d'autres, perdant ainsi sa position privilégiée dans le cosmos. Elles eurent également une portée philosophique puisqu'elles remettaient en cause la vision médiévale du monde qui plaçait l'homme au centre d'un univers créé pour lui. C'est pourquoi Copernic fut critiqué aussi bien par l'Église catholique que par les protestants allemands. Prudent, il avait différé longtemps la publication de son traité, qui parut quelques jours seulement avant sa mort. Aussi ne connut-il pas le sort de Galilée, dénoncé comme hérétique et obligé, pour échapper au bûcher, de renier ses théories !

GÉNIE UNIVERSEL

Pourquoi Léonard de Vinci est-il si célèbre?

Né en 1452 dans le petit village de Vinci, près de Florence, Léonard se rend à l'âge de 17 ans dans l'atelier du peintre Verrochio. Il étudie de multiples sciences, puis part pour Milan auprès de Ludovic le More, et enfin pour Rome. En 1516, il accepte l'invitation de François Ier et réside au Clos Lucé près d'Amboise jusqu'à la fin de sa vie. La main droite paralysée, il meurt en 1519, à l'âge de 67 ans.

Léonard de Vinci réunit dans sa seule personne toutes les qualités de l'homme de la Renaissance : sa curiosité est insatiable et son activité prodigieuse. C'est d'abord un artiste. Peintre, il est l'auteur d'un petit nombre d'œuvres dont "La Cène" et "La Joconde". Dessinateur, il laisse une multitude d'esquisses et d'études. C'est aussi un grand scientifique qui s'intéresse à tous les domaines et qui invente, au moins de façon théorique, un grand nombre de machines et de principes encore utilisés aujourd'hui.

Léonard de Vinci est particulièrement intéressé par la mécanique et la technique : il découvre la grue pivotante, le char d'assaut de forme conique pour faire glisser les projectiles, la mitrailleuse. Il invente l'hygromètre pour mesurer l'humidité de l'air et tenter de prévoir l'évolution du temps. Il se livre à des autopsies et ses planches anatomiques sont surprenantes de précision et de réalisme. Mais ce sont les domaines de l'air et de l'eau qui retiennent surtout son attention. À partir de l'observation du vol des oiseaux, il envisage la construction d'un appareil pour voler. Il a l'idée du parachute et de l'hélicoptère. Quant aux canaux, bateaux à aubes, écluses, scaphandres, sous-marins, ils n'ont pas de secrets pour lui.

Léonard de Vinci a réussi à réaliser la synthèse de l'art et la science. Cette ambition est une des caractéristiques principales de la Renaissance, même si les temps modernes consacreront la séparation croissante et définitive des sciences et de l'art.

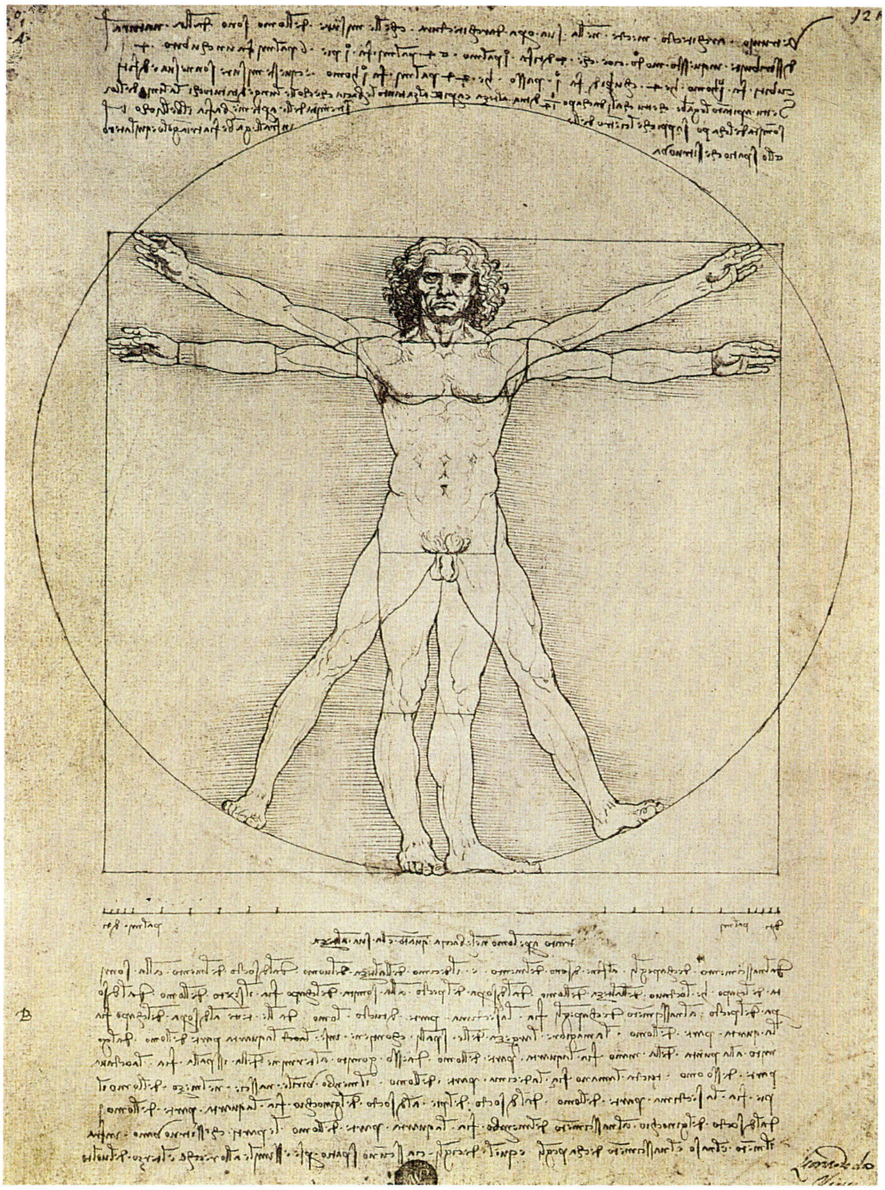

L'INDE PAR L'OUEST

Pour quelles raisons les Européens ont-ils cherché à atteindre l'Inde?

L'intérêt des puissances européennes à l'égard de ce qu'elles appelaient l'Inde, les îles à épices (le Sri Lanka actuel), le Cathay (la Chine), Cipangu (le Japon) tenait à des facteurs très différents dans leur nature. L'Europe était pauvre en épices, tout d'abord, et le poivre était recherché pour sa capacité à conserver la viande, par exemple. Ensuite, des récits plus ou moins légendaires et d'autres plus récents, comme celui de Marco Polo, qui avait atteint la Chine par la voie terrestre au XIIIe siècle, avaient entretenu en Europe des mirages extraordinaires. L'Inde des maharadjahs, la magnificence de la cour de Pékin, le Japon aux toits d'or avaient éveillé bien des convoitises. Une troisième raison enfin, plus religieuse, tenait à l'échec relatif des croisades face aux puissances de l'Islam. L'Europe était désireuse de soumettre à la foi du Christ l'Extrême-Orient afin d'encercler l'empire islamique…

C'est à cause de la prise de Constantinople en 1453 par les musulmans que les Européens se virent condamnés à passer par un autre chemin que celui de l'Orient pour atteindre l'Inde, Ceylan, la Chine et le Japon : la chute de l'Empire byzantin coupa la route par l'est, car tout le bassin méditerranéen oriental tomba sous la coupe des musulmans. Un autre facteur néanmoins poussa les Européens à chercher une route occidentale et maritime vers l'Inde. Dès le XIVe siècle, les explorations italiennes du proche Atlantique avaient permis de découvrir des îles, et les Portugais avaient rapidement suivi leurs traces et atteint d'autres îles. Enfin, la redécouverte des cartes et des manuscrits du géographe grec ancien Ptolémée semblait indiquer la possibilité que la Terre soit une sphère et qu'il n'y ait entre l'Europe et les Indes qu'une étendue de mer assez facile à traverser, à condition d'aller droit vers l'ouest.

GRANDS NAVIGATEURS

Quels pays d'Europe disposaient d'une avance technique réelle au XVe siècle, en matière de navigation ?

Le Portugal et l'Italie, pour des raisons très différentes, étaient au début du XVe siècle les seuls pays d'Europe capables de mener des missions d'explorations raisonnées et efficaces. En effet, le Portugal était parvenu à une grande stabilité politique, au moment où tous les autres États d'Europe étaient déchirés par des guerres civiles et étrangères. De son côté, l'Italie, composée de Républiques prospères, comme Venise, Gênes ou Florence, disposait d'une marine considérable, d'une pépinière d'excellents navigateurs qui avaient découvert dès 1330 l'île de Madère (bien avant les Portugais) et les Canaries dans le proche Atlantique.

L'avance technologique du Portugal était liée au grand mouvement d'exploration de la côte africaine lancé par Henri le Navigateur dès 1417. En prenant pied sur le sol marocain grâce au contrôle de Ceuta, l'infant du Portugal permit à son pays d'explorer, année après année, la côte africaine. Les navigateurs portugais furent les premiers à tenir un livre de bord ; leurs relevés cartographiques se firent de plus en plus précis. Chaque année une expédition nouvelle relevait le défi de la précédente : descendre toujours plus loin vers le sud. Cela explique qu'à peine une vingtaine d'années après la mort d'Henri, les Portugais aient dépassé le tropique du Capricorne et qu'en 1488, ils aient doublé la pointe sud de l'Afrique !

INSTRUMENTS DE NAVIGATION

De quels instruments de navigation les découvreurs disposaient-ils ?

Il faut être clair : jusqu'en 1510, c'est-à-dire bien après la traversée de l'Atlantique par Christophe Colomb et le voyage vers l'Inde de Vasco de Gama, les capitaines n'avaient quasiment rien à leur disposition.

Aucune carte précise n'existait, à peine quelques portulans, d'ailleurs limités, par définition, aux côtes de l'Europe et de l'Afrique méditerranéenne, rien pour évaluer la longitude en mesurant la vitesse du navire, et donc le chemin parcouru. Aucun instrument efficace, à moins de 300 km près, ne permettait de connaître la position du navire en latitude. Les boussoles étaient versatiles au point que chaque navire transportait avec lui une botte d'aiguilles aimantées... On ignorait la circonférence exacte de la Terre, et l'on ne savait pas, avant de l'avoir vu, que le ciel de l'hémisphère austral était différent de celui que l'on voit en Europe. Beaucoup croyaient, Colomb y compris, à l'existence d'une "zone torride" difficile à franchir près de l'équateur, tandis que certains se refusaient à admettre l'hypothèse de la sphéricité de notre planète.

Les meilleurs instruments du capitaine étaient sa vue et sa mémoire ! L'observation des oiseaux, des étoiles, des bancs de poissons, des courants, des fonds marins et des vents, le souvenir de la couleur de l'eau, d'une forme rocheuse sur la côte étaient bien plus sûrs que des instruments rudimentaires qui ne devinrent opérants qu'au cours du XVIe siècle.

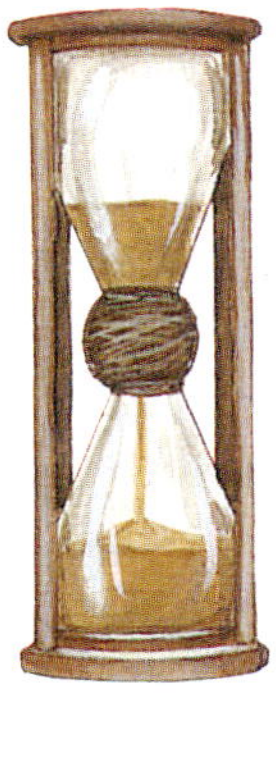

CARAVELLE

Qui a inventé la caravelle?

Cette question demeure très controversée. Une chose, néanmoins, est certaine : c'est bien la mise au point de ce navire dans les chantiers navals portugais entre les années 1435 et 1450 qui a donné à ce pays l'avance nécessaire pour mener le premier une exploration "scientifique" du proche Atlantique, puis de la côte occidentale de l'Afrique, jusqu'à atteindre l'Inde par la route du sud en 1498.

Les premiers explorateurs portugais partirent vers le Sud mauritanien sur des barques non pontées à voiles carrées (on se demande comment Gil Eanes put revenir à Lisbonne, en 1434, avec une embarcation aussi rudimentaire!). Dès l'année suivante, la première forme de caravelle apparaît : synthèse technique du *caravo* barbaresque et des barques semi-pontées utilisées par les riverains du fleuve Douro, dans le Nord du Portugal, la *caravela de descobrir* (la "caravelle des découvertes"), longue d'une quinzaine de mètres, était dotée d'une ou plusieurs voiles triangulaires et d'un tirant d'eau limité. Avec cinquante tonneaux, ces premières caravelles emmenaient une vingtaine d'hommes et de la nourriture pour plusieurs semaines. Léger et bien manœuvrant par vent contraire, ce type de navire fit très rapidement ses preuves comme outil d'exploration. En 1492, Christophe Colomb emmena en plus de sa lourde nef, la *Santa Maria*, deux petites caravelles, la *Nina* et la *Pinta*. Bien lui en prit : échouée sur un haut fond le soir de Noël 1492, la *Santa Maria* ne revit jamais les ports d'Espagne. Aussi, c'est sur l'une des petites caravelles, construites à la manière portugaise, que le découvreur put regagner l'Europe.

La barca de Gil Eanes (1434).

La caravelle de Dinis Dias (1446).

La Pinta, caravelle de Martin Pinzon (1492).

La nef de Cabral (1500).

DÉCOUVERTE DE L'AMÉRIQUE

Christophe Colomb savait-il qu'il découvrait l'Amérique?

Christophe Colomb était certain, tous ses écrits le montrent, ainsi que les cartes qu'il dessina et le globe qu'il tenta de construire avec son frère le cartographe Bartoloméo Colomb, de trouver sur son chemin ce que l'on appelait alors les "Îles atlantiques". Croisant des oiseaux en grand nombre aux deux tiers de sa traversée, il pensa traverser cet archipel légendaire (mais bien réel selon lui) et poursuivit sa route vers ce qu'il croyait être l'Inde. Colomb pensait bien alors trouver le Japon, puis la Chine et l'Inde en allant droit vers l'ouest. Il ne semble avoir pris conscience qu'à la fin de sa vie de la présence de ce continent imprévu, intermédiaire entre l'Europe et l'Inde, qu'il nomme dans ses derniers écrits "Mundus Novus", le Nouveau Monde...

L'exploration de l'Atlantique fut progressive. Colomb n'en a pas été le premier découvreur, mais simplement (si l'on peut dire) le seul à vouloir vérifier dans la réalité deux faits très discutés à son époque : la rotondité de la Terre, démontrée par les calculs anciens de Ptolémée et les observations récentes des explorateurs portugais de la côte australe africaine; et l'existence d'un océan intermédiaire entre l'Europe et l'Orient. Toute l'aventure provient d'une erreur de calcul. En effet, Colomb, qui avait lu avec son frère toute la littérature cosmographique de son époque, était arrivé à la conclusion qu'il n'y avait que 2400 milles entre la pointe ouest des îles Canaries et la partie la plus orientale de l'Asie. Il croyait donc fermement à une traversée rapide. Sa sous-estimation de la circonférence terrestre l'amena donc à croire avoir atteint le sud de la Chine, alors qu'il était en fait sur l'île de Cuba! Le découvreur s'enferra longtemps dans son erreur et beaucoup de gens avec lui : c'est la raison pour laquelle nous appelons encore "Indiens" des peuples qui étaient en fait les premiers Américains.

PARTAGE DU MONDE

De quand date le premier partage négocié du monde ?

Lorsque la nouvelle de la découverte de Colomb parvint à la cour portugaise, les souverains de ce pays se prirent à regretter de ne pas avoir accordé à l'Amiral "Don Cristobal Colon" (c'était ainsi qu'il se faisait appeler depuis son passage au service de l'Espagne) les lettres de créance et le financement de son expédition, car les îles où Colomb avait débarqué étaient désormais espagnoles.

Depuis le début du siècle, les Portugais avaient privilégié la route du sud ; après 80 ans d'exploration de l'Atlantique, ils avaient, il faut bien le dire, fait le plus gros du travail.
Que l'Espagne à la suite d'un coup de dés, empoche le bénéfice de la découverte de l'Inde (on croit encore en 1493 que Colomb a débarqué dans une île près du Japon) était inadmissible pour les rois du Portugal. Ils obtinrent donc, sous l'arbitrage du pape, un partage du monde avec l'Espagne, selon un axe vertical situé à 170 lieues à l'ouest des Açores.

Les Espagnols, qui ignoraient encore tout à fait l'existence du continent sud, acceptèrent imprudemment. Ce partage, entériné par le traité de Tordesillas en juin 1494, a donné tout le Brésil à la Couronne portugaise. C'est la raison pour laquelle on a pensé que les Portugais connaissaient déjà l'existence de ce continent sud et qu'ils exigèrent un partage selon un méridien éloigné afin d'obtenir ce qui deviendra plus tard la plus vaste de leurs possessions coloniales.

AMERIGO, AMERICA

Qui était Amerigo Vespucci ?

Alberico (transcrit "Amerigo") Vespucci était un navigateur italien, originaire de Florence. Il mit son savoir cartographique au service des grandes puissances maritimes de l'époque, l'Espagne et le Portugal. C'est lui qui effectua, entre 1497 et 1504, le relevé précis des côtes atlantiques de l'Amérique du Sud, qu'il longea de l'embouchure de l'Orénoque et du Venezuela jusqu'à la Patagonie. Ce savant qui atteignit entre mai 1497 et octobre 1498, avant Christophe Colomb lui-même, le continent sud-américain, fut ultérieurement honoré par un géographe allemand, Waldseemüller. Vespucci donna son prénom au nouveau continent : sur la carte de 1507, on peut lire, à l'emplacement du continent sud, *America*...

La grande découverte de Vespucci tient à la démonstration que l'Amérique n'était pas l'Inde. À l'époque, on en doutait encore. Vespucci, en parcourant en neuf ans près de 10 000 kilomètres de côtes, prouva que Colomb s'était trompé : un continent inconnu vaste et peuplé de "sauvages" plus ou moins pacifiques barrait la route de l'Inde. Peut-être l'un des rares découvreurs à être animé d'intentions principalement scientifiques, Vespucci a été récompensé de son travail : son prénom a servi à nommer tout un continent !

GAMA

Quel fut le chemin de Vasco de Gama?

La Couronne portugaise voulait tenter de contourner l'Afrique par le sud. Les Portugais, un instant démoralisés par le "coup de chance" Colomb (qui travaillait alors pour l'Espagne d'Isabelle et de Ferdinand), persistèrent. Leur détermination fut récompensée : les "Indes" de Colomb s'avéraient très pauvres en métal précieux et en épices : visiblement, l'Espagne n'avait marqué qu'un avantage très provisoire dans la course!

Après avoir doublé la pointe sud de l'Afrique, les nefs de Gama remontèrent lentement la côte à partir d'octobre 1497. Aidés par des interprètes et des pilotes arabes, il mit le cap sur l'Inde, atteignit Calicut en mai 1498. Il repartit sans être parvenu à imposer la présence portugaise en Inde, décidé à contourner à nouveau l'Afrique pour rentrer au Portugal. Le voyage du retour, retardé par des calmes et des vents contraires, fut lent et périlleux.

En 1502, à la tête d'une expédition de quinze navires, Gama repartit vers l'Inde, décidé cette fois à conquérir, ce qu'il fit, avec une sauvagerie inouïe.

MAGELLAN

Quel a été l'exploit de Magellan?

L'expédition de Magellan a démontré qu'il était possible de contourner l'Amérique du Sud pour atteindre le Pacifique et l'Inde (ce que Colomb n'était pas parvenu à faire) et ensuite que l'on pouvait rentrer en Europe tout en gardant le cap à l'ouest, ce qui prouvait la sphéricité de la Terre.

Le voyage de Magellan, malgré des années de préparation, a été une longue suite de difficultés, de mésaventures et même de drames. Magellan lui-même ne revit jamais l'Espagne. Il mourut en avril 1521, sur le chemin du retour. Seul son lieutenant, Sebastian del Cano, ramena en septembre 1522 à Séville une nef sur les cinq qui étaient parties, trois ans plus tôt... Magellan avait une bonne expérience de la mer et avait entendu parler d'un grand océan à l'est des Philippines, de la Malaisie et du Japon. D'autre part, en 1512, Balboa avait, pour l'Espagne, traversé l'isthme de Panama et atteint le Pacifique. L'avis de Magellan ne fut pas partagé par le roi du Portugal. C'est pourquoi le marin organisa son expédition au profit de Charles Ier, roi d'Espagne, qui était aussi l'empereur Charles Quint...

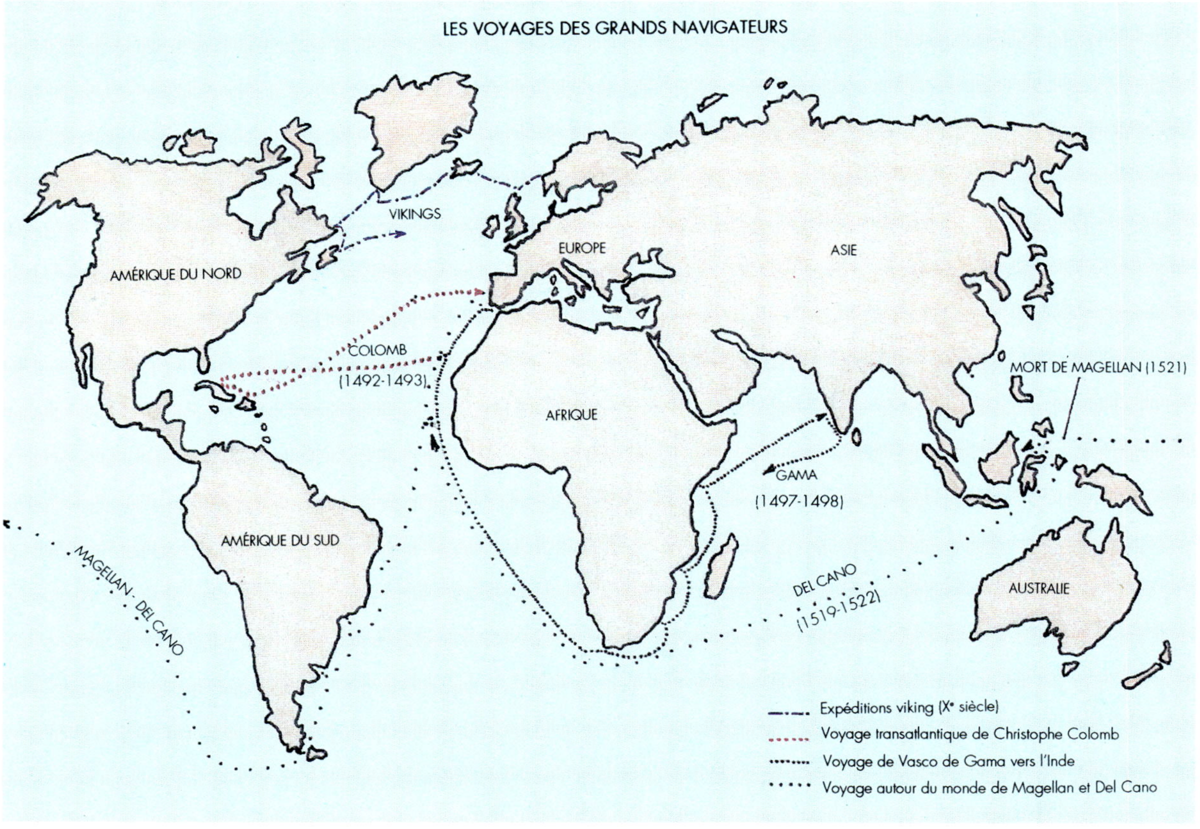

TRAITE NÉGRIÈRE

Comment et par qui la traite négrière atlantique était-elle organisée ?

Bien qu'elle se soit effectuée sur une très grande échelle pendant trois siècles, la déportation des captifs africains vers les territoires d'Amérique occupés par les Européens n'a jamais été contrôlée par un organisme central. En fait, n'importe qui pouvait faire la traite des esclaves entre l'Afrique et le Nouveau Continent. Cependant, les nécessités économiques imposèrent peu à peu l'observation de règles de conduite assez strictes, au moins en ce qui concerne les grandes compagnies négrières. Ainsi, les puissances européennes se partagèrent littéralement la côte africaine en zones de commerce exclusif ; d'autre part, il était convenu de donner un minimum d'armes à feu aux royaumes noirs qui échangeaient leurs captifs. Le principe des forts côtiers fut imposé aux rois noirs, qui durent passer obligatoirement par les centres contrôlés par les grandes puissances d'Europe pour vendre leurs prisonniers de guerre. Cependant, un grand nombre de points de débarquement et de mouillages secrets permettaient à des capitaines qui n'avaient l'agrément officiel d'aucun État ni d'aucune compagnie de pratiquer clandestinement la traite négrière à travers l'océan Atlantique.

Dès 1509, Espagnols et Portugais acheminent vers leurs possessions américaines (dépeuplées par la conquête) des dizaines de milliers d'esclaves de Guinée, Sénégambie et Angola. Au XVIIe siècle, les Hollandais rationalisent le trafic, améliorent les bateaux, et transportent entre 50 000 et 100 000 captifs par an de l'autre côté de l'Atlantique. Entre 1730 et 1800, la ponction humaine eu Afrique atteint son sommet : la Côte de l'Or, le Bénin, le Biafra, l'arrière-pays sahélien, l'Angola perdent 10 à 15 % de leur population masculine ! Pendant ce temps, certaines villes se transforment en grandes capitales commerciales : Nantes, Liverpool, Amsterdam doivent leur magnificence à ce commerce très lucratif des êtres humains.

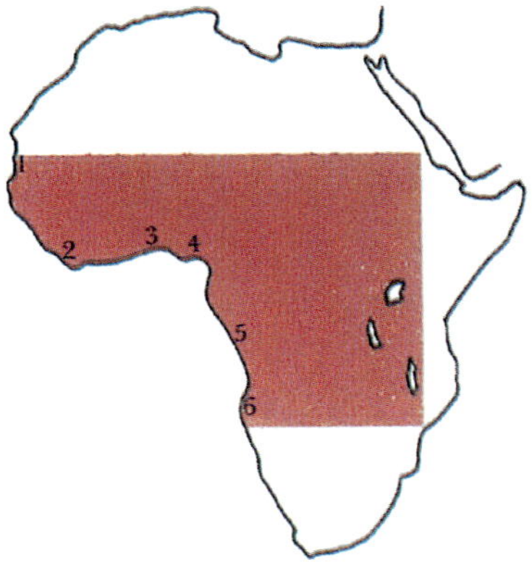

Les secteurs de la traite :
1. Sénégambie, 2. Côte de Guinée,
3. Côte de l'or, 4. Golfe du Bénin,
5. Côte de Loango et de l'Angola (6.)

ARAWAKS ET CARAÏBES

Que sont devenus les Amérindiens des Antilles ?

Les peuples arawak et taïno des Antilles ont disparu jusqu'au dernier dans les cinquante années qui ont suivi l'arrivée de Colomb. Les Caraïbes ont résisté, eux, beaucoup plus durement mais ont été détruits par l'occupation française, hollandaise et anglaise des petites Antilles à partir du XVIIe siècle.

Aucun Amérindien, des Bahamas à Trinidad, en passant par Cuba, Saint-Domingue ou la Martinique, n'a survécu aux massacres, à l'asservissement, aux maladies apportées par les envahisseurs, ni au métissage forcé avec les esclaves noirs importés dès le tout début du XVIe siècle par les autorités espagnoles. Celles-ci furent elles-mêmes effrayées par l'ampleur du génocide qui frappa ces populations primitives initialement hospitalières.

Les grandes îles des Antilles (Cuba, Saint-Domingue, la Jamaïque) et les îles Bahamas étaient occupées en 1492 par un peu plus d'un million d'Amérindiens de culture arawak. D'après les comptes de la famille Colomb elle-même, en 1499, 300 000 avaient déjà succombé… Le remplacement des cultures vivrières locales par la canne à sucre, la répression des révoltes et les maladies importées d'Europe (variole et rhume principalement) détruisirent la totalité de la population entre 1500 et 1550. Dans les petites Antilles (Martinique, Guadeloupe, Barbade, etc.) les farouches Caraïbes résistèrent jusqu'au dernier combattant, qui périt au cours du XVIIe siècle parce que dans toute l'Europe on voulait prendre son petit déjeuner à la française : café au lait, sucre de canne et barrette de chocolat…

POPULATION AMÉRINDIENNE

Combien y avait-il d'Amérindiens sur le continent nord avant la période coloniale ?

Les résultats des comptages les plus récents menés grâce aux travaux archéologiques ont permis de réévaluer l'importance de la population indienne en Amérique Centrale et en Amérique du Nord. On a longtemps cru qu'il n'y avait qu'un million d'Indiens à la fin du XVe siècle, répartis sur tout le continent nord. On pense maintenant que les Indiens étaient entre une quarantaine et une soixantaine de millions (Mexique compris), dont une dizaine pour les seuls États-Unis.

Les récits des explorateurs-conquérants du XVIe siècle montrent bien, au moins pour les Antilles et l'Amérique Centrale et du Sud, que les populations indiennes chutèrent par endroit de 80 % (régions andines et haut plateaux mexicains) à 100 % (Cuba, Jamaïque, Haïti, etc.). Ailleurs, dans les forêts profondes du Yucatan ou d'Amazonie, la perte dépassa rarement 50 %.

Pour ce qui est des Indiens d'Amérique du Nord, dont la plus grande partie vivait dispersée, pratiquant la chasse et l'élevage, l'étendue du continent les protégea dans un premier temps. Mais nous savons, toujours par les récits des colons français et anglais, que les Indiens agriculteurs de la côte est et des Grands Lacs, ainsi que ceux des monts Appalaches disparurent par centaines de milliers du fait des combats, de la maladie, de l'alcoolisme, entre les XVIIe et XVIIIe siècles. Quel que soit le système de comptage, une évidence s'impose : il y a bien eu génocide entre 1500 et 1900, dans toute cette région du monde.

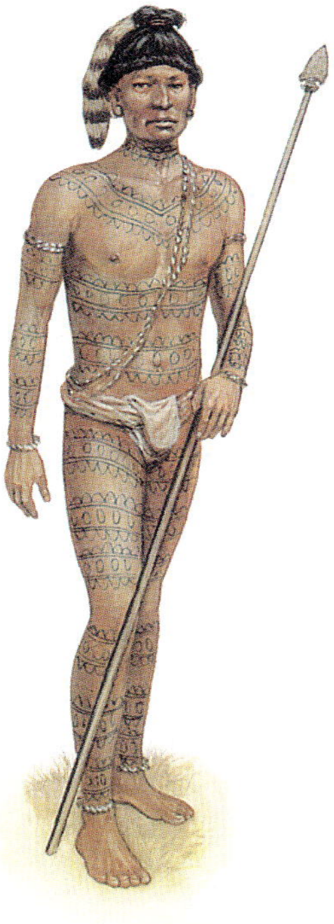

CIVILISATIONS INDIENNES D'AMÉRIQUE DU NORD

Quel était le stade de civilisation des Indiens d'Amérique du Nord au XVe siècle?

L'immense territoire nord-américain (qui regroupe le Nord du Mexique, les États-Unis et le Canada actuels était au XVe siècle peuplé par un peu moins d'une dizaine de grandes familles amérindiennes, distantes dans l'espace (au XVe siècle cette zone couvre une superficie égale à près de 40 fois la France!) mais aussi par la langue, les coutumes, le niveau de développement politique et économique.

Montezuma Castle (XIIe siècle).

Aucune des grandes familles amérindiennes n'avait véritablement atteint le stade de l'écriture. La cueillette l'emportait sur l'agriculture, la chasse sur l'élevage, le nomadisme sur l'habitat fixe pour deux tiers d'entre elles au moins. L'Amérique du Nord est donc au XVe siècle à un stade de développement très inférieur à celui de l'Afrique, par exemple, et sans commune mesure avec celui des Européens qui vont l'envahir en faisant comme si cette terre hospitalière n'était habitée par personne...

Les Indiens "pueblos" (Anasasi et Hohokam de l'Arizona, Hopi, Tanoans du Colorado) vivaient dans des grottes au-dessus des grands fleuves, au milieu des canyons (Chelly, Tonto, Moctezuma Castle) ou dans les plaines (Casa grande). Ils cultivaient le maïs et le cactus "saguaro" (celui des westerns!). Autour d'eux, Navajos, Paiute, Apaches ne connaissaient guère que la chasse, sur des zones pourtant très arides. Les Hautes Plaines et le bassin du Mississippi-Missouri étaient occupés par les Indiens semi-nomades, chasseurs et pêcheurs, dont le mode de vie était lié aux déplacements des 50 millions de bisons qui paissaient l'herbe de la grande prairie américaine. La famille des Sioux, Comanches, Shoshones, Cheyennes, tenait donc un immense territoire assez fertile, mais peu peuplé du fait de son étendue.

C'est dans la région des Grands Lacs, le long de la côte est et au bord du Saint-Laurent que de véritables villes indiennes, fédérées en royaumes agressifs et organisés, permirent aux peuples iroquois et algonquins de tenir tête aux envahisseurs blancs : nombreux, déterminés, bien commandés, des empires comme ceux de Powatan en Virginie ou des Cherokee dans le Sud-Est ne furent pas vaincus en un jour!

Tonto National Monument, Arizona. Culture "Salado", XIIIe siècle.

TERRITOIRES INDIENS

Comment les Indiens d'Amérique du Nord ont-ils été dépossédés de leurs terres?

Les premiers établissements permanents sur le continent nord furent le fait de planteurs espagnols, qui achetèrent des bouts de côte aux tribus indiennes locales dès 1520. Ils installèrent quelques forts (San Agostino, en Floride ; Santa Elena en Georgie). En 1600, les Français sont bien installés au Canada tandis que dès 1615 les Anglais construisent leur première ville coloniale, Jamestown, en Virginie. 1628 marque l'implantation hollandaise (Fort Orange, Fort Nassau et Neue Amsterdam, la future New York). En 1702, de la Caroline au New Hampshire, toute la côte est déjà colonisée, sur une bande de quelques dizaines de kilomètres de profondeur. La "Frontière" créée ainsi va progresser sans cesse jusqu'à atteindre au XIXe siècle la côte ouest et le Pacifique.

La règle de la prime occupation n'a pas joué en faveur des Indiens : leurs droits de propriété sur le sol furent niés car ils étaient considérés comme incapables de le mettre en valeur. Que ce soit à l'aide de contrats, de traités truqués immédiatement violés ou tout simplement par la force, la Frontière a progressé à une allure constante, malgré la résistance des Indiens. Dès l'Indépendance américaine, en 1776, l'avancée vers l'Ouest devint une cause nationale qui ne prit fin qu'en 1852, avec la conquête de l'ensemble du continent.

INVASION ET COLONISATION

Quel a été l'effet de la colonisation du continent nord ?

Contrairement à ce qui s'est passé au XVIe siècle sur les hauts plateaux mexicains et dans la cordillère des Andes, l'élimination des Indiens de l'Amérique du Nord a été lente et difficile. Les Aztèques et les Incas avaient élaboré des civilisations puissantes mais très hiérarchisées et concentrées. Aussi, Cortés et Pizarro n'eurent-ils qu'à "frapper à la tête" pour que tout s'effondre. Sur le continent nord, au contraire, la dispersion des tribus, l'épaisseur des forêts, l'étendue des hautes plaines jouèrent en faveur des Indiens qui résistèrent plus de deux siècles à l'avance du peuplement blanc.

Les fédérations des Algonquins, des Iroquois, des Muskogee et des Séminoles se défendirent de manière organisée avec l'énergie du désespoir. Ces peuples, qui occupaient une vaste zone, du Saint-Laurent à la Floride, disparurent du fait des combats ou par métissage avec les esclaves noirs. Les peuples des plaines centrales menèrent la lutte jusqu'à la fin du XIXe siècle. Repoussés dans des réserves par la progression de la "Frontière" et les déportations forcées, ils perdirent toute véritable identité culturelle au cours du XXe siècle. Quant aux Indiens du Sud-Ouest, ils se réfugièrent fréquemment au Mexique, où ils se fondirent dès 1875 avec les populations locales.

Commencée vers 1535 pour le Canada et au début du XVIIe siècle pour les États-Unis, la colonisation du continent nord a eu pour effet une destruction complète des structures sociales et culturelles des premiers habitants du continent.

CATHOLIQUES ET "RÉFORMÉS"

Que reproche-t-on à l'Église catholique au XVIe siècle?

Dès la fin du Moyen Âge, aux XIVe et XVe siècles, l'Europe est secouée par une grave crise morale et religieuse. Par suite de l'épidémie de peste noire qui n'épargne ni les riches, ni les puissants, l'idée de la mort hante les esprits, d'autant que ces malheurs sont ressentis comme une punition envoyée par Dieu. Au même moment, éclate le Grand Schisme d'Occident qui divise l'Église catholique (de 1378 à 1449, il y a deux papes, l'un à Rome, l'autre en Avignon, qui s'excommunient réciproquement!) et affaiblit la papauté. Cette société désemparée cherche un secours du côté de la magie et souhaite un contact plus direct avec Dieu. Ainsi, le culte de la Vierge Marie et des saints qui semblent plus proches des hommes se développe. Des hérétiques comme John Wyclif en Angleterre et Jan Hus en Bohême estiment que le rôle du clergé est inutile et que les laïcs peuvent comprendre eux-mêmes la Bible.

Au XVIe siècle, la situation religieuse, déjà préoccupante, s'est aggravée. On constate à la fois une crise des hommes d'Église et une crise de la pensée religieuse. Le clergé est touché de la base au sommet. Les papes se conduisent davantage comme des princes ou des rois que comme des chefs religieux. Ainsi, ils entretiennent une cour fastueuse, s'occupent plus de politique, de guerres ou de beaux-arts que de théologie. Pour construire Saint-Pierre de Rome, le pape Léon X n'hésite pas à vendre des Indulgences, c'est-à-dire des papiers qui auraient le pouvoir de pardonner les péchés... Les charges d'évêques ou d'abbés sont le plus souvent distribuées à des gens qui ne pensent qu'à s'enrichir avec les revenus de leurs domaines. Quant aux prêtres, ils sont peu instruits et leur conduite ne constitue pas un exemple pour le peuple.

La pensée religieuse a aussi évolué. Les humanistes veulent revenir à l'esprit du christianisme des origines en retournant à la simple lecture des textes sacrés. Ils ont traduit la Bible dans la langue nationale. Grâce à l'imprimerie, les fidèles peuvent lire directement les ouvrages religieux devenus assez bon marché. Le prêtre n'est plus un intermédiaire obligatoire.

Fresques du dôme de la basilique Saint-Pierre de Rome.

LA RÉFORME

Quel rôle à joué Martin Luther?

Martin Luther (1483-1546) est un moine allemand torturé par la peur de l'Enfer. Il finit par trouver la paix grâce à la phrase de saint Paul : "le Juste vivra par la Foi". Pour lui, l'homme, si pécheur soit-il, pourra être sauvé s'il garde confiance dans le Christ. Ce qui passe désormais au premier plan, c'est le lien personnel de l'homme avec le Christ. Par conséquent, les secours de l'Église perdent de leur valeur. Ainsi, l'obéissance au pape, le culte des saints, les pratiques de piété passent au second plan. Il ne conserve que deux sacrements sur sept : le baptême et la communion.

C'est la campagne des Indulgences qui provoque la révolte de Martin Luther. En 1517, il dénonce le scandale dans 95 thèses. Refusant de se rétracter, il est excommunié par le pape en 1520, puis mis au ban de l'Empire en 1521. Réfugié au château de la Wartburg, il traduit la Bible en allemand.
Pendant ce temps, ses idées se répandent. Dans le peuple, les paysans se révoltent pour obtenir l'égalité sur terre au nom de l'Évangile. Luther les condamne. Leur rébellion est écrasée. De nombreux princes se rallient à lui pour s'emparer d'immenses domaines ecclésiastiques.
L'empereur Charles Quint doit reconnaître à la paix d'Augsbourg, en 1555, la division religieuse de l'Empire en application du principe *Cujus Regio Ejus Religio* ("à chaque région sa religion") selon lequel chaque prince a le droit de choisir sa religion et de l'imposer à ses sujets. D'Allemagne, le luthéranisme gagna toute l'Europe du Nord.

POLYGAMIE ROYALE

Combien de femmes eut Henri VIII?

Henri VIII eut six femmes, en fit exécuter deux et en répudia deux autres.

Devenu roi d'Angleterre en 1509, Henri VIII épousa Catherine d'Aragon, la même année. Celle-ci ne lui donna qu'une fille, Marie Tudor, née en 1527. Or, il désirait un héritier mâle. C'est pourquoi il réclama à Rome l'annulation de son mariage, d'autant qu'il avait remarqué l'une de ses dames d'honneur : Anne Boleyn. Le pape refusa. Pourtant, l'archevêque de Canterbury annula son mariage et Henri VIII put épouser Anne Boleyn. Il fut alors excommunié, mais riposta en faisant voter par le Parlement en 1534, l'Acte de Suprématie, qui fit de lui le chef suprême de l'Église d'Angleterre. Le schisme fut consommé : il donna naissance à l'anglicanisme, une nouvelle religion qui devait évoluer vers un compromis, le dogme, d'inspiration calviniste. Par contre, les évêques sont maintenus et l'ensemble des cérémonies reste catholique.
Son mariage ne réussit pas à Anne Boleyn qui fut décapitée pour infidélité et remplacée aussitôt par Jeanne Seymour qui mourut après quelques années de mariage. Henri VIII épousa alors Anne de Clèves pour des raisons politiques et la répudia six mois plus tard. En 1540, il se maria avec Catherine Howard qui, accusée d'infidélité, ne tarda pas à finir sur l'échafaud dressé dans la Tour de Londres. Enfin, la dernière épouse d'Henri VIII fut Catherine Parr qui réussit à lui survivre...

Henri VIII et Ann Boleyn.

CALVIN

Quel rôle Calvin joua-t-il à Genève ?

Jean Calvin, Français né en 1509, est destiné à être prêtre. Il suit de solides études. Gagné aux idées luthériennes, il est obligé de s'exiler. Calvin a une conception très pessimiste de l'homme dont la dépravation naturelle ne peut que le conduire au péché. Selon sa doctrine, tous les hommes devraient être condamnés. Mais Dieu, par une bonté particulière, aurait programmé dès avant leur naissance le salut de certains : c'est la théorie de la prédestination. C'est à Genève, de 1541 à sa mort en 1564, que Calvin met en pratique ses idées. Il en fait "la Rome du protestantisme" en imposant une véritable dictature religieuse, une théocratie intransigeante.

Au milieu du XVIe siècle, une assemblée de pasteurs et d'Anciens prend en main la population de Genève et réglemente la vie publique et privée. Elle interdit les fêtes mondaines, les bals, les banquets, les jeux de hasard, les cartes. Elle impose aux femmes des vêtements modestes. Celles qui ont les cheveux trop longs risquent la prison. L'adultère et le blasphème encourent la peine capitale. On dérive même vers une véritable inquisition avec appel à la délation, excommunication et même condamnation. Ainsi, Michel Servet, qui découvrit la circulation du sang, fut condamné comme hérétique et brûlé vif à Genève en 1553.

Le calvinisme a gagné les Pays-Bas et l'Écosse. Il progressa en France malgré la répression.

CONTRE-RÉFORME CATHOLIQUE

Comment a réagi l'Église catholique face aux protestants ?

Devant l'expansion grandissante du protestantisme, l'Église catholique tarde à comprendre la gravité de la situation. Néanmoins, elle va réagir dans deux directions. Tout d'abord, empêcher les idées protestantes de s'étendre, y compris par la force : c'est le rôle de l'Index, de l'Inquisition et des jésuites. Ensuite, elle sent la nécessité de se réformer, c'est l'œuvre du concile de Trente.

La Congrégation de l'Index est chargée de dresser la liste des livres interdits, ceux susceptibles de diffuser les idées de la Réforme. Les tribunaux de l'Inquisition traquent les hérétiques. Ils sont brûlés vifs en Espagne lors des autodafés. Les Jésuites, congrégation fondée par Ignace de Loyola, sont organisés comme une armée directement soumise au Pape. Ils agissent dans deux domaines : l'enseignement fondé sur la méthode humaniste et la conversion grâce aux missionnaires envoyés jusqu'en Chine et au Japon. Quant au concile de Trente, qui siégea avec des interruptions de 1545 à 1563, s'il ne change rien au dogme catholique, il corrige les abus les plus criants en obligeant les évêques à résider dans leurs diocèses et en créant des séminaires pour former les prêtres.
À la fin du XVIe siècle, la Réforme marque le pas dans de nombreux pays grâce à l'efficacité de ces mesures. Elle ne parvient à s'implanter ni en Italie, ni en Espagne, ni au Portugal.

Le concile de Trente.

CENSURE, INQUISITION

De quand datent la censure religieuse et l'Inquisition ?

La censure des textes interdits est une tradition ancienne dans le christianisme : dès 150, les chrétiens du concile d'Ephèse firent brûler des dizaines de livres jugés hérétiques. Plus tard, les papes firent détruire les exemplaires du Talmud des croyants juifs.

En 1516, la censure prit une forme encore plus contraignante : aucun écrit ne devait plus être publié sans avoir été approuvé par l'Église. L'apparition de la religion protestante accentua les tensions.

Le "Tribunal du Saint Office", première forme d'Inquisition, fut formé en 1184. Cet organisme répressif fut actif durant tout le Moyen Âge : tortures, exécutions de musulmans en Espagne reconquise, d'hérétiques en France, de juifs et de sorcières dans toute l'Europe, d'Indiens dans le Nouveau Monde, forment la partie la plus sombre de l'histoire de l'Église catholique.

La Nouvelle Inquisition, fondée par l'évêque espagnol Mendoza à Séville en 1477 entra en lutte contre les protestants sous le règne de Charles Quint. Ses excès furent si nombreux que même certains papes, comme Léon X, tentèrent d'en limiter les pouvoirs. Elle ne disparut officiellement en Espagne, dernier pays d'Europe où elle subsistait encore, qu'en 1808, sur décision de Napoléon Ier, qui occupait alors militairement le pays.

CHARLES QUINT

Qui était Charles Quint ?

Venu du Nord de l'Europe (il était petit-fils de Maximilien d'Autriche, mais aussi de la lignée de Charles le Téméraire), Charles de Habsbourg obtint par héritage un immense territoire couvrant l'Espagne et ses colonies américaines, la Bourgogne, longtemps contestée au roi de France, toute la partie sud de l'Italie, sans oublier le contrôle des Flandres et des petits royaumes autrichiens et allemands. Sur l'Empire de Charles Quint, disait-on à l'époque, "le Soleil ne se couche jamais", tellement il était étendu en Europe et dans le monde entier.

Charles, élu empereur contre la candidature de François Ier en 1519, se lança immédiatement, dès le premier quart du XVIe siècle dans une lutte sur deux fronts : il entama une lutte à mort contre l'hérésie protestante dans toutes ses possessions et fut un ardent défenseur du catholicisme traditionnel. Il chercha à consolider, par une politique impérialiste agressive aussi bien en Europe que dans les colonies, la puissance du catholicisme.
Les princes allemands protestants, l'agitation luthérienne dans les Flandres, la résistance acharnée des rois de France à ses tentatives d'expansion mirent en échec sa politique. Il abdiqua en 1555, sans avoir pu détruire la religion réformée ni la puissance française.

Tableau d'Eugenio Lucas (1816-1870) représentant une scène de l'Inquisition.

SIÈCLE D'OR

Qu'a-t-on appelé "siècle d'or"?

L'expression "siècle d'or", sert à qualifier une période d'une centaine d'années qui s'étend de la disparition de Charles Quint à l'avènement de Louis XIV en France : de 1555 à 1660, l'Espagne domina l'Europe. L'exploitation des dépendances européennes d'Italie, des Pays-Bas, les succès contre les Turcs, les profits dégagés par l'invasion des Amériques et des archipels philippins donnèrent à l'Espagne les moyens d'une suprématie qui ne fut pas uniquement politique et militaire. Durant le "siècle d'or" ("siglo de oro" en espagnol), la littérature avec Cervantès, auteur de "Don Quichotte", la peinture, l'architecture, les sciences et les techniques espagnoles mirent l'Europe à l'école de la culture ibérique.

Le mouvement de renaissance des sciences et des arts fut puissamment encouragé par Philippe II, successeur de Charles Quint; dans les universités désormais réputées de Salamanque (5836 étudiants recensés en 1551, le triple un siècle plus tard), de Tarragone, de Madrid, Séville, Barcelone, savants, historiens, docteurs en théologie firent de l'érudition l'un des éléments essentiels de la définition du "Caballero" (chevalier) espagnol. Les œuvres d'auteurs dramatiques comme Lope de Vega, Tirso de Molina, Guillen de Castro serviront plus tard de modèles aux artistes de toute l'Europe, tout comme celles d'El Greco, de Velasquez ou Murillo, en peinture.

DÉCLIN DU PORTUGAL

Le Portugal a-t-il su profiter des grandes découvertes?

Ce petit pays avait été au XVe siècle à l'origine de toutes les grandes explorations maritimes. Mais ses immenses possessions d'Afrique (Angola, Mozambique), ses comptoirs en Inde, ses possessions américaines (le Brésil) attirèrent la fine fleur de la noblesse et de la bourgeoisie, vidant la métropole de son élite politique et militaire. En très peu de temps le Portugal, malgré l'or de l'Amérique et les épices des Indes, perdit son indépendance : en 1581, Philippe II d'Espagne entrait à Lisbonne sous le nom de Philippe Ier du Portugal! Le pays ne parvint à chasser la dynastie espagnole qu'en 1641, avec l'aide des ennemis de Madrid (Français, Hollandais, Anglais) qui prêtèrent main-forte au peuple en révolte. Mais c'en était fait de la grandeur portugaise...

En réalité, les profits dégagés par la découverte des Indes furent mal employés. Le Portugal, qui disposait au XVe siècle d'une bourgeoisie moderne, entreprenante et prospère, fut étouffé par l'arrivée, trop massive à partir de 1500, des richesses coloniales : au lieu de faire fructifier l'or en l'investissant, les riches marchands le mirent dans des sacs. Ce fut une cause du déclin économique. Par ailleurs, les découvreurs, nombreux à être installés dans les nouveaux territoires, réinvestissaient sur place, ce qui mettait en valeur la colonie, mais pas la métropole...

Première victoire significative des chrétiens contre les Turcs : la bataille de Lépante (1571).

INVINCIBLE ARMADA

Qu'est-il arrivé à l'"Invincible Armada" ?

L'Empereur Charles Quint laisse à son fils Philippe II des possessions immenses auxquelles il faut ajouter les colonies américaines. C'est pourquoi, selon le mot de l'époque, "lorsque l'Espagne bouge, la Terre tremble". Champion du catholicisme, Philippe II ne peut tolérer la présence de l'Angleterre protestante dirigée alors par la reine Élisabeth.

En 1588, Philippe II réunit 150 galères de combat, 350 vaisseaux et 100 000 hommes pour débarquer en Angleterre. Mais, avant même de quitter la péninsule, 18 navires sont coulés par le corsaire Francis Drake en rade de Cadix. En mai, l'Armada commandée par le duc de Medina Sidonia quitte ses bases. Après avoir éprouvé de nombreuses tempêtes, elle arrive en vue des côtes anglaises fin juillet. Elle se heurte alors à la flotte britannique, très inférieure en nombre, mais commandée par des marins remarquables comme Hawkins ou Frobisher. Harcelé par les Anglais et la tempête, Medina Sidonia décide de faire le tour des Îles Britanniques et ne réussit à ramener en Espagne que la moitié de sa flotte.

Ce désastre marque la fin de la suprématie maritime espagnole. D'ailleurs, il semble bien que le qualificatif "invincible" ait été appliqué après coup et ironiquement à l'Armada par les ennemis de l'Espagne.

TOLÉRANCE RELIGIEUSE

Pourquoi Henri IV fut-il si populaire ?

Lorsqu'Henri IV se fait sacrer en 1594, un contemporain écrit : "Qui aurait dormi quarante ans, penserait voir non la France, mais un cadavre de la France." En effet, le pays est toujours divisé entre les papistes (les catholiques) et les huguenots (les protestants). Le royaume est en ruine et l'autorité royale affaiblie. Dans ces trois domaines, Henri IV sut agir efficacement.

En 1598, Henri IV fit accepter l'Édit de Nantes : même si le catholicisme restait la religion officielle, le protestantisme fut désormais autorisé. La France donnait ainsi un remarquable exemple de tolérance pour l'époque, afin d'effacer le traumatisme des massacres de la Saint-Barthélemy en 1572. Henri IV sut s'entourer de bons conseillers. Ainsi, Sully remit de l'ordre dans le trésor royal en réduisant le gaspillage et en augmentant les impôts. Il s'intéressa surtout à l'agriculture en déclarant : "Labourage et pâturage sont les deux mamelles de la France, les vraies mines et trésors du Pérou." Le règne d'Henri IV fut une des rares époques de notre histoire où le gouvernement prit la défense des paysans. Henri IV gagna l'estime des Français par sa simplicité, sa bonhomie, le prestige que lui donnaient ses aventures galantes.

Pourtant son caractère autoritaire pouvait le rendre impitoyable. Ainsi, il fit décapiter un vieux compagnon de lutte qui complotait contre lui avec l'Espagne. Lorsqu'en 1610 il fut assassiné par Ravaillac, celui qui voulait donner à chaque Français la "poule au pot" tous les dimanches devint, et resta, le plus populaire des souverains de l'Ancien Régime.

UNE SEULE PASSION : LA FRANCE

Richelieu est-il le grand homme d'État français du XVIIe siècle ?

À la mort d'Henri IV en 1610, Louis XIII n'a que 9 ans. La régence de sa mère, Marie de Médicis, fut une période de confusion. Mais, en 1624, Armand du Plessis, cardinal de Richelieu, devient chef du Conseil. Il le restera jusqu'à sa mort en 1642. Toutes ses décisions sont guidées par la raison d'État. Il va poursuivre trois buts principaux : ruiner la puissance politique du protestantisme en France, abaisser la noblesse au profit de l'absolutisme monarchique, lutter contre la Maison d'Autriche.

Le premier acte fut le siège de La Rochelle, centre de la résistance protestante. Richelieu fit construire une digue pour empêcher la flotte anglaise de ravitailler la ville. Au bout d'un an, la faim contraignit les défenseurs à capituler. 15000 personnes avaient péri, il n'en restait que 154 valides ! En 1629, la paix d'Alès consacre la défaite totale du parti protestant. Si la liberté du culte est maintenue, tous les privilèges politiques et militaires accordés par Henri IV sont supprimés. La lutte contre la noblesse se révéla plus longue. Le frère du roi, Gaston d'Orléans, fut le centre de tous les complots. Mais Richelieu les réprima sans pitié par les procédés les plus rigoureux. Ainsi, le favori de Louis XIII, Cinq-Mars, fut décapité en 1642. Le cardinal de Retz a pu dire : "L'âpre et redoutable cardinal de Richelieu a foudroyé plutôt que gouverné les humains." À l'extérieur, Richelieu n'a qu'un but : combattre la puissance des Habsbourg qui règnent à la fois en Autriche et en Espagne. Après 10 ans de luttes indécises, la victoire de Condé à Rocroi en 1643 annonce la fin de la prépondérance militaire de l'Espagne, remplacée désormais par la France.

En réalité, la dictature du Cardinal ne fut jamais populaire. Sa politique centralisatrice qui préparait l'apogée de l'absolutisme heurtait un pays encore attaché à ses traditions et ses particularismes. Elle fut un exemple à peu près parfait de politique "machiavélique" fondée sur le seul intérêt national. Richelieu fut l'un des plus grands chefs d'État que la France ait connus, guidé par une seule ambition : servir la monarchie pour assurer la grandeur de la France.

DUELS

Les duels étaient-ils fréquents sous l'Ancien Régime ?

Au Moyen Âge, il existait les *ordalies*. C'étaient des duels judiciaires qui opposaient l'accusateur et l'accusé. Le vainqueur faisait ainsi la preuve de la justesse de sa cause.

Au XVe siècle les duels d'honneur, venus d'Italie, se répandirent en France. Leur nombre se multiplia sous les règnes d'Henri III et Henri IV. On estime que 4 000 gentilshommes sont morts en combat singulier de 1589 à 1607 ! Richelieu vit dans l'interdiction du duel un moyen de contrôler la noblesse. Ainsi, en 1627, il n'hésita pas à faire exécuter François de Montmorency, comte de Bouteville, qui venait de livrer son vingt-deuxième duel ! Pourtant, la coutume se maintint pendant tout le XVIIIe siècle sous les règnes de Louis XV et Louis XVI.

Après la Révolution apparurent les duels politiques. En 1836, Armand Carrel fut tué en duel par Emile de Girardin. Sous la IIIe République, beaucoup de journalistes et d'hommes politiques furent de brillants duellistes. En 1888, le président de la Chambre, Charles Floquet, blessa en duel le général Boulanger. Des hommes comme Déroulède, Clemenceau ou Léon Daudet se sont souvent battus en combat singulier.

TACTIQUE MILITAIRE

Pourquoi Gustave Adolphe fut-il le plus grand homme de guerre de son siècle ?

Roi de Suède depuis 1611, Gustave Adolphe parlait et écrivait six langues. Conscient que la Suède ne pouvait devenir une grande puissance que par la mer, il souhaita faire de la mer Baltique "un lac suédois". En 1630, il débarqua avec son armée en Allemagne afin de soutenir les princes protestants en lutte contre l'empereur Ferdinand II, champion d'un catholicisme intransigeant. Nouveauté à l'époque, son armée était nationale, formée de paysans suédois. La discipline y était stricte et l'on récitait la prière matin et soir. Le pillage était interdit.

Gustave Adolphe raccourcit le mousquet pour l'alléger et supprimer la fourche, adopta la cartouche qui contient la poudre et les balles et ses mousquetaires suédois tirèrent quatre fois plus vite que les Allemands. Son armée utilisait un canon léger (55 kg) qui, placé sur un affût attelé de deux chevaux, pouvait passer partout. Enfin, il transforma la tactique militaire. Au lieu de grouper ses hommes en bataillons compacts, il les positionnait en longues lignes, sur trois ou quatre rangs de profondeur : "l'ordre mince" permettait d'allonger la ligne de feu.

Après une spectaculaire promenade militaire à travers l'Allemagne où il ne rencontra que des succès, Gustave Adolphe mourut en chargeant à la tête de sa cavalerie à Lützen en 1632. Il reste dans l'histoire comme le créateur de la tactique militaire moderne

RÉVOLUTION ANGLAISE

Dans quelles circonstances l'Angleterre a-t-elle connu une république ?

En Europe, l'Angleterre représente une exception quant à son organisation politique. En effet, depuis le XIIIe siècle, le roi doit compter avec un Parlement composé de deux assemblées : la Chambre des Lords et la Chambre des Communes. En 1603, à la mort de la reine Élisabeth, le trône passe à son cousin : c'est la dynastie des Stuarts. Jacques Ier et Charles Ier vont poursuivre un double but : restaurer la monarchie absolue et renforcer le rôle de l'Église anglicane.

Jacques Ier et Charles Ier se heurtent à une double opposition : les puritains dénoncent le laisser-aller des anglicans et le Parlement n'accepte pas la réduction de ses pouvoirs, s'inquiétant également des nouveaux impôts levés par le roi sans son consentement (c'est l'objet de la Pétition des Droits de 1628). La guerre civile va alors opposer les partisans du roi, les "Cavaliers", aux puritains, les "Têtes Rondes", commandés par Olivier Cromwell. Battu à Naseby en 1645, Charles Ier est fait prisonnier, jugé, condamné à mort et décapité en 1649. La royauté est abolie et la République proclamée.

En réalité, Cromwell et les puritains établissent une véritable dictature fondée sur le fanatisme religieux. Ainsi, en Irlande, Cromwell se livre à de terribles tueries, comme à Drogheda. Aussi, à sa mort, la monarchie est rétablie sans difficulté, avec Charles II qui prend le pouvoir en 1660. Il se heurte de nouveau au Parlement qui vote l'un des textes les plus importants de l'Angleterre, l'Habeas Corpus, qui stipule que tout individu arrêté doit être immédiatement conduit devant les juges. Ainsi, la liberté individuelle est-elle garantie.

Mais avec Jacques II, les difficultés s'aggravent. En 1688, on fait appel à son gendre, Guillaume d'Orange. Jacques II s'enfuit à l'issue d'une révolution aussi brève que pacifique. Or, pour devenir roi sous le nom de Guillaume III, Guillaume d'Orange doit accepter la Déclaration des Droits de 1689. C'est ainsi que le principe de souveraineté nationale (le Parlement) triompha définitivement du principe de la monarchie absolue de droit divin.

MISÈRE ET PAYSANNERIE FRANÇAISE

Quelle est la vie des paysans en France au siècle de Louis XIV?

Le règne d'Henri IV n'a été qu'une parenthèse, les paysans qui représentent l'immense majorité de la population française ne cessent de voir leur condition s'aggraver.

Le XVIIe siècle, époque de Richelieu, Mazarin et Louis XIV, n'est pour eux qu'une période d'affreuse misère. Les guerres continuelles provoquent une augmentation des impôts. Les gens de guerre pillent, violent ou tuent. Les épidémies de peste et les famines se multiplient. À l'époque de Mazarin, pendant la guerre civile de la Fronde, ce fut pire encore. Un magistrat raconte : "On vivait des herbes des jardins et de celles des champs... Les charognes des bêtes mortes étaient recherchées... les chemins étaient pavés de gens la plupart étendus de faiblesse et se mourant... Enfin, on en vint à la chair humaine... !"

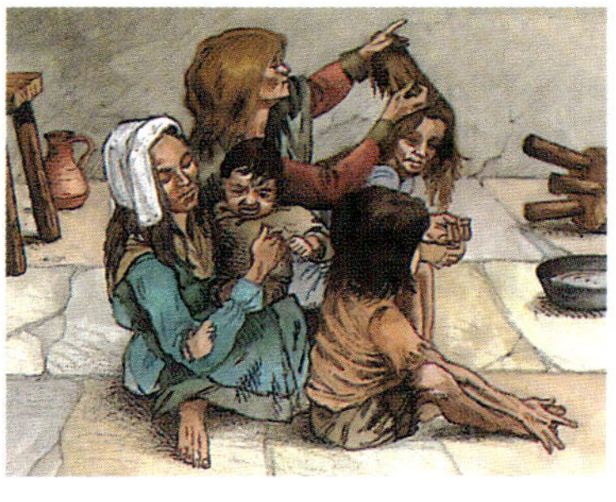

Sous le règne de Louis XIV, la misère engendre la révolte. De nombreuses Jacqueries éclatent. En Bretagne, en 1675, 25 000 paysans s'étaient insurgés. On lâcha 10 000 soldats sur la province. Faisant allusion aux pendaisons, le gouverneur de l'époque écrit : "Les arbres commencent à se pencher sur les grands chemins du poids qu'on leur donne."

À la fin du règne, la misère atteignit la plus grande partie de la population. En 1709, on eut faim, même à Versailles, et les laquais du roi mendiaient aux grilles du château. Quand le roi meurt en 1715, les provinces "tressaillent de joie" et le peuple "rendit grâce à Dieu d'une délivrance" ardemment désirée.

VERSAILLES

Comment Louis XIV a-t-il domestiqué la noblesse?

En 1643, à la mort de son père Louis XIII, Louis XIV devint roi. Le jeune roi souffrit des troubles et des humiliations de la Fronde. Il garda de ces événements un souvenir d'autant plus amer qu'il avait très jeune la plus haute idée de sa dignité de roi. Aussi, lorsque le cardinal Mazarin mourut en 1661, Louis XIV prit personnellement le pouvoir et, en monarque absolu, n'eut jamais de premier ministre jusqu'à sa mort en 1715.

Louis XIV n'employa jamais de nobles dans son gouvernement. Il dirigea et administra le pays entouré d'auxiliaires issus de la bourgeoisie. C'est à la Cour de Versailles qu'il attira les nobles pour mieux les surveiller, les ruiner, tout en leur distribuant des faveurs. Un courtisan du roi disait : "Je lui embrasserai encore les genoux et si souvent que j'irai peut-être jusqu'à sa bourse."

La Cour prit une énorme extension. Elle comprenait la Maison militaire (10 000 hommes aux uniformes resplendissants) et la Maison civile (4 000 personnes partagées en six services). Tous les instants de la vie de Louis XIV étaient transformés en autant de cérémonies auxquelles il était considéré comme un immense honneur de participer : c'était l'*Étiquette*. Ainsi, au dîner du roi, chaque plat était apporté par un gentilhomme, précédé d'un huissier et d'un maître d'hôtel, escorté de trois gardes du corps, carabine à l'épaule! Le soir, après les jeux de cartes, la plus grande faveur pour un courtisan était d'être désigné par le roi pour lui porter son bougeoir lorsqu'il regagnait sa chambre.

DÉMOGRAPHIE

Pourquoi la population augmente-t-elle lentement sous l'Ancien Régime?

Du XVIe au XVIIIe siècle, l'accroissement de la population a connu un rythme lent et fragile. Ce n'est qu'à la fin de cette période que la situation évolue rapidement pour déboucher sur la révolution démographique. Cette relative stagnation de la population s'explique par un taux de natalité élevé, mais en partie annulé par une forte mortalité.

On estime qu'à cette époque naissent en moyenne cinq enfants par famille. Pourtant, l'environnement général ne s'y prête guère. L'influence de la religion chrétienne ne favorise pas les naissances hors mariage, qui restent très faibles. En raison des difficultés rencontrées pour trouver une exploitation vacante et installer son foyer, les individus se marient tardivement : vers 25 ou 26 ans pour les femmes, entre 27 et 30 ans pour les hommes. Or, la fin de la fertilité féminine est précoce : elle intervient vers 40 ans. Par conséquent, la période de fécondité, qui débute avec le mariage et s'éteint avec la ménopause n'est que d'une quinzaine d'années. Enfin, l'intervalle entre les naissances est assez long (2,5 ans) et la fécondité peut être réduite par la mort prématurée du mari.

Sous l'Ancien Régime, la mortalité est importante, en particulier la mortalité infantile, c'est-à-dire celle des enfants de moins d'un an. Plusieurs raisons expliquent ce phénomène : l'hygiène est inconnue, surtout lors des accouchements, et l'alimentation est insuffisante et déséquilibrée. Elle est composée de céréales sous forme de pain, de bouillie ou de galettes ; la viande reste exceptionnelle. Enfin, la médecine est impuissante. C'est ainsi que la moitié seulement des enfants arrive à l'âge adulte, nombre à peine suffisant pour remplacer les parents.

Cette démographie déjà fragile l'est d'autant plus qu'une guerre, une famine, une épidémie de peste ou de variole peuvent suffire à provoquer une forte chute de la population.

COLBERT

Colbert fut-il un ministre moderne?

Colbert, fils d'un marchand drapier, devient en 1665, à l'âge de 46 ans, contrôleur général des Finances de Louis XIV. Travailleur infatigable, il exerce peu à peu son activité dans tous les domaines de l'administration publique, hormis la politique étrangère et la guerre.

Selon Colbert, la puissance du roi, donc de l'État, dépend de la quantité de monnaie en or et en argent qu'il possède. S'appuyant sur cette théorie mercantiliste, il cherche à développer l'industrie, à favoriser le commerce et la marine, à accroître les colonies, à une époque où l'activité dominante reste l'agriculture. Ministre moderne pour son époque, il souhaite fonder la puissance de son pays non sur la taille de son armée ou la conquête de territoires, mais sur ses capacités économiques, industrielles et commerciales.

En effet, l'industrie est l'élément central de sa politique. Il encourage la création de manufactures qui fabriquent des produits de luxe destinés à être exportés (tapisseries des Gobelins). La fabrication est réglementée pour améliorer la qualité. Des tarifs douaniers élevés sont instaurés aux frontières pour protéger la France de la concurrence étrangère : c'est le protectionnisme. Le commerce extérieur se faisant par mer, Colbert développe la marine marchande, épaulée par une marine de guerre qui passe de 18 à 276 vaisseaux. Il fonde également cinq grandes compagnies de commerce.

ROYAUME DE PRUSSE

Comment est né le royaume de Prusse?

Au début du XVIIe siècle, la vieille famille allemande des Hohenzollern possédait l'électorat de Brandebourg, le duché de Prusse et divers territoires situés dans la région du Rhin (duché de Clèves). Ces territoires étaient pauvres, recouverts de landes, de marais, d'étangs et peuplés d'à peine 600 000 personnes. Dispersés de l'ouest à l'est, ces États n'étaient pas pleinement indépendants, les Hohenzollern étant à la fois vassaux de l'empereur et du roi de Pologne.

Frédéric Ier, fils de Frédéric Guillaume.

C'est Frédéric Guillaume (1640-1688), surnommé le "Grand Électeur", qui fut le véritable fondateur du nouvel État prussien. Il réussit à réaliser l'unité administrative de ses États, à lever des impôts permanents pour entretenir une armée de 25 000 soldats qui fut bientôt la première d'Allemagne. Il peupla ces régions en attirant les étrangers, en offrant un asile à tous ceux que les persécutions religieuses chassaient de leur patrie. C'est ainsi que 25 000 Français s'établirent dans le Brandebourg après la révocation de l'Édit de Nantes en 1685. Sa politique étrangère opportuniste, fondée sur la force militaire, ne visait qu'un but : donner plus de cohésion à des territoires dispersés.

Son fils Frédéric Ier récolta les fruits de cet accroissement de puissance. Il obtint de l'empereur Léopold Ier le titre de "roi de Prusse" et se fit couronner en 1701. Désormais, l'Allemagne avait deux têtes : l'empereur et le roi de Prusse.

PIERRE LE GRAND

Comment la Russie est-elle sortie du Moyen Âge ?

Au XVIIe siècle, la Russie est très en retard sur l'Europe. Les mœurs sont grossières et cruelles. La société est divisée en deux classes : les nobles et les paysans serfs (les moujiks). Quant aux prêtres orthodoxes, les popes, ils font figure de fanatiques peu instruits. La dynastie des Romanov va régner sur la Russie pendant trois siècles.

C'est le tsar Pierre le Grand qui fait de la Russie une grande puissance. Lié dès sa jeunesse à des Européens, ce géant à la force herculéenne, veut moderniser la Russie et lui donner accès à la mer Baltique et à la mer Noire. Dans sa guerre contre la Suède, la victoire de Poltava en 1709 est décisive puisqu'elle permet à la Russie d'acquérir les côtes de la mer Baltique entre la Finlande et la Pologne. La volonté d'occidentaliser le pays se traduit dans un premier temps dans l'apparence. Le Tsar tient "à vêtir en hommes son troupeau de bêtes". Aussi, interdit-il les longues barbes, les longs cheveux et les robes traînantes. Il n'hésite pas à couper lui-même les manches trop grandes. Mais son grand dessein fut la création de Saint-Pétersbourg, capitale de la Russie moderne, au bord de la Baltique. 40 000 paysans amenés de force, mourant en grand nombre, mais constamment remplacés, construisirent la ville de leurs mains nues sur des marécages, des bois et des landes.

la basilique de Saint-Basile, au centre du vieux Moscou.

RÉVOLUTION INDUSTRIELLE

Pourquoi la révolution industrielle est-elle apparue en Angleterre et non en France ?

La révolution industrielle est l'ensemble des mutations techniques, économiques et sociales qui, de 1760 à 1830, assurèrent à l'Angleterre une prépondérance mondiale jusqu'à la fin du XIXe siècle. En réalité, elle résulte de trois phénomènes simultanés : une révolution agricole avec le succès du système des enclosures, c'est-à-dire du clôturage des champs, qui entraîne la disparition des pâturages communautaires, une révolution démographique avec une forte augmentation de la population à partir de 1750, les inventions techniques qui touchent trois secteurs : le textile avec le tissage et le filage (la mule-jenny en 1779), la machine à vapeur perfectionnée par James Watt, la métallurgie où le charbon de bois est remplacé par du coke dans le traitement du minerai de fer pour obtenir de la fonte et de l'acier.

La révolution industrielle est née en Angleterre pour quatre raisons :

- **Les capitaux disponibles ont été investis dans l'industrie alors qu'en France, la Cour dépense sans compter, et l'on achète des offices ou des terres, considérés comme le seul placement sûr.**
- **Le noble français ne s'occupe pas directement de son domaine et n'y introduit donc pas les nouvelles méthodes de culture et d'élevage, contrairement aux lords anglais.**
- **Le système des enclosures, en spoliant les petits producteurs, a permis de limiter le nombre des paysans et de constituer une main-d'œuvre à bon marché pour l'industrie naissante.**
- **Enfin, en France, la majorité des activités commerciales et industrielles sont interdites à la noblesse sous peine de déroger, alors qu'en Angleterre le puritanisme favorise le capitalisme.**

L'Angleterre fut par ailleurs la patrie des penseurs du libéralisme économique : Locke, Hume, Ricardo et Smith donnèrent au capitalisme une philosophie construite et cohérente.

PHILOSOPHIE DES LUMIÈRES

Qu'a-t-on appelé "philosophie des Lumières" ?

La crise de la pensée religieuse, les progrès de la science et la naissance d'un type nouveau de développement économique fondé sur les techniques de production industrielles et la liberté du commerce favorisèrent l'éclosion, au XVIIIe siècle, d'un puissant mouvement intellectuel de contestation de l'ordre ancien qui s'illustra dans toute l'Europe. En France, il est représenté par Montesquieu avec "L'Esprit des Lois", Diderot dont le nom reste attaché à l'"Encyclopédie", Voltaire et son combat contre l'intolérance religieuse, enfin par Rousseau dont les idées développées notamment dans le "Contrat social", inspirèrent la Déclaration des Droits de l'homme et nombre des révolutionnaires de 1789. En hommage à la richesse de leur production intellectuelle, ces penseurs furent appelés "les Lumières", un mot qui à l'époque désignait tout simplement... l'intelligence !

Leurs idées touchent trois domaines principaux : la question religieuse, le pouvoir politique, l'économie. La raison les pousse à rejeter toutes les religions révélées (catholicisme, protestantisme, islam, judaïsme). D'une manière générale, ils plaident pour une "religion naturelle", prônant le respect d'un Dieu universel : c'est le "déisme". Ils rejettent le principe de la monarchie absolue d'un roi (le "tyran") qui gouverne comme bon lui semble, mais diffèrent sur les solutions : Montesquieu penche pour une monarchie constitutionnelle à l'anglaise, qui concilie ordre et liberté; Voltaire pour un "despotisme éclairé" façon Frédéric II

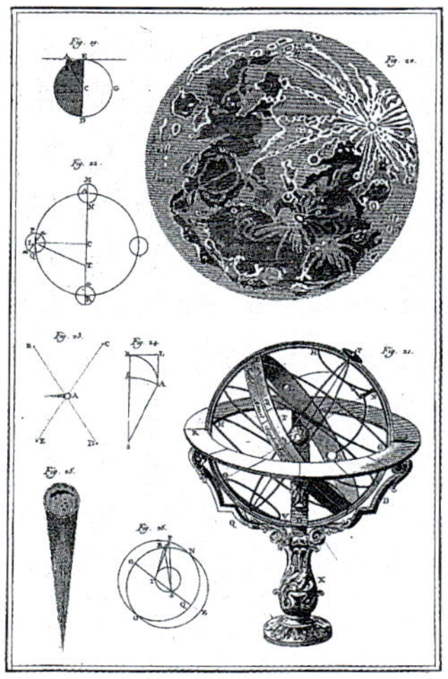

de Prusse, qui peut se résumer par la formule "tout pour le peuple, rien par le peuple", Rousseau pour un régime démocratique. Ils sont en revanche unanimes sur la suppression des privilèges juridiques ou fiscaux et militent contre la torture et l'esclavage. Ils sont favorables à une généralisation de l'instruction publique, avec l'aide de l'État.
En matière d'économie, ils rejettent pour la plupart toute forme de dirigisme étatique. L'influence des théoriciens anglais, les succès économiques des colons américains forment ce modèle social nouveau : presque tous les philosophes des Lumières croient au progrès naturel. L'enrichissement de quelques-uns finira bien par profiter à tous... Seul Rousseau, hostile au luxe et à toute forme de disparité, propose un mode de développement austère, à la fois contraignant et profondément égalitaire.

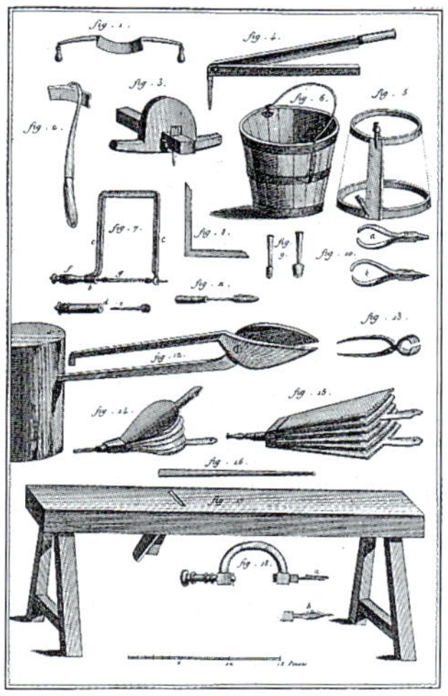

CANADA

Pourquoi la France a-t-elle perdu le Canada ?

Le Canada est notre plus ancienne colonie, fondée par Henri IV et développée sous Colbert. Elle compte deux villes fortifiées : Québec et Montréal. Mais, très vite, l'affrontement est inévitable avec les colons britanniques. En 1756, commence la guerre de Sept Ans qui va opposer la France et l'Angleterre en Europe, sur mers et dans les colonies. Au Canada, les Anglais mettent en ligne jusqu'à 60 000 hommes, alors que les Français n'ont guère plus de 10 000 soldats, pourtant commandés par un chef remarquable, le marquis de Montcalm. Malgré ses efforts, Québec tombe en 1759 et le marquis de Montcalm est tué. En 1760, après la chute de Montréal, le Canada devient une colonie anglaise. Le traité de Paris en 1763 consacre cette victoire anglaise, mais se révèle désastreux pour la France, puisque Louis XV abandonne non seulement le Canada, mais aussi la vallée de l'Ohio, la rive du Mississippi, une bonne partie des Antilles et les possessions françaises en Inde.

Les Français ont sous-estimé l'importance de leurs colonies d'Amérique. Le gouvernement ne s'intéressait qu'à la guerre en Europe. À une demande d'aide au Canada, un ministre répondit : "Quand le feu est à la maison, on ne s'occupe pas de l'écurie !"... Les affaires coloniales laissaient indifférents la nation française et ses penseurs. Ainsi, pour Voltaire, le Canada ne représentait que "quelques arpents de terres gelées" !

HABSBOURG

Quelles sont les faiblesses de l'Autriche des Habsbourg au XVIIIe siècle ?

En apparence, sa puissance semble considérable puisque l'Autriche sort victorieuse d'un double conflit à la fois contre la France et contre les Turcs. Le traité d'Utrecht en 1713 lui a accordé les Pays-Bas espagnols, le royaume de Naples, le Milanais et la Sicile. Elle a enlevé aux Turcs nombre de territoires dont la Hongrie. Au total, sa domination s'étend sur 600 000 km² et sur 24 millions de sujets. De plus, l'héritier de la famille des Habsbourg est le seul à porter le titre d'Empereur, titre qui lui est accordé depuis le XVe siècle par les princes électeurs du Saint-Empire romain germanique.

Théoriquement, l'Empereur est le souverain le plus puissant d'Europe, mais cette puissance repose sur des bases bien fragiles :

- **Ses terres ne présentent aucune unité territoriale. Elles sont dispersées du Pas de Calais à la Russie, de l'Allemagne du Nord au Sud de l'Italie. Les Pays-Bas et le Milanais sont enclavés au milieu d'États étrangers.**
- **La population n'a aucune unité nationale et parle des langues différentes (flamand, italien, allemand, serbe, etc.).**
- **Enfin, chaque territoire dispose de sa capitale, de son gouvernement, de son assemblée dont le concours est nécessaire au souverain.**

Qu'une crise éclate et cet empire peut se disloquer et s'effondrer. Au XVIIIe siècle, la monarchie autrichienne fut sauvée par la grande valeur de sa souveraine, l'impératrice Marie-Thérèse.

FRÉDÉRIC II

Comment la Prusse devint-elle une puissance dominante en Europe?

Ce résultat fut préparé par le travail de Frédéric Guillaume Ier (1713-1740) et réalisé par le génie de Frédéric II (1740-1786).

Frédéric Guillaume Ier, celui qu'on a appelé le roi-sergent, n'a qu'une passion : son armée. Elle compte 83 000 hommes pour une population de 2 millions d'habitants. Par des exercices mille fois répétés, il transforme ses soldats en véritables automates. Son seul luxe est son régiment de grenadiers de la garde, composé de colosses pour lesquels il dépense une véritable fortune. À sa mort, en 1740, il laisse à son fils un pays et une armée en ordre et des caisses pleines. Le règne de Frédéric II fut marqué par le duel entre la Prusse et l'Autriche. C'est la lutte du Nord contre le Sud, des Hohenzollern protestants contre les Habsbourg catholiques, d'un État homogène peuplé d'Allemands contre un vieil empire cosmopolite. Frédéric II, qui disposait avec 180 000 hommes de la meilleure armée du monde, réussit à enlever la Silésie aux Habsbourg et à faire de la Prusse un État d'un seul tenant qui s'étendait du Niemen à l'Elbe.

Cet élève de Voltaire, considéré comme l'incarnation du "despotisme éclairé", n'appliquait en réalité ses principes philosophiques que dans la mesure où ils n'allaient pas à l'encontre des intérêts de la Prusse. Cet amoureux de culture française fit construire sa résidence à Postdam et lui donna un style et un nom français : "Sans-souci". Mais, à sa mort, on pouvait craindre que son œuvre ne lui survécût pas.

CATHERINE II DE RUSSIE

Catherine II de Russie fut-elle une souveraine éclairée?

Cette princesse allemande, mariée au futur tsar Pierre III, s'appliqua à devenir russe en apprenant la langue, l'histoire et les mœurs de ses futurs sujets. Elle s'empara du pouvoir en 1762 et son règne de 34 ans fut l'une des plus grandes périodes de l'histoire russe. Entretenant des relations privilégiées avec Voltaire, Diderot et d'Alembert, elle sut gagner à elle tous les philosophes français qui célébraient "la Sémiramis du Nord". Elle se posa en libérale et voulut régner en "despote éclairé" à la manière de Frédéric le Grand ou Joseph II.

Catherine II de Russie créa en 1764 la première institution de jeunes filles du pays, protégea les sciences, encouragea la fondation d'imprimeries, attira les artistes étrangers. Elle réunit une commission de 600 députés, chargée de rédiger un code inspiré des idées de liberté, de tolérance et d'égalité. Au bout de 200 séances et deux ans de travail, cette assemblée fut congédiée sans aucun résultat. Très vite, le pouvoir de Catherine II prit un caractère dictatorial et se traduisit par une aggravation du servage. En 1771, survint la plus grande révolte paysanne de l'histoire russe, éclatante manifestation de la misère des moujiks. Pendant cinq ans, un Cosaque, Pougatchev, tint tête aux armées russes. Il fut finalement décapité.

La Grande Catherine doit sa renommée à sa politique étrangère. Elle réussit à étendre le territoire russe au détriment de la Pologne et de la Turquie, qui dut notamment lui céder la Crimée. À sa mort, elle laissa une Russie plus grande et plus forte, mais aussi plus despotique que jamais.

Le Palais de Catherine II, à Saint-Petersbourg.

TURGOT

Pourquoi les réformes de Turgot ont-elles échoué ?

Lorsque Louis XV meurt en 1774, le mécontentement est tel qu'on n'ose même pas faire passer son cercueil dans Paris pour l'emmener à Saint-Denis. Son petit-fils, Louis XVI, n'a que vingt ans. Personnage un peu gauche et très influençable, il choisit Turgot comme contrôleur général des Finances.
Cet économiste réputé a comme programme : "Point de banqueroute, point d'augmentation d'impôts, point d'emprunts". Il réalise des économies en luttant contre le gaspillage, en supprimant les offices inutiles, mais il ne peut obtenir du roi la réduction des dépenses de la Cour.

Marie-Antoinette.

Turgot met en œuvre ses idées d'économistes libéral dont le mot d'ordre est "laissez faire, laissez passer". Ainsi, il proclame la liberté du commerce des grains, la suppression des corporations et l'abolition de la corvée royale. Très vite, en moins de deux ans, il s'est heurté de front à trop d'intérêts. Ses tentatives d'économies ont irrité la Cour. Ses réformes sur les grains ont exaspéré les spéculateurs, les patrons (les corporations) et les privilégiés (suppression de la corvée). Pendant quelque temps, Louis XVI soutint Turgot. Il disait : "Il n'y a que M. Turgot et moi qui aimions le peuple." Puis, cédant aux instances de Marie-Antoinette, il le renvoya en 1776. Celui-ci venait de lui écrire : "N'oubliez jamais, Sire, que c'est la faiblesse qui a mis la tête de Charles Ier sur un billot."

INDÉPENDANCE AMÉRICAINE

Comment sont nés les États-Unis d'Amérique ?

Entre 1607 et 1733, les 13 colonies anglaises d'Amérique du Nord, échelonnées le long de l'océan Atlantique, sont peuplées au nord de puritains, au mode de vie strict, et au sud de grands propriétaires qui cultivent le tabac et le coton avec une main-d'œuvre composée d'esclaves amenés d'Afrique. L'Angleterre exige que ses colonies participent aux frais de la guerre de Sept Ans (impôt sur le timbre et taxe sur le thé). Elles refusent de payer et le 4 juillet 1776, le Congrès se réunit à Philadelphie. Il adopte la Déclaration d'Indépendance.

Lorsque la guerre éclate, les forces semblent disproportionnées, mais les Américains finissent par triompher grâce à leur chef George Washington, à leur parfaite connaissance du pays et au soutien de la France. En effet, à la suite de la capitulation anglaise de Saratoga (1777), Benjamin Franklin obtient l'intervention française. Des hommes comme La Fayette et Rochambeau aident Washington à battre les Anglais à Yorktown en 1781. Par le traité de Versailles en 1783, l'Angleterre reconnaît l'indépendance des États-Unis.

Les conséquences de l'Indépendance des États-Unis furent très importantes. Ce fut la naissance du premier "État européen" hors d'Europe, le premier État libre du Nouveau Monde. Par son intervention, la France a restauré son prestige politique et militaire. Enfin, certaines des idées contenues dans la Déclaration d'Indépendance américaine servirent de stimulant au peuple français et contribuèrent à hâter l'heure de la Révolution.

Le marquis de La Fayette.

RÉVOLUTIONS FRANÇAISE ET AMÉRICAINE

Quel rapport y a-t-il entre la Révolution américaine et la Révolution française?

Le sentiment de fraternité entre les révolutionnaires américains et français était extrêmement fort. Benjamin Franklin et Thomas Jefferson étaient de fervents admirateurs des philosophes français; ils tentèrent même d'aider la République contre les menées de l'Angleterre en 1792, et les Français cherchèrent à prêter main-forte aux Américains, encore une fois contre l'Angleterre, en 1812. Pourtant, malgré ces similitudes et cette amitié naturelle, les deux révolutions sont fort différentes, dans leur principe, dans leur déroulement, dans leurs conséquences.

La Révolution américaine se déclencha sur des revendications économiques, en opposition avec les décrets de taxation anglais et, s'il est vrai que Français et Américains avaient face à eux un roi agissant de manière autocratique, il n'en reste pas moins que la Révolution française débuta sur une contestation beaucoup plus idéologique qu'économique. D'autre part, en France, les fractions les plus larges du peuple participèrent, au cours d'insurrections violentes, à la chute de la monarchie. Les Américains évitèrent, eux, tout débordement populaire, contrôlant d'un bout à l'autre une armée de miliciens formée de commerçants et d'artisans plus que de pauvres fermiers. La Nation française par ailleurs était, en 1789, beaucoup plus unie et consciente d'elle-même que la population d'Amérique, fort disparate à tous points de vue : l'unité nationale américaine se fit contre les Indiens et sur le dos des esclaves, et l'antagonisme entre les États du Nord et ceux du Sud ne put être réglé. Au contraire, la Révolution française prit immédiatement les mesures nécessaires à l'abolition de l'esclavage dans ses colonies et à aucun moment, sauf pour le cas limité de la Vendée, l'unité nationale ne fut mise en cause en France.
Alors que les fermiers américains s'entouraient de clôtures, les paysans français d'août 1789 brûlaient les châteaux en réclamant le retour à la propriété collective des sols communaux. Enfin, alors que les États-Unis se dotaient d'une constitution fédérale, la République française choisit, sous l'impulsion des Jacobins, la solution centraliste...

À la bataille de Yorktown, en octobre 1781, les régiments français de Rochambeau prêtent main-forte aux insurgés américains de Washington.

RÉVOLUTION FRANÇAISE

Quelles furent les grandes étapes de la Révolution en France?

Les événements révolutionnaires qui amenèrent la chute de la monarchie française et l'extension à toute l'Europe des idées républicaines se sont succédé avec une grande rapidité et dans une certaine confusion. Les hommes de cette époque ont perçu cette période comme une tourmente brutale; les historiens modernes ont eu du mal à interpréter l'ensemble du processus révolutionnaire en France, même si les conséquences nationales, européennes et mondiales sont, elles, plus faciles à définir.

On peut, en simplifiant au maximum, distinguer une première période, très brève mais déterminante, entre mai et juillet 1789. Ce que l'on a appelé "la révolution des juristes" fut une véritable révolution : les députés du Tiers État parvinrent à mettre à l'ordre du jour des travaux des États Généraux la contestation juridique de l'absolutisme royal. Au cours d'une seconde période, qui débuta avec la journée du 14 juillet 1789, le peuple français prit en main, à sa manière, les rênes du changement : émeutes, soulèvements paysans, agitation permanente, destitution puis exécution du Roi Louis XVI en 1793. Guerres étrangères, guerre civile en Vendée, exécutions massives, lois d'exception caractérisent cette période de Terreur populaire plus ou moins contrôlée par des intellectuels radicaux (Danton, Robespierre, Marat, Saint-Just). On peut considérer que la Révolution française prit fin entre 1795 et 1799. Après la chute des révolutionnaires les plus durs, la succession des crises politiques amena au pouvoir des républicains modérés, décidés à limiter le mouvement populaire. Bonaparte, en prenant le pouvoir en 1799, proposa à la nation un programme de stabilisation politique et économique. Avec lui, la monarchie réapparut en France sous une forme nouvelle : l'Empire.

RÉVOLUTION FRANÇAISE

L'émeute du 14 juillet 1789 était-elle préparée ?

On a cru un certain temps que des révolutionnaires avaient pu consciemment soulever la foule parisienne en colère, l'armer et la diriger contre la Bastille selon un plan concerté. On pense plutôt aujourd'hui que certains révolutionnaires qui se trouvaient sur place, comme Camille Desmoulins, se sont contentés de participer à un mouvement spontané d'insurrection.

Après deux ans de manque de pain et une hausse des prix intolérable (4 sous la livre, pour des salaires journaliers de 20 sous), les Parisiens exigent un contrôle des prix et la mise hors la loi des "accapareurs". Plus de la moitié des hommes sont sans travail régulier ou "chôment".

Lorsque le 11 juillet Louis XVI renvoie Necker et nomme de Broglie, connu pour son mépris du peuple de Paris, celui-ci en vient à redouter un coup de force militaire contre l'Assemblée. Le 12 au soir, le tocsin retentit et le pillage des armureries commence. En même temps, les bourgeois de Paris s'emparent de l'Hôtel de ville et nomment un maire. Cette situation insurrectionnelle se concrétise le lendemain par une marche de bourgeois, d'artisans et d'ouvriers armés vers la Bastille. Avec les 32 000 fusils pris aux Invalides, la foule prend la place forte, lynche le gouverneur de Launay. La démolition, très symbolique, commence le jour même. Sur son journal, Louis XVI, inconscient du problème, inscrit : *14 juillet : Rien.*

GRANDE PEUR

Qu'a-t-on appelé la Grande Peur ?

Les conséquences des émeutes parisiennes du 14 juillet furent violentes et imprévues. Dans les campagnes françaises, pendant plus de trois semaines, le bruit courut qu'un complot armé, mené par des aristocrates extrémistes, avait dispersé dans le pays des hordes de bandits prêts à tout pour "remettre le peuple dans le droit chemin". Cette rumeur prit une telle ampleur que les paysans s'armèrent pour assurer leur autodéfense. Puis les plus décidés s'attaquèrent aux châteaux féodaux, exigeant la destruction des "charités", vieux contrats moyenâgeux qui étaient censés justifier la domination des seigneurs sur eux.

L'abolition par la violence du régime féodal commença vraiment dans les campagnes françaises le 19 juillet ; presque toutes les régions furent touchées : partie de Saint-Florentin, de Romilly, de La Ferté, d'Estrée, la jacquerie se répandit autour de Nantes, puis Lyon, enfin Lille, la Provence, Toulouse. Tandis que les "révolutions municipales" menées par les bourgeois des villes mettaient au pouvoir des républicains dans les mairies de Strasbourg, Dijon, Bordeaux, Rouen, Lyon, Troyes, Toulouse et Aix, les paysans français, enhardis par l'absence des mystérieux "brigands", s'attaquèrent à leurs seigneurs. Seules la Lorraine et la Bretagne, bien tenues en main par le clergé, ne furent pas atteintes. Dès la fin de la "Grande Peur", en août, les aristocrates terrorisés commencèrent à quitter le pays…

Révolution française : la Nuit du 4 août 1789.

DANTON ET ROBESPIERRE

Pourquoi Danton et Robespierre se sont-ils opposés ?

On est bien obligé aujourd'hui de reconnaître, au-delà des simplifications faciles, que Danton et Robespierre étaient beaucoup plus éloignés par le tempérament, le mode de vie, le caractère, que par les opinions politiques ; ce qui revient à dire que ces deux figures majeures de la Révolution, qui se sont entre-déchirées, n'étaient opposées que par une animosité personnelle.

Robespierre.

En effet, les similitudes entre les deux personnages l'emportent largement sur les différences, qui ne tiennent finalement qu'au physique et au mode de vie : Danton était un colosse vantard, débraillé, impulsif, amateur de bonne chère et séducteur de surcroît. Robespierre, au contraire, était un petit homme frêle, austère, calculateur et toujours bien mis.

Mais pour ce qui est de l'origine sociale, de la formation intellectuelle, ces petits bourgeois de province sont tous deux des adeptes des philosophes des Lumières. Leur pensée, radicalisée à Paris dans les discussions des clubs politiques, sait cependant d'égale manière adapter les principes aux réalités. On aurait tort de faire de Danton un humaniste (c'est lui qui fit créer le Tribunal révolutionnaire en mars 1793) et de Robespierre un être sanguinaire (il s'opposa violemment en 1792 à Brissot et Danton car il ne voulait pas déclarer la guerre à l'Autriche).

Il est cependant indéniable que dès le début de 1794, Danton, chef de file des "Indulgents", était favorable à une pause de la Terreur, contrairement à son rival, qui demeura intraitable.

Danton et Robespierre, initialement amis, restèrent toujours politiquement très proches ; leurs dissensions ont été exacerbées par leur ambition et leur différence de tempérament.

VALMY

Que s'est-il passé à Valmy ?

L'agression et les menaces austro-prussiennes contre la France furent savamment utilisées par les révolutionnaires. Dès le 12 juillet 1792, la République appela 50 000 hommes et put compléter les effectifs de l'armée avec 33 000 volontaires ; le 22 juillet, 15 000 Parisiens s'enrôlèrent. Dans les campagnes, en moins d'un mois, des émissaires gagnées au nouveau régime parvinrent à mobiliser les forces vives de la nation en mettant en avant le danger d'un retour aux inégalités de l'époque précédente, avec un gouvernement qui serait de surcroît imposé par une armée d'occupation étrangère.

Au cours du mois d'août, l'avance prussienne balaya les places fortes françaises : Verdun tomba, et dès le 8 septembre l'armée prussienne était engagée dans une invasion pure et simple du territoire national. Il fallut attendre le 19 septembre pour que Kellermann, faisant la jonction avec Dumouriez, parvienne à mettre les Français en état de supériorité numérique (50 000 contre 34 000 hommes).

À Valmy, les Prussiens pensaient ne faire qu'une bouchée de cette armée française, composé de civils dépenaillés. Mais sous la mitraille, les volontaires tinrent bon. Après un long échange d'artillerie, les Prussiens reculèrent, sans avoir essuyé de perte notable. Mais le moral des troupes coalisées était profondément atteint : à Valmy, l'idée d'une armée de citoyens-patriotes, déjà expérimentée de manière cuisante par le roi d'Angleterre dans sa guerre contre les insurgés américains, trouvait une expression réelle. Il faudrait désormais compter avec cette armée populaire française, qui sut imposer sa loi à l'Europe entière pendant plus d'une vingtaine d'années.

La "Marseillaise", chant guerrier composé pour l'occasion de la levée en masse, devint par la suite l'hymne national français.

NAPOLÉON BONAPARTE

Quel était le projet politique de Napoléon Bonaparte?

L'examen de l'œuvre politique, économique, juridique et militaire de Napoléon Bonaparte, devenu en 1804 empereur des Français, montre une double volonté de réorganisation et de pacification afin d'en finir avec la période troublée de la révolution populaire.

Désireux de mettre un terme aux désordres, il canalisa de manière constitutionnelle les acquis de la Révolution vers un système de privilèges réservés aux classes moyennes conservatrices. La réorganisation administrative permit de centraliser, comme dans le domaine politique, les décisions du plus bas échelon – la mairie – au plus élevé – le gouvernement –, en passant par tous les étages intermédiaires (arrondissement, département). La réorganisation judiciaire se fit à travers le "Code Napoléon", tandis que la réorganisation économique et financière mit en place la Banque de France et une administration des finances efficace.
La pacification se fit sur plusieurs fronts : réconciliation avec l'Église et les classes économiquement dynamiques de la société : financiers, industriels, propriétaires des colonies (l'esclavage est rétabli en 1799); élimination des opposants politiques; combat contre l'hégémonie anglaise. C'est sur cet obstacle, précisément, que l'Empire, malgré ses victoires, s'effondrera : l'Angleterre, invaincue, entama une longue et épuisante résistance. Miné par le blocus et les dépenses militaires, l'Empire disparaît en 1815.

Napoléon Bonaparte.

RÉVOLUTION FRANÇAISE ET EUROPE

Quel a été l'impact de la Révolution française sur l'état de l'Europe en 1815?

L'influence française en matière politique a été profonde et durable. Les aspirations des peuples d'Europe à la démocratie, un moment contenues, s'exprimeront avec violence et détermination en 1848. Dans le domaine stratégique, en revanche, le recul de la France et la domination de l'Angleterre sont les deux conséquences majeures de l'aventure napoléonienne. En matière économique, l'Europe épuisée par des batailles incessantes (près de vingt-cinq ans de guerres entre 1792 et 1815!) va tenter de panser ses blessures. Le nouvel équilibre né après l'effondrement de l'Empire suggère la future prépondérance de l'Angleterre et le déclin des vieilles puissances continentales.

C'est de ce quart de siècle de conflits armés que la France tient le retard économique et démographique qui lui coûtera si cher au cours du XIXe siècle, et jusqu'au milieu du XXe. L'ampleur effroyable des destructions, l'énormité des pertes en vies humaines (plus d'un million et demi de morts en vingt-cinq ans), le retour du conservatisme aussi bien dans les campagnes qu'à la ville ont brisé la suprématie du nombre, qui fut si longtemps la force de la France. La dette de guerre retarda le décollage économique, et la domination de l'Angleterre sur les mers lui permit de se constituer un immense empire commercial et politique. La croisade française pour la liberté des peuples, défigurée par les rêves napoléoniens de domination, a coûté très cher à toute l'Europe continentale et à la France.

RÉVOLUTION INDUSTRIELLE

Quelles modifications importantes la révolution industrielle a-t-elle imposées à la civilisation occidentale?

Avec la révolution industrielle, on se tourne vers le commerce à outrance, la production de masse et le réinvestissement systématique qui changent les modes de vie aux États-Unis comme en Europe.

En l'espace d'une cinquantaine d'années, la spoliation des paysans pauvres a lancé un puissant mouvement d'exode et de concentration vers les villes et les centres industriels. À l'élite cultivée des artisans "ancienne manière" s'est substituée une foule prolétarienne sans travail ni domicile fixe, coupée de ses racines régionales, qui vendait sa force de travail au plus offrant dans les fabriques concentrées en ville, pour un salaire très bas et de très longues journées. Les plus déshérités émigrèrent en Amérique, car la première conséquence majeure de l'exode rural et de la pauvreté des ouvriers des villes a été l'émigration vers les Amériques. L'Angleterre et l'Irlande, premières concernées, ont constitué le gros de la première vague d'émigration, jusqu'en 1880. La révolution industrielle et les troubles politiques vidèrent les Balkans, l'Italie du Sud, une partie de la Pologne, de la Scandinavie et de l'Allemagne dès la fin du XIXe siècle, accroissant encore un peu plus le peuplement forcé de l'Amérique. La France, qui resta rurale plus longtemps, demeura en arrière du mouvement d'émigration tout en montrant une capacité certaine, dès le Second Empire, à opérer sa reconversion économique et industrielle, timidement entamée sous la Restauration.

La rationalisation de la production industrielle et agricole au XIXe siècle s'est faite au prix d'un bouleversement complet du mode de vie et des modes de pensée : le paysan pauvre attaché à sa terre est subitement devenu un déraciné capable d'aller chercher fortune à la ville ou même en pays étranger...

SOCIALISME

Comment est né le mouvement ouvrier au XIXe siècle?

La société industrielle, en urbanisant les nations occidentales de manière rapide et traumatisante, produisit contre elle un ensemble de réactions de rejet, dues aux inégalités criantes de richesse, de culture, de confort, entre les classes possédantes et les masses travailleuses. Le mouvement des "caisses de solidarité" en Angleterre, les grèves dans les grandes villes américaines, les théories politiques en France et en Allemagne, l'agitation populaire permanente dans les quartiers ouvriers des pays développés favorisèrent tout au long du XIXe siècle l'émergence d'un mouvement puissant de contestation du nouveau mode de production industriel, dit "capitaliste".

Déjà en France et en Angleterre, à la fin du XVIIIe siècle, les "Sociétés mutuelles" ou "fraternelles" composées d'artisans gagnés aux philosophies des Lumières avaient pris le relais des "Compagnonnages" et de la Franc-Maçonnerie pour critiquer les conditions inhumaines de travail dans les manufactures, dénoncer les bas salaires et le travail des enfants. Mais c'est à partir des années 1830 qu'en Angleterre et en France les premiers rudiments d'organisation ouvrière apparurent : "Caisses de prévoyance" en France, "Trade-Unions" en Angleterre. Le mouvement des "Associations", très vite appelé "socialisme", se développa aux États-Unis, où une grève et une manifestation syndicale en faveur de la journée de huit heures le 1er mai 1886 prit valeur de symbole ; à Paris où, en 1871, pendant la Commune, une alliance disparate d'artisans, d'ouvriers et d'intellectuels tenta une expérience socialiste ; en Allemagne même où les mouvements d'association, comme en Angleterre, tentèrent de fédérer la résistance ouvrière au patronat.

Tout au long du XIXe siècle, des alternatives politiques et économiques furent présentées pour combattre le nouveau mode de production industriel capitaliste. Peu à peu, face à un socialisme libertaire qualifié d'utopique (Blanqui, Fourier, Louis Blanc, Proudhon), un mouvement organisé autour des constructions théoriques de Marx et Engels prit son essor. Fondé sur des valeurs structurées par la philosophie allemande, le socialisme autoritaire l'emporta finalement. Synthétisé par la pensée de Lénine, il donna naissance au XXe siècle à un type de société dictatoriale, le communisme.

EXPANSION DES ÉTATS-UNIS

Quelles ont été les étapes de l'expansion des États-Unis jusqu'en 1900?

Des treize colonies de l'époque de la Déclaration d'Indépendance en 1776 au "leadership" mondial acquis au cours du XXe siècle, les États-Unis ont présenté un schéma historique original : extension territoriale continue, aventure coloniale, conquête économique et idéologique du monde. De la Frontière intérieure, qui séparait le monde civilisé du monde sauvage, à la conquête de Cuba ou des Philippines, l'expansionnisme des États-Unis a trouvé les formes les mieux adaptées à un destin historique présenté depuis les origines comme mondial. Très rapidement au cours du XIXe siècle, la "doctrine Monroe" ("l'Amérique aux Américains") devint le mot d'ordre général des Américains, qui considérèrent même l'Amérique latine comme leur chasse gardée. À chaque fois qu'ils le purent, ils intervinrent concrètement, parfois militairement, pour préserver leurs intérêts nationaux.

L'essentiel de l'expansion américaine a été marqué par un recul permanent de la "Frontière" à travers le continent, "coast to coast", d'une côte à l'autre, de l'est vers l'ouest. Commencée réellement après l'Indépendance, l'extension territoriale, accompagnée par un fort essor démographique dû à l'immigration européenne, se fit tout d'abord par l'achat des possessions françaises (toute la partie centrale du continent) en 1803. Au cours de la première moitié du XIXe siècle, la "pacification" des terres indiennes repoussa les grandes tribus dans des réserves. Puis, après une guerre contre le Mexique, c'est tout l'Ouest qui tomba sous le contrôle des États-Unis en 1848. Enfin, à la fin du XIXe siècle, une guerre contre l'Espagne mit Cuba, Porto Rico, Hawaï et les Philippines dans la zone américaine.

Parallèlement, les troubles politiques au Mexique permirent aux États-Unis de prendre pied économiquement et financièrement dans ce pays, et dès 1903, avant même la fin du percement du canal, en 1914, ils occupèrent militairement la zone stratégique constituée par l'isthme de Panama.

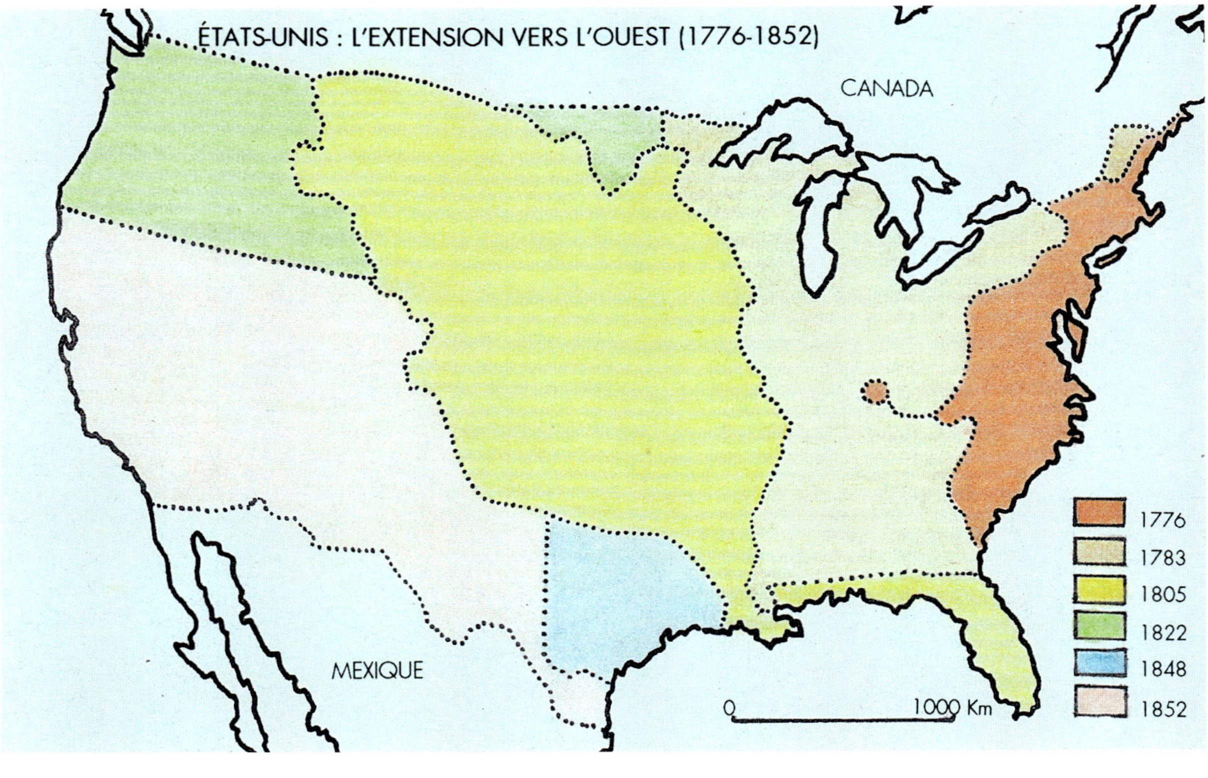

YANKEES ET CONFÉDÉRÉS

Quelle a été l'importance de la guerre de Sécession ?

Au cours de ce conflit meurtrier qui opposa les États esclavagiste du Sud aux États restés dans l'Union, plus d'un million d'Américains périrent. La guerre fut longue (quatre ans) et occasionna la destruction quasi totale de l'économie sudiste : de manière directe, par le blocus, et du fait que le conflit se déroula toujours sur le territoire confédéré, qui ne cessa de se rétrécir devant l'avance inexorable des Nordistes, très supérieurs en nombre. De manière indirecte ensuite, car à l'issue de la guerre, en 1865, les esclaves noirs furent affranchis par un amendement à la Constitution. L'économie agricole de l'aristocratie sudiste s'effondra pour longtemps. Les États confédérés sécessionnistes furent rattachés de force à l'Union après une période d'occupation militaire nordiste qui dura jusqu'en 1876. Cette période de "Reconstruction" ne parvint pourtant pas à résoudre les problèmes politiques (la haine raciale) ni les problèmes économiques (l'inadaptation à l'industrie, au salariat et au machinisme) de la partie la plus arriérée du pays.

La guerre de Sécession a donné aux industriels et aux financiers du Nord des États-Unis le contrôle de l'économie du pays entier. À partir de 1865, les États-Unis vont entamer un décollage économique irrésistible qui les mènera en une cinquantaine d'années au leadership mondial.

DYNAMISME AMÉRICAIN

Comment expliquer le dynamisme américain ?

Les progrès fulgurants de l'économie américaine à la fin du XIXe siècle laissent les analystes pantois. Mais il est tout de même possible de discerner les causes exactes d'un tel "miracle" : le dynamisme des émigrants, une conquête du pays peu coûteuse et une totale déréglementation en matière économique.

La population américaine blanche, principalement composée d'émigrants européens, disposait de savoir-faire acquis ailleurs, pour lesquels le pays n'avait rien dépensé. Tous les émigrants, artisans, ouvriers, professeurs, écrivains, avocats, chefs d'entreprise, étaient désireux de faire fortune et donc jetèrent toute leur énergie dans ce combat pour l'enrichissement qui finit par profiter au pays tout entier. De plus, une partie de la richesse américaine a été acquise grâce au travail gratuit des esclaves, et d'autre part, des territoires "mis en valeur" ont été pris aux Indiens, ou payés des sommes dérisoires. Dernier facteur, enfin l'économie libérale n'a été entravée que par un très petit nombre de règlements étatiques. Dans cette jungle économique où presque tout était permis, où les préjugés et les scrupules européens n'existaient pas, chacun fit son chemin en écrasant les autres, du financier new-yorkais au petit pionnier de la "Frontière". Car, dans l'esprit des émigrants, cette "Terre de Liberté", cette "Terre promise", laissait une chance égale à tous de faire fortune.

Les voies de chemin de fer de l'Est et de l'Ouest se rejoignent.

MEIJI

Qu'a-t-on appelé "l'ère du Meiji" au Japon ?

Après l'unification politique du Japon qui se fit au cours du XVIe siècle sous l'autorité dictatoriale des grands Shoguns, le pays se replia sur lui-même durant deux siècles, se fermant aux étrangers, interdisant les cultes européens. L'administration des successeurs des Shoguns ne fut ni brillante ni efficace. Le Japon s'enfonça dans une économie traditionnelle d'autosuffisance qui réussit pourtant à donner au pays une relative prospérité intérieure. Mais le "Japon aux toits d'or" de Marco Polo continuait de faire rêver les puissances occidentales qui, bénéficiant largement de leur conquête du Nouveau Monde, convoitaient les richesses mythiques de l'archipel nippon. Aussi, dès le XVIIIe siècle, les Hollandais, après les Portugais et les Anglais, tentèrent de prendre pied sur les îles. Puis ce fut au tour des Français et des Américains, au début du XIXe siècle. Le repliement, dès lors, ne pouvait plus apparaître comme une solution viable. Déjà une grande partie de l'élite intellectuelle était gagnée aux idées occidentales : démocratie, culture pour tous, enrichissement collectif, libéralisme économique, technologie industrielle avaient de nombreux partisans, jusque dans l'administration et l'aristocratie.

Lorsqu'en 1853, les États-Unis envoyèrent au Japon le Commodore Perry à la tête d'une puissance escadre, et obtinrent à la fois par la menace et la négociation l'ouverture de quelques ports nippons aux Occidentaux, le temps des grands changements commença pour le Japon traditionnel. En 1868, l'empereur Mutsu Hito, gagné aux idées modernes, imposa au pays un "gouvernement éclairé" (le "Meiji") et accomplit une œuvre rapide de rénovation.
Il installa une réglementation occidentale sur le plan administratif, créa des routes, développa les chemins de fer, encouragea l'extension de l'industrie et l'exportation. L'unité nationale se fit parfois brutalement, par la répression des mouvements traditionalistes. Mais en 1889, à la mort de l'empereur, le Japon s'était imposé comme une nouvelle puissance économique mondiale.

EMPIRE JAPONAIS

De quand date l'émergence du Japon en tant que puissance mondiale?

Le "Meiji" ayant donné au Japon les moyens industriels de concurrencer les puissances occidentales, son apparition sur la scène internationale se fit de manière fracassante : vainqueur de la Chine, pourtant en apparence beaucoup plus puissante et certainement plus peuplée, le Japon arracha en 1895 au vieil "Empire du milieu", Formose, les îles Pescadores, Port-Arthur et surtout la Corée. L'intervention des Occidentaux obligea le Japon à reconnaître l'indépendance de la Corée. Dix ans plus tard, un conflit à propos des zones de pêche et de graves dissensions sur le contrôle de la Corée opposèrent la grande Russie des tsars (qui en un siècle avaient conquis toute l'Asie du Nord) et le Japon. Le conflit s'envenima, les Russes furent successivement battus sur terre à Port-Arthur et à Moukden, puis sur mer à Tsushima en 1905. Le traité de Portsmouth accorda au Japon Port-Arthur, le sud de l'île de Sakhaline, face à Vladisvostock, et surtout la Corée sur laquelle il installa un protectorat.

La guerre sino-japonaise de 1894 et la victoire écrasante du Japon moderne contre la Russie tsariste en 1905 ont consacré l'influence extérieure de l'Empire nippon sur la zone asiatique et favorisé l'éclosion d'un puissant mouvement nationaliste et militariste au Japon.

TSARS

Comment s'est déroulée l'extension territoriale de la Russie des tsars au XIXe siècle?

Entre 1815 et 1850, la Russie est parvenue à gagner des territoires en Europe, dans les Balkans et sur la mer Noire, ainsi qu'en Arménie. Ensuite sa progression fulgurante sur les terres peu peuplées de la Sibérie et de l'Asie du Nord a multiplié par dix sa superficie initiale. En un demi-siècle, la totalité de la partie nord du continent asiatique fut annexée. Seule la résistance farouche du rival japonais put mettre un terme à l'expansionnisme russe, qui prétendait contrôler la Chine, mais aussi la Corée et les îles septentrionales de l'archipel japonais. La défaite russe de 1905 marqua l'émergence d'une nouvelle puissance mondiale : le Japon, modernisé par le "Meiji".

Sous le règne d'Alexandre II, puis d'Alexandre III, les conflits contre la Perse, la Turquie et les tribus asiatiques des Khanats du centre du continent (autour de la mer Caspienne, de la mer d'Aral, dans la steppe et jusqu'au lac Baïkal) ont donné à la Russie le contrôle des grandes routes commerciales des caravaniers traditionnels. Mais la possession d'un continent entier imposait de meilleures voies de communication : c'est ainsi que le plus long chemin de fer du monde, le Transsibérien, fut construit entre 1891 et 1901. La pénétration russe en Asie fut pour ce peuple une épopée grandiose dont la littérature russe et européenne porte de nombreuses traces. Mais la Sibérie devint très rapidement une zone d'exil et d'internement arbitraire : Vladimir Ilitch Oulianov ne devint *Lénine* que pour avoir été un temps emprisonné dans un bagne de la région sibérienne de la Léna...

CONQUÊTE EUROPÉENNE

Comment la suprématie européenne s'est-elle imposée au XIXe siècle ?

L'Europe découvrit la première les moyens d'une croissance très rapide et imposa sa domination au monde de deux manières. La conquête militaire, comme moyen classique, avait fait ses preuves, mais ne pouvait suffire dans certains cas. On utilisa donc, dans les nouvelles zones d'influence, aussi bien en Afrique qu'en Asie, la vitrine naturelle des "miracles" technologiques occidentaux. Les Américains amadouaient ainsi les Indiens avec des fusils, de l'alcool, le train, puis les automobiles. Les Européens, qui faisaient suivre leurs missionnaires par des explorateurs héroïques puis par des escadrons armés, en arrivaient finalement à des distributions d'objets manufacturés, de boîtes de conserve, de tissu ou d'armes.

La supériorité technique des nations industrielles, qui se présenta au moins aussi souvent de manière pacifique que guerrière, fut à l'origine de l'engouement des populations colonisées pour le mode de vie des pays développés. Lorsque la conquête coloniale était mal acceptée, on endoctrinait les élites locales. Ainsi par l'exemple de leurs frères gagnés aux idées et au mode de vie de l'Occident, les "sauvages" des pays conquis se laissèrent-ils coloniser. Bernée elle-même par l'autosatisfaction de sa "mission civilisatrice", l'Europe provoqua, en toute bonne conscience, l'effondrement de la plupart des cultures des territoires qu'elle prit en charge. À la fin du XIXe siècle, six grandes puissances coloniales (Angleterre, France, États-Unis, Allemagne, Russie et Japon) se partageaient le monde, et ce partage colonial était lourd de conflits graves et irrémédiables. Parmi les puissances coloniales, il y avait aussi le Portugal, les Pays-Bas, bientôt la Belgique avec le Congo. En 1900, aucun pays non européen ne pouvait se flatter d'être indépendant, mis à part certaines forêts impénétrables ou quelques États mal connus, comme le Royaume du Siam, le Tibet ou certains endroits de l'Afrique sahélienne et des déserts mongols. Le monde entier avait été mis en coupe réglée par l'Europe industrielle…

Ci-dessus, des marins allemands mettent à sac le ministère chinois des Affaires étrangères. Ci-dessous, les Anglais explorent le Tibet. A droite, le barda du tirailleur.

COLONISATION

Qu'est-ce que la colonisation ?

Le phénomène de la colonisation fait partie intégrante de l'Histoire de l'humanité, depuis les temps les plus anciens. Les hommes préhistoriques, en allant toujours un peu plus loin dans l'exploration de la planète, n'ont pas mené une colonisation consciente. Pourtant ils ont réellement "colonisé" la Terre. C'est avec les Phéniciens, les Grecs puis les Romains que le système s'est affirmé comme une extension économique, politique et culturelle raisonnée et organisée. Les hommes de l'Antiquité ont montré le chemin de la colonisation d'un ensemble limité, la Méditerranée, du simple comptoir des Phéniciens qui faisaient du troc avec les Égyptiens à la ville grecque constituée (Marseille, Antibes, Nice, etc.). Les Romains y ajoutèrent une dimension culturelle et administrative, au point de constituer un ensemble gigantesque pour l'époque.

C'est à partir du XVIe siècle, et surtout à la fin du XIXe que l'expansion économique, culturelle et politique de l'Europe fit de la colonisation un véritable système de gouvernement et d'enrichissement à l'échelle du monde. En quelques siècles, ce qui n'était qu'une civilisation parmi d'autres prit son essor grâce à la conquête coloniale et imposa sa marque à toute l'humanité.

La colonisation répond à plusieurs nécessités impérieuses. Elle permet de résoudre les problèmes de chômage, en offrant du travail aux paysans dépossédés par l'expropriation des terres en Europe et aux ouvriers touchés de plein fouet par les crises de surproduction répétées du monde industriel naissant. Elle assure l'approvisionnement à faible coût des industries métropolitaines par l'aspiration systématique des productions coloniales de matières premières. Si elle se pare des atours de la mission religieuse ou de l'alibi des apports civilisateurs de l'Europe aux "sauvages", le prétexte de l'exploration n'est que le prélude à l'invasion et brise en peu de temps les civilisations autochtones. Enfin, le choc écologique est très violent : la surexploitation ne détruit pas seulement les animaux et les hommes, mais épuise les ressources naturelles des pays colonisés, fréquemment victimes, de surcroît, des luttes entre les puissances colonisatrices pour le partage du monde.

L'explorateur britannique David Livingstone (1813-1873) dans un village africain.

PUISSANCES COLONIALES

Quels sont les principaux pays colonisateurs au XIXe siècle ?

Les XVe et XVIe siècles avaient vu l'âge d'or de la colonisation portugaise et espagnole des Amériques, de la côte africaine et des comptoirs indiens. Mais dès le siècle suivant, les puissances montantes du Nord de l'Europe supplantent les États hispaniques dans la conquête du monde : l'Amérique du Nord, l'Australie, puis l'Inde et l'archipel indonésien tombent aux mains des Anglais, des Français et des Hollandais.

Au XIXe siècle, le mouvement de pénétration et de colonisation s'amplifie, au point de mener à un véritable partage du monde entre la France et l'Angleterre. Les États-Unis se tournent vers le Pacifique et entendent faire la police en Amérique du Sud. La Hollande s'implante bien en Extrême-Orient, et l'Allemagne s'installe en Afrique orientale et australe ; même des puissances secondaires comme la Belgique ou l'Italie parviennent à contrôler de très vastes étendues en Afrique centrale et orientale. Parallèlement, l'Espagne et le Portugal, après avoir perdu la main-mise sur leurs colonies américaines désormais indépendantes, parviennent à se maintenir en Afrique, sur les zones traditionnelles de l'ancienne traite négrière. La Russie tsariste se lance, elle, à la conquête de l'Asie du Nord. Aucun pays autre qu'européen, mis à part le Japon, qui s'étend en Asie centrale à la fin du XIXe siècle, n'a mené de politique coloniale.

Au cours de cette période décisive pour l'histoire du monde, l'Europe, bénéficiant des gigantesques profits accumulés au cours de la "mise en valeur" des Amériques, trouva la force d'imposer son système économique, ses valeurs morales et politiques à l'ensemble de la planète. Mais les rivalités et les rancœurs provoquées par ce partage du monde furent lourdes de conséquences sur le siècle suivant, qui connut deux guerres mondiales et de nombreux conflits liés à l'héritage colonial.

AFRIQUE PRÉ-COLONIALE

Quelle est la situation intérieure de l'Afrique pré-coloniale ?

La traite négrière avait déjà profondément modifié l'économie du continent : alors que les échanges se faisaient traditionnellement des côtes vers l'intérieur, de part et d'autre de la gigantesque "mer saharienne", ou à travers les forêts profondes du centre, les échanges avec les puissances négrières européennes avaient renversé le flux naturel du commerce, qui se tourna alors vers l'extérieur. La population déclinante des régions razziées, les désordres politiques liés aux guerres pourvoyeuses d'esclaves avaient affaibli considérablement un continent désormais retardé dans son développement, mais encore, pour l'essentiel, indépendant : au début du XIXe siècle, les Européens ne possédaient pas 1 % de la surface de l'Afrique et ne contrôlaient que quelques forts et îlots limités en nombre.

Dès 1830, la France s'attaque à l'Algérie, qu'elle pacifie en une cinquantaine d'années, tandis que, dès 1870, une course effrénée à la conquête territoriale limite de plus en plus l'étendue des régions réellement indépendantes. En 1880, à la veille du premier partage de l'Afrique, les Européens sont bien implantés autour des grands fleuves et des voies de communication, ainsi que le long des côtes. Seuls les États puissants subsistent : le Maroc, les fédérations Ashanti, Haoussa, les États Mossi, les royaumes du Bornou, les tribus Yorubas, le royaume éthiopien, les États du centre, au Zaïre, au Ruanda, en Rhodésie, ainsi que le Haut Nil et l'île de Madagascar (d'ailleurs rapidement envahie par la France). En réalité, tous ces peuples, un temps protégés par leur situation éloignée par rapport à la mer, ne tarderont pas à tomber sous le joug colonial, malgré une résistance souvent farouche.

CONQUÊTE DE L'AFRIQUE

Comment l'Afrique a-t-elle été colonisée?

Le continent africain est tombé sous le contrôle des puissances européennes de manière à la fois progressive et rapide : à partir de leurs bases anciennes (les forts côtiers, les villes alliées) les États européens ont lancé des missions d'exploration vers l'intérieur du continent, afin – c'était la raison invoquée – de mieux connaître la structure géographique et les divers peuples de l'Afrique. Ensuite, des traités d'alliance, des offres plus ou moins menaçantes de protection et de pacification vinrent entériner la présence des Blancs. Enfin, les missionnaires et les autorités de tutelle entamèrent un travail systématique de destruction des croyances et des coutumes traditionnelles. Parfois même c'est au nom de l'abolition de la traite négrière interne que les Européens intervenaient officiellement pour mettre un terme à ce commerce des êtres humains qu'ils avaient pourtant été les premiers à transformer en principe économique...

Les résistances furent nombreuses et violentes, mais généralement mal organisées et rendues impossibles par les querelles tribales consécutives aux razzias. L'émir Abd el Kader en Algérie tenta tout d'abord de lutter militairement. Une fois vaincu il fut contraint de collaborer avec les Français. Le chef Mali Samory bloqua l'avance française, puis se replia en détruisant tout derrière lui. L'organisation de l'armée française parvint cependant, après douze ans de guerre, à se saisir du dernier empereur du Niger, qu'elle déporta au Gabon en 1898. Il y mourut deux ans plus tard. Le roi du Dahomey (aujourd'hui le Bénin), héritier d'un État puissant, commença une guerre d'escarmouches contre les Français avec son armée de guerriers et d'"amazones". Pris en 1894, il fut déporté en Algérie et y mourut peu après. Les Anglais eurent eux aussi fort à faire avec les tribus du Zimbabwe et les Zoulous d'Afrique australe. Le chef Dingaan fut vaincu en 1838, mais son fils Cetewayo laissa le souvenir d'un chef rusé et acharné, digne successeur de Shaka, ce "Gengis Khan" de l'Afrique australe. Il fut pourtant lui aussi vaincu et la nation zoulou dispersée dans des réserves. Seule l'Éthiopie parvint à chasser le corps expéditionnaire italien. En revanche, Madagascar, après d'effroyables massacres, tomba sous la coupe de la France.

CONFÉRENCE DE BERLIN

Comment l'Europe s'est-elle partagé l'Afrique à Berlin ?

Les délégués des colonies et Jules Ferry.

De novembre 1884 à février 1885, la Conférence de Berlin réunit à l'initiative de l'État allemand les pays européens désireux d'établir des colonies permanentes en Afrique. De nombreux litiges devaient être réglés. Ils dataient de l'époque de la traite négrière ou d'une période plus récente au cours de laquelle les puissances européennes étaient entrées en rivalité. Au terme de cette conférence, il fut admis que le premier occupant européen pouvait s'arroger le contrôle d'une zone en Afrique à condition d'être capable de la "pacifier", c'est-à-dire d'y imposer un système de gouvernement colonial militaire. La Conférence de Berlin présenta comme une obligation la libre circulation des marchandises et des citoyens européens sur le continent noir. Il était prévu de procéder le plus souvent possible à une occupation militaire légalisée par des traités avec les souverains locaux et la traite négrière devait être absolument abolie. La résistance farouche de tribus éparses ou de royaumes constitués parvint parfois à tenir en échec les Européens : les Arabes et les Berbères en Afrique du Nord contre les Français, les Zoulous en Afrique australe contre les Anglais, les Éthiopiens contre les Italiens. Mais, autour de 1900, la totalité de l'Afrique était aux mains des puissances européennes.

La France parvint à obtenir la plus grande partie de l'Afrique centrale et occidentale, ainsi que l'Afrique du Nord et Madagascar. L'Angleterre reçut une surface plus imposante en Afrique orientale et australe (Égypte, Somalie, Soudan, Rhodésie, Afrique du Sud) mais aussi quelques zones stratégiques sur la façade occidentale (Sierra Leone, Gambie, Nigéria, Côte de l'Or). L'Allemagne imposa son contrôle sur le Cameroun, le Togo, le Sud-Ouest africain. La Belgique reçut le Congo, l'Espagne se maintint sur le Rio de Oro et le Portugal garda l'Angola et le Mozambique. Il ne restait plus comme État "indépendant" en Afrique que le Libéria, la Libye et l'Éthiopie. Mais ces deux derniers États tombèrent sous le contrôle de l'Italie

AFRIQUE DU SUD

De quelle manière l'Afrique du Sud s'est-elle constituée ?

Défense d'une ferme de Boers attaquée par les Anglais.

Les Portugais s'étaient contentés de comptoirs côtiers, les Hollandais avaient cultivé l'intérieur du pays. Mais dès le XVIIe siècle les Blancs avaient rencontré une vive résistance de la part de peuples bantous, récemment installés dans la partie australe de l'Afrique après une migration lente qui avait repoussé les premiers habitants, Boshimans et Hottentots, dans les zones les moins favorisées. Pourtant, au XIXe siècle, la présence hollandaise, constituée par une population rurale, les Boers, était importante. Les Anglais attirés par la découverte de gisements de diamants et d'or, décidèrent de s'emparer de toute la zone et durent mener une guerre meurtrière contre les Boers du Natal, puis plus tard, du Transvaal et de la République d'Orange. Entre 1852 et 1898, l'Angleterre progressa sans cesse, repoussant les Afrikaners vers l'intérieur : au cours du "Grand trek" des milliers de Boers s'enfuirent vers le Transvaal et l'Orange, combattant à la fois les Anglais qui les pourchassaient et les Bantous qu'ils rencontrèrent au cours de leur migration. En fin de compte, l'Afrique australe fut annexée, aussi bien la partie qui constitue aujourd'hui la République sud-africaine, que le territoire du Zimbabwe, que les Anglais appellent Rhodésie parce qu'elle fut explorée par Cecil Rhodes. La guerre dura de 1899 à 1902 et au terme du traité de Prétoria consacra la cohabitation des Anglais et des Afrikaners. L'Union sud-africaine, créée en 1910, d'abord associée à l'Empire britannique, s'en sépara en 1960 et devint la République sud-africaine.

C'est entre 1948 et 1960 que la population blanche (Afrikaners d'origine hollandaise et immigrants britanniques) tenta de mettre un terme à ses divisions en créant un front d'exclusion contre la majorité noire et métis (70% de Bantous, 15% d'Asiatiques, d'Indiens et de métis). Ce système de vie séparée, l'"apartheid", est aujourd'hui profondément contesté et en passe d'être abandonné, sous la pression des organisations noires locales et du fait de la réprobation internationale qui a contraint le Président blanc De Klerk à discuter avec le leader noir Nelson Mandela.

PARTAGE DU MAGHREB

Comment s'est faite la mainmise de l'Europe sur le Maghreb?

Le Maghreb, du fait de sa position géographique stratégique, a été pour l'Europe occidentale, dès le XVe siècle, l'objet de toutes les convoitises. La rivalité entre les trois puissances principales (Angleterre, France, Espagne) se nourrissait d'ambitions différentes : économiques et territoriales pour la France qui désirait créer un ensemble nord-africain homogène; commerciales et stratégiques pour l'Angleterre, préoccupée de la sécurité du détroit de Gibraltar; politiques et sentimentales pour l'Espagne nostalgique de la "Reconquista". À ce trio viennent s'ajouter l'Allemagne et l'Italie qui désirent prendre leur part du gâteau.

En 1878, les représentants français se virent offrir la Régence de Tunis comme une part de dépouilles dans le dépècement de l'Empire ottoman. La concrétisation de ce cadeau ne put se faire qu'à l'issue du duel qui l'opposa à l'Italie et au terme duquel la France imposa un protectorat au bey de Tunis le 12 mai 1881. La conférence d'Algésiras (1906) plaça le Maroc sous protectorat mais la France imposa, à la suite de tractations, sa prépondérance et débarqua, en août 1907, à Casablanca. Quant à l'Algérie, elle était occupée militairement depuis 1830 à la suite d'un litige politico-financier.

Les négociants Busnach-Bacri avaient livré d'importantes quantités de blé à la France. Ni Napoléon, ni Louis XVIII, ni Charles X ne voulurent honorer cette dette contractée auprès du dey Hussein, ce qui provoqua un incident diplomatique (le dey Hussein donna un "coup d'éventail" à Deval, le consul de France). L'attaque française de 1830 était censée laver cet "affront".

CONQUÊTE DE L'ALGÉRIE

Comment l'Algérie est-elle devenue un département français?

La conquête de l'Algérie fait suite à une affaire commerciale et financière entre la France et la régence d'Alger. Celle-ci était depuis longtemps désireuse de consolider son influence dans le bassin occidental de la Méditerranée. Le gouvernement de Charles X décréta le blocus du port d'Alger. Les Français débarquèrent à Sidi-Ferruch le 14 juin 1830 et prirent Alger, après d'âpres batailles, le 5 juillet. À la chute de la domination turque fit suite une longue période d'anarchie.

D'abord désireuse d'assurer une "occupation restreinte" du littoral en laissant l'intérieur du pays aux chefs locaux, qu'elle espérait dresser les uns contre les autres, la France s'est finalement décidée à étendre son emprise sur tout le territoire, après l'appel de la guerre sainte lancée par l'émir Abd El Kader. La conquête de l'Algérie ne fut totale qu'après une longue guerre et la soumission, en dernier lieu, des massifs montagneux kabyles en 1857.

Par la suite, de nombreuses et importantes insurrections eurent lieu mais elles furent toutes écrasées et aucune ne fut capable de remettre en cause la domination française. Le pays conquis, sinon soumis, allait devenir progressivement une colonie de peuplement puis un département français en étant, au fil des ans, le théâtre d'injustices flagrantes qui alimentèrent la rancœur des Algériens jusqu'à l'explosion du 1er novembre 1954.

ABD EL KADER

Qui était l'émir Abd El Kader?

Abd El Kader, issu d'une famille religieuse, est né en 1808 à l'ouest de Mascara en Algérie. Il reçut une éducation religieuse qui en fit un musulman mystique et un théologien. Devenu combattant de Dieu, il est proclamé, en 1832, "Sultan des Arabes" par plusieurs tribus de l'Oranie. Après les premières batailles livrées contre les Français, il négocie une paix qui durera jusqu'en 1838. Fort de ces années de paix, il élargit son emprise sur le territoire et décide de créer un État arabe avec pour capitale Tagdempt. Les membres dirigeants sont issus de l'aristocratie religieuse et les bases de son État sont en grande partie islamiques, ce qui entraîna une opposition des régions de Kabylie et du Constantinois. Ceci ne l'empêcha pas de doter son État d'une armée rétribuée d'environ 10 000 hommes. En 1839, il reprit le chemin du combat. Au terme de quatre années de guerre, vaincu, il se réfugia au Maroc auprès du Sultan Abd El Rahman. La défaite du Sultan marocain face aux Français, lors de la bataille de l'Isly (1844), obligea Abd El Kader à s'effacer pour ne réapparaître qu'en 1845 et remporter une victoire éclatante à Sidi Brahim (1846). Mais la France, redoutant une victoire définitive, renforça son armée et le pourchassa, une nouvelle fois, jusqu'au Maroc. Le 23 décembre 1847, il se rendit aux Français, faute d'avoir gagné l'appui du Sultan marocain qui voyait en lui un redoutable rival pour son trône. Emprisonné en France, puis libre de s'installer en Turquie, il partit en 1852 pour le Proche-Orient.

Après avoir consacré sa vie à la cause de l'indépendance algérienne, en 1871, lorsqu'éclate la grande insurrection dirigée par Mokrani, il modifie radicalement son comportement vis-à-vis de la France. Abd El Kader désavoue publiquement son fils aîné et le prie de ne pas utiliser son nom pour soulever les masses algériennes. L'émir Abd El Kader était-il devenu pro-Français ou bien ses convictions religieuses et son comportement profondément mystique l'avaient-ils emporté sur ses volontés premières de créer un État algérien? Toujours est-il qu'il est considéré aujourd'hui comme le fondateur et le premier souverain de la Nation algérienne. Mort à Damas en 1883, son corps a été transporté au cimetière des martyrs à Alger depuis l'Indépendance de l'Algérie.

1. ABD-EL-KADER. 2 Duc d'AUMALE. 3. Général LAMORICIÈRE. 4 Colonel MONTAUBAN. 5. KADDOUR-BEN-ALLAH 6. MUSTAPHA-BEN-TAMI. 7. ABD-EL-KADER-BOU-KHIKA.

EFFONDREMENT DE L'EMPIRE OTTOMAN

Quand l'effondrement de l'Empire Ottoman s'est-il produit ?

Après une période de splendeur et de domination sans partage, l'Empire ottoman entre dans une phase de turbulence et voit apparaître les premières dislocations. Tout le XVIIIe n'est qu'une succession de revers et de traités défavorables qui vont mettre fin à la réputation d'invincibilité des turcs et remettre à l'ordre du jour les volontés de conquêtes des puissances européennes.

Avec la progression des Russes et des Autrichiens que les Français et les Anglais voient d'un mauvais œil, l'Empire ottoman se transforme en un champ de batailles militaires et diplomatiques. Des plans entiers de l'Empire vont se détacher progressivement et les rivalités des principales puissances européennes vont donner naissance à la "question d'Orient" et au congrès de Berlin (1878) qui constitue une étape importante dans le démembrement de l'Empire ottoman. Ce congrès fixe les règles de partage des dépouilles de l'Empire : redécoupage de l'Europe balkanique, partage de l'Afrique du Nord et du Proche-Orient...

Malgré la volonté de réforme de l'Empire, ce dernier continue inexorablement de se désintégrer jusqu'à totalement exploser à la fin de la Première Guerre mondiale. Cependant, Mustafa Kemal réussit à préserver le territoire anatolien et à créer la Turquie en 1923. Au terme de cette guerre, les traités signés, véritables bombes à retardement, ont conduit à des injustices dont, entre autres, l'inexistence d'un État arménien et d'un État Kurde et la transformation de l'Europe balkanique en une région secouée périodiquement par des guerres nationalistes.

Marche de protestation des Kurdes. Ce peuple montagnard, dispersé dans plusieurs États (Turquie, Irak, Iran, Syrie et Transcaucasie de l'ex-U.R.S.S.) et souvent persécuté, aspire à une patrie.

COLONISATION DE L'INDE

Quelles ont été les étapes de la colonisation de l'Inde?

Dès les premiers contacts, au temps des découvreurs portugais, la colonisation de l'Inde promettait d'être difficile : malgré son immensité et sa variété, malgré les guerres internes entre souverains locaux, le sous-continent représentait une très vive capacité de résistance à l'invasion européenne (Vasco de Gama eut recours à la prise d'otages et canonna des villes entières pour imposer sa loi!). Les Hollandais ensuite dès le XVIe siècle, puis les Anglais et les Français au cours du XVIIe siècle attirés par les richesses humaines et minérales de l'Inde en même temps que par ses épices, s'implantèrent sur le littoral, le plus souvent par la force, profitant de l'affaiblissement progressif de l'Empire du Grand Mogol qui siégeait à Delhi.

C'est une guerre perdue en Europe par la France qui fit tomber en 1763 l'Inde dans la zone anglaise : désormais seule engagée, l'Angleterre s'attaqua dès le début du XIXe siècle aux souverains du Bengale et de l'Uttar Pradesh. À partir de 1836, elle se tourna vers le centre de l'Est, non sans avoir soumis les souverains de Nagpur et de Bombay. Au Pendjab, les Anglais se heurtèrent à une très vive résistance des Sikhs, mais cette région fut finalement soumise en 1849. Une dernière révolte, celle des Cipayes, mercenaires à la solde de l'Angleterre, menaça un moment les Britanniques mais fut matée en trois ans, entre 1857 et 1860. À la fin du siècle, l'Inde (groupant l'Union Indienne, le Pakistan et le Bangla Desh actuels) étaient totalement intégrée à l'Empire britannique et gouvernée par un vice-roi anglais.

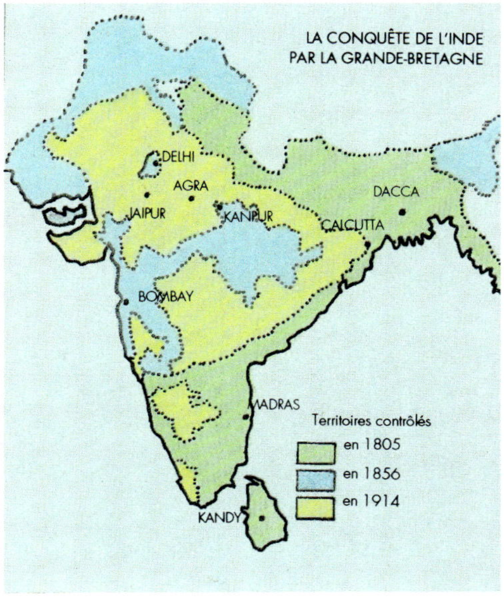

COLONISATION EN CHINE

Peut-on parler d'une colonisation en Chine ?

Au sens strict, la Chine ne fut jamais la colonie d'un ou de plusieurs États européens en particulier, car sa population imposante et l'immensité de son territoire, en même temps que sa capacité supposée à résister à l'agression empêchèrent une invasion complète du pays. Mais la Chine fut en quelque sorte rongée, grignotée par les interventions coloniales successives à partir de 1820. En somme, la Chine fut colonisée de manière partielle, lorsqu'à la suite de guerres successives elle dut céder des ports ou des territoires aux Occidentaux. La France et l'Angleterre surtout menèrent une politique d'agression systématique qui fit tomber une partie de l'Indochine (Thaïlande exclue) sous le contrôle direct de ces deux puissances. Parallèlement, l'Empire russe progressait au nord, tandis que les Japonais s'implantaient en Corée.

L'appareil d'État chinois étant pour l'essentiel demeuré sous sa forme ancienne, le pays préserva une apparence d'indépendance nationale. Mais en réalité, les barrières protectionnistes élevées depuis le XVIe siècle contre les produits et les marchands occidentaux cédèrent sous la pression des armes et aussi parce que le capitalisme industriel très dynamique des Occidentaux parvint à gagner à sa cause les élites locales, comme il le fit au Japon pendant l'ère Meiji. La modernisation échoua pourtant en Chine, contrairement au Japon, qui parvint par les armes à préserver son indépendance de manière beaucoup plus réelle. Écrasée par les "traités inégaux", qui accordaient des concessions aux Européens dans toutes les grandes villes de Chine, gérée en fait par des fonctionnaires étrangers (finances, administration centrale, douanes), la Chine avait seulement pu préserver au début du XXe siècle l'apparence de l'indépendance).

AMÉRIQUE LATINE

Pourquoi l'Amérique latine n'est-elle pas devenue une puissance mondiale à la fin du XIXe siècle?

Arithmétiquement, la puissance économique des pays d'Amérique Centrale ajoutée à celle du continent sud aurait dû produire des résultats bien plus brillants. Le Brésil pourtant demeura trop longtemps inexploré et inexploité, l'Argentine sut opérer une certaine modernisation, comme le Chili, mais le Mexique, bien que prometteur, se ruina dans la guerre civile. L'Amérique latine vit alors apparaître une forme de banditisme "social" parfois très organisé qui ajouta à la confusion. La société multiraciale et inégalitaire issue du colonialisme espagnol n'a pu opérer de révolution sociale au moment de l'Indépendance; les pays d'Amérique latine demeurèrent colonisés malgré leur autonomie "officielle". Les guerres localisées (Argentine-Brésil-Uruguay contre Paraguay en 1865) et la pénétration américaine, (ou au Mexique, l'expédition française de 1862-1867), achevèrent de gâcher les chances de décollage économique de ces pays qui pourtant disposaient d'un potentiel humain important et de terres cultivables souvent très riches. Les idées modernes de révolution industrielle s'étaient aussi largement propagées en Amérique du Sud, grâce à la judicieuse politique d'accueil des immigrants (Italiens, Allemands et Russes) qui y était pratiquée.

Le néo-colonialisme américain, la confusion politique et la stratégie collaboratrice des élites d'Amérique du Sud avec les trusts européens et américains ont brisé les reins de l'Amérique latine, lui ôtant toute chance de développement économique et social équilibré et autonome. La stagnation a littéralement annulé les indépendances acquises au cours du XIXe siècle au prix du sang.

BISMARCK

Comment s'est constituée la puissance de l'Allemagne de Bismarck?

La victoire de Sedan contre l'Empire français de Napoléon III en 1871 a donné à la Prusse de Bismarck une nette prépondérance en Europe continentale pendant la vingtaine d'années qui suivit : l'indemnité payée par la France vaincue couvrit deux tiers des frais de guerre (3,3 milliards de marks). D'autre part, le traité de Francfort a donné à l'Allemagne l'Alsace et la Lorraine, deux régions très bien équipées (aciéries, filatures, agriculture) et au sous-sol très riche (fer et sel surtout). Enfin le prestige de Bismarck lui permit de réaliser le vieux rêve d'un État allemand unifiant la nation allemande, divisée durant des siècles : le 18 janvier 1871, l'Allemagne se fédéra sous la direction de la Prusse et prit le nom d'Empire allemand.

Malgré ses divisions politiques, l'Allemagne dans son ensemble n'avait pas manqué le rendez-vous de la révolution industrielle intervenue au cours du premier tiers du XIXe siècle. Les mutations nécessaires (urbanisation, modernisation, industrialisation) avaient été effectuées. Il ne manquait plus à l'Allemagne que l'unité politique. Bismarck lui donna d'abord une réalité financière et bancaire : le mark, né en 1873, devint la monnaie unique de tous les États allemands fédérés dans l'Empire de Guillaume Ier. Le protectionnisme économique, la réorganisation administrative et judiciaire, les lois militaires et le développement d'une culture allemande fortement nationaliste donnèrent à l'Allemagne le prestige d'une nouvelle grande puissance dès la fin du XIXe siècle.

Rio de Janeiro au XIXe siècle.

VICTORIA

L'Angleterre est-elle toujours la première puissance mondiale au début du XXe siècle ?

Malgré l'étendue des territoires qu'elle contrôle, l'Angleterre montre de très nets signes de déclin en ce début de XXe siècle. Non seulement de nouvelles puissances émergent, le Japon, la Russie, l'Allemagne, mais à son rival traditionnel, la France, vient s'ajouter un adversaire de taille, les États-Unis d'Amérique, qui en 1914 ont dépassé l'Angleterre, payé toutes leurs dettes et étendu, par un impérialisme vigoureux et déterminé, leur influence politique et économique dans tout le Nouveau Monde, ainsi que dans le Pacifique.

Pourtant, l'Angleterre de la reine Victoria, qui régna de 1837 à 1901, était parvenue à résoudre en partie les problèmes sociaux engendrés par la première révolution industrielle. Les mesures prises par Gladstone avaient permis l'accès à la culture des enfants des ouvriers, les Trade-Unions avaient été reconnus, et, en 1914, des députés socialistes siégeaient même au Parlement. L'agriculture britannique avait su s'adapter, tout comme la production industrielle, aux crises à répétition du capitalisme de la fin du XIXe siècle. Malgré la récession des années 1890-1900, l'Angleterre représentait près d'un cinquième du volume des échanges mondiaux, avec la plus imposante flotte du monde. L'Angleterre et son empire colonial couvraient dans le monde près de 33 millions de km², contre 11 pour la France et 3 pour l'Allemagne ! Mais les puissances montantes étaient désormais hors de la vieille Europe : le Japon modernisé par le "Meiji" écrasa la Russie ; les États-Unis, avec 96 millions d'habitants en 1913 se débarrassèrent du problème indien (réduit à 3% de la population), structurèrent leur industrie, modernisèrent leur agriculture. La balance commerciale américaine présenta un excédent marqué des exportations. Maîtres d'une partie du Pacifique et potentiellement première puissance industrielle et agricole du monde, les États-Unis attendaient leur heure. Les destructions de la guerre de 1914-1918 leur donnèrent une chance historique : concrétiser par un leadership politique mondial la réalité de leur première place en matière économique, acquise au tournant du siècle...

La princesse Victoria.

L'EUROPE "PHARE DU MONDE"

Comment se manifeste la domination intellectuelle de l'Europe sur le monde à la fin du XIXe siècle ?

Les profits générés par les deux révolutions industrielles du XIXe siècle en Europe (le charbon et les machines à vapeur tout d'abord, vers 1830 ; l'électricité et le pétrole ensuite à partir de 1890) ont largement contribué, additionnés aux bénéfices tirés des conquêtes coloniales, à favoriser un très fort réinvestissement dans la recherche scientifique et technique. Les pays européens ont tous fait au cours du siècle un puissant effort d'éducation collective et financé vigoureusement la recherche, les Lettres et les Arts.

À l'orée du vingtième siècle, l'influence et la domination intellectuelle de l'Europe s'expriment dans tous les domaines de la pensée : beaux-arts, littérature, philosophie, sciences humaines, sciences et technologies. Pour le monde entier, le "vieux continent" reste un modèle indépassable.

L'Exposition Universelle de Paris en 1900 sert ainsi de vitrine aux réalisations de l'esprit européen. Toutes les élites du monde furent gagnées par l'optimisme rationaliste et scientiste qui dominait alors la civilisation de l'Europe victorieuse et encore sûre d'elle-même. Les mathématiques et la physique font de gigantesques bonds en avant, bousculant les idées reçues : Cantor, Poincaré, Einstein, Planck ont tous écrit avant 1905 l'essentiel de leur œuvre ; l'Anglais Maxwell, l'Allemand Hertz, l'Italien Marconi font faire des pas de géants à la théorie de l'électricité. Avant même 1900, Becquerel découvre la radioactivité, tandis que Pierre et Marie Curie isolent le polonium en 1898! Liebig et Berthelot créent la chimie organique, Pasteur définit les règles pratiques d'une médecine scientifique. Freud met au point la théorie psychanalytique. Dans le domaine littéraire et artistique, le foisonnement est tel qu'il est impossible à décrire rapidement : on peut citer les romans réalistes de Zola, ceux plus psychologiques des Russes, ou encore les œuvres d'écrivains de langue allemande comme Thomas Mann ou Franz Kafka. En peinture apparaissent l'impressionnisme puis le cubisme, avec Monet et Picasso. La musique connaît des révolutions aussi profondes.

Parallèlement, les États-Unis bénéficient, eux aussi, d'un important développement scientifique et culturel. C'est en effet un Américain, Thomas Edison, qui a inventé, à cette époque, l'ampoule à incandescence. En architecture, les ponts suspendus et les gratte-ciel de Chicago et New York lancent un véritable défi à la nature. En littérature se développe le roman d'aventures.

Mais, si en 1914 l'esprit de l'Europe baigne le monde, ses conflits internes vont, en quatre années de guerre, balayer son prestige incomparable.

Albert Einstein, physicien allemand, auteur de la théorie de la relativité.

MOUVEMENTS SOCIALISTES

Quelle était la force des mouvements socialistes dans l'Europe industrielle de 1914?

Malgré une récession économique importante entre 1890 et 1900, les classes ouvrières des pays développés étaient parvenues à maintenir et même à accroître leur niveau de vie. Les prix avaient chuté, tandis que les salaires, grâce aux actions menées par les syndicats, avaient pu se maintenir. Au moment de la reprise, à partir de 1900, le mouvement syndicaliste, dirigé dans la plupart des cas par des personnalités issues du socialisme réformiste ou formées aux théories révolutionnaires anarchistes ou marxistes, était parvenu à organiser les travailleurs, et le relais des partis politiques progressistes (sociaux-démocrates en Allemagne, travaillistes en Angleterre, radicaux et socialistes en France) fonctionnait parfaitement. Pour beaucoup de théoriciens la Révolution était à l'ordre du jour.

Les législations sociales obtenues par les Allemands, les Anglais et les Français entre 1880 et 1900 garantissent la protection par l'État des plus pauvres. Les coopératives de consommation, les mutuelles, les caisses de solidarité désormais reconnues et le droit d'association se répandent en Italie, au Japon, aux États-Unis. En 1913, il y a 4 millions de syndiqués en Angleterre, 3 aux États-Unis et en Allemagne, 1 en France et en Italie !

Mais bien des dirigeants syndicaux de la Belle Époque préfèrent limiter leurs revendications aux questions salariales ou aux problèmes du logement, de l'éducation et de la santé. En Russie, un leader révolutionnaire marxiste, Lénine, les critique vigoureusement et veut lier action syndicale et politique en vue du changement social. Il parviendra à abattre le régime tsariste en 1917 et créera le premier État communiste du monde.

PREMIÈRE GUERRE MONDIALE

Pouvait-on prévoir la Première Guerre mondiale?

Un faisceau de causes profondes pouvait laisser prévoir un conflit majeur entre les puissances continentales européennes. L'instabilité de l'Autriche-Hongrie, la domination anglaise, les prétentions au leadership européen, la volonté farouche de la France de reprendre l'Alsace-Lorraine sont des causes proprement locales. Mais l'exaspération des mouvements nationalistes n'explique pas tout. La division en blocs, la logique infernale des alliances, la confusion diplomatique des petits pays qui agissent comme des puissances incontrôlables, le poids irrationnel des haines accumulées depuis des siècles ne pouvaient qu'aggraver la situation.

Dès 1905, la France et l'Allemagne se heurtent sur la question marocaine. Chacun s'accuse d'ingérence, tout comme pendant la crise bosniaque en 1908 : l'Autriche occupe ce petit pays slave malgré les protestations de la Serbie, alliée de la France. On passe à deux doigts du conflit général. Puis en 1912 une coalition bulgaro-serbe attaque l'Empire ottoman, "libère" la Macédoine et la Thrace, mais s'oppose sur le partage des terres gagnées sur les Turcs. À nouveau, c'est une guerre localisée entre anciens alliés (les Serbes et les Grecs sont contre les Bulgares, puis les Roumains entrent dans le conflit!). Tout le monde retient son souffle : on se rend compte qu'il faudrait peu de chose pour que les puissances germaniques (Allemagne, Autriche-Hongrie) aillent donner une leçon à la Serbie. Deux ans plus tard, ce sera chose faite, et le premier grand conflit mondial éclate alors sur un prétexte limité sans doute, mais pour des raisons plus profondes en réalité : la question du leadership en Europe continentale.

Grève des chemins de fer à Paris, au début du XXe siècle.

5
LES PARTAGES SUCCESSIFS DU MONDE

LES BLOCS EST-OUEST DE 1945 A 1991

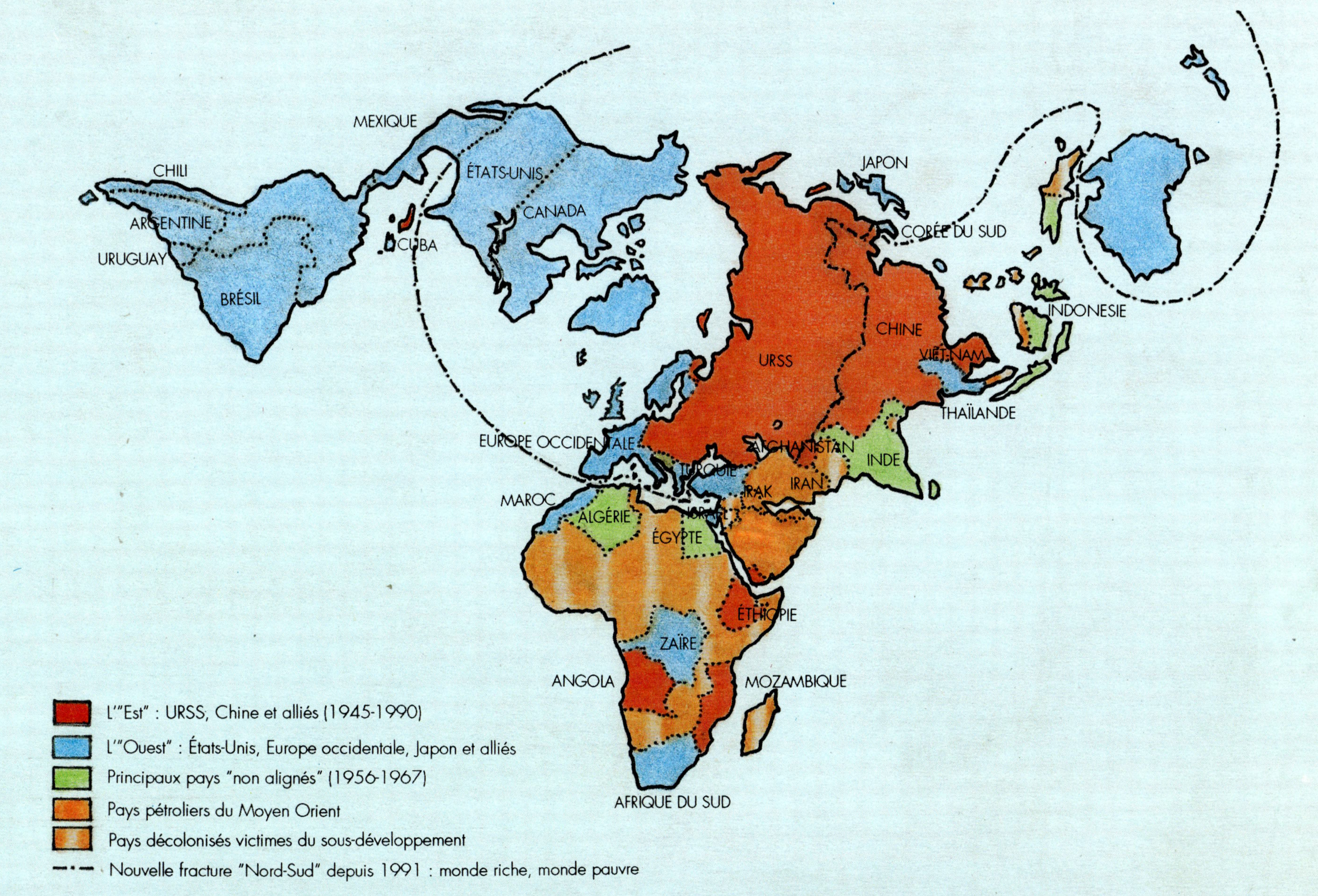

1914 À 2000 : RIVALITÉS ET AFFRONTEMENTS À L'ÉCHELLE DE LA PLANÈTE

Le XXe siècle aurait pu commencer en 1900, avec l'Exposition Universelle, ou en 1905, avec la publication des travaux d'Albert Einstein sur la théorie de la relativité. Mais les historiens le font débuter en 1914. C'est avec la mobilisation générale de tous les peuples d'Europe que s'ouvre le siècle le plus mouvementé de l'histoire de l'humanité.

La rupture, il est vrai, fut nette et sévère. Vingt ans plus tôt, on ne jurait que par les miracles de la science, on lisait dans le monde entier les auteurs français, allemands, anglais, on vantait les mérites des gratte-ciel américains, la beauté des peintures française, flamande, espagnole, italienne. La Première Guerre mondiale marque le début de la fin des illusions : en 1917, les soldats ne croyaient plus à la victoire et en 1930, à cause de la crise économique, les ouvriers de l'après-guerre ne purent plus admettre les promesses non tenues par le capitalisme. À l'Est pourtant, en 1917, un nouvel espoir surgit, celui d'une société égalitaire, déterminée à aider les peuples à se libérer de la loi du profit. Face à lui, et face à l'impuissance des démocraties à résoudre la crise économique, des régimes forts se mirent en place en Italie, en Allemagne, en Espagne, au Japon, fondés sur le culte de chef, exaltant les vertus guerrières, prônant la revanche, la conquête, voire la haine raciale. Au bout du compte, le choc de la crise économique et des idéologies produisit une nouvelle guerre mondiale. Avec ses cinquante deux millions de morts, ce conflit dépassa en horreur tous les records les plus abominables de l'histoire humaine.

Le XXe siècle est celui des partages qui ont échoué : les rivalités nées d'un mauvais dépeçage colonial et d'une détestable distribution des zones d'influence en Europe ont provoqué la guerre de 1914-1918, puis celle de 1939-1945.

La révolte suscitée par des siècles d'exploitation a conduit à une décolonisation brutale, dont pourtant les résultats immédiats ne furent guère positifs pour les peuples "libérés", qui subissent encore aujourd'hui une forte dépendance économique.

La rivalité des deux blocs a déclenché les guerres de Corée et du Viêt-nam, amplifié les guerres civiles en Afrique, maintenu les peuples d'Europe centrale sous la dictature soviétique, entraîné la guerre d'Afghanistan. Épuisé par la course aux armements et une stratégie économique désastreuse, le bloc de l'Est s'est effondré, tandis que se dessine un nouveau partage du monde, lourd de conséquences. Le monde riche, même en crise, survit tant bien que mal et maintient son niveau de vie. Le monde pauvre, lui, s'épuise et s'enlise dans la dette, la guerre civile, la famine, le non-développement, la pollution.

Après la rivalité franco-allemande, après la concurrence entre les blocs de l'Est et de l'Ouest, la partition du monde se fait selon un "axe de développement" qui pourrait bien, si l'on n'y prend garde, devenir une ligne de front. La connaissance de l'Histoire doit nous alerter : le temps est venu de négocier, de restructurer, de répartir. Sinon, à nouveau, viendra celui de se battre...

SARAJEVO, 1914

Comment s'est déclenchée la Première Guerre mondiale?

Le 28 juin 1914 un attentat commis à Sarajevo a mis en mouvement les forces qui ont conduit à la guerre. La victime est François-Ferdinand, neveu de l'empereur d'Autriche-Hongrie et futur héritier du trône. Le coupable, Gavrilo Princip, est membre d'une organisation terroriste soutenue par la Serbie, pays qui cherche à soulever les minorités slaves de l'empire d'Autriche-Hongrie pour créer sous sa direction un État pour les Slaves du Sud (Yougoslaves).

Cette crise dans les Balkans intervient alors que l'opposition entre deux blocs d'alliance fait peser sur l'Europe une menace permanente de guerre. Lorsque l'Autriche-Hongrie, en accord avec son allié de la *Triple Alliance*, l'Allemagne, lance un ultimatum inacceptable à la Serbie, les deux empereurs mesurent très bien le risque qu'ils prennent de provoquer la réaction de l'empire russe qui soutient la cause serbe et aspire à acquérir une position de force en Europe balkanique. Ils savent aussi que la France soutiendra son alliée de la *Triple Entente* (France, Angleterre, Russie). Et pourtant les troupes autrichiennes pénètrent en Serbie le 28 juillet.

Dès lors, l'engrenage des alliances se met en marche. Le 30 juillet l'annonce de la mobilisation de la Russie entraîne la même décision en Allemagne et le 1er août ce sont les Français qui peuvent lire sur les murs des villes et des villages l'ordre de mobilisation. Puis l'entrée des troupes allemandes en Belgique le 3 août lève l'incertitude sur la position de l'Angleterre qui entre aussitôt en guerre aux côtés de ses alliés de la Triple Entente. Toutes les tentatives de médiation, notamment celles proposées par l'Angleterre et par le socialiste Jean Jaurès, n'ont pu bloquer l'engrenage de cette mécanique des alliances entre les pays et la Première Guerre mondiale commença.

Août 1914, les soldats partent pour la frontière de l'est, "la fleur au fusil".

VIVRE AVEC LA GUERRE

Quel était l'état d'esprit des populations face à l'annonce de la guerre?

L'annonce de la mobilisation et de la guerre n'a provoqué dans les pays concernés ni révolte, ni enthousiasme. Le sentiment qui semble avoir prédominé fut un mélange de résignation et de sens du devoir à accomplir face aux "agresseurs".

Il n'y a pas eu de révolte et de refus de la guerre parce qu'au cours des différents congrès de la Deuxième Internationale socialiste aucun accord ferme et unitaire n'avait pu être réalisé sur l'organisation d'une grève générale. Jaurès, qui ne désespérait pas d'y parvenir, fut assassiné le 31 juillet 1914. Les socialistes étaient contre la guerre mais beaucoup ne voulaient pas pour autant mettre en danger leur pays. Aussi allaient-ils soutenir le gouvernement et même y participer lorsque la guerre éclata. Depuis plusieurs dizaines d'années une menace de guerre planait en Europe. On comprend donc la résignation des populations face à l'inévitable.

La propagande développée dans les deux camps présentait la victoire comme sûre et rapide. Pris dans la tourmente nationaliste et patriotique, les hommes partirent au combat avec la certitude de revenir victorieux peu de temps après...

En septembre 1914, les taxis parisiens transportent 4 000 hommes sur le champ de bataille de la Marne.

PROPAGANDE

Qu'est-ce que le bourrage de crâne?

À partir de l'hiver 1915, la guerre s'enlise et l'horreur des combats et de la vie dans les tranchées s'installe. Pour les gouvernements, un ennemi nouveau fait son apparition : la perte du moral. Aussi, faute de dominer l'adversaire, faut-il donc contrôler l'information. Les journalistes sont tenus à l'écart des zones de combat, tout article ou information doit être validé par la censure.

L'expression "bourrage de crâne", désigne la façon dont la presse et les discours officiels vont rendre compte de la guerre pendant quatre ans. On dirait aujourd'hui "désinformation", tromperie ou propagande.

Comment qualifier autrement l'affirmation publiée dans *L'Intransigeant* du 17 août 1914 selon laquelle "les balles allemandes ne sont pas dangereuses; elles traversent les chairs de part en part sans faire de déchirures"! Les mensonges les plus invraisemblables vont être utilisés pour faire croire à l'efficacité infaillible des armes françaises. Ainsi, la "turpinite" gaz inventé par le chimiste Turpin qui "va asphyxier mais de loin, sans risque pour nous en absorbant tout l'oxygène sur un rayon de 800 m"!... Tout est bon aussi pour dépeindre la cruauté des "Boches" qui sont, par exemple, accusés d'introduire des poisons à l'intérieur des friandises contenues dans les colis des prisonniers de guerre français.

Les Français restent souvent perplexes à propos des informations concernant la guerre.

GUERRE DE TRANCHÉES

Pourquoi la Première Guerre mondiale fut-elle si longue et meurtrière?

Grâce aux progrès de l'artillerie et en particulier à la puissance des armes à feu, tous les états-majors sont persuadés en 1914 que la guerre va être courte. Les offensives de la guerre de mouvement lancées de l'été 1914 jusqu'à l'automne se soldent par un échec. La construction de part et d'autre du front de lignes de tranchées s'impose alors.

De 1915 à 1917, toutes les tentatives pour percer les défenses ennemies échouent. Que ce soit les offensives simultanées en plusieurs points de front ou l'attaque massive limitée (comme à Verdun en 1916), le résultat est le même : des milliers de morts pour conquérir quelques positions qui sont aussitôt reprises par l'adversaire... Cet enlisement dans une guerre de position tient au fait qu'un équilibre s'est instauré : les deux camps sont à égalité en nombre de soldats engagés, en quantité et en qualité d'armes utilisées.

Si cette guerre a pu être qualifiée de "boucherie" c'est en raison des tactiques mises en œuvre par les états-majors. Ainsi, durant celle du "grignotage", pratiquée en 1915, il s'agissait de lancer les hommes à l'assaut des tranchées ennemies et de s'en emparer quel que soit le prix à payer en nombre de morts. Puis ce fut en 1916-1917 la guerre d'usure; toute offensive fut alors précédée d'une "préparation" de l'artillerie, c'est-à-dire de bombardements qui pouvaient durer des semaines.

ERREURS TACTIQUES DE L'ALLEMAGNE

Pourquoi l'Allemagne a-t-elle perdu la guerre de 14-18?

L'Allemagne a perdu cette guerre d'abord parce que ses stratèges militaires ont commis plusieurs erreurs.

Ainsi la manœuvre d'encerclement entreprise par ses troupes alors qu'elles n'étaient plus qu'à 50 km de Paris a permis au général Joffre de replier les armées françaises pour lancer une contre-offensive sur la Marne (6-12 septembre 1914). Il a ainsi sauvé la France et fait entrer l'Europe dans une guerre d'usure.
La deuxième erreur fut de mener une guerre sous-marine à outrance entraînant les États-Unis dans le conflit. Dès lors, le rapport de forces allait pencher du côté de l'Entente.
Enfin, l'Allemagne ne crut pas en l'efficacité des chars d'assaut, nouvelle arme dont le rôle fut pourtant décisif dans le succès des offensives des Alliés au printemps 1918.

Mais l'Allemagne a aussi été vaincue parce que cette guerre d'usure a fini par ébranler la cohésion des sociétés les plus fragiles. Son principal allié, l'empereur d'Autriche-Hongrie est balayé par une série de révolutions qui l'obligent à abdiquer le 3 novembre 1918. Six jours plus tard, c'est Guillaume II qui doit renoncer à son trône et le 11 novembre, l'Allemagne accepte de signer un armistice qui met fin à la guerre.

RÉVOLUTION RUSSE

Que s'est-il passé en 1917 en Russie?

Le tsar Nicolas II avait engagé son pays dans la guerre mais l'économie russe ne put supporter un conflit aussi long. Au cours de l'hiver 1916, affamés, mal équipés, les soldats désertèrent en masse, les prix augmentèrent de 60%, les usines, privées de fournitures, mirent des milliers d'ouvriers au chômage…
Le 23 février, la moitié des ouvriers de Petrograd était en grève et le flot des manifestants qui investit les rues de la capitale augmentait de jour en jour. Le 26 l'armée tira : on releva 40 morts. Mais le 27 les soldats fraternisèrent avec les manifestants qui pénètrèrent dans le Palais d'Hiver.
Le Tsar abdiqua. Un gouvernement provisoire dominé par les partis modérés se constitua. Il représentait les intérêts de la bourgeoisie, voulait continuer la guerre et limiter les changements à une démocratisation du régime politique. Mais c'était compter sans les Soviets, conseils formés de représentants élus par les assemblées de paysans, d'ouvriers et de soldats.
La guerre continua et la situation économique se détériora. Aussi les masses se rapprochèrent des Bolcheviks, fraction du Parti ouvrier social démocrate dont le chef de file, Lénine, rentré d'exil en avril, appela au renversement du gouvernement provisoire, à l'établissement d'un gouvernement des Soviets et à l'arrêt de la guerre. Début septembre, Trotsky, président du Soviet de Petrograd, se rallia aux positions de Lénine.
Le gouvernement provisoire ne contrôlait plus la situation; il ne restait plus qu'à s'emparer du pouvoir. Lénine chargea Trotsky d'organiser des milices armées, les Gardes rouges, qui, le 24 octobre, prirent le contrôle des points stratégiques de Petrograd. Le 25, le gouvernement provisoire fut renversé. Le soir les Bolcheviks constituèrent le Conseil des commissaires du peuple, présidé par Lénine qui déclara : "Nous passons maintenant à l'édification de l'ordre socialiste".

Karl Marx.

L'année 1917 a été marquée par deux révolutions : celle de février qui vit le renversement du régime tsariste par un mouvement populaire de grande ampleur; puis celle d'octobre qui vit la prise du pouvoir par une fraction majoritaire du mouvement révolutionnaire.

Lénine.

LES TRAITÉS DE PAIX

Comment ont été rédigés les traités de paix?

La conférence de la Paix s'ouvre à Paris, le 18 janvier 1919. Elle réunit les représentants de 27 États mais ni les vaincus, ni l'U.R.S.S. ne sont invités. Très vite le Conseil des Quatre (France, Royaume-Uni, États-Unis, Italie) dirige les négociations.

Le sort de l'Allemagne est fixé par le traité de Versailles. Elle perd de nombreux territoires. Reconnue responsable du déclenchement de la guerre, elle est condamnée à payer des réparations dont le montant sera fixé à 132 milliards de marks. Ses capacités militaires sont limitées : son armée sera réduite à 100 000 hommes; elle ne pourra construire ni artillerie lourde, ni aviation et devra livrer sa flotte de guerre. Enfin elle est placée sous surveillance. La rive gauche du Rhin restera occupée par les Alliés pendant au moins quinze ans et la rive droite sera démilitarisée.

Les traités de Saint-Germain-en-Laye et de Neuilly démantèlent l'empire austro-hongrois et délimitent les nouvelles frontières en Europe. De nouveaux États sont créés (Yougoslavie, Tchécoslovaquie) pour permettre aux minorités nationales d'avant 1914 d'être indépendantes.

Les peuples ont cru que la "boucherie" de 1914-1918 serait la "der des der" et que la Conférence de la Paix allait ouvrir enfin une ère pacifique. Il n'en fut rien et ceci pour deux raisons :

D'abord parce que l'objectif de la France était de profiter de sa victoire pour affaiblir l'Allemagne et prendre sa place de puissance dominante en Europe. Très vite il devint évident que la grande majorité des Allemands rejetait le traité et que l'heure de la revanche sonnerait tôt ou tard.

Ensuite parce que la délimitation des nouvelles frontières n'a pas eu pour unique objectif de régler le problème des nationalités. Les vainqueurs ont voulu aussi favoriser les nouveaux États et leurs alliés au détriment de l'U.R.S.S., de l'Allemagne et de ses alliés. La conséquence fut la création de nouvelles minorités et le ressentiment des vaincus.

Les traités prévoyaient par ailleurs la création d'une organisation internationale, la Société des Nations (SDN) destinée à régler pacifiquement les conflits.

Signature du traité de Versailles en 1919.

FIN DE L'EMPIRE OTTOMAN

Quelles ont été les conséquences de la Première Guerre mondiale au Moyen-Orient ?

Pendant la Première Guerre mondiale, l'Empire ottoman est allié avec l'Allemagne et l'Autriche-Hongrie. Il fut vaincu avec elles.
En 1916, la France et l'Angleterre signent des accords secrets qui prévoient un partage des possessions turques au Moyen-Orient. Pour accélérer la défaite de cet Empire, l'Angleterre encourage la révolte des peuples non-turcs et promet l'indépendance aux Kurdes, aux Arméniens – sans rien faire pour empêcher la Turquie de mettre fin en 1915 à la République d'Arménie par un véritable génocide (1,5 million de morts) –, aux Arabes et un "foyer national" en Palestine pour les Juifs.
Mais le traité de Sèvres (1920) attribue, sous forme de mandats, le Liban et la Syrie à la France, la Palestine, la Transjordanie et la Mésopotamie à l'Angleterre. Les Kurdes attendent toujours leur État. De plus, la politique britannique porte une part importante de responsabilité dans le conflit entre Juifs et Arabes : dans un premier temps elle laisse se développer l'immigration juive puis la restreint tout en entretenant la tension entre les deux communautés.

La défaite de l'Empire ottoman a permis à la France et à l'Angleterre de s'implanter au Moyen-Orient. La politique de ces deux puissances est à l'origine des conflits qui continuent à déstabiliser cette région.

ETATS-UNIS 1918

Quelle est la situation des États-Unis en 1918 ?

Alors que leurs rivaux européens sortent tous profondément affaiblis de la Première Guerre mondiale, les États-Unis apparaissent au contraire renforcés par ses conséquences.

La guerre leur a permis d'accroître leurs exportations et de s'ouvrir ainsi à de nouveaux marchés. Mais c'est surtout sur le plan financier et monétaire que la guerre provoque un retournement de situation. Alors qu'avant 1914 ils étaient emprunteurs de capitaux, ils deviennent les créanciers du Royaume-Uni et de la France qui ont dû emprunter des dollars et dont les réserves en or ont diminué au profit de celles de la Federal Bank qui possède en 1918 50% des réserves d'or du monde ! La livre sterling et le franc perdent définitivement leur rang de monnaie de référence au profit du dollar. Lors de la Conférence de la Paix, les États-Unis, par la voix du président Wilson, interviennent pour la première fois dans une grande négociation internationale. Mais celui-ci ne parvient pas à opposer aux exigences des vainqueurs sa conception équilibrée d'un règlement de paix et sa grande idée, la création de la Société des Nations va être rejetée par le Sénat américain, qui craint qu'elle n'entraîne les États-Unis à intervenir à nouveau en Europe. Dès 1921, le successeur de Wilson, W. G. Harding, revient à la traditionnelle politique "isolationniste".

SOCIALISME EN RUSSIE

Comment se construit l'U.R.S.S. de Lénine à Staline ?

Parvenus au pouvoir, les communistes mettent en œuvre les mesures annoncées par Lénine : la paix, la prise de contrôle des terres et des usines par les Soviets de paysans et d'ouvriers, le droit pour les peuples non-russes de se séparer de la Russie.

Mais parce qu'elles craignent la contagion révolutionnaire des "Rouges" en Europe, les grandes puissances lancent leurs armées en territoire russe pour mieux aider les "Blancs" qui veulent restaurer l'ancien régime tsariste. Une terrible guerre civile commence. Elle va durer quatre ans, faire 4 millions de victimes, causer la famine de 1921 qui entraînera la mort de 3 autres millions de personnes. Elle explique aussi le durcissement du pouvoir. À la place de la démocratie des Soviets, Lénine instaure la dictature du parti communiste : les autres partis sont dissous, les premiers camps de travail sont ouverts, la révolte des marins de Cronstadt (1921) est écrasée dans le sang.

La fin de la guerre civile et la NEP (Nouvelle Économie Politique), décidée en 1921 par Lénine, ouvrent une brève période d'espoir. La terre est partagée en exploitations paysannes, les petites entreprises sont autorisées, l'économie redémarre, des milliers d'écoles sont ouvertes.

La mort de Lénine (le 20 janvier 1924) ne semble pas devoir annoncer de changement dans la ligne suivie par le Parti. Mais la lutte entre Staline et Trotsky tourne autour d'une question : faut-il continuer la politique de Lénine ? Le premier l'emporte en 1927 parce qu'il parvient à apparaître comme celui qui va continuer la NEP.

La réalité fut tout autre. Staline lance à partir de 1929 la collectivisation de l'économie ; les terres deviennent propriété de l'État ; les paysans sont regroupés en sovkhozes (fermes d'États) et kolkhozes (exploitations collectives). Au moins 3 millions d'entre eux sont déportés en Sibérie. La priorité est à l'industrialisation à laquelle tout est sacrifié : le travail des hommes et les investissements sont mobilisés pour construire de gigantesques complexes industriels. Afin d'imposer au Parti et au pays ce tournant, Staline instaure la terreur : commencée par les grands procès de 1934 qui frappent les compagnons de Lénine, elle s'étend de façon aveugle à l'ensemble de la société, jusqu'à la mort du dictateur (en 1953).

Commencée dans l'espoir, la révolution communiste tourne à la tragédie d'un régime de fer. Circonstances atténuantes (intervention étrangère et guerre civile), responsabilité des dirigeants (brutalité de Staline) ou de la doctrine communiste et de son application à la Russie ? La question reste posée.

Lénine et Staline à Gorki en 1922.

LÉON TROTSKY

Qui était Léon Trotsky?

Lev Davidovitch Bronstein naît en 1879 dans une famille juive assez aisée. Étudiant à Odessa, il est condamné à 4 ans de déportation en Sibérie en raison de ses activités révolutionnaires. Il s'évade et prend sur son faux passeport le nom de son gardien de prison : Trotsky.

Rentré clandestinement d'exil, Trotsky préside le Soviet de Petrograd lors de la révolution de 1905. À nouveau condamné, il s'évade une deuxième fois. Il devient alors un des dirigeants du Parti social démocrate en exil et se montre souvent critique à l'égard des positions de Lénine. Il joue un rôle déterminant dans la Révolution d'octobre 1917. Il préside à nouveau le Soviet de Petrograd puis, rallié à Lénine, organise les Gardes rouges qui lui permettent la prise du pouvoir et devient commissaire du peuple aux Affaires étrangères.
À ce titre, c'est lui qui doit signer la paix avec l'Allemagne à Brest-Litovsk. Trotsky obéit en cela à la volonté de Lénine, car lui aurait voulu continuer la guerre pour aider les révolutionnaires allemands…
Entre Staline et Trotsky l'opposition va être totale. Très vite, le but de Staline est clair : il s'agit pour lui d'édifier le socialisme dans la seule Russie, en concentrant tous les pouvoirs entre ses mains et en s'appuyant sur une bureaucratie entièrement à ses ordres. Aux yeux de Trotsky, cela revient à trahir à la fois le marxisme, la cause du prolétariat et l'idéal de l'Internationale ouvrière. Lui, veut une Révolution à la fois mondiale et permanente, qui mette réellement le prolétariat au pouvoir. À cette fin, il fonde en exil la IVe Internationale. Il est assassiné en 1940 au Mexique sur ordre de Staline.

GOULAG

Qu'est-ce que le goulag?

Le mot "goulag" est formé par la contraction de trois mots et signifie : "direction générale des camps de travail".

La guerre civile et l'établissement du pouvoir communiste s'accompagnent d'une répression qui frappe aussi bien les Blancs qui les partis révolutionnaires s'opposant aux Bolcheviks : les premiers goulags sont ouverts dès 1918.
Mais durant la période stalinienne, de 1924 à 1953, la fonction du goulag se modifie complètement. De simple instrument de répression pour les opposants au régime, qu'il était à l'origine, il devient un instrument de terreur que Staline met en place pour instaurer son pouvoir, sur le Parti d'abord puis sur l'ensemble de la société ensuite.

Camp de travail en Sibérie.

Les camps deviennent de gigantesques bagnes où le travail n'a pas vraiment de valeur sur le plan économique mais doit permettre aux détenus de se "rééduquer", c'est-à-dire d'être ensuite capables de participer à l'œuvre collective de construction du communisme. C'est une répression de masse qui commence alors à s'abattre, frappant aveuglément aussi bien les militants du Parti que les intellectuels ou les paysans. La Sibérie se couvre de camps et on estime à au moins 5 millions le nombre d'internés durant la période stalinienne.

FASCISME

Qui est à l'origine du mouvement fasciste?

Le fascisme désigne la doctrine et le régime établis par Benito Mussolini en Italie en 1922. Fondé sur le totalitarisme, le fascisme cherche à exercer un contrôle absolu sur la société afin de transformer l'individu libre en homme fasciste vivant selon le slogan "croire-obéir-combattre". Mussolini instaure progressivement sa dictature en utilisant à la fois la légalité et la violence, ce dont se souviendra Hitler.

Le terme fascisme vient de faisceau, insigne que portaient les licteurs (gardes) et magistrats de la République romaine et qui symbolisait leur pouvoir. Mussolini y fait référence lorsqu'en mars 1919 il fonde *Le Mouvement des faisceaux italiens de combat.* Rien ne l'y prédisposait pourtant. Né en 1883, dans un milieu ouvrier, Benito Mussolini, instituteur de son premier métier, avait commencé par être socialiste et antimilitariste. La guerre précipite son évolution. Dès 1914, Mussolini milite pour que l'Italie y participe, rompant ainsi avec le parti socialiste.

Après la guerre, grâce à une propagande habile et démagogique, Mussolini parvient à rassembler en un puissant mouvement les "petits", ouvriers et paysans, à qui on promet une Italie forte et débarrassée des "gros" qui exercent le pouvoir. Ces hommes, portant chemise et pantalon noirs, s'organisent en milices qui s'attaquent, avec une extrême violence, à tout ce qui représente le Parti socialiste, qu'ils accusent d'éloigner les ouvriers italiens de l'idéal patriotique. Le mouvement reçoit l'appui des milieux industriels qui le financent. Il ne reste plus qu'à menacer le pouvoir d'une marche des fascistes sur Rome pour que les partis conservateurs acceptent une alliance temporaire avec Mussolini, qui devient Premier ministre le 29 octobre 1922, et restera au pouvoir jusqu'en 1943.

Hitler et Mussolini.

NAZISME

Qu'est-ce que le nazisme?

Le mot "nazi" provient de la contraction de "national sozialist", nom du parti qui, sous la direction d'Adolph Hitler, a gouverné l'Allemagne de 1933 à 1945. Principalement exposé dans "Mein Kampf", écrit par Hitler en 1925, le nazisme n'est pas vraiment une doctrine, il s'agit plutôt d'un ensemble confus d'idées élaborées à partir de théories pseudo-scientifiques.

L'élément central du nazisme est le racisme. Il repose sur des pseudo-principes biologiques et génétiques selon lesquels l'humanité est divisée en races, dont certaines sont supérieures à d'autres. Il pose comme principe que le mélange des races conduit à leur dégénérescence et à la décadence, alors qu'on sait qu'au contraire les grandes civilisations sont nées des contacts entre populations et cultures différentes. Pour les nazis, il faut restaurer ce qui a été remis en cause par le mélange des peuples; la pureté raciale des Aryens (race considérée comme supérieure qui n'a jamais existé), une Europe réorganisée selon la hiérarchie des races.

Pour cela, il faut développer en chaque Allemand les qualités censées être celles de l'Aryen : la force physique, le sens du sacrifice et de la supériorité raciale, la dureté. L'État nazi et sa propagande omniprésente vont donc chercher à contrôler de façon totalitaire les individus pour en faire de véritables Aryens.

L'école, la culture, la société doivent être épurées de tout ce qui n'est pas aryen et en particulier de l'élément étranger que représentent les Juifs. Pour les nazis, les Juifs forment une race de "sous-hommes" parce qu'ils n'auraient jamais su créer de civilisation et qu'ils chercheraient en s'infiltrant parmi les autres peuples à les dominer au moyen de leur puissance financière et de leur influence sur la culture et les partis politiques. Les nazis vont d'abord exclure les Juifs de la société allemande avant de mettre en œuvre leur extermination physique.

KRACH DE WALL STREET

Qu'est-ce que le krach de Wall Street ?

Une action est un titre, que l'on achète en Bourse. Elle représente une part du capital d'une société et procure un revenu, appelé dividende, proportionnel à la part de capital possédée par l'actionnaire. Lorsque les affaires d'une entreprise marchent bien, ses profits augmentent et les dividendes touchés par ses actionnaires aussi. Nombreux sont alors ceux qui veulent acheter ses actions, ce qui en fait grimper le cours.
L'essor des années 1920 provoque aux États-Unis une véritable "frénésie boursière" : on va même jusqu'à emprunter pour acheter des actions ! Le résultat est une envolée des cours à Wall Street, la Bourse de New York, et un endettement croissant des petits actionnaires.

Ce qu'on appelle le krach de Wall Street est l'effondrement brutal du cours des actions. Il est provoqué par un mouvement massif de vente de titres qui commence le 24 octobre 1929, le "jeudi noir" et va durer 22 jours. En trois semaines, la vente de 40 millions de titres provoque une véritable panique chez les petits actionnaires et se traduit par une baisse de 50 % du cours moyen des actions. Des millions d'hommes et de femmes se retrouvent sans rien, des milliers de banques et d'entreprises sont ruinées. La crise des années 1930 commence.

BROOKLYN DAILY EAGLE
And Complete Long Island News
WALL ST. IN PANIC AS STOCKS CRASH
Attempt Made to Kill Italy's Crown Prince
STOCKS CRASH IN RUSH TO SELL; BILLIONS LOST
ASSASSIN CAUGHT IN BRUSSELS MOB; PRINCE UNHURT
Hollywood Fire Destroys Films Worth Millions
FEAR 52 PERISHED IN LAKE MICHIGAN; FERRY IS MISSING
PIECE OF PLANE LIKE DITEMAN'S IS FOUND AT SEA
High Duty Group Gave $700,000 to Coolidge Drive
CARNEGIE CHARGE OF PAID ATHLETES ROUSES COLLEGES
HOOVER'S TRAIN HALTED BY AUTO PLACED ON RAILS
WARDER SOUGHT TO KEEP SEA TRIP SECRET, AID SAYS
SOMERS NAMED AS HEAD OF NEW EXCHANGE BANK

NEW DEAL

Que veut dire New Deal ?

New Deal, "nouvelle donne", est un terme employé au poker lorsqu'après un premier tour on procède à la distribution de nouvelles cartes. C'est aussi le nom que le Président des États-Unis élu en 1932, Franklin Roosevelt, donne à la politique qu'il met en place pour sortir l'Amérique de la crise.

Le "Hoover dam", construit en pierre de taille et ciment, donna du travail à des milliers de sans-emploi durant la grande crise.

Selon les théories de l'économiste britannique J.M. Keynes, la crise s'explique par une inégale répartition des revenus dont la conséquence est le pouvoir d'achat insuffisant du plus grand nombre. L'État doit donc intervenir pour permettre une "nouvelle donne" ; la hausse du pouvoir d'achat des plus défavorisés relancera alors la consommation et donc la croissance économique.
L'État va financer de grands travaux (routes, barrages...) pour diminuer le chômage ; il va mettre sur pied un système d'allocations pour que les chômeurs et les retraités ne soient plus sans aucun revenu ; il va tenter de stopper la baisse des produits agricoles qui a ruiné des millions de petits agriculteurs ; enfin il va chercher à imposer aux entreprises la reconnaissance du droit syndical et la notion de salaire minimum.
Le bilan est mitigé. À la veille de la Seconde Guerre mondiale, certes l'effondrement des années 1929-1933 est enrayé, mais l'Amérique compte encore 10 millions de chômeurs et la voie de la croissance n'a pas été retrouvée.

FRONT POPULAIRE

Dans quelles circonstances le Front Populaire est-il apparu ?

En France, la crise de 1929 a été plus tardive, moins profonde, mais plus longue qu'ailleurs. Elle s'est doublée d'une crise politique aux causes multiples.

D'une part, le fonctionnement chaotique de la IIIe République a provoqué une instabilité ministérielle qui a rendu l'État incapable de réagir. D'autre part, des scandales financiers ont éclaboussé les milieux politiques : le plus célèbre fut celui de l'affaire Stavisky en 1934. De là se développa dans l'opinion publique un vaste mouvement d'antiparlementarisme, largement utilisé par les mouvements de droite, voire d'extrême-droite, des ligues, dont les plus célèbres furent les Croix de Feu.

Le 6 février 1934, la population manifeste autour du Palais-Bourbon, le sang coule. On relève 15 morts. Les partis de gauche réagissent et se regroupent autour d'un programme simple et général "pain, paix, liberté" pour former le Front Populaire.

Lors des élections législatives de mai 1936, le Front Populaire obtient largement la majorité des députés. Léon Blum, chef du parti socialiste, forme le gouvernement pendant que la France est paralysée par les grèves. En juin 1936, les Accords de Matignon prévoient une hausse des salaires ; deux lois sociales accordent 15 jours de congés payés et la semaine de 40 heures. Un élément extérieur, la guerre d'Espagne, provoque l'éclatement du Front Populaire. Léon Blum démissionne en juin 1937. Désormais, les événements internationaux vont rythmer la vie politique française jusqu'à la déclaration de guerre de septembre 1939.

SECONDE GUERRE MONDIALE

Quelles sont les causes de la Seconde Guerre mondiale ?

À première vue, les choses paraissent simples : la crise économique a porté au pouvoir, dans trois pays, des dirigeants et des régimes politiques qui ont vu dans l'expansion territoriale le moyen de résoudre leurs difficultés. Mussolini et Hitler ont formé une alliance, l'Axe Rome-Berlin, pour combattre la prééminence franco-anglaise et se partager ensuite l'Europe. Le Japon, lui, veut "libérer" l'Asie de la présence occidentale et créer, pour ses peuples, une "sphère de co-prospérité", en réalité au service de l'économie nippone.

Mais il faut aussi remonter aux causes profondes qui ont amené cette politique d'agression ouverte. Pour l'Europe, ces causes sont à rechercher dans la situation créée par les traités de 1919, rédigés par la France et l'Angleterre. En réduisant le territoire de l'Allemagne, ces pays ont créé des minorités allemandes en Tchécoslovaquie et en Pologne. En la désarmant et en lui imposant le paiement de réparations, ils l'ont humiliée. Hitler peut alors mobiliser son peuple sur le thème de la justice et de l'honneur allemand à redresser. Envers l'Italie, l'erreur commise fut de lui promettre des territoires puis de les lui refuser au moment des traités. D'autre part, pourquoi le Japon ne se serait-il pas senti encouragé dans une politique d'annexion, alors que depuis un siècle, les puissances occidentales colonisaient l'Asie ou se partageaient en zones économiques la Chine ?

Enfin, le facteur décisif fut l'incapacité de la France et de l'Angleterre à réagir face aux agressions répétées de ces trois dictatures de l'axe Rome-Berlin-Tokyo. Par peur de la guerre, elles ont petit à petit cédé face à l'intimidation. Celles-ci y ont vu une preuve de faiblesse qui les a encouragées à continuer.

Des traités injustes, une crise économique mondiale, des régimes totalitaires qui voient dans la guerre le "salut", des démocraties divisées et reculant devant la perspective d'un conflit, tels sont les facteurs qui ont mené à la Seconde Guerre mondiale.

DÉBACLE FRANÇAISE DE 1940

Pourquoi la France s'est-elle effondrée en juin 1940?

Entre septembre 1939 et avril 1940, il ne se passe rien à la frontière entre la France et l'Allemagne. C'est la "drôle de guerre". L'État-Major français a fait le choix d'une stratégie défensive et l'on attend l'offensive allemande à l'abri de la ligne Maginot. Le 10 mai 1940, la Wehrmacht envahit les Pays-Bas et la Belgique, elle perce rapidement le front français à l'ouest de la ligne Maginot, à Sedan, et par un mouvement tournant encercle les armées alliées dans la poche de Dunkerque. Puis, à partir du 5 juin, l'armée allemande avance en repoussant les unités françaises. C'est la débâcle : un gigantesque exode de 8 millions de personnes, civils et militaires confondus, fuient devant le rouleau compresseur allemand. Le gouvernement, réfugié à Bordeaux, est divisé. Les partisans de la demande d'armistice l'emportent avec la nomination du Maréchal Pétain à la tête du gouvernement. Le 22 juin l'armistice est signé.

Il n'a fallu que six semaines à l'Allemagne pour écraser militairement la France. Les stratèges français n'ont pas compris que les progrès de l'aviation et des blindés changeaient totalement la nature de la guerre, rendant possible la percée et l'offensive. Ils ont préparé une guerre d'usure alors qu'Hitler lançait une guerre éclair ("Blitzkrieg")...

PEARL HARBOR

Que s'est-il passé à Pearl Harbor?

Jusqu'en 1940, les États-Unis limitent leur intervention dans la guerre à des livraisons d'armes vers l'Angleterre, et vers la Chine de Tchang Kaï-check. Roosevelt a commencé le réarmement de son pays mais il doit tenir compte du fort courant "isolationniste", hostile à une entrée en guerre des États-Unis. Mais l'occupation par le Japon de l'Indochine française en juillet 1941 et l'interception de télégrammes adressés de Tokyo à l'ambassade japonaise de Washington révèlent les projets d'expansion nippone en Asie du Sud-Est. Roosevelt refuse les offres de négociation du gouvernement japonais et exige l'évacuation de l'Indochine. Le durcissement américain entraîne la nomination du général Tojo à la tête du gouvernement. Dès lors le président américain sait qu'à moins de céder, la guerre devient inévitable, et il s'attend à une attaque contre les Philippines, possession américaine. Pour être sûr de disposer de l'appui de l'ensemble des Américains, il choisit de laisser au Japon l'initiative de l'agression.

Le 7 décembre 1941, sans déclaration de guerre, le Japon lance une opération aéronavale contre les îles Hawaï. La surprise est totale et presque toute la flotte américaine du Pacifique est détruite dans la rade de Pearl Harbor. Les États-Unis s'engagent alors officiellement dans la Seconde Guerre mondiale.

HITLER ET L'"ORDRE NOUVEAU"

Quelle Europe Hitler veut-il créer?

À partir de la fin 1941, l'Allemagne installe sa domination sur la totalité de l'Europe. L'édification de l'"ordre nouveau", organisé en fonction de la hiérarchie raciale professée par les nazis, commence.

L'Europe orientale est désormais considérée comme l'"espace vital" nécessaire au développement de la race aryenne. Aussi, ses territoires sont-ils colonisés, les élites polonaises, tchèques, russes sont physiquement éliminées, les populations slaves devront servir par le travail. L'Europe centrale passe sous le contrôle direct ou indirect de l'Axe, la Yougoslavie est démembrée, et ne conservent leur "indépendance" que les pays satellites, alliés, qui doivent s'aligner et fournir des matières premières et des soldats pour permettre à l'Allemagne de continuer sa lutte contre l'U.R.S.S.

En Europe occidentale, les pays scandinaves, la Belgique et les Pays-Bas, considérés comme proches "parents" du peuple allemand sont voués à une assimilation progressive. Quant à la France, Hitler prévoit son démembrement et le pillage de son économie pour qu'elle ne puisse jamais renaître en tant que grande puissance. Enfin, un sort particulier est réservé aux "sous-hommes" que sont selon lui les Juifs et les Tziganes. C'est en janvier 1942 qu'est planifiée la "solution finale", c'est-à-dire l'extermination de la totalité des Juifs d'Europe.

AUSCHWITZ

Qu'est-ce qu'Auschwitz?

Situé en Pologne, le camp d'extermination d'Auschwitz restera à jamais le lieu de l'horreur absolue. Dans ce gigantesque complexe de 60 km^2 arrivaient, en provenance de toute l'Europe dominée par l'Allemagne nazie, quatre trains par jour. À leur arrivée les déportés étaient séparés par un "médecin" SS en deux files. Les enfants, les femmes, les vieillards étaient directement emmenés dans les quatre chambres à gaz. Dépouillés de leurs vêtements, ils étaient enfermés dans une fausse salle de douche. En moins de 15 minutes, mais dans des souffrances atroces, mouraient 300 personnes tuées par le "Zyclon B". Leurs corps emmêlés étaient alors brûlés dans les quatre fours crématoires qui pouvaient incinérer 12 000 corps par jour. Une odeur insoutenable a ainsi régné au-dessus du camp pendant quatre ans... Les hommes étaient eux "épargnés". Tatoués d'un numéro, et revêtus d'une tenue rayée, un terrible calvaire commençait pour eux. Recevant une ration alimentaire quotidienne de moins de 1 500 calories, ils travaillaient douze heures par jour pour les grands trusts allemands qui avaient installé là de vastes usines. La durée moyenne de "vie" dans les camps ne dépassait pas 3 mois, à moins qu'un SS n'y mette fin encore plus tôt.

À partir de 1941, le camp d'Auschwitz fonctionna comme une "usine de la mort". Il était avant tout destiné à exterminer : deux millions et demi de Juifs et trente mille Tziganes y ont été gazés, puis incinérés. Il est impossible de nier la réalité de cette horreur, rationnellement organisée comme une industrie. Les témoignages des survivants, prisonniers comme gardiens, les plans des installations et la comptabilité tenue par les SS rendent ridicule et dangereuse la tentative menée par certains "historiens" tendancieux de contester la réalité des "camps de la mort".

COLLABORATION

La France de Vichy a t-elle servi les intérêts des nazis?

Installé à Vichy, depuis la signature de l'armistice le 22 juin 1940, le gouvernement français ne conserve la souveraineté que sur un petit tiers du territoire national et sur l'Empire colonial. Devenu "Chef de l'État français" le 10 juillet 1940, le Maréchal Pétain met fin à la IIIe République et dispose alors des pleins pouvoirs. Il les utilise pour mettre en œuvre la "Révolution nationale". Pour le gouvernement de Vichy, les Français trop libres sous la République, se sont éloignés des valeurs traditionnelles ("travail, famille, patrie") ce qui explique la défaite du pays. Il faut réorganiser la France et rééduquer sa jeunesse.

Pétain a donc pour objectif le redressement de la France. Or, ceci restera impossible tant que l'Allemagne gardera prisonniers 1,5 million de soldats français et imposera le paiement de 400 millions de francs par jour, comme le prévoit l'armistice. C'est donc, dans un premier temps, pour obtenir un réaménagement des conditions de l'armistice, que Pétain rencontre Hitler à Montoire, le 24 octobre 1940. À l'issue de cette entrevue, Pétain annonce qu'il "est entré dans la voie de la collaboration". Mais Hitler s'est bien gardé d'accepter cette offre : son objectif est de maintenir la France dans son état de domination et non d'en faire un partenaire.

Alors Vichy va proposer sans cesse davantage. C'est d'abord l'engagement de troupes pour empêcher l'Angleterre de prendre le contrôle de la Syrie. Puis la création du Service de Travail Obligatoire (le STO) qui va envoyer plus de 600 000 Français travailler en Allemagne. C'est aussi la participation de la police française à l'arrestation des Juifs et à la lutte contre la Résistance.

Contrairement à ce qu'il prétendra lors de son procès en 1944, Pétain n'a pas été le "bouclier" protégeant la France des exigences allemandes. Il a lui-même engagé la collaboration parce qu'il pensait obtenir en échange la restauration de la pleine indépendance de la France dans l'Europe nouvelle qui devait naître de la victoire allemande.

Entrevue de Hitler et Pétain le 24 octobre 1940.

RÉSISTANCE

Qu'appelait-on Résistance durant la guerre?

La Résistance fut un mouvement de lutte pour la libération du territoire et la restauration de l'indépendance nationale, mais aussi un combat politique contre l'idéologie nazie. L'engagement dans la Résistance était également un acte de courage, l'entrée dans la clandestinité pour échapper à la traque incessante de la Gestapo et des SS. Ce combat prit des formes et une ampleur variables dans les différents pays occupés.

En Europe occidentale, la Résistance s'organisa d'abord autour des gouvernements en exil à Londres. Le roi de Norvège, la reine des Pays-Bas, le Comité de la France libre réuni autour du Général de Gaulle vont s'attacher à maintenir leur pays dans la guerre en réunissant ceux qui parviennent à gagner l'Angleterre dans des unités qui combattront au sein des armées alliées. Ils vont établir un contact avec leur pays occupé par les émissions quotidiennes de la B.B.C. qui seront écoutées par des millions d'auditeurs. Enfin, ils vont organiser des réseaux de renseignements qui fourniront des informations facilitant les opérations des Alliés. Mais la Résistance s'organise aussi de l'intérieur. Ce sont d'abord de petits groupes qui distribuent des journaux. Puis des mouvements qui passent à l'action armée : sabotages (visant voies ferrées, usines, installations militaires), ou attentats contre les Allemands. Les réseaux communistes se montrent les plus actifs et les plus efficaces dans cette guerre de harcèlement.

En Europe orientale, des groupes de partisans s'organisent dès l'invasion allemande. Dans les territoires soviétiques occupés, en Yougoslavie, en Grèce, en Pologne, ce sont de véritables armées qui se constituent. Mais apparaît très vite l'opposition entre résistants nationalistes et communistes, qui n'ont pas la même conception de l'avenir de leur pays après la Libération. Si en Europe occidentale, la Résistance ne mobilisa qu'une minorité, 2 à 3% des populations tout au plus, elle joua un rôle plus important en Europe orientale. Ainsi la libération de la Yougoslavie fut-elle l'œuvre des résistants.

L'état-major de Tito dans une grotte pendant la guerre de 1939-1945.

DÉFAITE DE L'ALLEMAGNE

Comment l'Allemagne a-t-elle perdu la guerre ?

Hitler commet sa première grande erreur militaire en voulant faire de la prise de Stalingrad le symbole de l'écrasement du communisme. Il refuse le repli de sa VIe armée malgré la grande manœuvre d'encerclement engagée par l'Armée Rouge. Une terrible bataille s'engage dans les ruines de la ville et, le 31 janvier 1943, von Paulus doit capituler. Dès lors commence la progression de l'Armée Rouge qui libère toute l'Europe orientale.
C'est aussi en 1943 que l'Allemagne perd le contrôle de la Méditerranée. Le débarquement en Afrique du Nord, la victoire du général britannique Montgomery sur le maréchal Rommel en Libye permettent aux Alliés de prendre pied en Sicile puis en Italie (septembre 1943). Hitler doit venir au secours de Mussolini et engager des troupes sur ce nouveau front.
Mais ce n'est qu'en 1944 que les Anglo-Américains réussissent réellement à pénétrer la "forteresse Europe" à l'issue des débarquement de Normandie (juin) et de Provence (août). La résistance acharnée des troupes allemandes ralentit leur avance. Dans Berlin, investie par l'Armée Rouge, Hitler se suicide le 30 avril et, le 8 mai 1945, l'Allemagne capitule.

La résistance soviétique, coûteuse mais opiniâtre et efficace sur le front de l'Est, la ténacité des Britanniques, et en particulier l'action de la Royal Air Force, la supériorité technologique américaine ont finalement eu raison de l'Allemagne nazie.

Nuremberg bombardée en 1945.

HIROSHIMA ET NAGASAKI

Pourquoi le Japon a-t-il capitulé ?

À partir de 1943, les Américains acquièrent la supériorité dans le Pacifique. Commence alors un lent grignotage des positions japonaises par la tactique du "saut de mouton" qui consiste à s'emparer des bases stratégiques implantées sur les îles. Les débarquements, précédés de pilonnages aériens, sont effectués par des commandos spécialisés, les "Marines".

Nagasaki, 9 août 1945.

Mais dans la tradition du samouraï, un guerrier doit combattre jusqu'à la mort. Ainsi, lorsque après des combats acharnés les Marines prennent pied sur Okinawa, ils ne font que 7000 prisonniers car beaucoup de soldats ont préféré se suicider plutôt que de se rendre. Les avions japonais sont bourrés d'explosifs et lorsqu'ils ont lâché toutes leurs bombes, les Kamikazes, sans crainte de la mort, précipitent leur engin sur les navires ennemis. À partir du printemps 1945 les villes japonaises sont soumises à des bombardement massifs, la population ne reçoit qu'une tranche de poisson tous les cinq jours, mais l'empereur rejette toutes les offres de reddition. Aussi, le Président Harry Truman décide d'utiliser la bombe atomique qui vient d'être expérimentée.

Il a fallu l'"éclair-tonnerre" d'Hiroshima et de Nagasaki (6-9 août 1945) et 400 000 morts pour que, le 19 août, le Japon se résigne à capituler. Ce fut la première victime du "feu nucléaire".

NAISSANCE DES "BLOCS"

Quel monde émerge de la Seconde Guerre mondiale?

Le bilan est très lourd : 50 millions de morts et des destructions matérielles sans précédent. Mais de cette catastrophe émergent des situations très différentes qui vont créer de nouveaux rapports de force.
Avec 15 millions de morts, l'Europe subit une "saignée" démographique aux conséquences durables. Elle n'est plus qu'un champ de ruines avec son cortège de malheurs : villes en poussière, millions de sans-abri et de réfugiés ; installations industrielles détruites, pénurie alimentaire... Les caisses des États sont vides, l'inflation grimpe, les monnaies perdent toute valeur. Il est évident que les pays européens ne pourront se reconstruire seuls.
Le Japon est sous le choc d'Hiroshima. Occupé, il est entièrement entre les mains des États-Unis qui vont imposer la réorganisation complète de son système politique et économique. En Chine, la guerre civile reprend et va prolonger de quatre ans encore les destructions et les combats meurtriers.
En revanche, les États-Unis sortent renforcés de la guerre. Ils ont acquis une supériorité financière et monétaire (les accords de Bretton Woods, en juin 1944, consacrent la suprématie du dollar), leur avance technologique est considérable et ils réalisent plus de 50% de la production industrielle mondiale.
L'U.R.S.S. a payé cher sa victoire sur l'Allemagne : 20 millions de morts et la destruction d'une partie de son potentiel industriel. Mais la guerre a renforcé ses positions sur le plan politique. Elle occupe toute l'Europe orientale jusqu'à Berlin. Les victoires de l'Armée Rouge et la forte participation des communistes aux mouvements de Résistance expliquent le prestige dont elle bénéficie auprès des populations européennes et la forte poussée des partis communistes.

Deux super-puissances émergent de la Seconde Guerre mondiale et, entre elles, l'Europe et le Japon sont profondément affaiblis. Un monde nouveau se dessine dont le sort dépendra des choix des deux "Grands".

L'état-major allié en 1945 : Bradley, Ramsay, Tedder, Eisenhower, Montgomery, Leigh-Mallory, Bedell-Smith.

YALTA

Que s'est-il passé à Yalta?

À Yalta, en février 1945, Staline, Roosevelt et Churchill se rencontrent pour la deuxième fois. Leur sujet de discussion porte sur la procédure à suivre en Europe. Les Alliés fixent les limites de leur zone d'occupation en Allemagne et en accordent une à la France. Une déclaration sur l'Europe libérée prévoit un processus en trois temps : formation de gouvernements d'union nationale, élections libres puis retrait des troupes d'occupation. La Pologne fait l'objet d'un accord particulier qui concerne la rectification de ses frontières (sa partie orientale sera rattachée à l'U.R.S.S.) et la composition de son gouvernement provisoire. À Yalta sont décidées aussi la création de l'Organisation des Nations Unies (ONU) et la composition de son Conseil de Sécurité qui comportera cinq membres permanents. Enfin, Staline s'engage à déclarer la guerre au Japon et à intervenir en Corée. En contrepartie, l'U.R.S.S. se verra attribuer la totalité de l'île de Sakhaline.

À Yalta, Roosevelt obtient la participation soviétique à la création de l'ONU, son grand projet, et son entrée en guerre contre le Japon. En revanche, Staline obtient ce qu'il exigeait concernant la Pologne. Les concessions mutuelles sont la procédure normale de toute négociation diplomatique. Cependant, et contrairement à une légende tenace, il n'y a pas eu à Yalta "partage du monde", mais seulement des négociations sur l'avenir de l'Europe.

GUERRE FROIDE

Qu'est-ce que la guerre froide?

Au lendemain de la Seconde Guerre mondiale, la rivalité entre les États-Unis et l'U.R.S.S. va donner naissance à un nouveau type de conflit que l'on appellera la "guerre froide", issu de la coupure de l'Europe en deux : à la tête de deux blocs d'alliance, les deux Super-Grands sont désormais face à face. Afin d'éviter une guerre nucléaire généralisée, ils s'affrontent dans le cadre de conflits locaux. Cette situation va se prolonger jusqu'en 1990-1991, date de la chute du système communiste en U.R.S.S. et en Europe de l'Est.

Dès 1946, la méfiance et la tension montent. La guerre civile qui éclate en Grèce conduit à la rupture. Le Président Truman annonce dans son discours du 5 mars, que désormais les États-Unis vont apporter leur aide à tous les pays menacés par le communisme. Le 5 juin, son secrétaire d'État, le général Marshall, propose un plan d'aide économique à tous les pays européens. La riposte soviétique est immédiate : l'U.R.S.S. dénonce le plan Marshall comme une volonté de mainmise américaine sur l'Europe et oblige les pays d'Europe orientale à le refuser. La création du *Kominform* (septembre 1947), "bureau d'information" qui regroupe les partis communistes européens, est le prélude à l'accélération de l'installation des Démocraties populaires en Europe de l'Est. En revanche à l'Ouest, les communistes sont évincés des gouvernements qui s'alignent sur les positions américaines. En 1949, le Pacte de l'Atlantique est mis en œuvre pour protéger l'Occident de la menace communiste. Le pacte de Varsovie lui répond, côté soviétique.

Conférence de Yalta, 1945 : Churchill, Roosevelt et Staline.

MUR DE BERLIN

Pourquoi la ville de Berlin a-t-elle été coupée en deux?

À la fin du mois d'avril 1945, l'Armée Rouge entre dans Berlin. À Yalta est prévue la division de l'Allemagne en quatre zones d'occupation. Berlin se trouve située au cœur de la zone soviétique, et elle-même découpée en quatre zones. Très vite apparaît un désaccord fondamental sur le sort futur de l'Allemagne. Staline veut son démembrement alors que les États-Unis pensent que sa reconstruction est nécessaire au redémarrage économique de l'Europe. Toutes les négociations échouent et chacun agit dans sa zone d'occupation en fonction de ses intérêts. La présence des Occidentaux à Berlin est le dernier obstacle à l'emprise soviétique sur la partie orientale de l'Allemagne. C'est pourquoi, en 1948, Staline met en place un blocus de la ville, afin de contraindre les Occidentaux à partir. Mais un pont aérien met en échec le blocus qui est levé. Cette partie de bras de fer accélère la division de l'Allemagne : devenue capitale de la République démocratique allemande, Berlin est désormais coupée en deux secteurs. Puis, en 1961, Khrouchtchev donne l'ordre de construire un mur pour mettre fin à l'exode de milliers d'Allemands de l'Est passés en secteur occidental.

La division de Berlin est la conséquence de la guerre froide. La fin de l'affrontement Est-Ouest permettra en novembre 1989 la destruction du mur puis la réunification allemande en 1990.

CORÉE

Qu'est-ce que la guerre de Corée?

En 1945, la Corée est occupée au nord du 38e parallèle par l'Armée Rouge, au Sud par des troupes américaines. Deux États se constituent : la République populaire et la République démocratique de Corée.
Le 25 juin 1950, le Nord lance une vaste offensive. Il bénéficie d'une aide fournie par l'U.R.S.S. Le Conseil de sécurité, en l'absence de l'U.R.S.S. qui refuse d'y siéger tant que la Chine n'y sera pas représentée par le régime de Pékin, vote l'envoi d'un corps expéditionnaire dont le commandement est confié au général américain Mac Arthur.
La Chine riposte à cette contre-offensive par l'envoi d'un million de soldats. Le Président Truman repousse la proposition de Mac Arthur d'utiliser l'arme nucléaire contre les bases militaires chinoises. Ainsi l'affrontement direct avec l'U.R.S.S., qui a signé avec Pékin un traité d'alliance en 1950, n'aura pas lieu. Sur le terrain, l'égalité des forces conduit à la stabilisation du front, puis à la signature d'un armistice le 27 juillet 1953.

La guerre de Corée est le premier grand conflit typique de la guerre froide. Elle est provoquée par la menace d'une extension de la zone d'influence du camp communiste, mais reste localisée, et l'escalade s'arrête lorsque l'on parvient au point de rupture dont le dépassement provoquerait un affrontement direct entre les deux grands.

Le mur de Berlin est enfin tombé en 1989.

MAO ZEDONG

Comment la Chine est-elle devenue communiste?

En 1911 l'Empire chinois s'effondre et laisse la place à une République présidée par Sun Yat-sen, fondateur du Guomindang, parti nationaliste. Son successeur en 1925, Tchang Kaï-chek, engage la lutte contre le Parti Communiste qui, sous la direction de Mao Zedong et Zhou En-lai, regroupe une fraction importante des intellectuels et des ouvriers des grandes villes. La terrible répression menée à Shanghai et à Pékin en 1927, oblige les communistes à se replier sur les campagnes. En 1935, Tchang Kaï-chek lance une grande offensive contre la République populaire implantée dans la province du Jiangxi. Les survivants parviennent à s'échapper après la Longue Marche de 10 000 km et à recréer une République populaire autour de la ville de Yenan.
Avec l'agression japonaise en 1937, la Chine éclate en trois morceaux. Le nord est occupé par le Japon. Au centre, les communistes mettent en œuvre la réforme agraire tant attendue par l'immense paysannerie chinoise et organisent une Armée Rouge qui compte trois millions d'hommes. Au sud, Tchang Kaï-chek bénéficie des livraisons d'armes américaines. En 1945, après la défaite du Japon, la lutte reprend entre nationalistes et communistes. Malgré l'appui massif des États-Unis, les forces nationalistes ne peuvent résister face à l'Armée populaire de libération qui pénètre dans Pékin en janvier 1949. En octobre la République populaire de Chine est proclamée, en décembre Tchang Kaï-chek et ses partisans se replient dans l'île de Taiwan sous la protection américaine.

Les communistes chinois ont gagné une interminable guerre civile parce qu'ils ont su répondre aux aspirations des paysans en les libérant de l'emprise des grands propriétaires, les dizhu. Tchang Kaï-chek ne pouvait l'emporter, même avec l'aide américaine, face à une armée de partisans dont les combattants étaient dans la population "comme des poissons dans l'eau", selon l'expression de Mao, théoricien marxiste et fin stratège en matière de guérilla.

BUDAPEST, 1956

Que s'est-il passé à Budapest en 1956?

De 1948 à 1953 a été imposé dans les pays d'Europe de l'Est un régime calqué sur celui de l'U.R.S.S. Les partis communistes au pouvoir étaient contrôlés par des hommes placés par Staline. La déstalinisation annoncée par Khrouchtchev déclencha au sein des partis communistes une lutte entre staliniens et partisans de réformes. Leur chef de file en Hongrie, Imre Nagy, accéda au pouvoir en 1953 puis en fut écarté en 1955.
Le 23 octobre 1956, 300 000 personnes manifestent dans Budapest pour exiger son retour au pouvoir. La police tire sur la foule, la révolte éclate. Nagy reprend la tête du gouvernement et obtient le retrait des troupes soviétiques qui ont pénétré dans la capitale pour rétablir l'ordre. Mais cette première intervention soviétique a radicalisé le mouvement.
Sous la pression de la rue, Nagy annonce le 30 octobre l'organisation d'élections libres et le retrait de la Hongrie du Pacte de Varsovie. Aussi, le 4 novembre, les chars soviétiques interviennent à nouveau; les combats font 30 000 morts, Nagy est arrêté et sera exécuté en 1958.

En 1956 un mouvement populaire massif a tenté de renverser le système communiste mis en place depuis 1948 en Hongrie. L'U.R.S.S. écrase cette révolution par une intervention armée de grande envergure. Elle fera de même en Tchécoslovaquie en 1968 afin de mettre un terme au "Printemps de Prague", mené par Alexandre Dubcek, partisan d'un "socialisme à visage humain".

CUBA, 1962

En quoi a consisté l'"Affaire des fusées"?

En 1959, le renversement du dictateur cubain Batista, protégé des Américains, porte au pouvoir Fidel Castro. L'arrêt des importations en provenance de l'île, la désastreuse tentative de débarquement opérée par les États-Unis amènent Castro à se tourner vers l'U.R.S.S. et à proclamer la République démocratique socialiste de Cuba le 1er mai 1961.

"Affaire des fusées" à Cuba en 1962 : le site photographié d'avion par les Américains.

En avril 1962, un avion espion américain photographie des rampes de lancement de missiles que l'U.R.S.S. installe à Cuba. Le 22 octobre, dans un discours télévisé, Kennedy annonce le blocus de l'île et, mettant en garde Moscou contre le risque d'une guerre nucléaire, exige le retrait des missiles.

Khrouchtchev dénonce les "agresseurs américains déchaînés". Le 24 octobre, Kennedy fait savoir aux Soviétiques qu'une attaque aérienne sur Cuba est prévue pour le 30 et que les forces nucléaires américaines sont en état d'alerte maximum. Le 26, Khrouchtchev accepte le retrait des missiles en échange d'une promesse américaine de non-intervention contre Cuba.

La partie de bras de fer engagée entre les États-Unis et l'U.R.S.S. à la suite de l'installation de missiles soviétiques à Cuba a placé la planète au bord du gouffre d'une apocalypse nucléaire. Khrouchtchev céda parce qu'il savait que les États-Unis disposaient d'une nette supériorité (445 missiles contre 75).

DÉCOLONISATION

Quand et comment a débuté le mouvement de décolonisation?

La colonisation s'est traduite par l'installation de colons qui s'emparaient d'une grande partie des richesses locales, par la mise en place d'une économie organisée en fonction des intérêts de la métropole, et par la domination politique d'une minorité. Enfin la domination culturelle permettait au colonisateur d'imposer sa langue et bien souvent aussi sa religion.
Dès le début du XXe siècle, le développement de mouvements nationalistes marqua un sursaut face à l'oppression et à l'humiliation du système colonial. Ces mouvements furent d'abord modérés, demandant uniquement l'égalité des droits et la participation à l'administration du territoire. Mais les puissances coloniales refusèrent et utilisèrent la répression contre les leaders de ces mouvements qui se radicalisèrent et entreprirent une lutte pour l'indépendance.
Pendant la Seconde Guerre mondiale, les colonies apportèrent une aide précieuse (2 millions d'Indiens dans l'armée britannique, 150 000 Algériens et Sénégalais dans les Forces Françaises de Libération) à la lutte contre le fascisme. Aussi, les peuples colonisés demandèrent que la liberté et l'indépendance, qu'ils avaient aidé à restaurer, leur soient accordées.
L'après-guerre fournit un contexte international favorable aux pays colonisés. Les pays européens étaient profondément affaiblis et ce sont les deux Grands qui prirent en main la direction du monde. Or, tous les deux, pour des raisons différentes, appuyèrent la revendication d'indépendance.

Prenant sa source dans l'oppression que représente le système colonial, bénéficiant de conditions favorables créées par la guerre et l'après-guerre, la décolonisation va se développer grâce à l'action des fortes personnalités qui émergent des premiers combats pour l'indépendance. L'Indien Nehru, l'Indonésien Soekarno, le Guinéen Sekou Touré, en prenant l'initiative de la Conférence de Bandung (avril 1955), vont donner un élan décisif au mouvement.

Avril 1945, Conférence de Bandung. Chou En-laï assiste à la première conférence Asie-Afrique.

GANDHI

Qui était Gandhi ?

Mohandas Gandhi est né en Inde en 1869, dans une famille aisée. Il fait des études de droit à Londres puis part en 1893 pour l'Afrique du Sud. Il y prend la direction du mouvement de la communauté indienne et lutte contre la restriction de ses droits par le pouvoir blanc qui met alors en place le système d'apartheid. Gandhi expérimente avec succès une forme nouvelle de lutte reposant sur deux grands principes : la non-coopération (boycott des mesures imposées) et la résistance par la non-violence.

Rentré en Inde, il engage la lutte contre le colonisateur britannique en ayant recours à la désobéissance civile, fondée sur la non-violence et à de longs jeûnes lors de ses multiples séjours en prison. Il lance en août 1942 son célèbre mot d'ordre "quit India" ("libérez l'Inde") qui lui vaut deux nouvelles années d'emprisonnement.
Lorsqu'enfin les négociations s'engagent, Gandhi comprend qu'il est trop tard pour éviter la partition de l'Inde exigée par les musulmans et demande à la majorité hindoue de l'accepter. Il ne sera pas entendu : l'indépendance de l'Inde et du Pakistan (15 août 1947) s'accompagne de massacres et le 30 janvier 1948 Gandhi tombe sous les balles d'un fanatique.

Celui qui fut appelé le Mahatma, la "grande âme", fut à la fois un leader politique qui a conduit l'Inde vers l'indépendance et un penseur qui a cherché à tracer la voie vers une société plus juste en puisant aux sources de la spiritualité hindoue.

DÉCOLONISATION À L'ANGLAISE

Comment l'Angleterre a-t-elle réagi au mouvement de décolonisation ?

À partir de 1945, l'Angleterre a pris conscience de la force du mouvement nationaliste en Inde, considérée comme "le joyau" de l'Empire britannique. Depuis 1918, la répression s'était montrée impuissante face à la force du Parti du Congrès et de son leader, le Mahatma Gandhi. Les dirigeants britanniques avaient compris qu'ils ne pouvaient plus maintenir la domination coloniale. Ensuite, la guerre a profondément affaibli l'Angleterre. Ses moyens financiers étaient désormais réellement trop réduits pour supporter l'engagement de troupes dans des conflits coloniaux, et elle ne pouvait se permettre d'entrer en désaccord avec les États-Unis qui étaient, eux, favorables à l'indépendance des colonies.

L'Angleterre accepta la négociation parce qu'elle ne pouvait plus la refuser, mais aussi parce que c'était sans doute tout de même son intérêt. La formule du leader travailliste Bevin résume parfaitement la stratégie adoptée en 1945 par les Anglais : "Give and keep" ("donner et garder"). Il s'agit d'accepter d'abord le "self-government" (l'autonomie), puis l'indépendance, dans le cadre du Commonwealth (Communauté qui remplace l'Empire) afin de préserver une présence et des intérêts économiques dans les anciennes colonies.

Gandhi

MINORITÉS NATIONALES ET DÉCOLONISATION

Quelles ont été les conséquences du démembrement des empires coloniaux sur les minorités nationales?

La décolonisation, opérée à la hâte, a entraîné des conflits graves et non encore résolus. Le plus souvent, les puissances colonisatrices avaient "divisé pour régner", jouant une ethnie contre une autre, manipulant habilement privilèges d'un côté, répression de l'autre, traitant de manière volontairement inégale les différents peuples de leurs colonies. Ainsi, au moment de la décolonisation, les rancœurs accumulées entre tribus, ethnies ou nations voisines explosèrent violemment, provoquant des massacres, des exodes et des guerres civiles dont certaines ne sont pas aujourd'hui encore totalement terminées.

L'éclatement de l'Empire ottoman a directement provoqué le génocide des Arméniens en 1915, la dispersion du peuple kurde dans quatre États différents sans que soit reconnue son identité. L'implantation de juifs d'Europe en Palestine, décidée par un gouverneur britannique, est à l'origine de l'ensemble du conflit au Proche-Orient.

En Afrique, le découpage de Berlin n'ayant tenu aucun compte, en 1884, des réalités ethniques locales, de nombreuses nationalités se retrouvèrent face à face, et ce fut la guerre : le Congo belge fut ensanglanté par les querelles tribales, tout comme plus tard l'Ouganda, le Ruanda, le Nigeria (où la guerre du Biafra entraîna la mort de plus d'un million d'Ibos chrétiens). Au Soudan, encore aujourd'hui, les musulmans pratiquent une politique d'extermination contre les tribus chrétiennes du Sud. Répartis entre le Mali, le Niger et la Mauritanie, les Touaregs, peuple de commerçants et de pasteurs du Sahel, sont, pourtant, sédentarisés de force. Dans certains cas, le départ des puissances coloniales a occasionné des exodes massifs de populations d'origine européenne, rapatriées à la hâte à la suite de troubles graves : plus d'un million d'Européens installés depuis quatre générations en Algérie rentrèrent en France en 1962, tout comme les colons de Rhodésie, qui s'enfuirent en Afrique du Sud ou en Angleterre. De même pour les colons belges du Congo en 1961. Les Portugais d'Angola, après une longue guerre, furent, eux aussi, rapatriés en 1975. Le cas indien est également dramatique : les oppositions religieuses et ethniques provoquèrent, malgré les appels au calme de Gandhi, la partition du pays en 1947, au terme d'une effroyable guerre civile entre musulmans et hindous. L'ancienne colonie anglaise se divisa donc en Pakistan (lui-même composé de deux États distants de plus de 1500 km et aujourd'hui totalement indépendants l'un de l'autre, le Pakistan et le Bangla Desh) et en Union Indienne, État gigantesque qui souffre toujours du problème posé par de puissantes minorités indépendantistes et la persistance des querelles religieuses.

CHINE, INDONÉSIE, PHILIPPINES

Comment s'est effectuée la décolonisation de l'Extrême-Orient ?

Très peu de temps après la Seconde Guerre mondiale, les mouvements indépendantistes des colonies d'Asie ont obtenu gain de cause, le plus souvent par les armes. Mais il faut distinguer le cas de l'Inde et celui de la Chine. Quant à l'archipel Indonésie-Philippines, il ne s'est pas non plus libéré de la même manière que l'ancienne Indochine française...

En Chine, depuis les années 1930 déjà, les guérillas communistes exigeaient le départ des puissances coloniales (Angleterre, Japon principalement). Menées par Mao Zedong, dirigées par d'habiles chefs de guerre comme Lin Piao, les armées communistes profitèrent de la déroute japonaise en 1945 pour se lancer à l'assaut du régime pro-occidental de Tchang Kaï-chek. En 1949, les communistes prirent Pékin. En peu de temps les puissances étrangères et le régime de Tchang Kaï-chek se replièrent sur la grande île de Taiwan (Formose). Le régime de Pékin réclame encore aujourd'hui le retour de Taiwan à la Chine, après avoir obtenu celui de Macao et Hong Kong.

C'est la personnalité et la détermination de Achmed Soekarno qui ont donné une forme définitive à la lutte indépendantiste engagée par les révolutionnaires indonésiens depuis le début du siècle. En décembre 1949, la Hollande accorda son indépendance au pays, qui fut dirigé par Soekarno dans un esprit de revanche contre les puissances européennes. Il fut avec l'Indien Nehru, le Yougoslave Tito et le Cubain Fidel Castro l'un des plus ardents défenseurs du "non-alignement" et de l'"anti-impérialisme".

Les Philippines furent indépendantes en 1946, les États-Unis ayant renoncé unilatéralement à leur domination sur le pays, à condition que celui-ci adopte une constitution comparable à la leur et qu'il reste dans le camp occidental.

La "Longue Marche" est terminée pour ces rescapés de l'Armée révolutionnaire de Mao Zedong, enfin parvenus au Chen-si, dans le Nord de la Chine. Entre 1934 et 1935, ces hommes auront parcouru 12 000 km, à partir du sud du Kiang-si, pour échapper aux troupes de Tchang Kaï-chek.

PREMIÈRE GUERRE D'INDOCHINE

Comment expliquer l'échec français en Indochine ?

La faiblesse numérique du corps expéditionnaire français dispersé sur une très vaste étendue, le caractère insaisissable des groupes de guérilla organisés par Ho Chi Minh et le général Giap, deux anciens du Parti communiste indochinois, qui ont fondé, dès 1941, le Viêt-minh (Front pour l'Indépendance du Viêt-nam), le peu d'intérêt de l'opinion métropolitaine pour cette guerre lointaine ont empêché la France de répondre militairement et politiquement à un mouvement de libération le plus souvent lié très intimement à la population locale et soutenu par l'U.R.S.S. et la Chine.

La guerre dura pourtant plus de sept ans (1946-1954). Des centaines d'officiers français, des milliers de soldats métropolitains engagés et de soldats enrôlés sur place perdirent la vie dans une guerre d'escarmouches qui peu à peu, du fait de la puissance des armées de Giap, tourna à la bataille rangée. Les opérations militaires se déroulèrent principalement dans la plaine du Tonkin, au nord, près du delta du Mékong, au sud, mais aussi dans les montagnes et sur les hauts plateaux où les Français tentèrent d'exploiter le sentiment anti-vietnamien de certaines ethnies locales. Mais à la suite du désastre militaire de Diên Biên Phu, en mai 1954, le Viêt-nam, partagé à la hauteur du 17ᵉ parallèle entre le Nord communiste et le Sud pro-occidental, allait s'enfoncer presque immédiatement après le départ des Français dans une autre guerre, contre les Américains cette fois, dès le début des années soixante.

NON-ALIGNEMENT

Qu'appelle-t-on mouvement des non-alignés ?

L'aggravation de la guerre froide avec le blocus de Berlin et le conflit coréen suscita dans de nombreux pays pauvres récemment libérés le désir de rompre avec la politique des blocs et de refuser toute tutelle afin d'éviter d'être entraînés dans un éventuel conflit USA/URSS qui ne les concernait pas. Cette doctrine, appelée "non-alignement", fut mise en avant par des dissidents communistes (le Yougoslave Tito), des dirigeants nationalistes influencés par le marxisme (l'Égyptien Nasser, le Ghanéen N'Krumah, le Cubain Castro) ou socialisants (l'Algérien Boumedienne, l'Indien Nehru, l'Indonésien Soekarno).

Le mouvement des non-alignés, qui s'affirma à Bandoung (en avril 1955) puis à Belgrade (en 1961), parvint à réunir 29 nations du monde pauvre (50 % de la population mondiale, mais seulement 8 % des richesses totales). Mais il fut peu à peu affaibli par les conflits internes. Le soutien des non-alignés aux luttes de libération nationale les contraignit à accepter la tutelle soviétique. Le jeu de la neutralité devint difficile à maintenir. Peu à peu, l'URSS mit la main sur le mouvement des non-alignés, qui devint lentement pro-soviétique, malgré la résistance de Nehru ou de Tito. Enfin, comble de la catastrophe, des conflits armés opposèrent des pays membres du mouvement (l'Inde contre la Chine, diverses querelles entre États africains, etc). Dans l'ensemble, le non-alignement, qui se voulait une voie de refus à l'alternative capitalisme/socialisme, n'a pu maintenir cette rigueur. À cause des difficultés économiques, les pays du Tiers monde n'ont pas été capables de mettre en œuvre une politique de réelle indépendance à l'égard des deux grands.

Sommet des pays non-alignés (1983). Indira Gandhi.

AFRIQUE NOIRE LIBÉRÉE

Comment ont été obtenues les indépendances en Afrique noire?

Le processus de la libération nationale s'est déroulé différemment, selon que les puissances coloniales ont ou non accepté l'idée d'une perte de contrôle sur le destin de leurs anciennes possessions. L'Angleterre a décolonisé "en souplesse" et par étapes, sans avoir à essuyer de conflit important. La France a laissé aux nations africaines le choix de leur statut, évitant de s'enliser dans une guerre comparable à celles d'Indochine et d'Algérie. La Belgique en revanche a abandonné l'ancien Congo (aujourd'hui le Zaïre) aux conflits ethniques et aux querelles de dirigeants, occasionnant de féroces règlements de compte. Le Portugal n'a pas su évacuer proprement le terrain et dut mener une dure et cruelle guerre pour se maintenir en Angola, malgré la résistance farouche des maquis locaux, jusqu'en 1975.

Les assemblées locales, fortement influencées par les idéologies des dirigeants nationalistes africains ont tenté de rompre avec la tutelle des métropoles européennes. Mais les problèmes ethniques, toujours fortement ancrés, au moment de la colonisation, les difficultés de développement, la dépendance économique ou l'assujettissement politique aux grandes puissances des deux blocs ont enfoncé l'Afrique dans une crise politique et économique permanente. Le Ghanéen N'Krumah, le Tanzanien Nyeréré, le Guinéen Sékou Touré ont en très peu de temps fait évoluer leur régime vers la dictature. Le cas d'autres pays, dirigés par des politiciens plus modérés n'est guère brillant : dans la Côte d'Ivoire d'Houphouet-Boigny, dans le Sénégal de Léopold Senghor, la corruption fait des ravages, tout comme au Gabon, en Centrafrique, ou dans les dictatures du Zaïre et du Cameroun, totalement gagnées à la cause occidentale. Au Nigeria, les querelles religieuses et ethniques ont tourné au massacre, comme plus tard en Ouganda, au Ruanda, au Soudan. La Somalie de cette fin de siècle n'est guère épargnée, ni l'Éthiopie, pas plus que le Mali en lutte contre ses Touaregs. En réalité, un constat sinistre s'impose : l'Afrique "indépendante" s'est installée dans le non-développement, la corruption et la guerre civile. La pauvreté a annulé les bienfaits attendus de l'Indépendance.

Lumumba et Kasavubu.

INDÉPENDANCE ALGÉRIENNE

Quels sont les mouvements à l'origine de l'indépendance algérienne ?

1930 est l'année de la célébration du centenaire de la présence française en Algérie. À cette occasion, se succèdent discours sur l'œuvre matérielle et morale de la France, péroraisons sur la force civilisatrice de la France et réceptions fastueuses. L'idée est acquise que l'Algérie est française et surtout le restera.

Mais dès 1926, sous la direction de Messali Hadj, les bases d'un mouvement nationaliste sont jetées. Ainsi, l'Étoile Nord Africaine (E.N.A.) voit le jour, avec, comme but ultime, l'indépendance de l'Algérie. Il s'écoulera de nombreuses années avant que cette aspiration indépendantiste ne se concrétise. Le mouvement ne cessa de s'affirmer, malgré les convulsions internes, et deviendra très puissant, en 1937, sous le nom de Parti du Peuple Algérien (P.P.A.).

En 1945, les manifestations sanglantes de Sétif, Khérata et Guelma conduisent à l'interdiction du P.P.A. La répression ne cesse de s'abattre sur ses militants malgré la transformation du parti en Mouvement (légal) pour le Triomphe des Libertés Démocratiques (M.T.L.D.). Parallèlement, l'Union pour la Défense du Manifeste Algérien (U.D.M.A.) voit le jour sous la direction de Ferhat Abbas, lequel milite au départ pour l'égalité des droits et l'assimilation. À la même période, l'Organisation Spéciale, branche secrète et paramilitaire du M.T.L.D., donne naissance au Comité Révolutionnaire pour l'Unité et l'Action (C.R.U.A.), avec pour but, le déclenchement immédiat d'une insurrection générale du peuple algérien et l'instauration d'une lutte armée.

La création d'un Front de Libération Nationale (F.L.N.) à l'initiative d'un groupe de militants du C.R.U.A. (en l'occurrence les neuf chefs historiques de la Révolution Algérienne) se fonde sur ce mot d'ordre de rébellion populaire contre le pouvoir colonisateur.

Quant aux partisans de Messali Hadj, ils se regroupent pour former le Mouvement National Algérien (M.N.A.) qui, après de sanglants règlements de compte avec le F.L.N., dégénérera jusqu'à fournir des soldats à l'armée française.

INSURRECTION EN ALGÉRIE

Que s'est-il passé le 1er novembre 1954?

Après la crise politique majeure et la scission que connut le Mouvement pour le Triomphe des Libertés Démocratiques (M.T.L.D.) de Messali Hadj, il était urgent d'agir pour éviter que le mouvement nationaliste ne sombre dans l'immobilisme. Un groupe de militants, membres de l'Organisation Spéciale, la branche paramilitaire et secrète du M.T.L.D., décida de prendre les choses en main : ils créèrent le Comité Révolutionnaire pour l'Unité et l'Action (C.R.U.A.), avec pour objectif, l'obtention de l'indépendance de l'Algérie par la lutte armée. Aux six membres fondateurs vinrent s'ajouter trois membres, exilés au Caire, qui constituèrent ainsi le noyau des neuf chefs historiques à l'origine de la guerre de libération de l'Algérie : Hocine Aït Ahmed, Krim Belkacem, Ahmed Ben Bella, Rabah Bitat, Mohamed Boudiaf, Mustapha Ben Boulaïd, Larbi Ben M'Hidi, Mohamed Khider et Didouche Mourad. En fait, la constitution définitive du groupe des neuf ne s'est faite qu'après la réunion, fin juin, au Clos Salambier à Alger, de vingt-deux hommes (en majorité des Constantinois et des Kabyles), tous favorables au déclenchement immédiat de la lutte armée. À l'issue de la réunion, les vingt-deux désignèrent à leur tête les "six" sous forme d'un comité de direction. Les moyens militaires étaient, pour ainsi dire, quasi inexistants, la préparation efficace des futurs combattants difficile, mais il était impératif de déclencher l'action armée dans les plus brefs délais. Le début des hostilités fut fixé au 15 octobre.

Sous la coordination assurée par Boudiaf, les "six" se retrouvèrent chacun à la tête d'une zone en Algérie, tandis que les trois autres étaient chargés de trouver, à partir de leur base en Égypte, des appuis extérieurs, en particulier auprès du colonel Nasser et d'exploiter le contexte politique international : à l'étranger, les puissances coloniales n'avaient pas le vent en poupe, le phénomène de décolonisation était bien engagé, le Maroc et la Tunisie s'agitaient et, surtout, la France était "embourbée" en Indochine. Par la suite, l'échéance, initialement fixée au 15 octobre fut reportée. Le début de la lutte armée fut prévu pour le 1er novembre 1954 à 1 heure du matin.

Initialement limitée à une poignée d'intellectuels, la résistance algérienne prit rapidement un tour populaire et organisé.

GUERRE D'ALGÉRIE

Quelles ont été les étapes de la guerre d'Algérie ?

Au lendemain du 1er novembre 1954, pour la France, l'Algérie est française et le restera. Les débuts de la guerre ne sont pas favorables au F.L.N. mais l'engagement de Abane Ramdane, en 1955, va crédibiliser le processus insurrectionnel tant sur le plan politique que militaire. Sur le plan international, une première victoire est obtenue, grâce à Aït Ahmed, lors de la conférence afro-asiatique de Bandoeng en avril 1955. En 1956, le congrès de la Soummam consolide les assises du F.L.N. et la guerre s'intensifie. Quelques mois plus tard, l'interception de l'avion qui transporte à Tunis des membres importants du F.L.N., la bataille d'Alger et le démantèlement des réseaux urbains conduisent de Gaulle à proposer la "paix des braves". Le F.L.N. refuse. Pour ce dernier, qui accroît son audience internationale, tout ce qui est perdu à l'intérieur des frontières est regagné à l'extérieur.

Une escalade des opérations militaires, un imbroglio des solutions politiques, la prise du gouvernement général par les Européens, le référendum sur l'autodétermination et l'indépendance, les barricades, le putsch des généraux, les attentats en Algérie et en France de l'Organisation de l'Armée Secrète (O.A.S.) s'enchaînent... Les rencontres, secrètes puis officielles, entre le gouvernement français et le F.L.N., débouchent, finalement, le 18 mars 1962, sur les accords d'Évian. Le 3 juillet, l'Algérie est indépendante.

Les autorités militaires françaises tentèrent de susciter la collaboration des notables locaux.

ALGÉRIE INDÉPENDANTE

Comment a évolué l'Algérie indépendante ?

Fort de sa "légitimité historique", le F.L.N. accapara le pouvoir durant 30 ans. Quatre caractéristiques se dégagent de cette longue période qui a mené l'Algérie à la crise actuelle : une opposition au régime muselée, une expression politique réduite au canal partisan étatique ou militaire, un régime fondé sur les coalitions d'intérêts, et une extraordinaire stabilité du personnel politique.

Houari Boumedienne.

Après une période de réel prestige international et une restructuration économique, qui entraîne un début de développement et une croissance sensible du niveau de vie, le système se grippe et débouche sur les événements de 1988. Les réformes engagées n'ont fait que mieux révéler la profondeur de la crise : le pays est fortement endetté et l'économie nationale est à genoux, le système éducatif est dans l'impasse tandis qu'une partie de la société algérienne cherche, dans les prêches islamistes, la solution de ses problèmes... Ces échecs, imputés tant aux options industrielles et agricoles choisies qu'à l'absence de démocratie, sont à la mesure des espoirs fondés sur les réelles possibilités de développement, compte tenu, entre autres, des capacités de financement engendrées par les ressources naturelles nationalisées (le pétrole essentiellement). En 1989, l'adoption du multipartisme suscite un nouvel espoir mais, fin 1991, le processus démocratique est stoppé et l'Algérie se trouve confrontée à l'intégrisme.

ISRAËL

Comment est né l'État d'Israël ?

D'après la Bible, les Juifs s'installent dans le pays des Philistins, la Palestine, vers 1200 avant J.-C. Commence alors une longue histoire faite d'invasions étrangères, de pertes de l'indépendance puis de restaurations du Royaume juif. Cette histoire s'achève en 70 après J.-C., lorsqu'après une révolte contre l'occupation romaine la quasi-totalité des Juifs est contrainte à l'exil. Ce peuple va désormais vivre en minorité parmi les autres peuples et subir de très nombreuses persécutions. Mais il conserve son identité et exprime son rêve de retour par la phrase répétée à chaque fête de Pâques : "l'an prochain à Jérusalem".

La publication du livre de Théodore Herzl, *L'État juif* (1896), est à l'origine de la création du mouvement sioniste, dont le premier congrès se tient à Bâle en 1897. Son objectif est le retour des Juifs à Sion, colline de Jérusalem.

La première étape menant à ce retour fut la Déclaration Balfour (2 novembre 1917) par laquelle l'Angleterre s'engageait à agir pour favoriser la création d'un "foyer national juif" en Palestine. En 1920, la Palestine est confiée en mandat à l'Angleterre, permettant ainsi au mouvement de migration des Juifs de s'intensifier. Cela provoqua en 1936 de violents incidents avec la population arabe.

L'ultime étape se déroule dans le contexte de l'après-guerre. Avec la découverte de l'horreur du génocide, les grandes puissances sont favorables à la création d'un État juif. Une commission de l'O.N.U. propose un plan de partage de la Palestine en trois secteurs. Les Juifs acceptent le plan qui est voté par une majorité des membres de l'O.N.U. le 29 novembre 1947. Le 14 mai 1948, David Ben Gourion proclame l'Indépendance de l'État d'Israël.

L'État d'Israël renaît en 1948. C'est le résultat d'un attachement millénaire des Juifs à leur "terre promise", d'un combat qui a bénéficié de l'appui temporaire de l'Angleterre puis des deux "Grands" et de l'O.N.U. en 1947.

David Ben Gourion pendant la déclaration d'Indépendance de l'État d'Israël à Tel-Aviv le 14 mai 1948.

CONFLIT ISRAÉLO-ARABE

Combien de conflits, entre Israël et les pays arabes, le Moyen-Orient a-t-il connu ?

Pour les États arabes, la Palestine est une terre arabe et la création de l'État d'Israël est une nouvelle entreprise de colonisation et d'agression de l'Occident. Aux quatre conflits qui vont opposer le monde arabe à Israël, il faut ajouter l'affrontement quasi permanent aux frontières de l'État hébreu et dans les territoires occupés depuis 1967, avec les combattants de l'Organisation de Libération de la Palestine (O.L.P.).

La première guerre est déclenchée le jour même de la création d'Israël, le 14 mai 1948. Mais l'absence d'unité de commandement des armées arabes, le soutien diplomatique accompagné d'envoi d'armes des grandes puissances (États-Unis, U.R.S.S., France) vont sauver le jeune État. Un armistice signé le 24 février 1949 met fin aux combats.

En accord avec l'Angleterre et la France, Israël lance une attaque contre l'Égypte le 29 octobre 1956. L'objectif est la chute du colonel Nasser qui vient de nationaliser le canal de Suez. La menace soviétique de tirs de missiles nucléaires, suivie de la pression américaine, contraignent les trois alliés à retirer leurs troupes : Nasser sort renforcé et l'U.R.S.S. devient une alliée du monde arabe.

L'Égypte, la Syrie et la Jordanie, armées par l'U.R.S.S., concentrent des moyens de plus en plus importants aux frontières d'Israël. Se sentant menacés, le 5 juin 1967, les Israéliens détruisent au sol l'aviation de leurs voisins. La "guerre des six jours" leur permet d'occuper le Sinaï, la bande de Gaza, la Cisjordanie et le Golan.

Au cours de la guerre du Kippour (6-25 octobre 1973), l'armée israélienne recule pour la première fois puis reprend le dessus grâce aux livraisons d'armes américaines. Le successeur de Nasser, Anouar el Sadate, tire les leçons de cet échec. Le soutien américain rendant impossible toute victoire militaire, il signe avec Israël un traité de paix (26 mars 1979) qui permet à l'Égypte de récupérer le Sinaï.

Le 6 octobre 1973, jour de la fête juive de Yom Kippour, les Égyptiens, aidés des Syriens, attaquent Israël : c'est ce que l'on appellera la guerre du Kippour.

O.L.P.

Qu'est-ce que l'O.L.P. ?

C'est en 1964 au Caire qu'est créée, sous l'impulsion de l'Égypte et de la Syrie, l'Organisation de Libération de la Palestine (l'O.L.P.). Sa charte définit ses objectifs : destruction de l'État d'Israël et création d'un État palestinien laïc.

À partir de 1969, Yasser Arafat, leader du Fath (le mot signifie "conquête"), prend la direction de l'O.L.P., s'efforce de maintenir l'unité et de rendre son organisation plus autonome par rapport aux États arabes qui cherchent à la contrôler.
Dans un premier temps, l'action des Fedayin (les "combattants") repose sur le terrorisme, pratiqué en Israël et partout dans le monde. Puis les moyens militaires de l'O.L.P. deviennent de plus en plus importants : elle mène une véritable guerre de harcèlement, essentiellement à partir de ses bases du Liban. Celles-ci sont en grande partie démantelées par l'entrée des troupes israéliennes au Liban au cours de l'été 1982.
L'O.L.P. a donc échoué militairement face à Israël. Depuis 1988 elle semble avoir abandonné les objectifs de sa charte de 1964 et donc accepté la création d'un État palestinien à côté d'Israël. Mais ce compromis n'est pas accepté par tous les Palestiniens.

Yasser Arafat.

PAIX

Quelles sont les chances de règlement du conflit israélo-arabe ?

Depuis l'automne 1991, a commencé une vaste négociation entre Israël, certains États arabes et certains représentants palestiniens des territoires occupés par Israël depuis 1967.

Itzhak Shamir.

Du côté arabe, la plupart des États semblent se résigner à reconnaître l'existence d'Israël car sa supériorité militaire est établie plus solidement encore depuis qu'a disparu leur principal soutien militaire, l'U.R.S.S.
Du côté israélien, la nécessité d'un compromis territorial en échange de la paix semble faire son chemin. Si un règlement est trouvé, il s'agira d'une paix de raison et non de cœur et il faudra du temps pour que s'opère une véritable réconciliation.
Mais les obstacles sont encore nombreux. L'Irak, la Libye, l'Iran sont toujours hostiles à la reconnaissance d'Israël. La montée de l'intégrisme islamique menace les régimes arabes prêts à cette reconnaissance. Quarante-cinq ans d'exil, la dure répression de l'*Intifada* (la "guerre des pierres") dans les territoires occupés ont fait naître chez une partie des Palestiniens des factions prêtes à tout sauf au compromis.

Dans l'état actuel des choses, la clé du règlement du conflit israélo-arabe est dans les mains des dirigeants palestiniens et israéliens. Soit ils acceptent le compromis, soit le conflit continuera encore pendant très longtemps.

GUERRE DU VIÊT-NAM

Pourquoi les États-Unis ont-ils fait la guerre au Viêt-nam ?

À l'issue des accords de Genève (1954) la France se retire d'Indochine. Le Nord Viêt-nam, dirigé par Hô Chi Minh et armé par l'U.R.S.S. soutient la guérilla du Viêt-cong (communistes vietnamiens) qui lutte contre le régime du Sud que vont défendre désormais les États-Unis.

Les États-Unis envoient d'abord des conseillers militaires, puis 500 000 soldats qui vont combattre directement la guérilla. Commence alors "une sale guerre" : bombardement au napalm pour détruire la forêt tropicale qui sert d'abri, usage de la torture, destruction de récoltes et de villages… À partir de 1968, les bombardements massifs des B52 s'attaquent au Nord puis au Cambodge pour couper le ravitaillement en armes des Viêt-cong. Mais cette guerre coûte très cher et un mouvement de contestation se développe dans la jeunesse américaine. Les États-Unis se résignent à signer les accords de Paris et à se retirer du Viêt-nam. Mais en 1975, le Sud du Viêt-nam, le Cambodge et le Laos tombent aux mains des communistes.

Les États-Unis sont intervenus au Viêt-nam dans le cadre de la politique de "l'endiguement" du communisme. En réalité, leur engagement a causé des milliers de morts, la ruine économique des trois pays composant l'Indochine et a abouti à les faire basculer dans le camp adverse, le camp communiste.

AFGHANISTAN

Pourquoi les Soviétiques ont-ils fait la guerre en Afghanistan ?

Pour les mêmes raisons stratégiques que celles qui amenèrent les Américains à soutenir des régimes dictatoriaux pro-occidentaux en Corée, au Chili ou au Viêt-nam, les Soviétiques se crurent contraints d'intervenir dans un pays où un régime pro-soviétique semblait en difficulté. Officiellement liée à l'Afghanistan par un pacte d'assistance, l'Union soviétique tira prétexte d'une demande d'aide militaire pour entrer massivement, au travers de leur frontière commune, sur le territoire de son allié.

Une longue guerre, extrêmement meurtrière, s'engagea alors entre le régime pro-communiste appuyé par les Soviétiques et les guérillas paysannes soumises à l'islam, soutenues par le Pakistan et les États-Unis. On se retrouvait ainsi dans un schéma du type de la guerre du Viêt-nam, simplement inversé. Ce n'est qu'à la fin des années 1980 que le retrait progressif des troupes soviétiques a laissé le champ libre aux guérilleros afghans, dont l'un des leaders les plus populaires, le commandant Massoud, a pris la tête, malgré le conflit violent qui l'opposait à une autre fraction de la résistance, plus nettement influencée par l'islam intégriste. Mais le pays est désormais détruit : le bombardement systématique des vallées par l'armée soviétique a désorganisé l'agriculture locale et tué des centaines de milliers de personnes. L'échec militaire soviétique en Afghanistan a joué un rôle considérable dans l'effondrement du communisme dans les pays de l'Est. La perte de confiance dans l'Armée Rouge, les critiques violentes à propos des pertes soviétiques et des massacres perpétrés contre les populations ont sévèrement entaché l'image et affaibli la puissance du complexe militaro-industriel qui, depuis la période stalinienne, dirigeait le pays d'une main de fer.

DÉTENTE INTERNATIONALE

Y a-t-il eu une véritable détente internationale dans les années 1970 ?

De 1969 à 1979, les tensions entre les États-Unis et l'U.R.S.S. semblent s'apaiser ; c'est la *Détente*. Elle se manifeste d'abord par la signature en mai 1972 de l'accord S.A.L.T. 1 qui prévoit une limitation mutuelle de la fabrication de missiles stratégiques intercontinentaux pendant 5 ans. Les deux Grands vont également développer leurs relations commerciales, culturelles et des liens entre leurs scientifiques. La Détente se manifeste aussi en Europe. Les deux Allemagne acceptent de se reconnaître mutuellement et sont admises à l'O.N.U. (en septembre 1973). En 1975, trente-cinq États signent les accords d'Helsinki au terme desquels ils reconnaissent les frontières nées de la guerre en Europe et s'engagent à respecter les Droits de l'Homme.

Mais la rivalité entre les deux Grands pour l'extension de leur zone d'influence dans le reste du monde continue. Au Viêt-nam, l'engagement américain s'intensifie puis s'étend au Cambodge et au Laos. Les États-Unis perdent cette guerre et en 1975 l'ensemble de l'Indochine bascule dans le camps communiste. La même année, la chute du Négus en Éthiopie débouche sur l'instauration d'une dictature militaire qui choisit l'alliance avec Moscou. En Angola et au Mozambique, anciennes colonies portugaises, les mouvements indépendantistes de tendance communiste s'emparent du pouvoir grâce à l'aide de l'U.R.S.S. et de Cuba. Enfin, en décembre 1979, l'Armée Rouge entre en Afghanistan pour tenter d'écraser le mouvement de résistance au pouvoir communiste. Venant après une série de succès, cette dernière intervention soviétique provoque un durcissement de l'attitude des États-Unis qui mettent fin à la Détente.

La Détente a été limitée à la fois dans le temps (1969-1979) et dans l'espace : l'apaisement des tensions n'a concerné que l'Europe et les relations entre les deux Grands, alors que la rivalité dans la "périphérie" (Asie, Afrique) a continué, sous la forme de conflits localisés mais très meurtriers.

Léonid Brejnev.

TRENTE GLORIEUSES

Qu'a-t-on appelé les "Trente Glorieuses"?

Le sociologue français Jean Fourastié a consacré cette expression pour désigner cette longue période d'optimisme et de changements économiques qui caractérisa les trente années qui suivirent la Seconde Guerre mondiale. Au cours de ces trois décennies, en effet, les pays occidentaux et le Japon, fortement atteints par les destructions, parvinrent, avec l'aide et sous le contrôle de la puissance américaine, à établir une longue période de prospérité collective, marquée par une croissance économique pratiquement constante et une redistribution, plus équitable qu'auparavant, des bénéfices de l'expansion économique, au moins pour ce qui concerne les peuples des pays développés.

Consommation de masse, aide sociale accrue payée par la croissance, investissements de plus en plus élevés dans les entreprises, amélioration des transports et mondialisation de la production et des échanges dans le cadre d'une économie ultra libérale définie, à la manière américaine, par les accords de Bretton Woods, apportèrent aux pays développés du bloc occidental (États-Unis, Europe, Japon) un mieux-être incontestable. Mais pour les pays de l'Est, écrasés par des dictatures implacables et pour les pays pauvres du Sud, la dépendance à l'égard des nations économiquement développées s'accentua ; dérèglements monétaires, inflation, corruption, mais aussi inégalités de développement et marchés truqués menèrent certains dirigeants du Tiers-Monde et une partie des intellectuels occidentaux à une contestation radicale de la répartition des ressources de la Terre. Cette philosophie économique et politique prit rapidement le nom de tiers-mondisme, pour faire face à l'optimisme aveugle du mode de développement classique, qui ne pouvait faire bénéficier de ses avantages qu'une fraction seulement de la population mondiale : les classes dirigeantes et les couches moyennes des pays riches, ainsi que les élites collaboratrices des pays pauvres.

L'essor de la construction et des transports a marqué la période de "pleine croissance".

RÉVOLTE, RÉVOLUTION, RÉFORMES

Que s'est-il passé en France en mai 68 ?

La France est le seul pays où la contestation étudiante de la société de consommation ait été accompagnée par un puissant mouvement populaire qui, au terme d'une grève générale de plus d'un mois, put parvenir à des avancées importantes en matière salariale ainsi qu'à l'amélioration de la concertation dans les entreprises.

À la suite de manifestations très violentes au Quartier latin à Paris, un grand nombre d'ouvriers et d'employés se mirent en grève tout d'abord pour protester contre les violences policières. Mais le relais syndical canalisa les revendications vers un problème salarial. Les étudiants, qui posaient le problème politique de manière beaucoup plus radicale, se sentirent trahis par les partis et les syndicats traditionnels. Leur mouvement s'épuisa rapidement, tandis que les travailleurs obtinrent des satisfactions non négligeables, concernant les salaires minimum et la démocratie sur le lieu de travail.
Les violences au Quartier Latin, autour de certaines grandes usines, l'apparente vacance du pouvoir provoquèrent une grande peur. Aussi, les Français, consultés en juin pour renouveler l'Assemblée, donnèrent une très forte majorité à la droite. Tout rentrait dans l'ordre : la Révolution était évitée, les employés avaient obtenu une hausse substantielle de leur salaire, et les étudiants retournaient à leurs examens.

Il n'en reste pas moins que la plus longue grève générale que les pays développés aient connue a laissé des traces profondes dans le pays : modification des comportements, contestation par les femmes de la suprématie masculine, affaiblissement de l'ancien ordre moral et des valeurs traditionnelles de discipline et de travail. Les bouleversements de Mai 68, perçus tout d'abord comme une révolution, n'en furent pas une. Pris ensuite pour une victoire syndicale, ils furent balayés par les crises de la décennie suivante. Seule demeure, finalement, malgré sa défaite apparente, la contestation idéologique du mouvement étudiant, dont les traces persistent toujours : amélioration de la condition féminine et des relations parents-enfants, naissance et affirmation de mœurs plus libérales et essor du mouvement écologiste.

CHOCS PÉTROLIERS

Qu'entend-on par "crise du pétrole"?

Lorsqu'en 1973, les pays arabes de l'OPEP (Organisation des Pays Producteurs de Pétrole) décidèrent un embargo à l'encontre des nations occidentales accusées d'avoir porté secours à l'Etat d'Israël au cours de la guerre du Kippour, le monde développé se retrouva subitement dans une situation d'asphyxie en matière d'énergie. Certains pays durent recourir au rationnement, comme la Hollande. Les autres entamèrent immédiatement des politiques d'économie d'énergie : extinction des lumières des devantures des magasins la nuit, baisse du chauffage individuel, hausse des prix du carburant, ralentissement de l'usage des centrales thermiques et développement de l'industrie électro-nucléaire. Lorsque quelques années plus tard, sous la présidence de Jimmy Carter, la diplomatie vint à bout du conflit israélo-égyptien aux accords de Camp David, le monde était entré dans une crise durable.

Pour la première fois, le prix d'une matière première était imposé par des pays producteurs anciennement colonisés. Les deux chocs pétroliers (hausse violente des prix du pétrole brut en 1973 et 1978) aggravèrent les difficultés qui existaient déjà au sein de l'économie des pays développés. En effet, depuis un certain nombre d'années la croissance ininterrompue avait saturé les marchés. Une véritable crise de la consommation semblait inéluctable, après la surchauffe des années 1960. Elle éclata dès que le surcoût de l'énergie brisa la rentabilité et la productivité de certaines industries traditionnellement en pointe, comme l'automobile, l'aviation, la sidérurgie. L'investissement faiblit, en même temps que la consommation, pendant toute la période 1973-1983. Quelques moments de relance timide, surtout à la fin des années 1980, furent à leur tour brisés par l'appréhension d'une nouvelle pénurie de pétrole, peu avant la guerre du Golfe en 1990. La "crise du pétrole" n'a en fait été que le révélateur de problèmes structurels graves : déstabilisation du couple production/consommation, arrêt des investissements productifs, crise monétaire, aggravation des relations Nord/Sud du fait de la ruine des pays pauvres endettés, enlisement des grandes puissances dans une situation de "stagflation" (stagnation de la production et inflation monétaire)

SOUS-DÉVELOPPEMENT

Comment définir les critères du sous-développement ?

Depuis la fin des années 1960, il est devenu évident que la plupart des pays du Sud, anciennes colonies des pays développés, ne parviendraient pas avant longtemps au niveau de vie des États-Unis, du Japon, de l'Europe. La notion de sous-développement tente de décrire un problème qui ne tient pas seulement à un quelconque retard de croissance, mais à des stratégies économiques, politiques et culturelles erronées plus ou moins imposées aux pays pauvres par le système actuel de la répartition inégale des ressources.

Le sous-développement peut se juger à l'insuffisance alimentaire globale qui règne dans un pays sur quatre, chaque habitant y consommant moins des 1375 calories journalières nécessaires, selon les scientifiques, à une vie équilibrée. Corollaire de la sous-alimentation, la mortalité par maladies épidémiques, l'insuffisance des structures hospitalières font des ravages. Le système éducatif, lorsqu'il ne permet pas l'instruction gratuite des enfants, participe, par son inefficacité, au sous-développement. La démographie incontrôlée, en ajoutant des bouches à nourrir dans un environnement défavorable, ne peut qu'accroître le problème. Enfin, la faiblesse de la production industrielle, la tendance à privilégier l'agriculture d'exportation, le manque de vie démocratique et l'endettement à l'égard des pays riches complètent ce tableau, qui concerne près du tiers de l'humanité...

DETTE DU TIERS-MONDE

Comment le monde pauvre s'est-il endetté ?

L'endettement des pays du Sud est l'une des causes majeures de leurs problèmes de développement : non seulement les sommes à rembourser sont énormes, mais en plus, pour pouvoir le faire, les pays pauvres se sont lancés dans des politiques économiques très destructrices pour leur environnement. Ils pratiquent en effet une urbanisation sauvage, une industrialisation polluante et des ponctions irréparables sur leur capital naturel, que ce soit les forêts, abattues pour quelques dollars, les terres empoisonnées par l'agriculture chimique, les bancs de poissons décimés par la pêche industrielle ou le tourisme côtier.

Au moment de leur indépendance, les pays pauvres ont tenté de s'équiper auprès des grandes puissances en matériel industriel et agricole. La spirale de la dette prit alors son essor.
Incapables de bien maîtriser des technologies complexes, les pays pauvres ont payé très cher la maintenance par les techniciens "coopérants" venus du Nord ; l'agriculture moderne, mécanisée et chimique, coûte cher et rapporte peu si les produits sont immédiatement exportés. L'industrie n'est rentable que si les produits peuvent être vendus. D'autre part, des dépenses militaires inutiles et la corruption généralisée n'ont pu certainement qu'aggraver le phénomène de l'endettement.

DE L'URSS À LA CEI

Quelles sont les raisons de l'effondrement de l'URSS?

Depuis décembre 1991, l'Union des Républiques Socialistes Soviétiques n'existe plus. Elle a été remplacée par une nouvelle structure, la CEI (Confédération des États Indépendants), dont la Géorgie et les États baltes ne font plus partie. L'éclatement de l'ex-"seconde puissance" mondiale peut être interprétée de différentes manières. Certains considèrent que Gorbatchev, en tentant une libéralisation du régime communiste (la "Glasnost" et la "Perestroika"; transparence et libéralisation) l'a en fait détruit de l'intérieur. D'autres analystes prétendent que la poussée des indépendantismes dans les États baltes, en Ukraine, en Géorgie, dans le Kazakhstan, a miné le pouvoir central qui siégeait à Moscou. On peut aussi penser que les privations, la pénurie, la corruption, ont mis à genoux l'économie soviétique déjà désorganisée, tant dans l'industrie que dans l'agriculture. Il faut aussi prendre en compte les énormes dépenses militaires consenties par l'État soviétique pour tenter de faire face au défi américain de la "Guerre des étoiles". En outre, le peuple soviétique, à peine sorti du bourbier de l'Afghanistan, qui fut véritablement le "Viêt-nam des Russes", ne désirait plus subir de privations pour payer les rêves belliqueux de ses dirigeants.

La fragilité de l'économie, les erreurs des stratèges ou les soubresauts indépendantistes ne sont rien à côté de ce qui fut la faiblesse principale du communisme autoritaire qui dirigea le pays durant 70 ans. La faille majeure du système soviétique fut de ne pas avoir su accorder de libertés individuelles aux citoyens d'un pays officiellement construit sur le principe de la démocratie populaire, et de n'avoir pas voulu mettre un terme aux inégalités de richesses ni aux privilèges dans un système social fondé initialement sur le partage équitable des ressources.

Mikhaïl Gorbatchev.

FÉDÉRATION EUROPÉENNE

L'Union européenne sera-t-elle une fédération ?

La Communauté Économique Européenne (CEE) évolue depuis la signature du traité de Maastricht vers une structure confédérale, avec unification des règlements, libre circulation des produits et des hommes et monnaie unique. Un certain nombre de dispositions prévoit par ailleurs des transferts partiels de souveraineté en matière de stratégie commerciale, industrielle et agricole ainsi qu'une politique étrangère commune. L'Europe des douze a pourtant du mal à définir un sentiment national européen. En effet, le passé conflictuel de l'Europe, les divergences d'interprétation du Traité d'un pays à l'autre, l'inégalité de développement (entre l'Allemagne et la Grèce, par exemple !), les rivalités des trois Grands (Allemagne, France, Angleterre) et la présence à l'Est d'une Europe pauvre sur le point de s'effondrer, peuvent faire douter des chances de cette construction fédérale européenne.

L'Histoire montre que les fédérations pluriculturelles ne peuvent véritablement fonctionner : les inégalités et les forces centrifuges (indépendantismes, religions, langues) l'emportent finalement toujours, que ce soit dans le passé ou le présent (URSS, Yougoslavie, Tchécoslovaquie…). Il est vrai que tous ces exemples de fédérations ou confédérations furent fondés par la force, et non par une volonté commune d'alliance, alors que l'Europe actuelle tente de se construire sur des bases pacifiques. Mais il n'en reste pas moins que les différences linguistiques, les disparités de niveau de vie et la présence écrasante d'un leader (l'Allemagne), talonné par deux challengers (la France et l'Angleterre), sont des phénomènes très profonds et réels, dont la bonne volonté idéaliste aura du mal à venir à bout.

DÉCLIN AMÉRICAIN

Peut-on encore parler de suprématie américaine ?

Il n'est pas rigoureux aujourd'hui de parler encore de suprématie ou d'"impérialisme" américain dans le monde. En effet, la puissance ne se mesure plus de nos jours à la simple capacité militaire de destruction : l'Allemagne et le Japon en sont la preuve. Elle ne peut non plus être jugée sur le simple critère de la consommation intérieure. Les Américains, et donc l'Amérique entière, vivent entourés d'objets qu'ils payent avec de l'argent qu'ils n'ont pas encore gagné. Or, le système américain du crédit est désormais contrôlé indirectement par les Japonais ! D'autre part, avec un déficit de l'administration qui équivaut en dollars à la dette totale du monde pauvre (320 milliards de dollars en 1992), l'État américain vit une sorte de faillite permanente. La guerre du Golfe a été gagnée avec une technologie financée très officiellement par l'Allemagne et le Japon !

L'Amérique n'est sans doute plus aujourd'hui aussi puissante que par le passé. Les rapports de force avec son rival principal, l'ex-URSS, se sont modifiés, entre autres à cause des transformations que connaît ce pays. Il est exact que les productions agricole et industrielle américaines demeurent les premières du monde. Mais l'étendue de la crise financière (faillite de grandes banques, faiblesse du dollar), le ralentissement de la croissance et les déficits intérieurs et extérieurs montrent une fragilité certaine, au point que beaucoup d'analystes économiques parlent aujourd'hui du "déclin" des États-Unis, plutôt que de leur suprématie...

PUISSANCE DU JAPON

Le Japon est-il devenu la première puissance mondiale ?

Si l'on examine les indicateurs traditionnels qui permettent de mesurer la puissance économique des pays, les États-Unis restent en tête, avec un produit national brut globalement supérieur à celui du Japon. De plus, la puissance militaire américaine est sans commune mesure avec la petite armée japonaise. Le Japon, du fait de l'effondrement économique et politique de l'ex-URSS, est donc officiellement la seconde puissance du monde, derrière les États-Unis.

Mais, sur bien des points importants, le Japon marque sa supériorité : d'une part il ne connaît aucun déficit marqué, ni du fonctionnement de son État, ni de celui de sa production et de son commerce extérieur. D'autre part, malgré la crise qui s'est ouverte au début de la décennie avec la guerre du Golfe, le Japon montre une vigueur économique certaine : ce n'est pas l'euphorie, mais la tendance globale est à l'adaptation. La productivité des usines demeure très élevée grâce à l'utilisation de robots, l'emploi demeure stable, les firmes transnationales japonaises sont implantées dans le monde entier. La solidité financière nippone continue par ailleurs de faire ses preuves : désormais la bourse de Tokyo est aussi influente que celle de New York. La densité de l'interconnexion du Japon avec le reste du monde en matière de communication (transports et télécommunications traditionnels, mais aussi réseaux informatiques et banques de données) est aussi une preuve de son influence planétaire.

GUERRE DU GOLFE

Quelles sont les leçons à tirer de la guerre du Golfe?

La guerre du Golfe, qui débuta le 15 janvier 1991 et se termina quarante jours plus tard par la déroute de l'armée irakienne, est la première victoire militaire nette d'une grande puissance dans un conflit l'opposant à une nation du monde pauvre : les Français en Indochine puis en Algérie, les Américains au Viêtnam, les Soviétiques en Afghanistan avaient chacun dû reconnaître leur échec. Le retrait de Saddam Hussein du Koweït peut donc être entendu en un premier temps comme un avertissement des puissances du Nord aux pays pauvres. La guerre du Golfe a marqué par ailleurs l'émergence d'un "droit international" qui légitime d'autres interventions (sous l'égide de l'ONU) en Somalie et en Yougoslavie, par exemple. Enfin, la preuve a été faite en 1991 que le pétrole demeurait la matière la plus stratégique du monde : l'intervention militaire alliée a écrasé l'Irak sous les bombes, tuant approximativement 100 000 personnes. Mais aujourd'hui une puissante tête de pont américaine veille sur la zone arabique, qui sera la seule, après 2030, à produire encore du pétrole dans le monde.

La guerre du Golfe a montré la supériorité technique écrasante des pays développés en matière militaire et leur détermination à ne pas laisser échapper une zone de production majeure dans le domaine des produits stratégiques. À l'occasion de cette guerre, une interprétation particulière de la notion de droit international s'est imposée. L'ONU, conçue initialement comme une structure de concertation, devient lentement un agent du maintien de l'ordre dans le monde.

Opération Daguet : les hélicoptères Pumas de l'Armée française participent à la guerre du Golfe.

NATIONALISMES

La montée des nationalismes est-elle irréversible ?

Toute une série d'événements récents (effondrement de l'U.R.S.S., répression en Chine, au Viêt-nam, à Cuba) a disqualifié les idées internationalistes, aussi bien dans les pays riches que dans le monde pauvre, laissant un grand vide dans les idéologies. L'unité, la solidarité des peuples, leur intérêt commun ont laissé la place à un repli sur soi, à la quête de l'identité nationale. Accentuée par le facteur religieux (l'islam shiite au Moyen-Orient, le christianisme en Arménie, dans l'ex-U.R.S.S. et en Yougoslavie, mais aussi au Soudan) ou la propagande nationaliste (Angola, Tchad, Mauritanie, Kurdistan, Mali, Kampuchéa, Yougoslavie, Ukraine, Géorgie, Kazakhstan, etc.), l'opposition intercommunautaire menace l'équilibre général de bien des pays.

La brutalité de l'exode rural dans tous les pays du monde a créé des villes géantes et artificielles où chacun se sent coupé de ses racines. Il est donc normal que dans tous les ghettos du monde, dans tous les pays socialement dévastés par une industrialisation forcenée incapable d'assurer la richesse pour tous, un fort sentiment d'identité nationale (ou tribale, en Afrique) se double de fanatismes religieux dangereux pour la paix mondiale. Une répartition plus juste des ressources et l'arrêt de l'urbanisation à outrance dans les pays pauvres pourrait peut-être venir à bout de conflits extrêmement violents, même s'ils sont, en réalité, sans véritable fondement.

DÉMOGRAPHIE INCONTRÔLÉE

La démographie est-elle le problème majeur du siècle à venir ?

La démographie incontrôlée des pays pauvres n'est un problème que parce qu'elle ajoute d'autres pauvres à un environnement saturé par l'urbanisation sauvage et les destructions écologiques. En réalité, c'est le problème de la répartition des ressources que le prochain siècle devra résoudre : un développement viable, organisé sur une base concertée, accompagnera le partage équitable des richesses de la planète. Si l'humanité de demain parvient à éliminer radicalement la malnutrition et à limiter l'exode vers les villes, le nombre des hommes ne sera plus un problème car il se stabilisera "naturellement", par un mécanisme que les sociologues appellent la "transition démographique", autour d'une dizaine de milliards d'individus vivant dans des conditions plus égales.

Au contraire, si la politique du "laisser-faire" qui prévaut actuellement s'éternise, la croissance démographique accentuera le poids politique des affamés sur la planète. L'humanité sera alors à la veille d'un conflit majeur, car il ne sera pas très difficile de soulever ces masses faméliques du monde pauvre contre les habitants des pays développés du Nord. La croissance démographique dépasse dès aujourd'hui en Afrique et sur le continent asiatique la croissance économique réelle. Le développement local peut seul venir à bout de ce handicap démographique qui frappe les pays endettés et appauvris du Sud.

NORD/SUD

Les rapports Nord/Sud peuvent-ils trouver un aménagement concerté ?

Immeuble de l'O.N.U. à New York.

Pour toute une série de raisons, il est nécessaire que les rapports Nord/Sud cessent de s'installer comme un rapport de force. La concertation seule évitera le conflit. Elle doit porter sur plusieurs points :
- *l'annulation progressive de la dette* du monde pauvre, afin qu'il retrouve la capacité de se développer ;
- *le transfert gratuit de technologies légères* destinées à produire sur place des denrées et des objets consommables ;
- *l'arrêt des exportations de produits agricoles* destinés aux marchés des pays riches (banane, oléagineux, café, thé, cacao) tant qu'ils ne seront pas plus rémunérateurs qu'ils le sont aujourd'hui (à peine 10 % de la valeur de vente du produit en Occident !) ;
- *l'aide à l'éducation des jeunes filles* qui seule peut réduire la démographie galopante ;
- *le contrôle de la corruption* et l'arrêt des dépenses militaires dans tous les pays.

Ce que l'on appelle depuis les années 1980 le "dialogue Nord/Sud" doit devenir la grande affaire du XXIe siècle. Les sacrifices que le Nord doit consentir sont importants, mais il faut bien comprendre qu'une partie de la crise économique actuelle, et donc du chômage, des problèmes sociaux... provient de la fermeture des marchés insolvables. Comment ne pas comprendre que si les pays du Sud trouvaient une voie de développement équilibré et viable, ils deviendraient les clients des pays du Nord et leur fourniraient en retour à un plus juste prix les produits qui leur sont utiles ? Pour que le Sud s'insère dans le marché international, il faut qu'il retrouve sa capacité de payer, sans détruire son environnement ni glisser sur la pente de l'appel aux armes en vue d'un conflit dont toute la planète sortirait meurtrie.

Le travail forcé des enfants est l'un des problèmes majeurs des sociétés du monde pauvre.

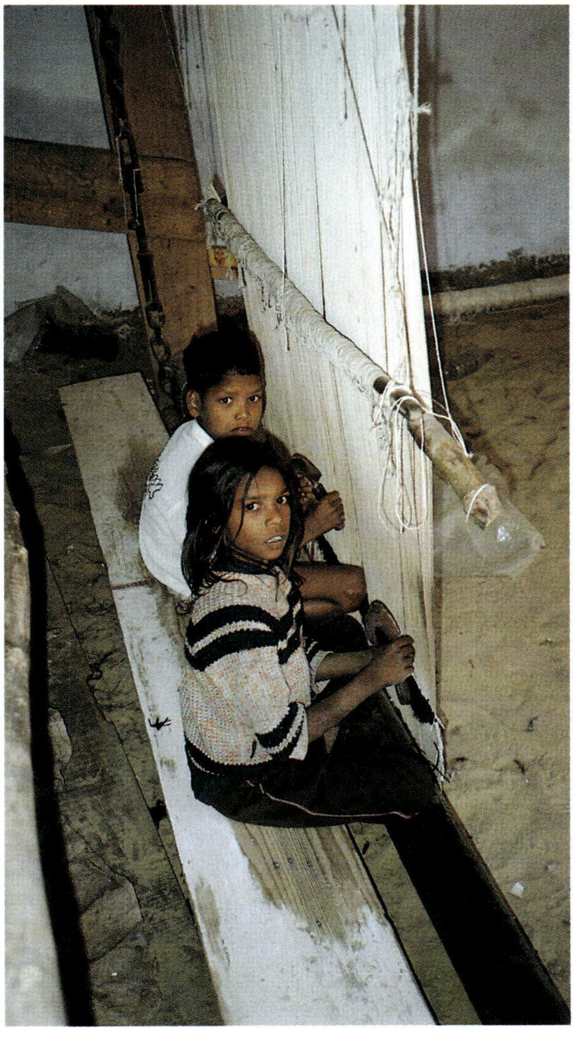

INDEX

A

Abd El Kader, 205
Aborigènes, 33, 34
Affaire des fusées, 237
Afghanistan, 250
Afrique (commerce), 126
Afrique (déclin), 128
Afrique (Indépendances), 243
Afrique (Moyen Âge), 124
Afrique (pré-coloniale), 201
Afrique (royaumes), 128
Afrique du Nord byzantine, 116
Afrique du Nord préislamique, 116
Afrique du Sud, 203
Agriculture (naissance), 23
Agriculture (Égypte ancienne), 54
Agriculture (Moyen Âge), 107
Akhenaton, 53
Alexandre le Grand, 68
Algérie (Abd El Kader), 205
Algérie (conquête), 204
Algérie (insurrection 1954), 245
Algérie (guerre), 246
Algérie (Indépendance), 244, 246
Allemagne (guerre 14-18), 218
Allemagne (guerre 39-45), 232
Allemagne de Bismark, 208
Amerigo Vespucci, 164
Amérindiens, 167
Amérique (déclin), 258
Amérique (découverte), 163
Amérique (États-Unis), 194, 195
Amérique (États-Unis, 1918), 221
Amérique (Indépendance), 186
Amérique du Nord (Indiens), 168, 169
Amérique du Sud, 208
Amérique (nom), 164
Amériques (peuplement), 31
Amon, 54
An mil, 103
Anarchie familiale égalitaire, 127
Ancien Régime, 177, 180
Angkor, 135
Angleterre (République), 178
Angleterre (Révolution), 178
Angleterre victorienne, 209
Antiquité (philosophies et religions), 74
Anubis, 54
Aphrodite, 67
Apparition des "pré-hommes", 15
Apparition du langage, 18
Arabes (avant l'Islam), 117, 118
Arabes (croyances préislamiques), 118
Arabes (pays arabes et Israël), 248, 249
Arabes (perte de l'Espagne), 121
Arabie préislamique, 117
Arawaks, 167
Archipel indonésien (peuplement), 129
Art gothique, 108
Art paléolithique, 21
Art roman, 108
Ashanti, 127
Athènes, 64, 66, 67
Attributs pharaoniques, 51
Auschwitz, 229
Australie, 33, 34
Australopithèques, 15, 16
Autriche des Habsbourg, 184
Aztèques (castes), 149
Aztèques (empire), 148
Aztèques (sacrifices humains), 148

B

Babylone (roi Hammourabi), 43
Babylone, 44
Bali, 131
Barbares, 82
Batak (civilisation), 132
Belle-Époque, 213
Berlin (conférence), 200
Berlin (mur), 235
Birmanie, 136
Bismarck, 208
Bisons, 32
Bonaparte, 191
Borobudur, 129
Bouddha, 86
Bouddhisme (au Japon), 95
Bourrage de crâne, 217
Budapest (1956), 237
Byzance (chute de l'Empire), 115
Byzance (et l'Afrique du Nord), 116

C

Calvin, 172
Canada, 184
Cannibalisme, 37
Capac, 150, 151
Caraïbes, 167
Caravelle, 162
Carthage, 71
Castes, 85
Catherine II de Russie, 185
Catholicisme au XVIe siècle, 170
C.E.E., 257

C.E.I.et U.R.S.S., 256
Censure, 173
Céramique (préhistorique), 24
Ceylan, 143
Champollion, 50
Charlemagne, 101
Charles Quint, 173
Chasse au Paléolithique, 20
Chasse aux sorcières (Moyen Âge), 109
Châteaux forts, 106
Chevalerie, 105
Chevaliers, 105
Chichen-Itza, 147
Chine (colonisation), 207
Chine (conquête des Mongols), 138
Chine (décolonisation), 241
Chine (dynasties), 138
Chine (guerre sino-vietnamienne), 136
Chine (Mao, communisme), 236
Chine (repli), 139
Chine ancienne, 88 à 92
Chine impériale, 92
Christianisme, 80
Christianisme "orthodoxe", 115
Chute de l'Empire romain, 83, 100
Civilisation batak, 132
Civilisation de l'Indus, 84
Civilisation islamique, 123
Civilisations d'Amérique, 144
Civilisations indiennes d'Amérique du Nord, 168
Clans (Japon antique), 93
Cnossos, 60
Colbert, 181
Collaboration, 230
Colomb, 163
Colonialisme et impérialisme, 212
Colonisation, 199
Colonisation en Afrique, 200, 202, 203
Colonisation (au XIXe siècle), 200
Colonisation de l'Amérique du Nord, 169
Colonisation en Chine, 207
Colonisation de l'Inde, 207
Comanches, 32
Commerce en Afrique, 126
Communauté Économique Européenne, 257
Communisme (Chine), 236
Confédérés, 195
Conférence de Berlin, 200
Confucianisme, 91
Confucius, 91
Conquérant (Alexandre le Grand), 68
Conquérant (Cyrus), 47
Conquête de l'Algérie, 204
Conquête de la Chine par les Mongols, 138
Conquête islamiques, 121
Constantinople, 115
Contre-Réforme catholique, 172
Copernic, 158
Corée ancienne, 95
Corée (guerre de), 235
Cortés, 150
Cour de Versailles, 179
Crète (ancienne), 59, 60
Crise du pétrole, 254
Croisades, 104
Croissant fertile, 42
Cuba (1962), 237
Culture grecque classique, 68
Cyrus, 47

D

Danton, 190
Dayak (village), 131
Débacle (1940), 228
Déclin américain, 258
Déclin de l'Afrique, 128
Décolonisation, 238 à 246
Découverte de l'Amérique, 163
Découverte des Indes, 160
Découverte du système héliocentrique, 158
Démocratie athénienne, 66, 67
Démographie, 180, 260
Détente internationale, 251
Dette (Tiers-Monde), 255
Dieux égyptiens, 54, 55, 56
Dieux grecs, 67
Dolmens, 25
Duels, 177
Dynastie Maurya, 87
Dynasties chinoises, 138
Dynasties égyptiennes, 49

E

Écriture, 28
Écriture chinoise, 90
Écriture égyptienne, 49, 50
Écriture phénicienne, 45
Église catholique, 170
Égypte, 48 à 56
Élevage (préhistorique), 23
Empereurs chinois, 92
Empire aztèque, 148
Empire byzantin, 115, 116
Empire du Mali, 125
Empire gupta, 141
Empire inca, 150, 151
Empire islamique (dislocation), 122
Empire japonais, 197
Empire ottoman, 122, 206, 221
Empire romain (chute), 83, 100
Empire romain (philosophies et religions), 74
Empire songhay, 125
Empire srivijaya, 130
Ère du Meiji, 196
Ermites, 104
États-Unis (expansion), 194
États-Unis (guerre froide), 234

États-Unis
(guerre de Sécession), 195
États-Unis (New Deal), 226
États-Unis (Pearl Harbor), 228
États-Unis (Wall Street), 226
États-Unis (1918), 221
Étrusques, 70
Europe (C.E.E.), 257
Europe
(Conférence de Berlin), 200
Europe (et Maghreb), 204
Europe
(intellectuelle du XIXe siècle), 210
Europe
(suprématie au XIXe siècle), 198
Évangiles, 79

F

Fascisme, 224
Fédération, 257
Fédération ashanti, 127
Féodalité, 105, 107
Fer (Préhistoire), 26
Feu (maîtrise du), 18
France (et Algérie), 204
France (juin 1940), 228
France (mai 68), 253
France (paysannerie), 179
France (perte du Canada), 184
France de Vichy, 230
Franci, 101
François Ier, 158
Francs, 101
Frédéric II, 185
Frekk, 101
Fusées (affaire des), 237

G

Gama (Vasco de), 165
Gandhi, 239
Génie universel, 159
Germains (et Empire romain), 100
Golfe (guerre du), 259
Gothique (art), 108
Goulag, 223
Grand et Petit Véhicule, 87
Grande Peur, 189
Grèce antique, 61, 63 à 69
Grecs (contre Perses), 65
Grégoire VII, 103
Grenade, 121
Guerre d'Afghanistan, 250
Guerre d'Algérie, 246
Guerre d'Indochine, 242
Guerre de Corée, 235
Guerre de Sécession, 195
Guerre de tranchées, 218
Guerre de Troie, 62
Guerre du Golfe, 259
Guerre du Viêt-nam, 250
Guerre froide, 234
Guerre mondiale (Première), 211,
213, 214, 216, 217, 218, 221
Guerre mondiale
(Seconde), 227 à 233
Guerre russo-japonaise, 197
Guerre sino-vietnamienne, 136
Guerres israélo-arabes, 248
Guerres médiques, 65
Guerres puniques, 71
Guizeh (sphinx), 52
Gupta (Empire), 141
Gustave Adolphe, 177
Gutenberg, 156

H

Habitat des Indiens Pueblos, 32
Habitat au Paléolithique, 20
Habsbourg, 184
Hammourabi
(invention du droit), 43
Han, 92
Hannibal, 71
Harsha (empereur), 142
Hébreux, 58, 77
Hégémons (89
Hellénisme, 69
Henri IV, 175
Henri VIII, 171
Héra, 67
Hiroshima, 232
Historien de la Préhistoire, 14
Hitler, 225, 229
Hoggar, 29
Homère, 61, 63
Hommes préhistoriques, 14
Homo habilis, 15, 16
Horus, 54
Humanisme, 156

I

Icônes, 114
Île de Pâques, 36
Impérialisme et colonialisme, 212
Imprimerie 156, 157
Inca (Empire), 150, 151
Inde, 160
Inde (colonisation), 207
Indépendance
algérienne, 244 à 248
Indépendance américaine, 186
Indépendance du Viêt-nam, 136
Indiens d'Amérique, 168
Indiens Pueblos, 32
Indochine (guerre), 242
Indonésie (décolonisation), 241
Indonésie préhistorique, 129
Indus, 84
Inquisition, 173
Instruments de navigation, 161
Inuits, 31
Invasions barbares, 82
Invasions normandes, 102
Invention de l'écriture, 28
Invention de l'imprimerie, 156
Invention du droit, 43
Invincible Armada, 175
Islam (civilisation), 123
Islam , 120 à 123

Israël, 247 à 249
Italie (grands navigateurs), 161

J

Japon (empire), 197
Japon (Hiroshima et Nagasaki), 232
Japon (kamikaze), 139
Japon (Meiji), 196
Japon (Pearl Harbor), 228
Japon (premier État), 93
Japon (puissance), 258
Japon (Shôguns et Samouraïs), 140
Japon (Siècle de Nara), 140
Jéricho, 27
Jésus-Christ, 78
Judaïsme (origines), 57
Judée, 77
Justinien (Empereur), 113

K

Kamikaze, 139
Krach de Wall Street, 226

L

Labyrinthe de Cnossos, 60
Lamas (Tibet), 143
Langage (apparition), 18
Lao-tseu, 90
Laos, 137
Lénine, 222
Léonard de Vinci, 159
Louis XIV, 179
Lucy, 15
Lumières (philosophie des), 183

M

Magellan, 165
Maghreb, 204
Mahomet, 119
Mai 68, 253
Malaisie préhistorique, 129
Mali (Empire), 125
Mao Zedong, 236
Maoris, 35
Maurya (dynastie), 87
Maya (calendrier), 145
Mayas (cités-États), 145
Mayas (disparition des), 147
Maya (religion), 146
Mécénat, 157, 158
Mèdes, 46
Meiji, 196
Menhirs, 25
Mésopotamie antique, 42
Métallurgie (apparition), 26
Minotaure, 59
Moaï, 36
Mohammed, 119
Moines, 104
Momification, 56
Monarchie féodale, 107
Mongols, 138
Mosaïques byzantines, 114
Mouvement des non-alignés, 242
Moyen Âge (chasse aux sorcières), 109
Moyen Âge (châteaux forts), 106
Moyen Âge (chevalerie), 105
Moyen Âge (grandes villes d'Europe), 111
Moyen Âge (monarchie féodale), 107
Moyen Âge (paysans et agriculture), 106, 107
Moyen Âge (serfs et vilains), 106
Moyen Âge (universités), 109
Moyen Âge africain, 124
Moyen-Orient (conflits Israël et pays arabes), 248, 249
Moyen-Orient (et Première Guerre mondiale), 221
Mur de Berlin, 235
Mussolini, 224
Mythologie crétoise, 59
Mythologie égyptienne,54 à 56
Mythologie grecque, 67

N

Nagasaki, 232
Napoléon Bonaparte, 191
Nara, 140
Nationalismes, 260
Navigateurs de l'Antiquité, 45
Navigation, 161, 162
Nazisme, 225
Négritos, 133
Néolithique, 22
New Deal, 226
Nil, 48
Noirs (traite des), 166
Non-alignement, 242
Nord/Sud (rapports), 261
Normands, 102
Nouvelle-Guinée (peuplement), 36
Nouvelle-Zélande (peuplement), 35
Numidie antique, 76

O

Obélisques, 55
Océanie (peuples cannibales), 37
Olmèques, 144
O.L.P., 249
Ordre monastique, 104
Origines de Rome, 70
Origines du judaïsme, 57
Orthodoxie, 115
Osiris, 55, 56
Ottomans, 122
Ottoman (déclin de l'Empire), 206
Ottoman (Empire et Première Guerre mondiale), 221
Ouvrier (mouvement), 193

P

Paix romaine, 73
Paléolithique (art), 21
Paléolithique (habitat), 20
Paléolithique (chasse), 20
Palestine, 58
Papous, 36
Partage du monde, 164
Pax romana, 73
Paysans français, 179
Pearl Harbor, 228
Périclès, 66
Perses, 46, 65
Peste noire, 110
Petit et Grand Véhicule, 87
Pétrole (crise), 254
Peuplement de l'archipel indonésien, 129
Peuplement de la Terre, 17
Peuplement des Amériques, 31
Pharaon, 51
Phéniciens (navigation), 45
Philosophies antiques, 74
Philippines (décolonisation), 241
Philosophie des Lumières, 183
Philosophies antiques, 74
Pierre de Rosette, 50
Pierre le Grand, 182
Pierres taillées, 19
Pizarro, 151
Polynésie ancienne, 35, 37
Portugal (grands navigateurs), 161
Portugal (grandes découvertes), 174
Portugal (déclin), 174
Préhistoire (agriculture), 23
Préhistoire (céramique), 24
Préhistoire (élevage), 23
Préhistoire (sépultures), 21
Préhistoire (travail des métaux), 26
Première Guerre mondiale, 211, 213, 215
Propagande, 217
Prusse, 181, 185
Pueblos (Indiens), 32
Pyramides, 52

R

Râjpouts, 142
Rapports Nord/Sud, 261
Réforme grégorienne, 103
Réforme, 170 à 172
Réformes de Turgot, 186
Religion (tolérance), 175
Religion islamique, 120
Religions antiques, 74
Rémus et Romulus, 70
Renaissance carolingienne, 101
Renaissance (artistes et mécènes), 157
République anglaise, 178
Résistance, 231
Révolution américaine, 187
Révolution anglaise, 178
Révolution française, 187 à 191
Révolution industrielle, 182, 192
Révolution russe, 219
Richelieu (Cardinal de), 176
Rizières en terrasses, 134
Robespierre, 190
Rois chinois, 88
Rois râjpouts, 142
Roman (art), 108
Rome (origines), 70
Rome (contre Hannibal), 71
Rome (expansion romaine), 71
Rome (vie politique), 72
Rome (paix romaine), 73
Rome (premier empereur), 73
Rome (philosophies et religions), 74
Rome (technologies), 75
Rome impériale, 75
Rome (occupation romaine en Judée), 77
Rome (chute de l'Empire), 83
Royaume de Pagan, 136
Royaume de Prusse, 181
Royaume laotien, 137
Royaume thaï, 137
Royaumes africains, 128
Royaumes combattants, 89
Russie, 182, 185
Russie (impérialisme tsariste), 197
Russie (Révolution), 219

S

Sacrifices humains, 148
Saint-Empire, 102
Salomon, 58
Samouraï, 140
Santorin, 60
Sapa Inca, 151
Sarajevo (1914), 216
Scribes, 50
Seconde Guerre mondiale, 227
Sémites, 118
Sépultures préhistoriques, 21
Serfs, 106
Shintô, 94
Shögun, 140
Siècle d'or, 174
Siècle de Nara, 140
Sioux, 32
Socialisme, 193
Socialisme (construction U.R.S.S.), 222
Socialistes (mouvements), 211
Sociétés africaines du XVe siècle, 124
Songhay, 125
Sorcières, 109
Sous-développement, 255
Sparte, 65
Sphinx, 52
Srivijaya (Empire), 130
Staline, 222
Sumer, 26

Système des castes, 85
Système sumérien, 27

T

Tabou (Polynésie ancienne), 35
Tahiti (peuplement), 37
Taoïsme, 90
Tapu (Polynésie ancienne), 35
Tasaday, 134
Tassili-Hoggar, 29
Technologies (premières : le feu et les métaux), 18, 26
Technologies (romaines antiques), 75
Temple de Salomon, 58
Temples d'Angkor, 135
Temps du Rêve, 34
Tenochtitlan, 148
Terrasses (rizières), 134
Thaïlande (premier royaume), 137
Théodora, 113
Tibet, 143
Tiers-Monde, 255
Tolérance religieuse, 175
Toraja, 132
Touaregs, 29
Tour de Babel, 43
Toutankh-amon, 53
Toutankh-aton, 53
Traite négrière, 166
Traités de paix, 220
Trente Glorieuses, 252
Tribus, 127
Troie (guerre de), 62
Trotsky, 223
Tsars, 197
Turgot, 186

U

Ulysse, 63
Université (Moyen Âge), 109
U.R.S.S. (Afghanistan), 250
U.R.S.S (construction), 222
U.R.S.S (goulag), 223
U.R.S.S (Lénine), 223
U.R.S.S (Staline), 222
U.R.S.S (Trotsky), 223
U.R.S.S. (guerre froide), 234
U.R.S.S. et C.E.I., 256

V

Valmy, 190
Vandales, 116
Véda, 85
Védisme, 85
Venise, 112
Versailles, 179
Versailles (traités de paix), 220
Vespucci (Amerigo), 164
Victoria (reine), 209
Viêt-nam, 250
Viêt-nam (guerre sino-vietnamienne), 136
Viêt-nam (Indépendance), 136
Vilains, 106
Village dayak, 131
Villages lacustres, 24
Ville (la plus ancienne), 27

W

Wall Street, 226

Y

Yalta, 234
Yamato, 93
Yankees, 195

Z

Zeus, 67

Les photographies et illustrations de Géant Histoire

GAMMA : Gaillarde 15 D / C. Maurice 30 / G. Gorman 31 G / P. Robinson 34 / Lannuzel 35 D / J.-M. Adamini 36 G / Valos 36 D / Miles 37 G / R. Gaillarde 70 G /93 G /Potter Liaison 130 /Vioujard 156 D / A. de Wildenberg 206 / A. Franzo 223 D /224 / 228 G / 228 D / 232 G / 233 / E. Bouvet 235 / J.-M. Turpin 240 / Reporters associés 244 / Vioujard 245 / Reporters associés 246 G /Abbas 246 D / Bonotte 248 / C. Leroy 249 G. / Apesteguy 249 D / Dieter 250 G / 250 D / A. Mingan 251 / J.-P. Rey 253 / L. Van der Stockt 254 / Blanche 256 /Aventurier 257 / Gamma Liaison 260 D.

EXPLORER : C. Lenars 14 / C. Lenars 20 D / C. Lenars 21 G / C. Huyghens 24 D / G. Philippart de Foy 26 D / C. Lenars 33 / D. Bourbonnais 43 G / Loirat 46 / P. Tetrel 49 G / P. Tetrel 50 G / R. Harding 51 D / H. Volz 52 G / S. Grandadam 52 D / P. Tétrel 55 D / D. Bourbonnais 57 / Collection Es 58 / N. Thibaut 63 G / G. Thouvenin 68 G / Collection Es 69 G / G. Namur 77 / J.-M. Labat 81 D / BN 90 G / Roy Philippe 92 / R. Baumgatner 94 / J. Perno 95 / Collection Lauzat 102 / J.-M. Labat 103 / H. Veiller 108 G / J.-M. Labat 114 D / G. Namur 115 D / G. Philippart de Foy 127 D / K. Krafft 129 D / Valentin 131 G / 132 D / J.-P. Nacivet 134 / Corrieras-Iconos 135 / Adina 138 / Perno 139 / P. Tatopoulos 140 G / J. Perno 140 D / Scholz-Schuster bild 143 D / J.-P. Courau 145 D / A. Touy 146 B / P. Wysocki 158 G / Collection Es 158 D / C. Lenars 169 G / A. Thomas 169 D / Collection Es 171 D / ADPC 178 / Collection Es 189 /190 G / FFG International 195 D / FFG International 196 / J.-P. Courau 197 G / FODIL 203 G / J.-L. Charmet 204 / 208 / FPG 209 / FPJ 210 / Collection Soazig 211 / FPG 218 G / FPG 219 G / FPG 219 D / 222 / Collection Antoine 223 / PPG 226 G / 229 / 232 D / FPG 234

LAUROS-GIRAUDON : 27 G / 28 D / 31 D / Bridgeman 35 G / 43 D / 45 D / Anderson 50 D / 53 G / 54 /56 D / 59 D / 61 / F Alinari 66 G / F Alinari 72 / 73 G / F. Alinari 74 /76 / F. Alinari / 79 / 80 G / 89 / BN 91 / 101 G / 101 D /102 D / 104 G / 106 D / 107 D / Bridgeman 109 D / 113 / 126 / 157 / F Alinari 159 / 171 G / 172 G / 172 D / 173 G / 175 G / 176 / 177 / 180 / 186 G / 186 D / 188 B / Bridgeman / 190 D /192 / 193 / 199 / 201 / 202 / Carnavalet 205

Ph. PARAIRE : Gardes / 10-11 / toutes les photographies du sommaire /19 / 21 D / 22 H / 23 G / 23 D / 24 G / 26 G / 27 D / 28 G / 32 G / 32 D /37 D / 38-39 / 49 D / 55 G / 60 G / 60 D / 62 / 63 D / 64 G / 64 D / 65 G / 65 D / 66 D / 68 G / 70 D / 73 D / 75 G / 80 D / 85 G / 85 D / 86 G / 86 D / 87 G / 87 D / 96-97 / 107 G / 108 D / 109 G / 112 G / 120 H / 122 / 123 B / 125 G / 127 G / 129 G / 131 D / 133 / 136 /137 G / 137 D / 141 G / 142 / 145 G / 146 H / 147 / 148 G / 148 D / 152-153 / 156 G / 168 G / 168 D / 175 D / 181 G / 188 H / 191 D / 203 D / 226 D / 237 G / 252 G / 252 D / 255 / 257 H / 258 G / 258 D / 260 G / 261 G / 261 D

C. COURTAUX : 47 G /68 D / 71 / 75 D / 78 / 81 G / 112 D / 114 G / 115 G / 120 B / 141 D / 143 G / 170 / 182 / 185

G. RAGACHE : 25 G / 25 D / 191 G

HACHETTE : P. Joubert 15 G / P. Joubert 16 / P. Joubert 17 / P. Joubert 18 / P. Joubert 20 G / P. Joubert 22 B / P. Joubert 29 / J.-M. Ruffieux 42 / J.-M. Ruffieux 44 / 45 G / 47 D / P. Probst 36 / P. Probst 48 / P. Probst 51 G / P. Probst 56 G / J. Torton 59 B / J. Poirier 64 /66 D / P. Probst 67 / P. Joubert 82 / P. Joubert 83 / J. Poirier 84 / M. Welply 88 / P. Joubert 100 / P. Probst 104 D / P. Pellerin 105 G / 105 D / BN 106 G / P. Probst 110 G et 110 D / P. Probst 111 / T. Sedat 116 / T. Sedat 117 / T. Sedat 118 / 119 / T. Sedat 121 / T. Sedat 123 H / C. Maucler 124 / C. Maucler 125 D / C. Maucler 128 G / C. Maucler 128 D / M. Welply 132 G / M. Welply 138 G / P. Joubert 144 / P. Joubert 149 / P. Joubert 150 G / P. Joubert 150 D / P. Joubert 151 G / P. Joubert 151 D / 156 D / Cl. et D. Millet 160 / M. Welply 161 / M. Welply 162 / M. Welply 163 / M. Welply 164 / Cl. et D. Millet 165 / M. Welply 166 / M. Welply 167 / 173 D / 174 / Cl. et D. Millet 179 / 181 D / P. Joubert 183 G / 183 D / P Brochard 184 / P. Probst 187 / P. Probst 194 / M. Welply 195 G / J. Poirier 197 D / J. Poirier 198 / P. Probst 200 /M. Welply 212-213 / J. Poirier 217 / J. Poirier 218 D / Y. Beaujard 227

KEYSTONE : 216 / 225 / 230 / 231 / 236 / 237 D / 238 / 239 / 241 / 243

SIRPA : 242 G / 259

SYGMA : 207 G / 220

DIVERS : Musée Guimet : 90 D

Les cartes ont été réalisées par Philippe Paraire.

Couverture : Plat I : Musée du Caire/J.-F. Gout ; Hachette/BN ; Plat IV : Ph. Paraire

Imprimé et relié à Singapour:
Dépôt légal: 5074.09/93 – 29/1268/1
I.S.B.N.: 2.01.019840-9
Loi n° 49.956 du 16 juillet 1949
sur les publications destinées à la jeunesse.

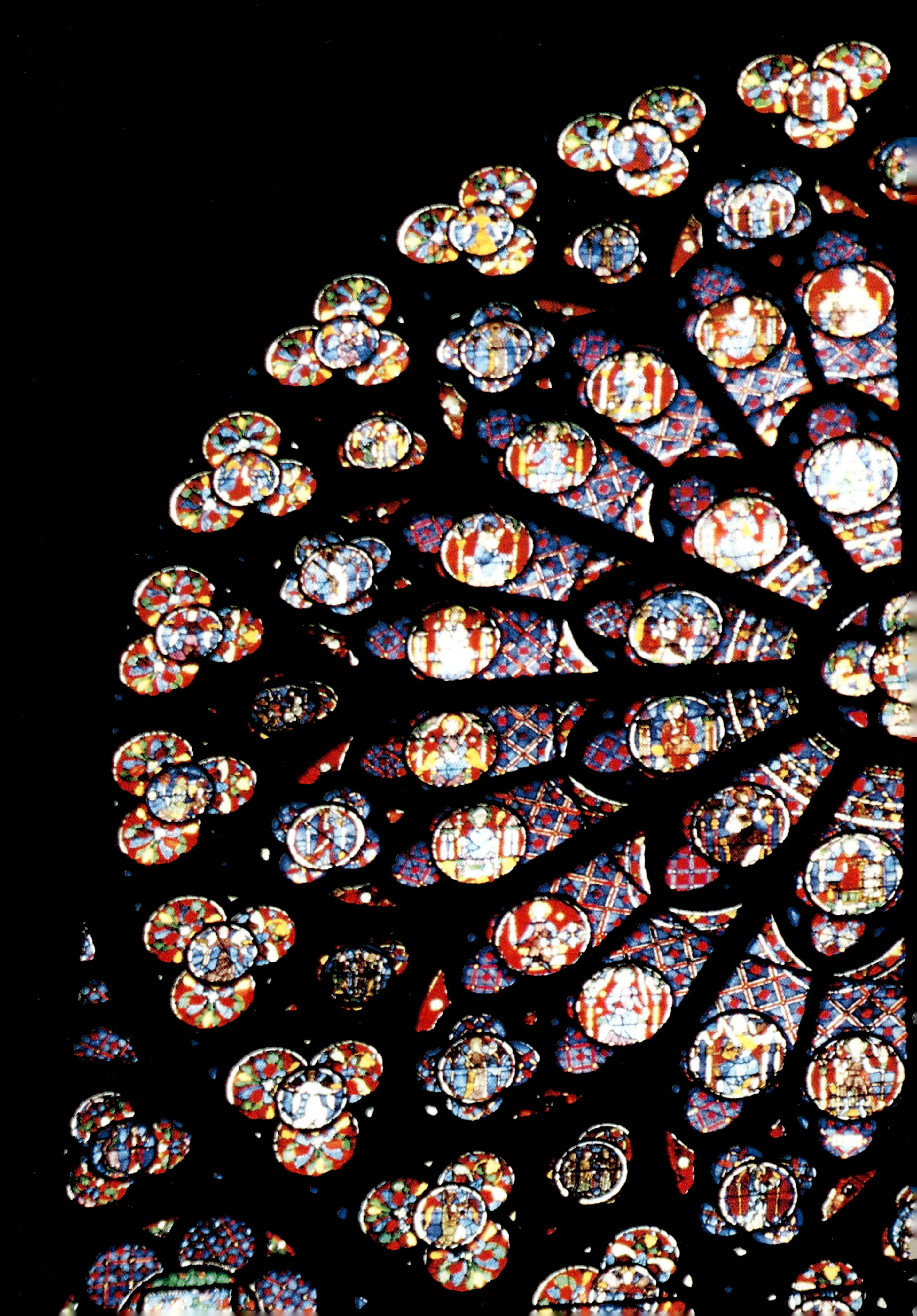

JEU GÉANT HISTOIRE

■ *Où trouve-t-on les plus anciennes traces de l'homme ?*

Réponse page 15

JEU GÉANT HISTOIRE

■ *Qui était Lucy ?*

Réponse page 15

JEU GÉANT HISTOIRE

■ *Comment l'homme du Paléolithique fabriquait-il ses outils ?*

Réponse page 19

JEU GÉANT HISTOIRE

■ *Qu'appelait-on Menhirs ? À quoi servaient-ils ?*

Réponse page 25

JEU GÉANT HISTOIRE

■ *Comment l'homme préhistorique obtint-il le fer ?*

Réponse page 26

JEU GÉANT HISTOIRE

■ *Qui a inventé l'écriture ?*

Réponse page 28

JEU GÉANT HISTOIRE

■ *D'où venaient les premiers Américains ?*

Réponse page 31

JEU GÉANT HISTOIRE

■ *Quel animal assura la survie des Indiens des grandes plaines d'Amérique du Nord ?*

Réponse page 32

JEU GÉANT HISTOIRE

■ *Qui érigea les statues de l'Île de Pâques ?*

Réponse page 36

9 782010 198403

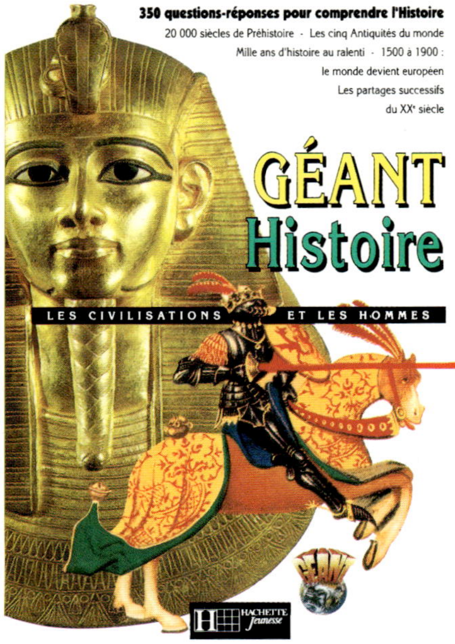
350 questions-réponses pour comprendre l'Histoire
20 000 siècles de Préhistoire - Les cinq Antiquités du monde
Mille ans d'histoire au ralenti - 1500 à 1900 : le monde devient européen
Les partages successifs du XXe siècle
GÉANT Histoire
LES CIVILISATIONS ET LES HOMMES
HACHETTE Jeunesse

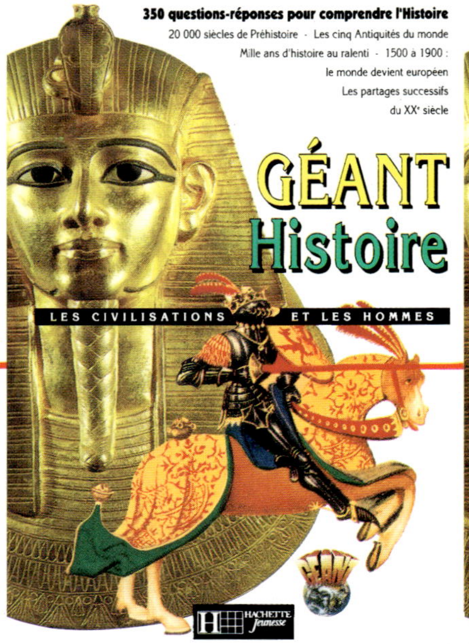
350 questions-réponses pour comprendre l'Histoire
20 000 siècles de Préhistoire - Les cinq Antiquités du monde
Mille ans d'histoire au ralenti - 1500 à 1900 : le monde devient européen
Les partages successifs du XXe siècle
GÉANT Histoire
LES CIVILISATIONS ET LES HOMMES
HACHETTE Jeunesse

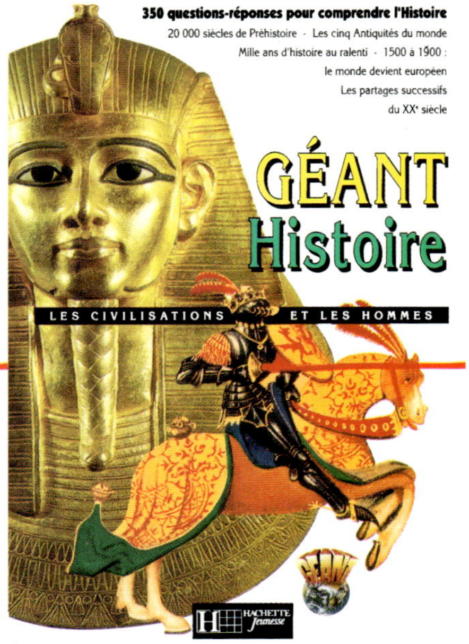
350 questions-réponses pour comprendre l'Histoire
20 000 siècles de Préhistoire - Les cinq Antiquités du monde
Mille ans d'histoire au ralenti - 1500 à 1900 : le monde devient européen
Les partages successifs du XXe siècle
GÉANT Histoire
LES CIVILISATIONS ET LES HOMMES
HACHETTE Jeunesse

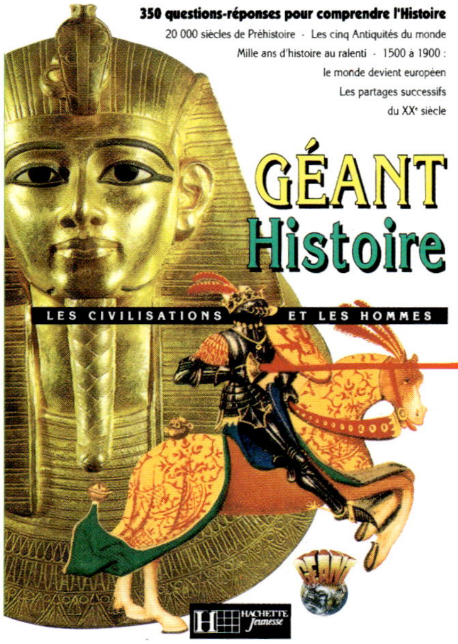
350 questions-réponses pour comprendre l'Histoire
20 000 siècles de Préhistoire - Les cinq Antiquités du monde
Mille ans d'histoire au ralenti - 1500 à 1900 : le monde devient européen
Les partages successifs du XXe siècle
GÉANT Histoire
LES CIVILISATIONS ET LES HOMMES
HACHETTE Jeunesse

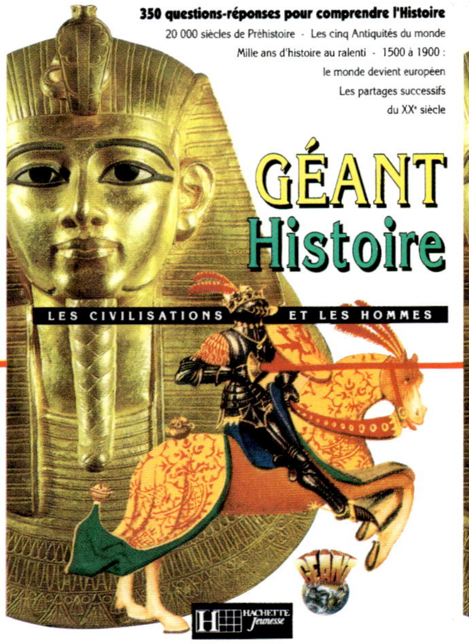
350 questions-réponses pour comprendre l'Histoire
20 000 siècles de Préhistoire - Les cinq Antiquités du monde
Mille ans d'histoire au ralenti - 1500 à 1900 : le monde devient européen
Les partages successifs du XXe siècle
GÉANT Histoire
LES CIVILISATIONS ET LES HOMMES
HACHETTE Jeunesse

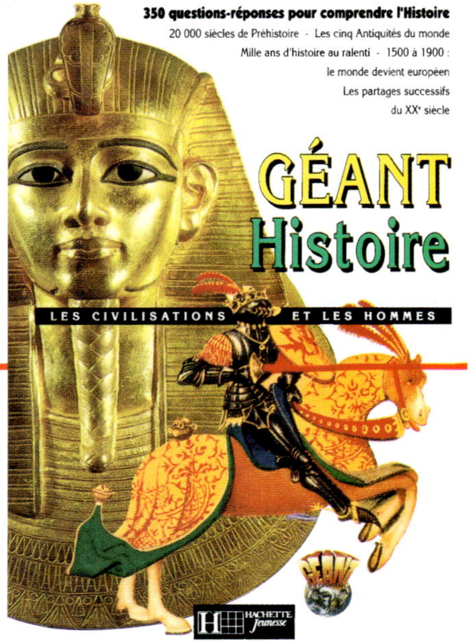
350 questions-réponses pour comprendre l'Histoire
20 000 siècles de Préhistoire - Les cinq Antiquités du monde
Mille ans d'histoire au ralenti - 1500 à 1900 : le monde devient européen
Les partages successifs du XXe siècle
GÉANT Histoire
LES CIVILISATIONS ET LES HOMMES
HACHETTE Jeunesse

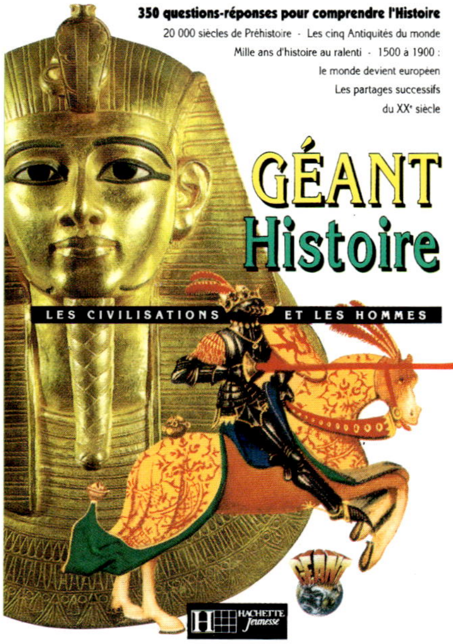
350 questions-réponses pour comprendre l'Histoire
20 000 siècles de Préhistoire - Les cinq Antiquités du monde
Mille ans d'histoire au ralenti - 1500 à 1900 : le monde devient européen
Les partages successifs du XXe siècle
GÉANT Histoire
LES CIVILISATIONS ET LES HOMMES
HACHETTE Jeunesse

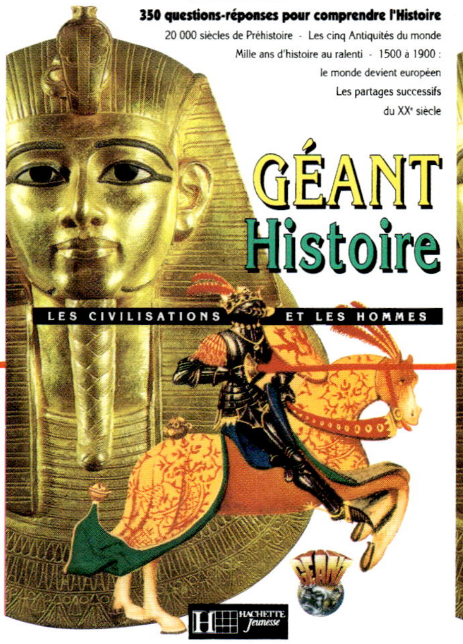
350 questions-réponses pour comprendre l'Histoire
20 000 siècles de Préhistoire - Les cinq Antiquités du monde
Mille ans d'histoire au ralenti - 1500 à 1900 : le monde devient européen
Les partages successifs du XXe siècle
GÉANT Histoire
LES CIVILISATIONS ET LES HOMMES
HACHETTE Jeunesse

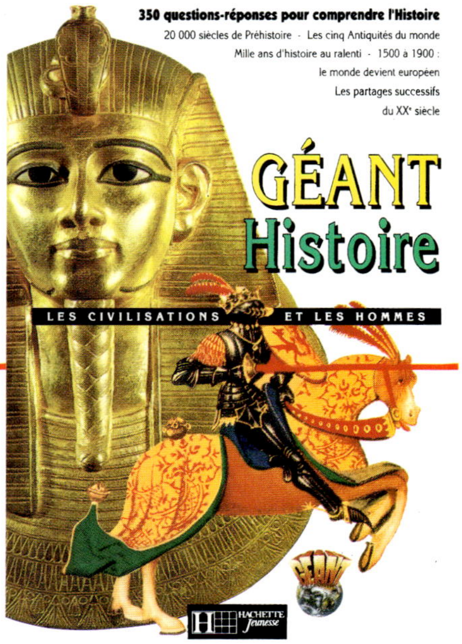
350 questions-réponses pour comprendre l'Histoire
20 000 siècles de Préhistoire - Les cinq Antiquités du monde
Mille ans d'histoire au ralenti - 1500 à 1900 : le monde devient européen
Les partages successifs du XXe siècle
GÉANT Histoire
LES CIVILISATIONS ET LES HOMMES
HACHETTE Jeunesse

JEU GÉANT HISTOIRE

■ *La Tour de Babel a-t-elle existé ?*

Réponse page 43

JEU GÉANT HISTOIRE

■ *Comment écrivaient les Égyptiens ?*

Réponse page 49

JEU GÉANT HISTOIRE

■ *Qu'est-ce que la pierre de Rosette ?*

Réponse page 50

JEU GÉANT HISTOIRE

■ *Pourquoi a-t-on construit les Pyramides ?*

Réponse page 52

JEU GÉANT HISTOIRE

■ *Toutankhamon fut-il un grand pharaon ?*

Réponse page 53

JEU GÉANT HISTOIRE

■ *Qu'est-ce que la mommification ?*

Réponse page 56

JEU GÉANT HISTOIRE

■ *Qui était Ulysse ?*

Réponse page 63

JEU GÉANT HISTOIRE

■ *En quels dieux les Grecs croyaient-ils ?*

Réponse page 67

JEU GÉANT HISTOIRE

■ *Romus et Romulus ont-ils existé ?*

Réponse page 70

9 782010 198403

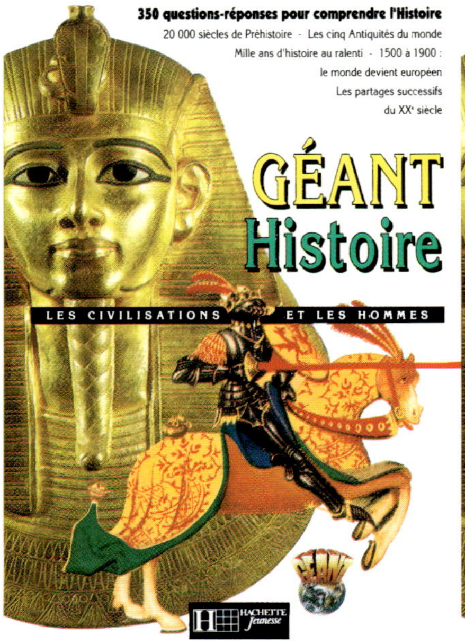
350 questions-réponses pour comprendre l'Histoire
20 000 siècles de Préhistoire - Les cinq Antiquités du monde
Mille ans d'histoire au ralenti - 1500 à 1900 :
le monde devient européen
Les partages successifs
du XXe siècle
GÉANT
Histoire
LES CIVILISATIONS ET LES HOMMES
HACHETTE Jeunesse

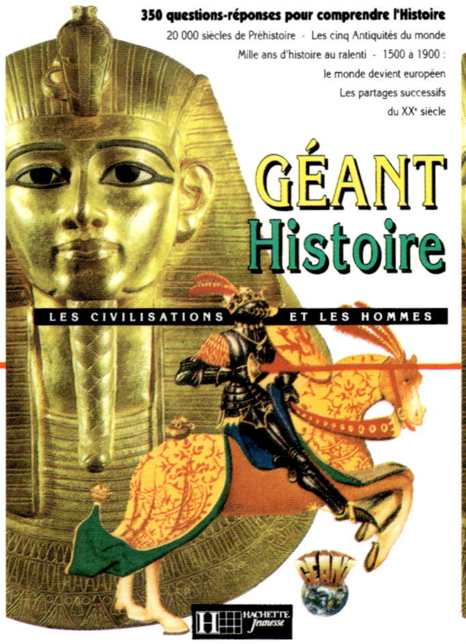
350 questions-réponses pour comprendre l'Histoire
20 000 siècles de Préhistoire - Les cinq Antiquités du monde
Mille ans d'histoire au ralenti - 1500 à 1900 :
le monde devient européen
Les partages successifs
du XXe siècle
GÉANT
Histoire
LES CIVILISATIONS ET LES HOMMES
HACHETTE Jeunesse

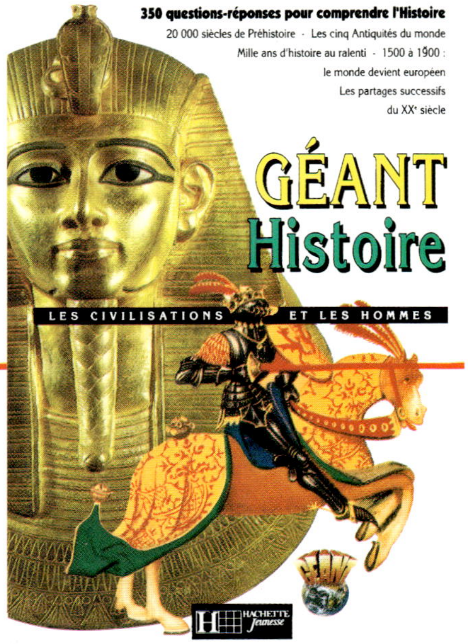
350 questions-réponses pour comprendre l'Histoire
20 000 siècles de Préhistoire - Les cinq Antiquités du monde
Mille ans d'histoire au ralenti - 1500 à 1900 :
le monde devient européen
Les partages successifs
du XXe siècle
GÉANT
Histoire
LES CIVILISATIONS ET LES HOMMES
HACHETTE Jeunesse

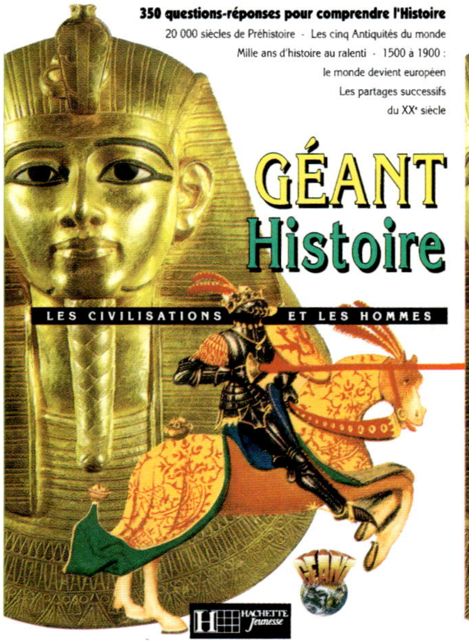
350 questions-réponses pour comprendre l'Histoire
20 000 siècles de Préhistoire - Les cinq Antiquités du monde
Mille ans d'histoire au ralenti - 1500 à 1900 :
le monde devient européen
Les partages successifs
du XXe siècle
GÉANT
Histoire
LES CIVILISATIONS ET LES HOMMES
HACHETTE Jeunesse

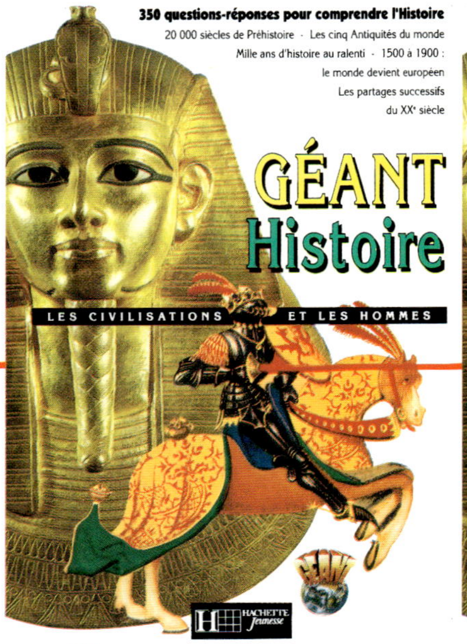
350 questions-réponses pour comprendre l'Histoire
20 000 siècles de Préhistoire - Les cinq Antiquités du monde
Mille ans d'histoire au ralenti - 1500 à 1900 :
le monde devient européen
Les partages successifs
du XXe siècle
GÉANT
Histoire
LES CIVILISATIONS ET LES HOMMES
HACHETTE Jeunesse

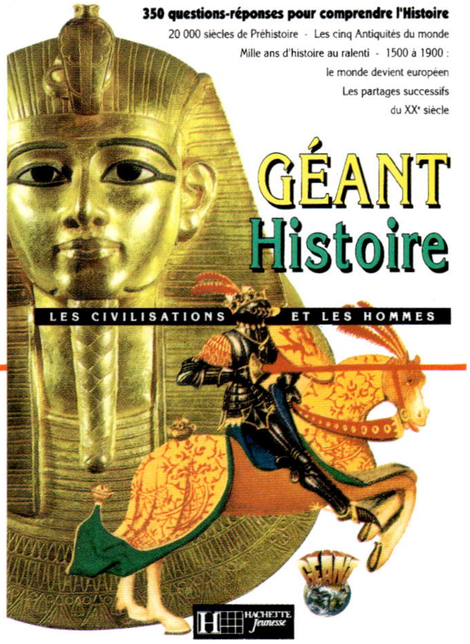
350 questions-réponses pour comprendre l'Histoire
20 000 siècles de Préhistoire - Les cinq Antiquités du monde
Mille ans d'histoire au ralenti - 1500 à 1900 :
le monde devient européen
Les partages successifs
du XXe siècle
GÉANT
Histoire
LES CIVILISATIONS ET LES HOMMES
HACHETTE Jeunesse

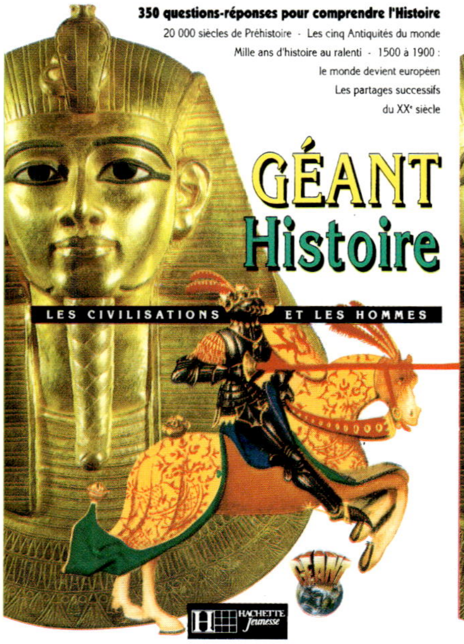
350 questions-réponses pour comprendre l'Histoire
20 000 siècles de Préhistoire - Les cinq Antiquités du monde
Mille ans d'histoire au ralenti - 1500 à 1900 :
le monde devient européen
Les partages successifs
du XXe siècle
GÉANT
Histoire
LES CIVILISATIONS ET LES HOMMES
HACHETTE Jeunesse

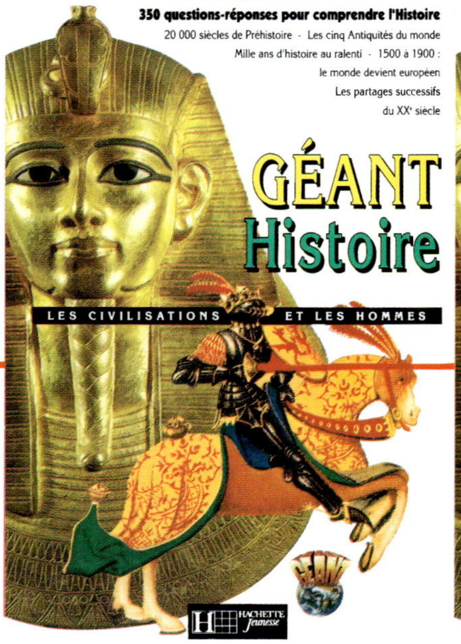
350 questions-réponses pour comprendre l'Histoire
20 000 siècles de Préhistoire - Les cinq Antiquités du monde
Mille ans d'histoire au ralenti - 1500 à 1900 :
le monde devient européen
Les partages successifs
du XXe siècle
GÉANT
Histoire
LES CIVILISATIONS ET LES HOMMES
HACHETTE Jeunesse

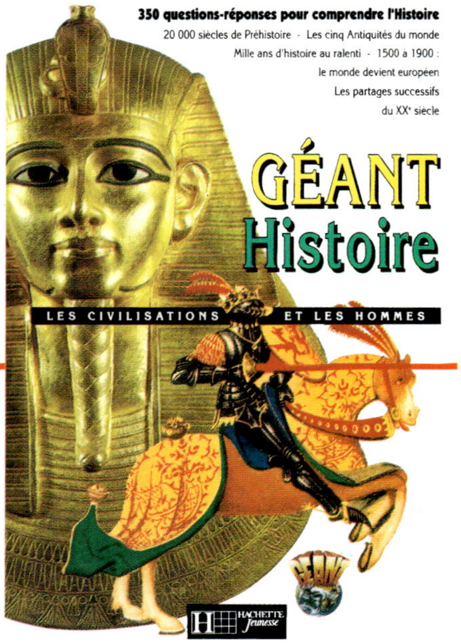
350 questions-réponses pour comprendre l'Histoire
20 000 siècles de Préhistoire - Les cinq Antiquités du monde
Mille ans d'histoire au ralenti - 1500 à 1900 :
le monde devient européen
Les partages successifs
du XXe siècle
GÉANT
Histoire
LES CIVILISATIONS ET LES HOMMES
HACHETTE Jeunesse

JEU GÉANT HISTOIRE

■ *Quand vécut Bouddha et qu'enseigna-t-il ?*

Réponse page 86

JEU GÉANT HISTOIRE

■ *Qui était Confucius ?*

Réponse page 91

JEU GÉANT HISTOIRE

■ *Qu'a-t-on appelé Croisades ?*

Réponse page 104

JEU GÉANT HISTOIRE

■ *Qu'est-ce que la chevalerie ?*

Réponse page 105

JEU GÉANT HISTOIRE

■ *Pour quelles raisons pourchassait-on les sorcières au Moyen Âge ?*

Réponse page 109

JEU GÉANT HISTOIRE

■ *Quel était l'enjeu de la Guerre de Cent Ans ?*

Réponse page 110

JEU GÉANT HISTOIRE

■ *Qu'est-ce qu'une icône ?*

Réponse page 114

JEU GÉANT HISTOIRE

■ *Qui étaient les Ottomans ?*

Réponse page 122

JEU GÉANT HISTOIRE

■ *Pourquoi les empires et royaumes africains anciens ont-ils disparu ?*

Réponse page 128

9 782010 198403

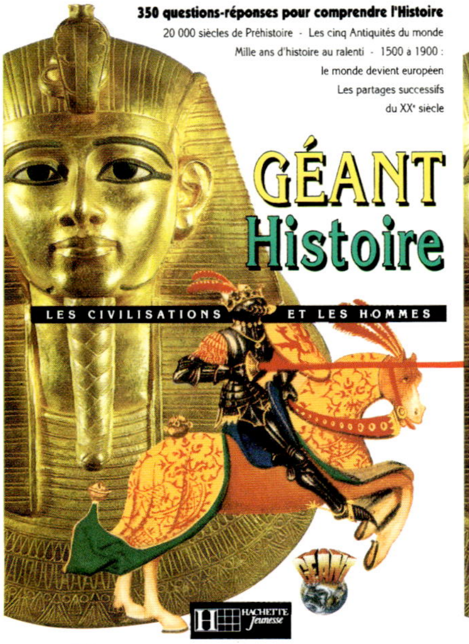
350 questions-réponses pour comprendre l'Histoire
20 000 siècles de Préhistoire - Les cinq Antiquités du monde
Mille ans d'histoire au ralenti - 1500 à 1900 :
le monde devient européen
Les partages successifs
du XXe siècle
GÉANT
Histoire
LES CIVILISATIONS ET LES HOMMES
HACHETTE Jeunesse

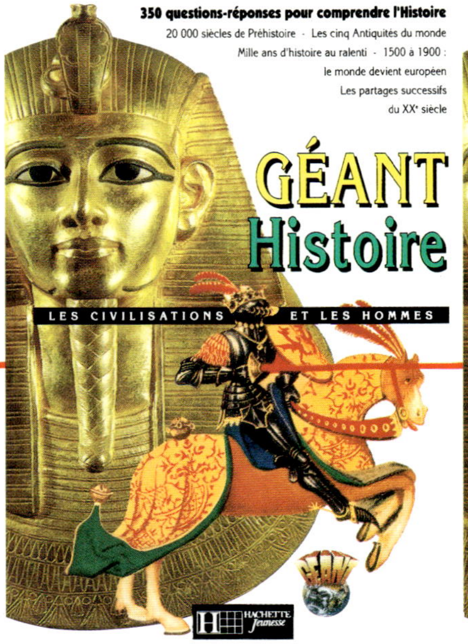
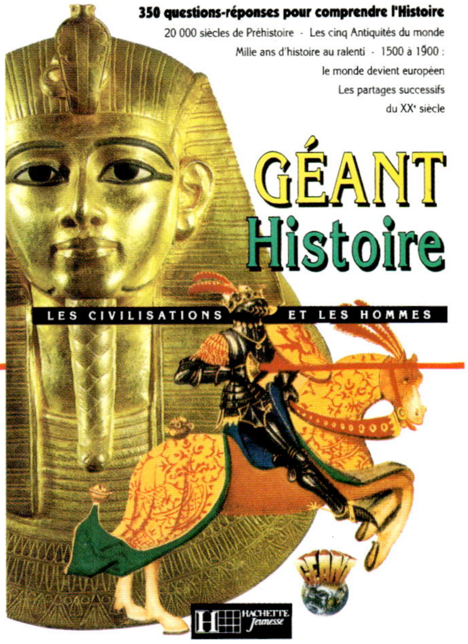
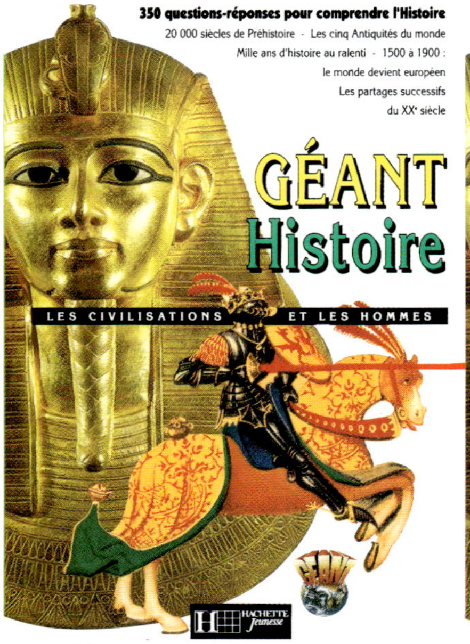
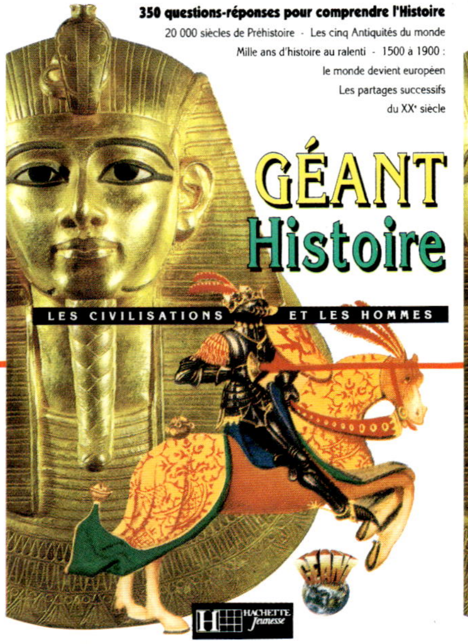
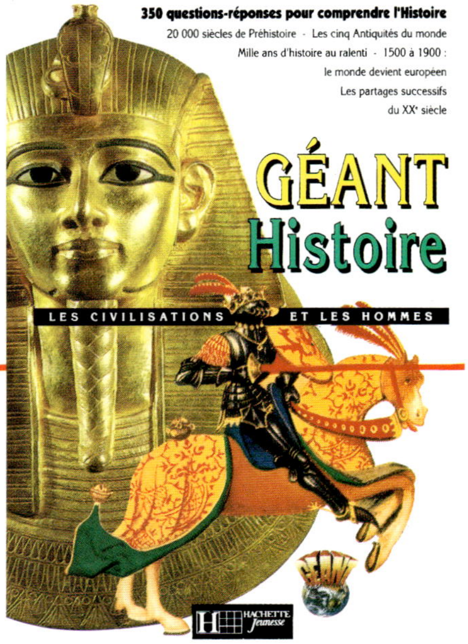
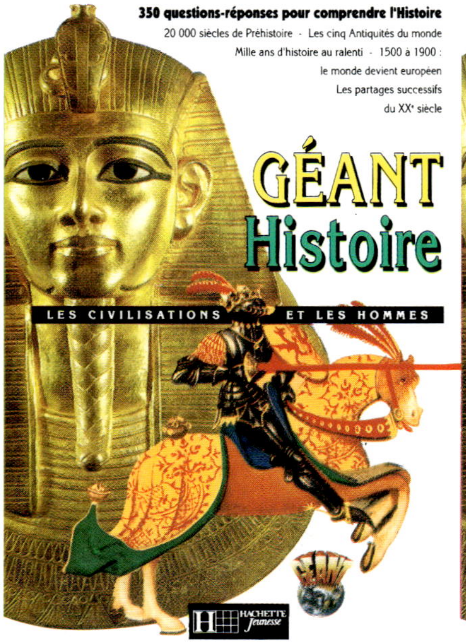
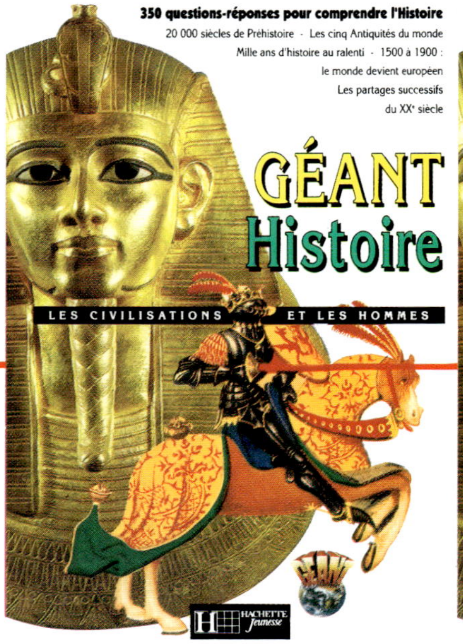
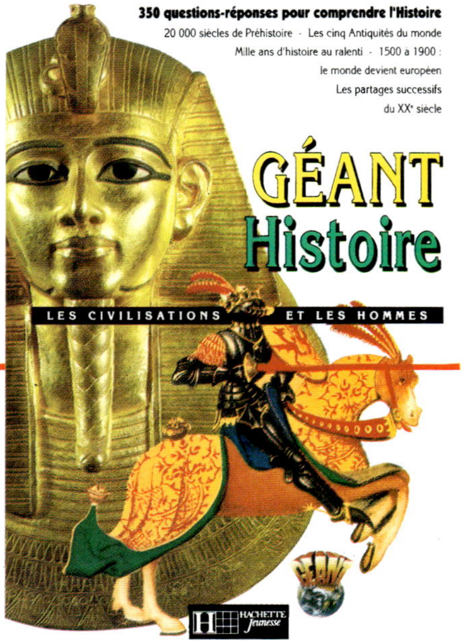

JEU GÉANT HISTOIRE

■ *Quelles furent les grandes dynasties chinoises du Moyen-Âge ?*

Réponse page 138

JEU GÉANT HISTOIRE

■ *Qu'est-ce qu'un Samouraï ?*

Réponse page 140

JEU GÉANT HISTOIRE

■ *Qui sont les Lamas du Tibet ?*

Réponse page 143

JEU GÉANT HISTOIRE

■ *Pourquoi la civilisation maya a-t-elle disparu soudainement ?*

Réponse page 147

JEU GÉANT HISTOIRE

■ *Pourquoi les Aztèques pratiquaient-ils des sacrifices humains ?*

Réponse page 148

JEU GÉANT HISTOIRE

■ *Qui a inventé l'imprimerie ?*

Réponse page 156

JEU GÉANT HISTOIRE

■ *Qu'est-ce qu'un mécène ?*

Réponse page 157

JEU GÉANT HISTOIRE

■ *Quelle fut la découverte de Nicolas Copernic ?*

Réponse page 158

JEU GÉANT HISTOIRE

■ *Pour quelles raisons les Européens ont-ils cherché à atteindre l'Inde ?*

Réponse page 160

9 782010 198403

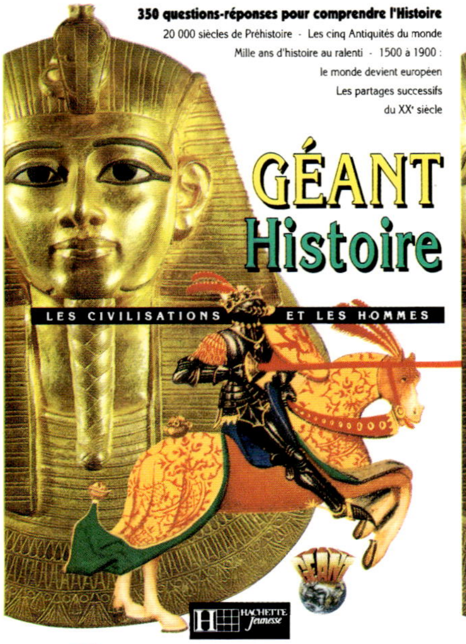
350 questions-réponses pour comprendre l'Histoire
20 000 siècles de Préhistoire - Les cinq Antiquités du monde
Mille ans d'histoire au ralenti - 1500 à 1900 :
le monde devient européen
Les partages successifs
du XXe siècle
GÉANT
Histoire
LES CIVILISATIONS ET LES HOMMES
HACHETTE Jeunesse

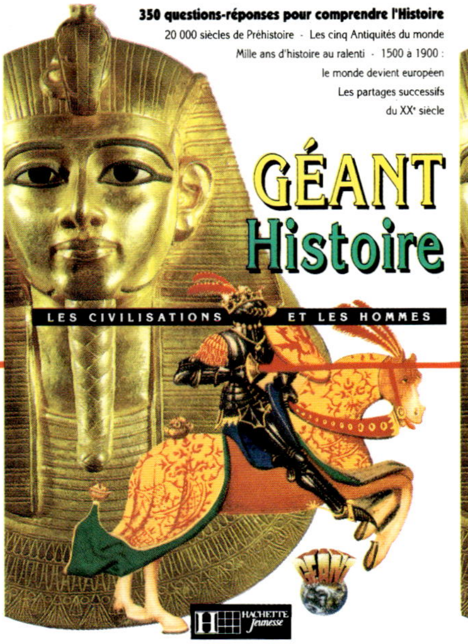

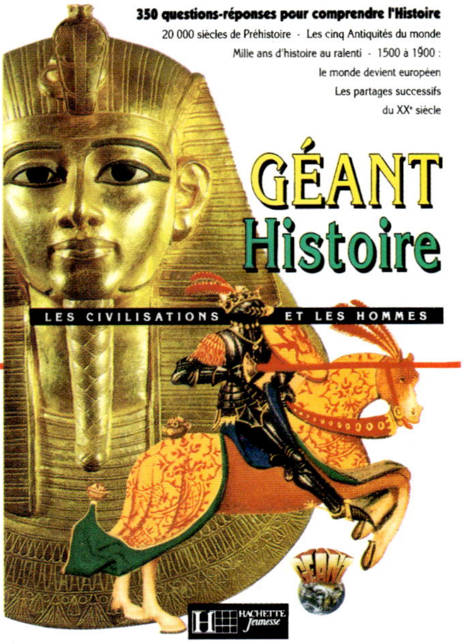

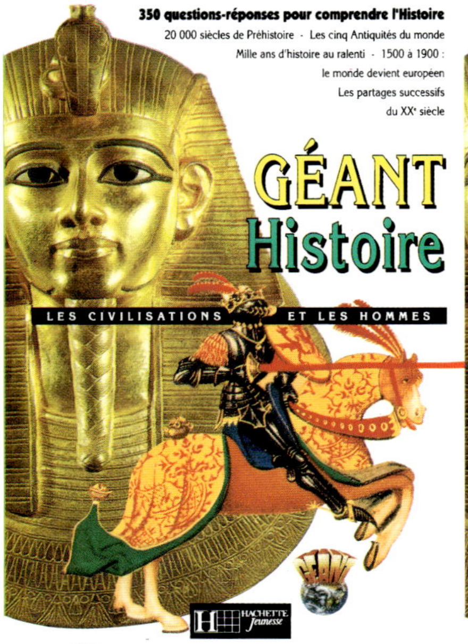

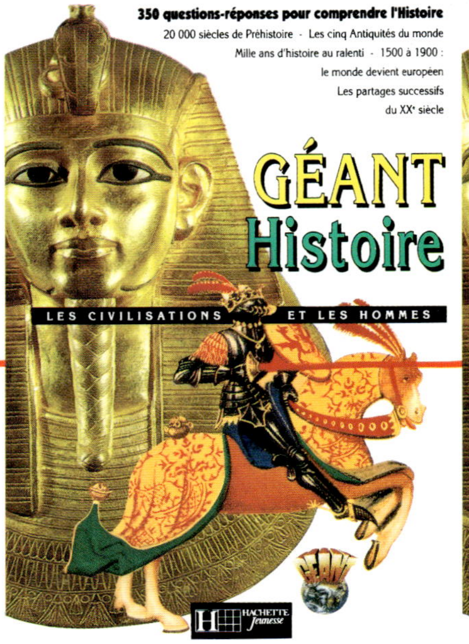

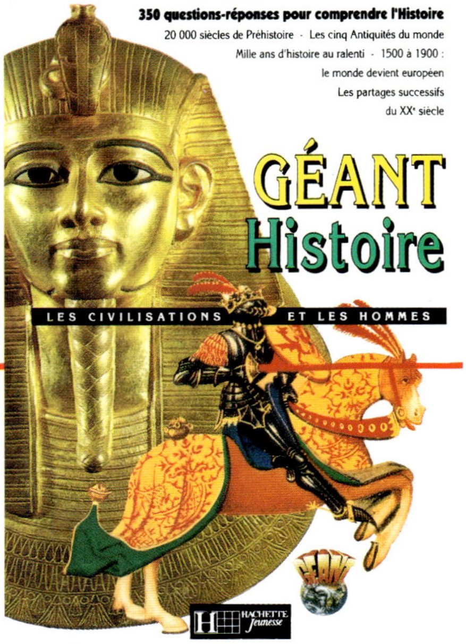

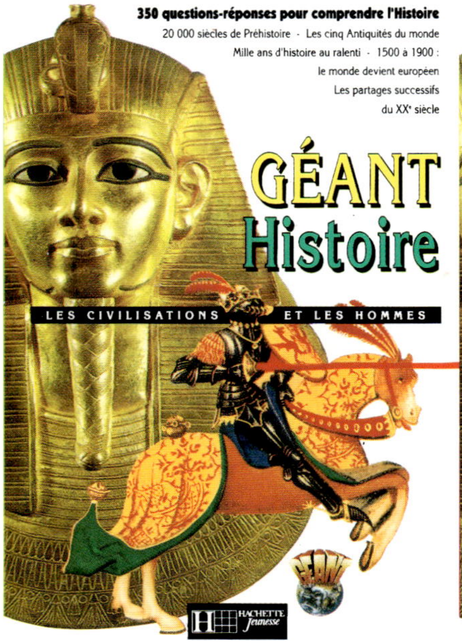

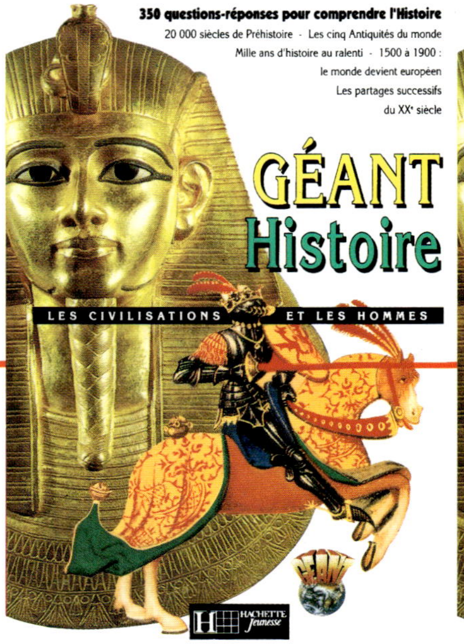

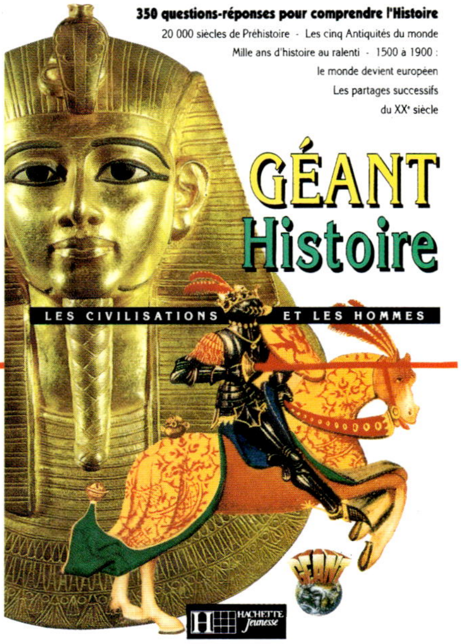

JEU GÉANT HISTOIRE

■ *Quand Christophe Colomb a-t-il découvert l'Amérique ?*

Réponse page 163

JEU GÉANT HISTOIRE

■ *Quels pays ont organisé la traite des Noirs ?*

Réponse page 166

JEU GÉANT HISTOIRE

■ *Qu'est-ce l'Inquisition ?*

Réponse page 173

JEU GÉANT HISTOIRE

■ *Qui était Colbert ?*

Réponse page 181

JEU GÉANT HISTOIRE

■ *Pourquoi la Révolution industrielle est-elle apparue en Angleterre et non en France ?*

Réponse page 182

JEU GÉANT HISTOIRE

■ *Comment sont nés les États-Unis d'Amérique ?*

Réponse page 186

JEU GÉANT HISTOIRE

■ *Que s'est-il passé le 14 juillet 1789 ?*

Réponse page 189

JEU GÉANT HISTOIRE

■ *Qu'est-ce qui opposait Danton et Robespierre ?*

Réponse page 190

JEU GÉANT HISTOIRE

■ *Pour quelles raisons la guerre de Sécession eut-elle lieu ?*

Réponse page 195

9 782010 198403

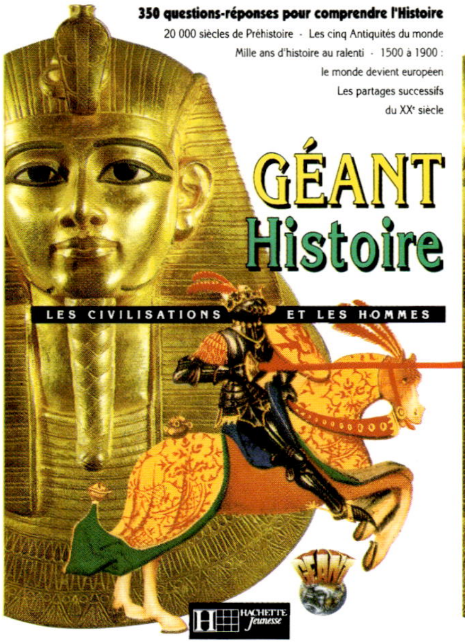
350 questions-réponses pour comprendre l'Histoire
20 000 siècles de Préhistoire - Les cinq Antiquités du monde
Mille ans d'histoire au ralenti - 1500 à 1900 :
le monde devient européen
Les partages successifs
du XXe siècle
GÉANT
Histoire
LES CIVILISATIONS ET LES HOMMES
HACHETTE Jeunesse

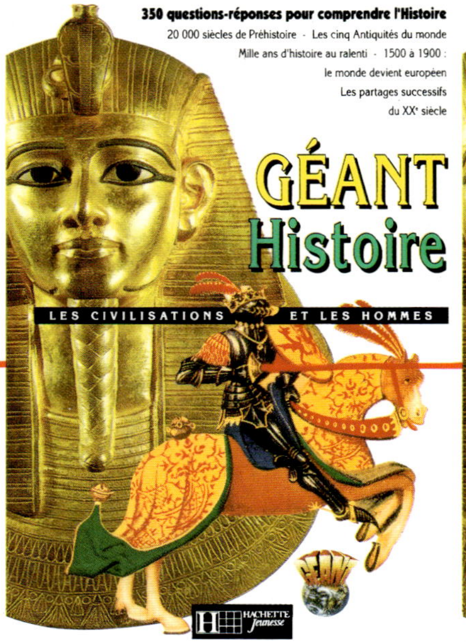
350 questions-réponses pour comprendre l'Histoire
20 000 siècles de Préhistoire - Les cinq Antiquités du monde
Mille ans d'histoire au ralenti - 1500 à 1900 :
le monde devient européen
Les partages successifs
du XXe siècle
GÉANT
Histoire
LES CIVILISATIONS ET LES HOMMES
HACHETTE Jeunesse

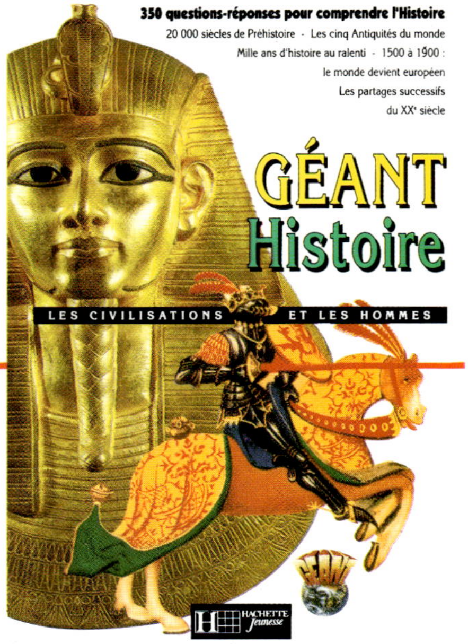
350 questions-réponses pour comprendre l'Histoire
20 000 siècles de Préhistoire - Les cinq Antiquités du monde
Mille ans d'histoire au ralenti - 1500 à 1900 :
le monde devient européen
Les partages successifs
du XXe siècle
GÉANT
Histoire
LES CIVILISATIONS ET LES HOMMES
HACHETTE Jeunesse

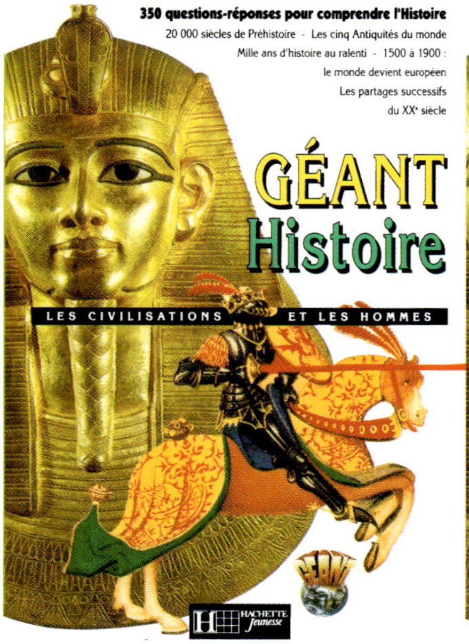
350 questions-réponses pour comprendre l'Histoire
20 000 siècles de Préhistoire - Les cinq Antiquités du monde
Mille ans d'histoire au ralenti - 1500 à 1900 :
le monde devient européen
Les partages successifs
du XXe siècle
GÉANT
Histoire
LES CIVILISATIONS ET LES HOMMES
HACHETTE Jeunesse

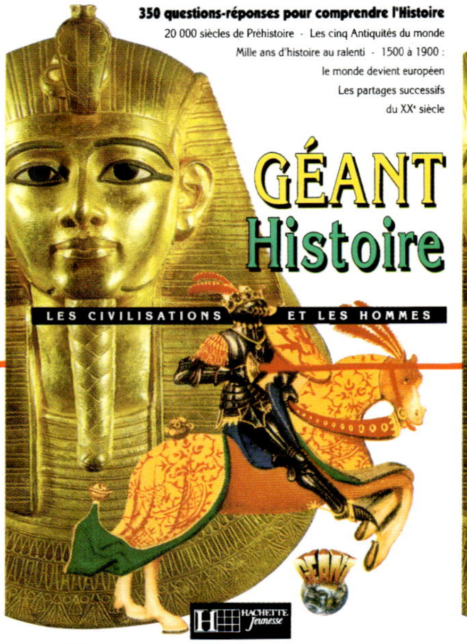
350 questions-réponses pour comprendre l'Histoire
20 000 siècles de Préhistoire - Les cinq Antiquités du monde
Mille ans d'histoire au ralenti - 1500 à 1900 :
le monde devient européen
Les partages successifs
du XXe siècle
GÉANT
Histoire
LES CIVILISATIONS ET LES HOMMES
HACHETTE Jeunesse

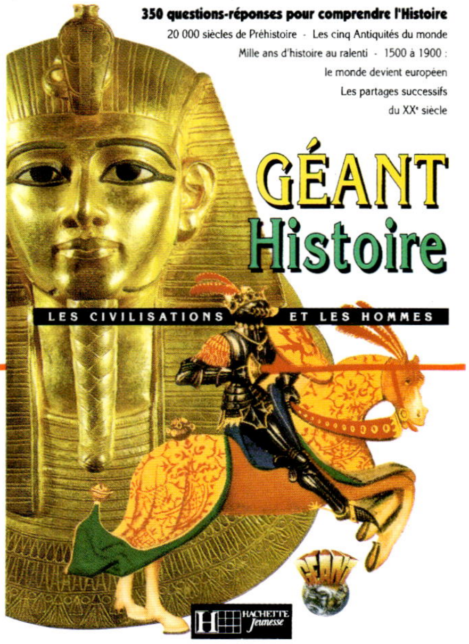
350 questions-réponses pour comprendre l'Histoire
20 000 siècles de Préhistoire - Les cinq Antiquités du monde
Mille ans d'histoire au ralenti - 1500 à 1900 :
le monde devient européen
Les partages successifs
du XXe siècle
GÉANT
Histoire
LES CIVILISATIONS ET LES HOMMES
HACHETTE Jeunesse

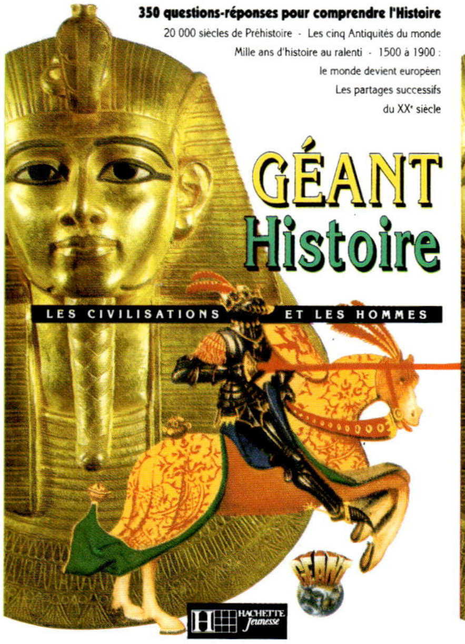
350 questions-réponses pour comprendre l'Histoire
20 000 siècles de Préhistoire - Les cinq Antiquités du monde
Mille ans d'histoire au ralenti - 1500 à 1900 :
le monde devient européen
Les partages successifs
du XXe siècle
GÉANT
Histoire
LES CIVILISATIONS ET LES HOMMES
HACHETTE Jeunesse

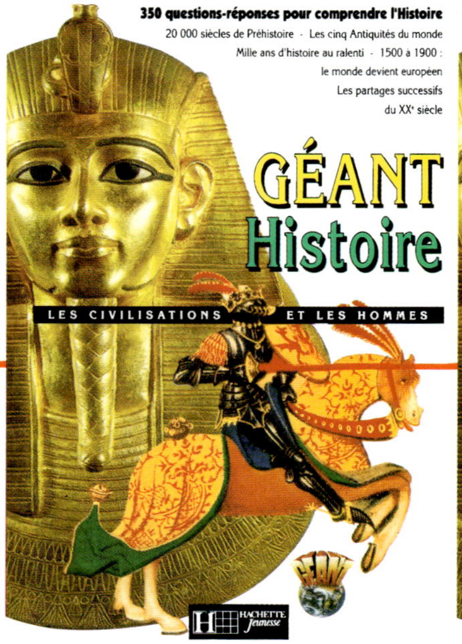
350 questions-réponses pour comprendre l'Histoire
20 000 siècles de Préhistoire - Les cinq Antiquités du monde
Mille ans d'histoire au ralenti - 1500 à 1900 :
le monde devient européen
Les partages successifs
du XXe siècle
GÉANT
Histoire
LES CIVILISATIONS ET LES HOMMES
HACHETTE Jeunesse

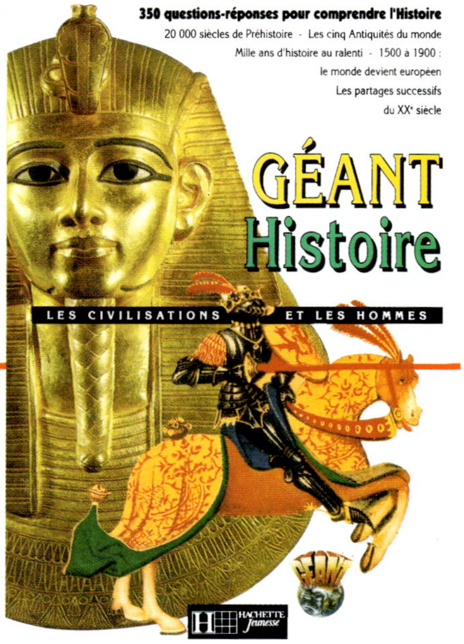
350 questions-réponses pour comprendre l'Histoire
20 000 siècles de Préhistoire - Les cinq Antiquités du monde
Mille ans d'histoire au ralenti - 1500 à 1900 :
le monde devient européen
Les partages successifs
du XXe siècle
GÉANT
Histoire
LES CIVILISATIONS ET LES HOMMES
HACHETTE Jeunesse

JEU GÉANT HISTOIRE

■ *Qu'est-ce que la colonisation ?*

Réponse page 199

JEU GÉANT HISTOIRE

■ *Quelles sont les dates de la Première Guerre mondiale ?*

Réponse pages 216 à 218

JEU GÉANT HISTOIRE

■ *Qu'est-ce que le nazisme ?*

Réponse page 225

JEU GÉANT HISTOIRE

■ *Pourquoi la ville de Berlin a-t-elle été coupée en deux ?*

Réponse page 235

JEU GÉANT HISTOIRE

■ *Qui était Gandhi ?*

Réponse page 239

JEU GÉANT HISTOIRE

■ *Qu'est-ce que l'O.L.P. ?*

Réponse page 249

JEU GÉANT HISTOIRE

■ *Pourquoi les États-Unis ont-ils fait la guerre au Vietnam ?*

Réponse page 250

JEU GÉANT HISTOIRE

■ *Qu'a-t-on appelé les Trente Glorieuses ?*

Réponse page 252

JEU GÉANT HISTOIRE

■ *Pourquoi le monde pauvre est-il endetté ?*

Réponse page 255

9 782010 198403

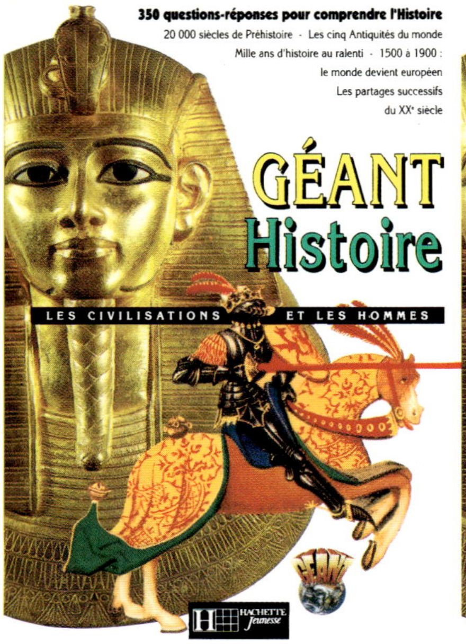
350 questions-réponses pour comprendre l'Histoire
20 000 siècles de Préhistoire - Les cinq Antiquités du monde
Mille ans d'histoire au ralenti - 1500 à 1900 :
le monde devient européen
Les partages successifs
du XXe siècle
GÉANT
Histoire
LES CIVILISATIONS ET LES HOMMES
HACHETTE Jeunesse
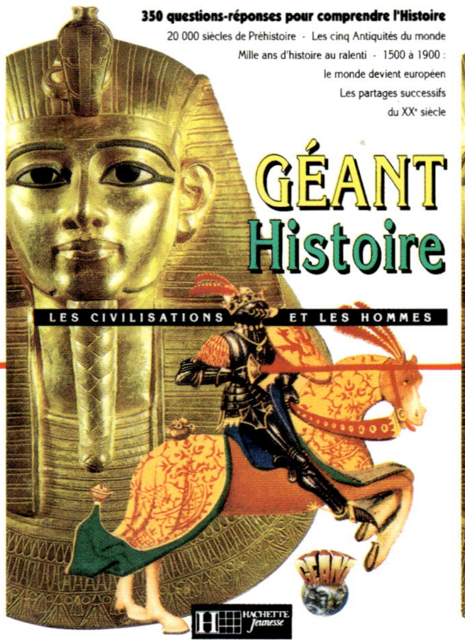
350 questions-réponses pour comprendre l'Histoire
20 000 siècles de Préhistoire - Les cinq Antiquités du monde
Mille ans d'histoire au ralenti - 1500 à 1900 :
le monde devient européen
Les partages successifs
du XXe siècle
GÉANT
Histoire
LES CIVILISATIONS ET LES HOMMES
HACHETTE Jeunesse
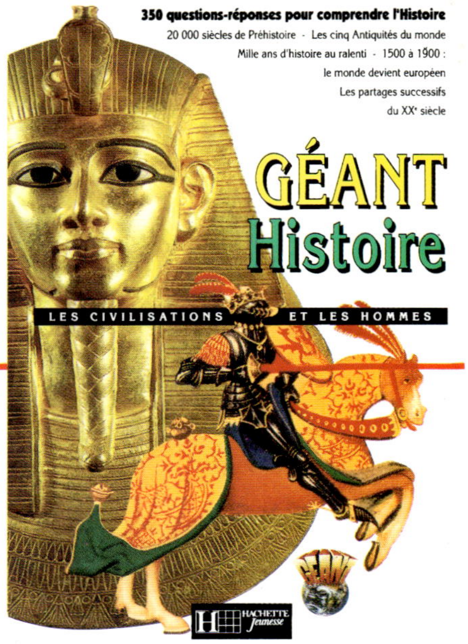
350 questions-réponses pour comprendre l'Histoire
20 000 siècles de Préhistoire - Les cinq Antiquités du monde
Mille ans d'histoire au ralenti - 1500 à 1900 :
le monde devient européen
Les partages successifs
du XXe siècle
GÉANT
Histoire
LES CIVILISATIONS ET LES HOMMES
HACHETTE Jeunesse
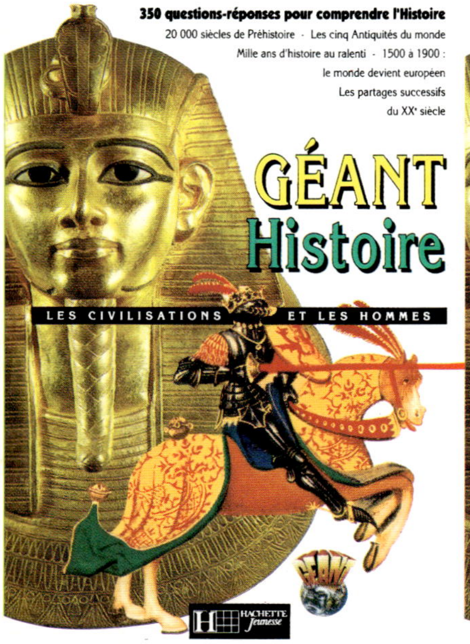
350 questions-réponses pour comprendre l'Histoire
20 000 siècles de Préhistoire - Les cinq Antiquités du monde
Mille ans d'histoire au ralenti - 1500 à 1900 :
le monde devient européen
Les partages successifs
du XXe siècle
GÉANT
Histoire
LES CIVILISATIONS ET LES HOMMES
HACHETTE Jeunesse
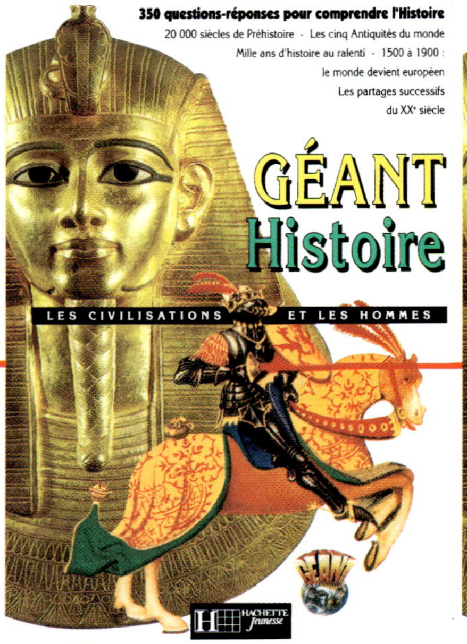
350 questions-réponses pour comprendre l'Histoire
20 000 siècles de Préhistoire - Les cinq Antiquités du monde
Mille ans d'histoire au ralenti - 1500 à 1900 :
le monde devient européen
Les partages successifs
du XXe siècle
GÉANT
Histoire
LES CIVILISATIONS ET LES HOMMES
HACHETTE Jeunesse
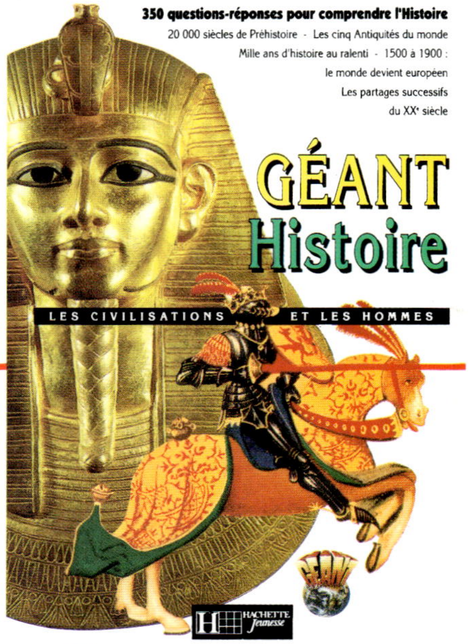
350 questions-réponses pour comprendre l'Histoire
20 000 siècles de Préhistoire - Les cinq Antiquités du monde
Mille ans d'histoire au ralenti - 1500 à 1900 :
le monde devient européen
Les partages successifs
du XXe siècle
GÉANT
Histoire
LES CIVILISATIONS ET LES HOMMES
HACHETTE Jeunesse
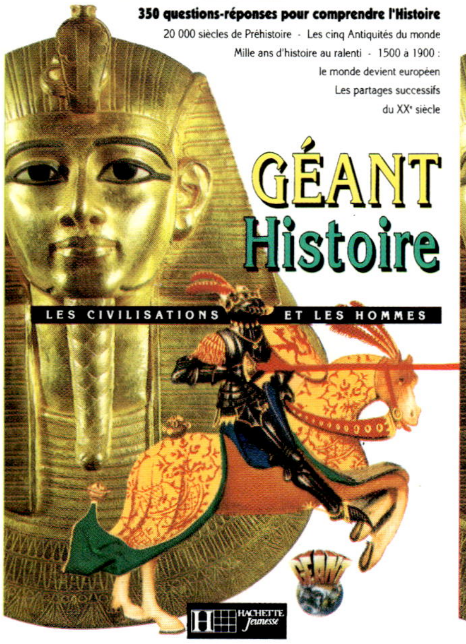
350 questions-réponses pour comprendre l'Histoire
20 000 siècles de Préhistoire - Les cinq Antiquités du monde
Mille ans d'histoire au ralenti - 1500 à 1900 :
le monde devient européen
Les partages successifs
du XXe siècle
GÉANT
Histoire
LES CIVILISATIONS ET LES HOMMES
HACHETTE Jeunesse
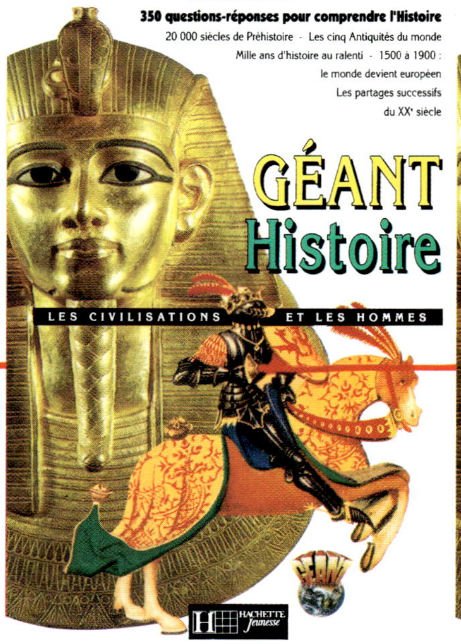
350 questions-réponses pour comprendre l'Histoire
20 000 siècles de Préhistoire - Les cinq Antiquités du monde
Mille ans d'histoire au ralenti - 1500 à 1900 :
le monde devient européen
Les partages successifs
du XXe siècle
GÉANT
Histoire
LES CIVILISATIONS ET LES HOMMES
HACHETTE Jeunesse
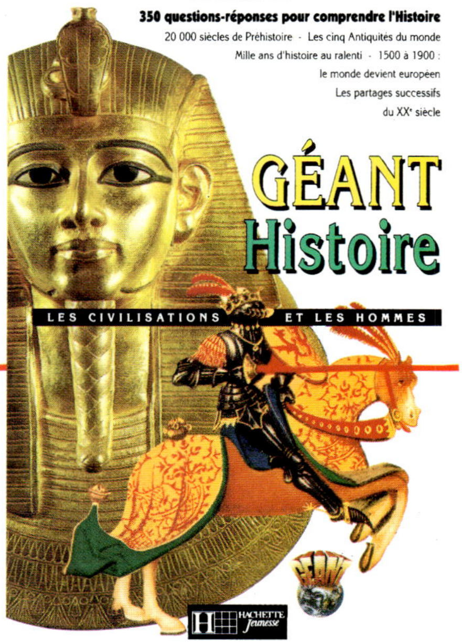
350 questions-réponses pour comprendre l'Histoire
20 000 siècles de Préhistoire - Les cinq Antiquités du monde
Mille ans d'histoire au ralenti - 1500 à 1900 :
le monde devient européen
Les partages successifs
du XXe siècle
GÉANT
Histoire
LES CIVILISATIONS ET LES HOMMES
HACHETTE Jeunesse